ZEW Wirtschaftsanalysen

Schriftenreihe des ZEW

Band 72

Bernd Fitzenberger / Werner Smolny /
Peter Winker (Hrsg.)

Herausforderungen an den Wirtschaftsstandort Deutschland

Wirtschaftspolitisches Memorandum aus wissenschaftlicher Sicht

Nomos Verlagsgesellschaft
Baden-Baden

Bibliografische Information Der Deutschen Bibliothek

Die Deutsche Bibliothek verzeichnet diese Publikation in
der Deutschen Nationalbibliografie; detaillierte bibliografische
Daten sind im Internet über http://dnb.ddb.de abrufbar.

ISBN 3-8329-0693-2

1. Auflage 2004

Vorwort

In Deutschland wird zurzeit eine intensive wirtschaftspolitische Debatte um Reformen geführt. Es geht dabei unter anderem um Fehlentwicklungen auf dem Arbeitsmarkt, die Bewältigung der Folgen der deutschen Einheit und die Finanzierung der sozialen Sicherungssysteme angesichts des demographischen Wandels. Außerdem geht es darum, die Chancen und Risiken für den Wirtschaftsstandort Deutschland, die sich aus der EU-Osterweiterung und der zunehmenden internationalen Verflechtung ergeben, frühzeitig zu erkennen und im wirtschaftspolitischen Handeln adäquat zu berücksichtigen. Eine erfolgreiche Bearbeitung dieser Aufgaben erfordert ohne Zweifel eine kompetente wissenschaftliche Politikberatung.

Wissenschaftliche Forschung in der Volkswirtschaftslehre muss einerseits ein festes Standbein in der Wirtschaftstheorie haben und angemessene empirische Analysemethoden – einschließlich ökonometrischer Verfahren – einsetzen und andererseits anwendungsbezogene, relevante und möglichst konkrete Aussagen liefern. Dies erfordert eine profunde Kenntnis von Theorie, empirischen Methoden, Institutionen und Daten. Nur auf dieser Basis kann eine sinnvolle wissenschaftliche Politikberatung erfolgen. Mit diesem Memorandum wird das Ziel verfolgt, konkrete und aktuelle wirtschaftspolitische Probleme in Deutschland wissenschaftlich zu erörtern. Es liegt in der Natur der Sache, dass wissenschaftlich vertretbare wirtschaftspolitische Schlussfolgerungen nicht immer möglich sind und keine Patentlösungen für alle „Herausforderungen“ geliefert werden können – gleichwohl können die gewonnenen Einsichten für die tagespolitisch orientierte Debatte von großem Wert sein.

Zu einer Politikberatung auf hohem Niveau sind in Deutschland von Prof. Dr. Dr. h.c. mult. Wolfgang Franz in vielfältiger Weise Beiträge geleistet worden. Die Aufsätze im vorliegenden wirtschaftspolitischen Memorandum „Herausforderungen an den Wirtschaftsstandort Deutschland“ wurden anlässlich des 60. Geburtstags von Wolfgang Franz geschrieben. Die Autorinnen und Autoren sind nahezu alle Schülerinnen und Schüler von Wolfgang Franz, die bei und mit ihm an den Universitäten Konstanz und Mannheim studiert und gearbeitet haben, beziehungsweise Mitarbeiterinnen und Mitarbeiter am Zentrum für Europäische Wirtschaftsforschung (ZEW) in Mannheim, dessen wissenschaftliche Leitung Wolfgang Franz seit 1997 innehat. Das Memorandum wurde Wolfgang Franz während des wissenschaftlichen Symposiums mit dem Titel „Herausforderungen an den Wirtschaftsstandort Deutschland“ aus Anlass seines Geburtstages am 16. Januar 2004 überreicht. Während des Symposiums wurden einige der Beiträge dieses Memorandums vorgetragen und diskutiert.

Das Themenspektrum des Memorandums umfasst die Bereiche Arbeitsmarkt, Innovationen, Investitionen, Finanzmärkte, Umweltökonomik, Makroökonomik sowie regionale Aspekte im Zusammenhang mit der deutschen Vereinigung. Zu vielen dieser Themen hat Wolfgang Franz selbst wissenschaftlich gearbeitet. Ganz in seinem Sinne haben sich die Autoren einem wissenschaftlichen Begutachtungsverfahren durch die drei Herausgeber unterzogen. Wir danken den Autorinnen und Autoren für ihre sehr konstruktive Mitarbeit.

Ohne weitere große Unterstützung von anderer Seite wäre dieses Memorandum jedoch kaum fristgerecht entstanden. Zu danken ist zunächst dem kaufmännischen Direktor des ZEW, Herrn E.-O. Schulze, für die tatkräftige Unterstützung bei der Planung des Symposiums und der Realisierung dieses Memorandums. Weiter ist C. Brehm, V. Blaess, N. Hoffmann und vor allem M. Meyer am Lehrstuhl für Ökonometrie der Universität Erfurt für die technische Zusammenführung, die Layoutgestaltung und die Edition der einzelnen Beiträge zu danken. T. Büttner gebührt Dank für die Überlassung der LaTeX-Formatierungsdateien. Schließlich danken wir B. Knoth im ZEW für viele detaillierte Hinweise und Korrekturen auf dem Weg zur Erstellung der druckfertigen Version.

Mannheim, den 16. Januar 2004

Bernd Fitzenberger, Werner Smolny und Peter Winker

Inhaltsverzeichnis

Teil I

Gesamtwirtschaftliche Probleme

Der Wiederaufbau nach dem 2. Weltkrieg und die deutsche Vereinigung: Bestandsaufnahme, Vergleich und Schlussfolgerungen für die Wirtschaftspolitik*

Werner Smolny

1 Einleitung

Die aktuelle wirtschaftliche Lage in Deutschland sieht trotz der zurzeit wieder etwas günstiger werdenden Konjunkturprognosen alles andere als rosig aus.[1] Das Wirtschaftswachstum hat sich in den letzten Jahren deutlich verlangsamt. Dazu kommen die immer drängender werdenden Probleme bei der Finanzierung der öffentlichen Haushalte und der Reform der sozialen Sicherungssysteme. Das zentrale Problem aus wirtschaftspolitischer Sicht ist sicherlich die anhaltend hohe Arbeitslosigkeit mit einer Quote von über 10% in Deutschland und sogar fast 20% in Ostdeutschland. Erschwerend kommt hinzu, dass die Wirtschaftspolitik zurzeit nur bedingt in der Lage zu sein scheint, Entscheidungen zu treffen, die das Wachstum und die Beschäftigungsentwicklung nachhaltig fördern könnten.

Eine der Ursachen für die schwierige wirtschaftliche Lage seit Mitte der 1990er Jahre liegt sicherlich in den nicht bewältigten Problemen der deutschen Vereinigung.[2] Einerseits kann die deutsche Vereinigung uneingeschränkt als politischer Erfolg betrachtet werden. In allerkürzester Zeit wurde die Transformation einer zentralen Kommandowirtschaft zu einer demokratischen Marktwirtschaft vollzogen. Auch der wirtschaftliche Aufholprozess in Ostdeutschland in der ersten Hälfte der 1990er Jahre ist als Erfolg zu betrachten. Andererseits sind eine Reihe wirtschaftlicher Probleme verstärkt worden, die mit zu der Wachstumsschwäche beigetragen haben. Die Finanzierung der deutschen Einheit hat die Staatsverschuldung dramatisch ansteigen lassen, und die Übernahme des westdeutschen sozialen Sicherungssystems hat die Finanzierungsprobleme der Sozialkassen erheblich verschärft. Dadurch ist die Abgabenlast in den 1990er Jahren deutlich angestiegen. Schließlich hat der Abbau der Förderpolitik und die Verringerung der öffentlichen Bauinvestitionen seit Mitte der 1990er Jahre zu einer Krise in der Bauwirtschaft geführt, von der sich auch die westdeutsche Konjunktur bis heute kaum erholt hat.

Dazu kommt, dass es trotz der massiven Unterstützung in Ostdeutschland nicht zu einem sich selbst tragenden Aufschwungsprozess gekommen ist. Die

* Diese Arbeit entstand im Rahmen zweier Forschungsprojekte über die wirtschaftliche Anpassung in Ostdeutschland nach der deutschen Vereinigung. Ich danke der Fritz Thyssen Stiftung und der Deutschen Forschungsgemeinschaft für die Unterstützung dieser Projekte.

1 Vgl. SVR (2003).

2 Vgl. beispielsweise SVR (2002, S. 318f).

Beschäftigung liegt heute fast 40% unter dem Niveau von 1989, das reale Sozialprodukt ist heute kaum höher als vor der deutschen Vereinigung, und Mitte der 1990er Jahre ist der Aufholprozess der Produktivität und der Arbeitseinkommen zum Stillstand gekommen. Schließlich ließe sich das heutige Einkommensniveau in den neuen Bundesländern ohne die Transfers in der Größenordnung von 4% des westdeutschen und über 30% des ostdeutschen BIP kaum aufrechterhalten.[3]

In den folgenden Abschnitten wird versucht, den Ursachen für die Probleme in Ostdeutschland auf die Spur zu kommen. Ausgangspunkt ist ein Vergleich der Entwicklung in Ostdeutschland nach der Wende mit dem Wiederaufbauprozess in Westdeutschland nach dem 2. Weltkrieg. Betrachtet man die Ausgangsbedingungen für den wirtschaftlichen Entwicklungsprozess 1946 und 1990, so fallen eine Reihe von Gemeinsamkeiten auf. Die wirtschaftliche Aktivität war weitgehend zusammengebrochen, die Einkommen und die Produktivität waren deutlich geringer als in den Nachbarländern, und der wirtschaftspolitische Ordnungsrahmen musste neu aufgebaut werden. Betrachtet man jedoch das Ergebnis, so kann der Kontrast kaum stärker ausfallen. Während 15 Jahre nach dem Zusammenbruch infolge des 2. Weltkriegs in Westdeutschland hohes Wirtschaftswachstum und Vollbeschäftigung herrschte, muss heute für Ostdeutschland Stagnation und eine desaströse Arbeitsmarktsituation konstatiert werden.

Im nächsten Abschnitt wird zunächst der Wiederaufbau in Westdeutschland nach dem 2. Weltkrieg in einem langfristigen Zusammenhang diskutiert. Danach wird der politische und wirtschaftliche Prozess der deutschen Vereinigung beschrieben und analysiert. Schließlich wird die Entwicklung nach 1945 und nach 1990 verglichen, bevor dann einige Schlussfolgerungen für die Wirtschaftspolitik gezogen werden.

2 Der Wiederaufbau nach dem 2. Weltkrieg

Der Wiederaufbau nach dem 2. Weltkrieg in Deutschland und den anderen durch den Krieg zerstörten Ländern kann als eine grandiose Erfolgsgeschichte betrachtet werden, für die nicht umsonst der Begriff „Wirtschaftswunder“ geprägt wurde.[4] Betrachten wir zunächst in Abbildung 1 die langfristige Wirtschaftsentwicklung in Deutschland anhand der Daten des realen Bruttoinlandsprodukts.[5] Trotz der Einbrüche durch den 1. Weltkrieg, die Weltwirtschaftskrise und den 2. Weltkrieg betrug das durchschnittliche Wachstum des Bruttoinlandsprodukts in den letzten 100 Jahren etwa 3% pro Jahr. Dies impliziert eine Verdoppelung der Einkommen etwa alle 25 Jahre, so dass heute

[3] Vgl. Ragnitz (2003).

[4] Für eine detailliertere Darstellung vgl. Dumke (1990), Lindlar (1997) und Smolny (2000).

[5] Die Daten wurden nach Maddison (1991) und aktuellen VGR-Daten zusammengestellt und sind an Gebietsstandsänderungen angepasst.

die Einkommen etwa das 16-fache des Einkommens von 1900 betragen. Eine ähnliche Entwicklung ist für die anderen Industrieländern zu verzeichnen; für die USA ergibt sich etwa die gleiche Zahl, für Japan deutlich mehr (circa 4%) und für den Durchschnitt der Industrieländer etwas weniger.

Abbildung 1: Die langfristige Entwicklung der Einkommen

BIP Deutschland, Trend *Arbeitsproduktivität*

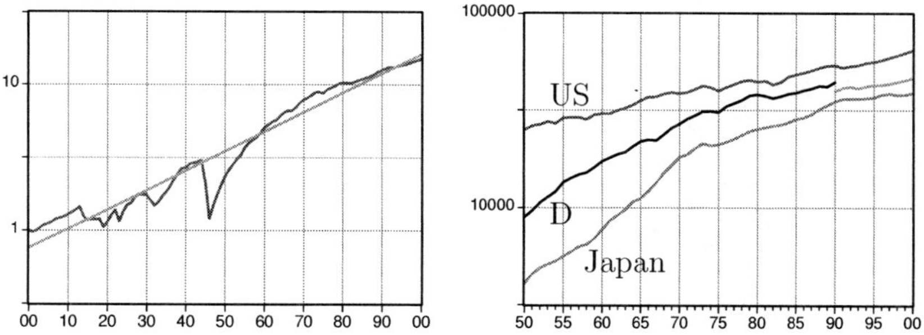

Index 1900 = 1 *in US $, KKP*

logarithmische Skala

Durch den 2. Weltkrieg kam es zu einem drastischen Einbruch der wirtschaftlichen Aktivität 1945/1946 auf etwa die Hälfte des Vorkriegsniveaus von 1938. Der Wiederaufbau war jedoch von enormen Wachstumsraten begleitet, und bereits nach 5 Jahren war das Vorkriegsniveau wieder erreicht. In den 1950er Jahren folgte noch einmal eine Phase hohen Wirtschaftswachstums mit Raten von durchschnittlich 7% und einer erneuten Verdoppelung der Einkommen. In den 1950er Jahren ist die Beschäftigung um über 20% gestiegen, und zu Beginn der 1960er Jahre wurde Vollbeschäftigung mit Arbeitslosenquoten von weniger als 1% erreicht. In den Folgejahren schwächte sich das Wachstum ab, aber auch in der Zeit von 1960 bis 1980 wurde mit Wachstumsraten von etwa 3,5% eine Verdoppelung der Einkommen erreicht. In den 1980er und 1990er Jahren betrug das Wachstum nur noch etwa 2%, die aktuellen Zahlen sind noch geringer.

Ein zweiter Aspekt der wirtschaftlichen Entwicklung seit dem 2. Weltkrieg ist die Annäherung der Pro-Kopf-Einkommen und der Produktivität in allen westlichen Industrieländern. Während die Produktivität in den USA 1950 noch ein Vielfaches der Produktivität der anderen Länder betrug, ist der Einkommensabstand bis zu den 1990er Jahren auf weniger als 25% geschrumpft (vgl. Abbildung 1).[6] Auch in den USA haben sich seit 1950 die Einkommen etwa verdreifacht, aber in Westdeutschland betragen die Einkommen heute etwa das sechsfache der Einkommen von 1950, in Japan sogar das zehnfache. Die wirtschaftspolitische Relevanz dieser Entwicklung hat auch

[6] Die Daten für die Abbildung stammen aus den Penn World Tables. Vgl. Heston et al. (2002).

das wissenschaftliche Interesse an wachstumstheoretischen Fragestellungen verstärkt und zu einer Weiterentwicklung der Theorie geführt, so dass heute die „Wirtschaftswunder“ der Nachkriegszeit weitgehend erklärt werden können.

Der Ausgangspunkt der theoretischen Ansätze ist das neoklassische Wachstumsmodell von Solow (1956), das eine bedingte Konvergenz der Arbeitsproduktivität impliziert. Aufgrund abnehmender Grenzerträge des Kapitals stellt sich in jeder Volkswirtschaft ein Gleichgewichtszustand ein, in dem die Einkommen von der Sparquote, dem Bevölkerungswachstum sowie dem Stand und der Entwicklung der Technologie abhängen. Bei ähnlicher Technologie, Ersparnis und Bevölkerungsentwicklung sollten sich daher unabhängig vom Ausgangszustand die Einkommen annähern.

Die neue Wachstumstheorie hat dieses Modell erweitert, indem gezeigt wird, wie es zu einer Konvergenz der Technologie kommen kann. Der zentrale Mechanismus beruht dabei darauf, dass weniger produktive Volkswirtschaften durch Direktinvestitionen und Imitation die Best-Practise-Technologie des Produktivitätsführers erreichen können.[7] Die abnehmenden Grenzerträge des Kapitals führen also zu einer *neoklassischen* Konvergenz der Einkommen über die Konvergenz des Kapital-Arbeit-Einsatzverhältnisses; dazu kommt die Konvergenz der Technologie durch die Verdrängung ineffizienter Produktionsverfahren und die Übernahme der Best-Practise-Technologie.

Die mikroökonomische Fundierung dieser technologischen Diffusion findet sich in Innovationsmodellen, in denen der Prozess der kreativen Zerstörung durch Innovation und Wettbewerb thematisiert wird.[8] Innovative Unternehmen entwickeln neue Produkte und Produktionsverfahren, um dadurch ihre Wettbewerbssituation zu verbessern und Monopolgewinne zu erzielen; konkurrierende Unternehmen imitieren und entwickeln bessere Produkte, um an den Monopolrenten der Innovatoren teilzuhaben; der stete Prozess der Innovation, Imitation und Verbesserung ist die Quelle für andauernden technologischen Fortschritt.

Nicht alle Länder nehmen aber an diesem Prozess der Produktivitätskonvergenz teil. Eine Voraussetzung dafür ist ein geeignetes wirtschaftpolitisches Umfeld, in dem Anreize für Investitionen, Humankapitalakkumulation und Innovationen bestehen. Zentrale Stichworte sind dabei politische und wirtschaftliche Stabilität, marktwirtschaftlicher Wettbewerb und weltwirtschaftliche Offenheit. Abramovitz (1986) prägte für diese gesellschaftlichen Voraussetzungen den Begriff der *social capability for catching up*.

Im Sinne dieser Ansätze waren die Bedingungen für einen schnellen und anhaltenden Aufholprozess in Westdeutschland und den anderen vom Krieg zerstörten Ländern 1946 in hohem Maße gegeben. Durch die Zerstörung des Kapitalstocks war die wirtschaftliche Ausgangssituation weit vom Gleich-

---

7 Vgl. z.B. Barro und Sala-i-Martin (1997) und Smolny (1999).

8 Vgl. Aghion und Howitt (1992).

gewichtszustand entfernt. Die Erträge der Investitionen waren hoch, und es konnten höhere Wachstumsraten als in den USA erreicht werden. Der schnell zunehmende internationale Handel, ausländische Direktinvestitionen und die europäische Integration ermöglichten das Ausnutzen von Skalenvorteilen und Technologie-Spillovers und schufen hohe Anreize und beste Möglichkeiten für ein schnelles Aufholen der Produktivität.[9]

Voraussetzung dafür war ein stabiles weltwirtschaftliches und wirtschaftspolitisches Umfeld, das durch die Einführung der sozialen Marktwirtschaft und die internationale Zusammenarbeit im Rahmen des Bretton-Woods-Währungssystems und der GATT-Vereinbarungen geschaffen wurde. Auch die Verlangsamung des Wachstumsprozesses kann durch diese Argumente erklärt werden; in je größerem Ausmaß die Möglichkeiten ausgenutzt wurden und je geringer der Abstand wurde, desto geringer sollten auch die Wachstumsraten ausfallen.

Dieses Modell stellt auch heute noch einen zentralen Bestandteil der Erklärungsansätze für die wirtschaftliche Entwicklung in den Industrieländern dar. Beispiele sind die Produktivitätskonvergenz in den Bundesstaaten der USA und in japanischen Präfekturen, der Aufholprozess in Süd-Ost-Asien und die Einkommensangleichung im Zuge der vergangenen und vorgesehenen Erweiterungen der Europäischen Union.[10]

Dieses Modell kann grundsätzlich auch zur Erklärung der wirtschaftlichen Entwicklung in Ostdeutschland nach dem Fall der Mauer herangezogen werden. Vor der deutschen Vereinigung war Ostdeutschland durch den Eisernen Vorhang von der technologischen Entwicklung in den westlichen Industrieländern getrennt; das Produktivitätsniveau betrug nur einen Bruchteil der westdeutschen Produktivität. Mit der deutschen Vereinigung bekam Ostdeutschland freien Zugang zu westlichem Kapital und westlicher Technologie, und die Freizügigkeit der Handelsströme im Rahmen der europäischen Integration und der Globalisierung sollte den Unternehmen genügend Anreize und Möglichkeiten für die Anpassung gegeben haben. Gleichzeitig wurden durch die Übernahme der westdeutschen Wirtschaftsordnung und einer stabilen Währung die institutionellen Voraussetzungen für ein schnelles Aufholen geschaffen.

3 Die deutsche Vereinigung

Die deutsche Vereinigung 1989/1990 ist ein Meilenstein der politischen Entwicklung nicht nur in Deutschland, sondern für ganz Europa. Zum einen wurde die jahrzehntelange politische Teilung in Deutschland aufgehoben; zum

[9] Dies führte Ende der 1980er Jahre sogar zu einer intensiven Diskussion über den Verlust der technologischen Führerschaft in den USA. Vgl. Baumol et al. (1989) und Nelson und Wright (1992).

[10] Vgl. beispielsweise Barro und Sala-i Martin (1998) und Temple (1999).

anderen war die Öffnung der deutsch-deutschen Grenze einer der Auslöser für den Fall des Eisernen Vorhangs, der Osteuropa und die Sowjetunion seit dem Ende des 2. Weltkriegs von den westlichen Industrieländern getrennt hatte.

Aus politischer Sicht kann die deutsche Vereinigung uneingeschränkt als Erfolg betrachtet werden. Ausgehend von einer Massenflucht der DDR-Bürger und einer friedlichen Revolution in Ostdeutschland 1989 wurde nach dem Fall der Mauer innerhalb kürzester Zeit in einem schwierigen weltpolitischen Umfeld die politische Einheit umgesetzt. Zwischen der Öffnung der Grenze in der Nacht vom 9. auf den 10. November 1989 und dem Beitritt der ostdeutschen Bundesländer zur Bundesrepublik am 3. Oktober 1990 verging nicht einmal ein Jahr (vgl. Tabelle 1).

Tabelle 1: Zeitplan der deutschen Vereinigung

Mai 1989	Abschaffung der Grenzkontrollen in Ungarn
August 1989	Massenflucht von DDR-Bürgern über Ungarn
September 1989	*Montags-Demonstrationen* in Leipzig
9. November 1989	Öffnung der innerdeutschen Grenze
5. Mai 1990	Beginn der 2+4-Verhandlungen
18. Mai 1990	Unterzeichnung des Vertrags über die Bildung einer Wirtschafts-, Währungs- und Sozialunion
1. Juli 1990	Der Vertrag tritt in Kraft
31. August 1990	Unterzeichnung des Einigungsvertrags
12. September 1990	Abschluss des 2+4-Vertrags
3. Oktober 1990	Deutsche Vereinigung
14. Oktober 1990	Wahl der ostdeutschen Länderparlamente
2. Dezember 1990	Gemeinsame Wahl zum deutschen Bundestag

Auch aus wirtschaftspolitischer Sicht kann die deutsche Vereinigung durchaus als Erfolg gesehen werden. In allerkürzester Zeit wurde die Transformation einer zentralen Kommandowirtschaft zu einer demokratischen Marktwirtschaft vollzogen. Die Wirtschafts-, Währungs- und Sozialunion zum 1. Juli 1990 schuf die Voraussetzung für einen marktwirtschaftlichen Ordnungsrahmen mit sozialpolitischer Verantwortung des Staates, wie er auch die erfolgreiche wirtschaftliche Entwicklung in den westlichen Industrienationen nach dem 2. Weltkrieg begleitet hat. Auch der wirtschaftliche Aufholprozess in Ostdeutschland in der ersten Hälfte der 1990er Jahre ist als Erfolg zu betrachten. Dem gegenüber stand aber eine Reihe wirtschaftlicher Probleme, die bis heute nicht gelöst wurden und die als schwere Hypothek auf der wirtschaftlichen Entwicklung in Ost- und Westdeutschland lasten.

Zunächst kam es 1990/1991 zu einem erheblichen Rückgang der Produktion und der Beschäftigung um etwa ein Drittel (vgl. Abbildung 2).[11] Die Ursache war der Zustand der DDR Wirtschaft vor 1990 in Kombination mit dem politisch gewollten und festgesetzten Umtauschkurs der ostdeutschen Einkommensströme von 1:1. Der Umtauschkurs implizierte ein ostdeutsches Lohnniveau in Höhe von etwa einem Drittel der westdeutschen Löhne. Im Durchschnitt war die Produktivität der ostdeutschen Wirtschaft ebenfalls in dieser Größenordnung; für die ostdeutsche Industrie bedeutete dieser Umtauschkurs aber einen sofortigen Verlust der Wettbewerbsfähigkeit.[12]

Abbildung 2: Wachstum und Beschäftigung nach der Wende

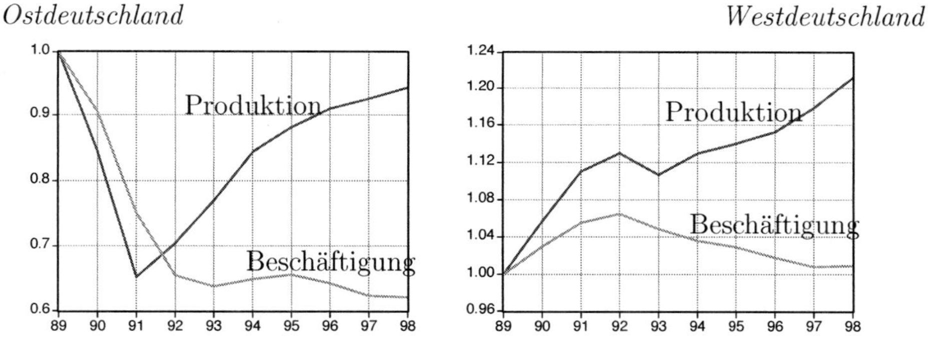

Index 1989 = 1

Bei den ostdeutschen Konsumenten bestand ein Nachholbedarf an Produkten, die in Ostdeutschland aufgrund des technologischen Rückstands nicht produziert werden konnten. Auch Investoren in Ostdeutschland hatten kein Interesse an veralteter Technologie. Dazu kam, dass der Handel mit den früheren RGW-Staaten zusammenbrach, da diesen Ländern zu wenig westliche Devisen zur Verfügung standen, um aus Ostdeutschland zu importieren. Der Ost-West-Handel war trotz starker Subventionierung schon vorher nicht sehr stark und verlor mit der Währungsunion fast völlig an Bedeutung. Im Ergebnis kam es daher zu einem Nachfrage-, Produktions- und Beschäftigungseinbruch, von dem sich die ostdeutsche Wirtschaft bis heute kaum erholt hat. In Westdeutschland kam es dagegen zu einem Vereinigungsboom mit Wachstumsraten, die an die 1960er und frühen 1970er Jahre erinnerten, da westdeutsche Unternehmen Ostdeutschland mit versorgten.

Es muss aber bezweifelt werden, ob ein anderer politisch denkbarer Umtauschkurs den Zusammenbruch hätte verhindern oder auch nur aufhalten können. Die Produktivität der ostdeutschen Industrie war sehr gering, und selbst der 1:1-Umtauschkurs führte zu Einkommensunterschieden zwischen

[11] Die Daten stammen aus der VGR des DIW.

[12] Vgl. Akerlof et al. (1991) und Sinn und Sinn (1992).

Ost- und Westdeutschland, die eine Gerechtigkeitsdiskussion auslösten, die später zu erheblichen Lohnsteigerungen führte.[13] Außerdem zeigte sich dann auch in den anderen osteuropäischen Transformationsstaaten, dass die Öffnung des Handels mit den westlichen Industrieländern zu Anpassungen in der Industriestruktur führen musste, da die Industrie-Arbeitsplätze im Osten auf westlichen Märkten nicht konkurrenzfähig waren. Der Zusammenbruch war daher unvermeidlich.

4 Der Aufholprozess in Ostdeutschland

1991 stand die ostdeutsche Wirtschaft auf einem Tiefpunkt. Produktion und Beschäftigung lagen um ein Drittel unterhalb des Niveaus vor der Vereinigung. Da sich die Beschäftigung nur verzögert angepasst hat, war auch die Produktivität geringer als vor der Wende. Die Kosten der Einheit wurden deutlich. Allerdings waren die Voraussetzungen für ein schnelles Aufholen und Produktivitätskonvergenz im Sinne der ökonomischen Theorie in Ostdeutschland in hohem Maße gegeben.

Die zentrale Voraussetzung für wirtschaftliches Wachstum und Produktivitätskonvergenz ist ein stabiler ordnungspolitischer Rahmen mit einer Garantie der Eigentumsrechte und der wirtschaftlichen Handlungsfreiheiten, einer stabilen Währung und der Einbindung in die Weltwirtschaft. Durch die schnelle Einführung der Wirtschafts-, Währungs- und Sozialunion im Sommer 1990 und die Einbindung Deutschlands in die europäische Integration stand dieser Rahmen der ostdeutschen Wirtschaft von Anfang an zu Verfügung. Daraus erwuchs auch ein Vorteil gegenüber den osteuropäischen Staaten, in denen nach der Öffnung dieser Rahmen und das Vertrauen in diesen Rahmen erst geschaffen werden mussten. Auch die Privatisierung der vorher staatseigenen Betriebe wurde durch die Treuhandanstalt zügig abgewickelt.

Der ordnungspolitische Rahmen schafft Anreize und Möglichkeiten für Investitionen und technologisches Aufholen. Innerhalb dieses Rahmens kam es dann auch zu massiven Investitionen in Ostdeutschland, die das Niveau in Westdeutschland und in den anderen Industrieländern bei weitem überstiegen. Anfang der 1990er Jahre war die Investitionsquote doppelt beziehungsweise sogar dreimal so hoch wie im Westen (vgl. Abbildung 3); selbst die Investitionen pro Erwerbstätigen waren höher als im Westen. Dies führte zu einem Anstieg der Kapitalintensität, und seit Mitte der 1990er Jahre ist der größte Teil des Kapitalstocks neu. Auch die öffentliche Infrastruktur wurde zügig ausgebaut.

Gleichzeitig wurde mit den neuen Kapitalgütern selbstverständlich auch moderne Technologie eingeführt, und ein beschleunigter Prozess der technologischen Diffusion war zu erwarten. Ostdeutschland war geradezu ein

[13] Vgl. Franz und Steiner (2000) und Burda und Hunt (2001).

Abbildung 3: Der Aufholprozess in Ostdeutschland

Investitionsquote

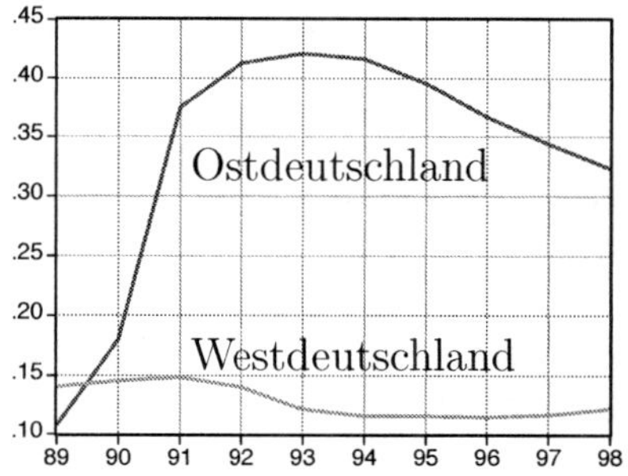

private Anlageinvestitionen im Verhältnis zum BIP, real

Arbeitseinkommen und Produktivität

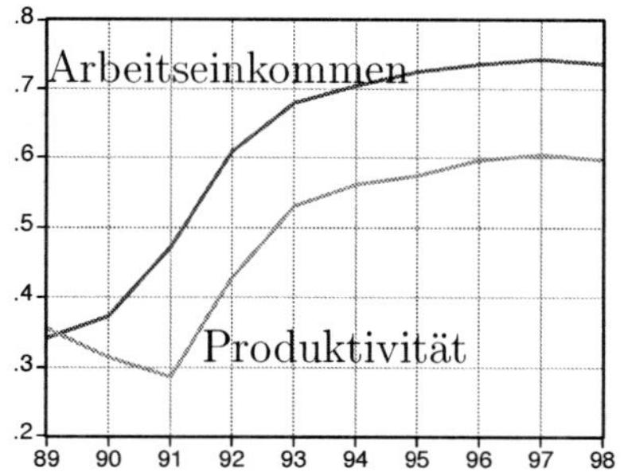

Ost- relativ zu Westdeutschland zu jeweiligen Preisen

Paradebeispiel für die aus der Theorie zu erwartende Anpassung an Best-Practise-Technologie. Hoch produktive Unternehmen aus Westdeutschland und dem Ausland investieren dort, wo Kapital und Technologie knapp sind, und sollten damit einen Aufholprozess für die Kapitalintensität und die totale Faktorproduktivität initiieren. Auch die Humankapitalausstattung der ostdeutschen Volkswirtschaft war hoch, und die gleiche Sprache sollte die Eingliederung der Arbeitskräfte erleichtern.

Hinzu kam, dass in erheblichem Umfang staatliche Fördermittel eingesetzt wurden, um den Aufholprozess in Ostdeutschland zu beschleunigen. Zunächst wurden den Unternehmen bei der Privatisierung der vorher staatseigenen Betriebe große Teile der benötigten Investitionsfinanzierung zur Verfügung gestellt; auch war der Kaufpreis der Betriebe oft nicht höher als der Wert des Immobilienbestands. Dazu kamen immense Programme zur Verbesserung der öffentlichen Infrastruktur in Bezug auf öffentliche Verwaltung, Verkehr und Bildungseinrichtungen. Auch später wurde ein erhebliches Subventionsniveau für Unternehmen, die in Ostdeutschland investieren, aufrechterhalten. Schließlich wurden in erheblichem Umfang Mittel eingesetzt, um den notwendigen Umstrukturierungsprozess sozial verträglich abzufedern.

Im Ergebnis kam es dann auch bis Mitte der 1990er Jahre zu einem fast beispiellosen Aufholprozess der Arbeitseinkommen und der Produktivität (vgl. Abbildung 3). Die Arbeitseinkommen haben sich ausgehend vom Niveau zum Zeitpunkt der Wirtschafts-, Währungs- und Sozialunion bis 1995 mehr als verdoppelt, und auch die relativen Einkommen haben sehr schnell etwa 3/4 des Niveaus von Westdeutschland erreicht. Auch die Arbeitsproduktivität ist trotz des Rückgangs 1990/1991 erheblich angestiegen und lag 1995 mehr als doppelt so hoch wie vor der Wende. Die Entwicklung in Ostdeutschland in den ersten Jahren nach der deutschen Vereinigung wies damit durchaus Ähnlichkeiten zur Entwicklung in Westdeutschland in der Nachkriegszeit auf.

So schnell, wie der Aufholprozess vorangeschritten ist, so schnell war er aber auch schon wieder zu Ende. Seit 1997, also nach kaum 7 Jahren, sind die Wachstumsraten der ostdeutschen Wirtschaft nicht mehr höher als in Westdeutschland. Der Aufholprozess der Einkommen ist seit mittlerweile 7 Jahren mehr oder weniger zum Stillstand gekommen, obwohl der Abstand bei den Arbeitseinkommen noch immer etwa 25% und der Produktivitätsunterschied sogar 35% beträgt.[14] Die wirtschaftliche Leistungsfähigkeit Ostdeutschlands, gemessen am realen Bruttoinlandsprodukt, ist auch heute noch kaum höher als vor der deutschen Vereinigung, und die Beschäftigung ist weiter gesunken. Die Arbeitslosigkeit ist mehr als doppelt so hoch wie im Westen; hinzu kommt, dass sich die Arbeitsmarktlage in den letzten Jahren selbst im Vergleich zur nicht gerade günstigen Entwicklung in Westdeutschland noch weiter verschlechtert hat.

Ein sich selbst tragender Aufschwungprozess, der zu einem vollständigen Aufholen der Produktivität und der Einkommen bei Vollbeschäftigung führt, ist also nicht zustande gekommen. Zum Vergleich: Nach dem 2. Weltkrieg war die Produktion in Westdeutschland 1946 auf die Hälfte des Vorkriegsniveaus zusammengebrochen. Bereits 1950/51 war das Vorkriegsniveau wieder erreicht, und in den 1950er Jahren kam es zu einer erneuten Verdoppelung der Einkommen. 1961 wurden Vollbeschäftigung und das Produktivitätsniveau der anderen europäischen Staaten erreicht, und das ohne eine auch nur annähernd vergleichbare Förderung von außen.[15]

5 Vergleich

Die wirtschaftliche Entwicklung in Ostdeutschland nach der deutschen Vereinigung weist viele Gemeinsamkeiten mit der Entwicklung in Westdeutschland nach dem 2. Weltkrieg auf. Nach der deutschen Vereinigung kam es zu einem Zusammenbruch der Produktion, ebenso wie in Westdeutschland nach dem 2. Weltkrieg. Der Rückgang der wirtschaftlichen Aktivität in Ostdeutschland war schwächer als in Westdeutschland nach dem Krieg. Danach kam es in beiden Fällen zu einer schnellen Schaffung der ordnungspolitischen Voraussetzungen für einen Aufholprozess (stabile Eigentumsordnung, marktwirtschaftliche Anreize, Einbindung in die Weltwirtschaft). Die Wachstumsraten nach dem Zusammenbruch in Ostdeutschland waren hoch, ebenso wie in Westdeutschland in der ersten Wiederaufbauphase.

Dennoch sieht das Ergebnis für Ostdeutschland nach 1 1/2 Jahrzehnten völlig anders aus. Der Wiederaufbau nach dem 2. Weltkrieg mündete in einen sich selbst tragenden Aufschwungprozess, der bereits nach 15 Jahren zu einer vollständigen Angleichung der Einkommen an die der Nachbarländer bei

[14] Vgl. DIW, IWH und IfW (1999), DIW, IfW, IAB, IWH und ZEW (2003) und Smolny (2003).

[15] Die Mittel des Marshall-Plans waren von der Größenordnung her nicht annähernd mit der Unterstützung für Ostdeutschland vergleichbar.

Vollbeschäftigung geführt hat. Im Jahr 14 nach der Wende herrscht in Ostdeutschland wirtschaftliche Stagnation und Massenarbeitslosigkeit bei einem Einkommensabstand, der nur aufgrund der noch immer erheblichen wirtschaftlichen Förderung des Bundes nicht noch größer wird. Dieses Ergebnis verwundert umso mehr, als Ostdeutschland in den 1990er Jahren auf ein stabiles weltpolitisches und weltwirtschaftliches Umfeld bauen konnte und eine massive wirtschaftliche Förderung von Seiten des Bundes erhalten hat.

Ein deutlicher Hinweis auf eine der Ursachen der enttäuschenden Entwicklung ergibt sich aus dem Ablauf des wirtschaftlichen und politischen Entwicklungsprozesses in Ostdeutschland im Vergleich zu Westdeutschland in der Zeit nach dem 2. Weltkrieg. Nach dem 2. Weltkrieg kam es ab 1947 in Westdeutschland zunächst zu einem Anstieg der Produktion, der Beschäftigung und der Produktivität (hohe Wachstumsraten des Sozialprodukts, Anstieg der Beschäftigung, Abbau der Arbeitslosigkeit). Auf der Basis der steigenden Produktion und Produktivität sind dann die Arbeitseinkommen gestiegen, ohne dass die Beschäftigungssituation gelitten hat. Schließlich haben die Sozialleistungen des Staates deutlich zugenommen.

Auch in Ostdeutschland sind nach der deutschen Vereinigung Produktivität, Arbeitseinkommen und Sozialleistungen beträchtlich angestiegen, aber in der umgekehrten Reihenfolge. Zunächst kam es im Vertrag über die Wirtschafts- Währungs- und Sozialunion durch die Übernahme großzügiger westdeutscher Regelungen zu einer sozialen Absicherung, von der die (Nach-)Kriegsgeneration nicht zu träumen gewagt hätte. Damit wurde auch die Grundlage für das Anspruchsniveau der Arbeitskräfte und der Gewerkschaften gelegt.

In der Folge kam es dann zu Lohnsteigerungen, die das Produktivitätswachstum bei weitem überstiegen. Zunächst sind bereits 1990 die Arbeitseinkommen deutlich gestiegen, während die Produktivität noch rückläufig war. 1991 waren die Lohnstückkosten fast 50% über denen in Westdeutschland (vgl. Abbildung 4). Dies führte zum einen zu einem Anstieg der Preise und zum zweiten zu einer Substitution von teurer Arbeit durch billiges Kapital.

Im Ergebnis ist dann die Arbeitsproduktivität erheblich angestiegen, jedoch weiterhin auf Kosten der Beschäftigungssituation. Steigende Preise reduzierten die Nachfrage und teure Arbeitskräfte wurden durch subventioniertes Kapital ersetzt. Deshalb ist es nicht verwunderlich, dass sich die Beschäftigungssituation nicht erholte. Erst die anhaltende Arbeitslosigkeit reduzierte die Ansprüche der Gewerkschaften auf Lohnangleichung; jedoch sind auch heute die Lohnstückkosten in Ostdeutschland noch deutlich über denen in Westdeutschland. Damit wurde schon früh der Aufschwungprozess unterbrochen, bevor es zu einer weiter gehenden Angleichung der Produktivität kam. 1996/1997 ist die gesamtwirtschaftliche Angleichung der Einkommen zum Stillstand gekommen, Der Lohnabstand beträgt etwa 25%, der Produktivitätsabstand 35%. Damit sind die Lohnstückkosten in Ostdeutschland

Abbildung 4: Wettbewerbsfähigkeit und Arbeitslosigkeit

Reale Lohnstückkosten *Arbeitslosenquote*

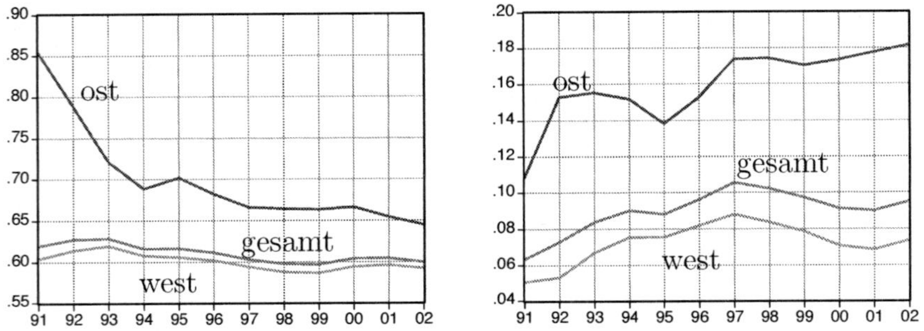

Quelle: VGR der Länder, ohne Berlin

deutlich über denen im Westen, und es muss nicht verwundern, dass sich die Arbeitsmarktlage weiter verschlechtert.

6 Schlussfolgerungen für die Wirtschaftspolitik

Viel hilft nicht immer viel – das ist die zentrale wirtschaftspolitische Schlussfolgerung, die aus dem Vergleich der wirtschaftlichen Entwicklung in Westdeutschland nach dem 2. Weltkrieg und der Entwicklung in Ostdeutschland nach der deutschen Vereinigung gezogen werden kann.

Die Entwicklung in Westdeutschland und in den anderen durch den 2. Weltkrieg zerstörten Ländern hat gezeigt, dass ein wirtschaftlicher Aufholprozess selbst nach einem dramatischen Zusammenbruch des wirtschaftlichen und politischen Systems schnell vonstatten gehen kann. Nach 1946 kam es zu einem dynamischen Wachstumsprozess, durch den in kürzester Zeit das Vorkriegsniveau wieder erreicht wurde. Darüber hinaus begann ein Anpassungsprozess der Produktivität, durch den die Einkommensniveaus in den Nachbarstaaten schnell wieder erreicht wurden. Ebenso wurde innerhalb von 15 Jahren Vollbeschäftigung erreicht. Voraussetzung dafür waren wirtschaftspolitische Rahmensetzungen, die den Schwerpunkt auf die Schaffung der Voraussetzungen für wirtschaftliches Wachstum und Produktivitätskonvergenz legten. Dazu gehören insbesondere ein stabiler institutioneller Rahmen, marktwirtschaftlicher Wettbewerb und weltwirtschaftliche Offenheit.

Auch nach der deutschen Vereinigung wurden durch die Privatisierung und die Wirtschafts- und Währungsunion sehr schnell die Voraussetzungen für einen wirtschaftlichen Aufholprozess geschaffen. In der Folge kam es zunächst zu einem Einbruch der Produktion und der Beschäftigung, der jedoch nicht der Wirtschaftspolitik anzulasten ist. Hierbei handelte es sich um eine notwendige Umstrukturierung der Wirtschaft, die mit Kosten verbunden ist, die jedoch auch schnell überwunden werden kann. Auch in Ostdeutschland ist die Produktion und die Produktivität ab 1991 sehr schnell angestiegen. Gleichzeitig wurde jedoch versucht, durch eine Fülle von wirtschaftspolitischen Maßnahmen zum einen den Aufholprozess zu beschleunigen und zum zweiten den Umstrukturierungsprozess weitestgehend sozial abzufedern.

Es ist schwierig zu beurteilen, ob tatsächlich eine Beschleunigung des Aufholprozesses erreicht worden ist. Es hat sich jedoch gezeigt, dass weder die Investitionsförderung noch die Arbeitsmarktpolitik einen nachhaltigen, sich selbst tragenden Aufschwungprozess in Gang gesetzt haben. Es hat sich auch gezeigt, dass diese Maßnahmen auf Dauer kaum zu finanzieren sind, selbst für ein so reiches Land wie die Bundesrepublik Deutschland. Schließlich hat sich gezeigt, dass die Rückführung der Maßnahmen – Abbau der Investitionsförderung, Verringerung des Ausmaßes der aktiven Arbeitsmarktpolitik – notwendigerweise zu neuen Umstrukturierungen führen muss, die wiederum mit Kosten verbunden sind. Dieser Prozess ist heute bei weitem noch nicht abgeschlossen und bedeutet eine schwere Hypothek für den weiteren Verlauf des Anpassungsprozesses in Ostdeutschland.

Dazu kommt, dass die soziale Abfederung der Umstrukturierung einen Prozess der Lohnangleichung in Gang gesetzt hat, der die Wettbewerbsfähigkeit der ostdeutschen Wirtschaft schwer belastet hat. Die Löhne sind bei gleichzeitiger Subventionierung der Investitionen schneller und stärker gestiegen als die Produktivität. Damit sind die Lohnstückkosten deutlich höher als in Westdeutschland und anderen Industrieländern, was zu einer schweren Hypothek für die Arbeitsmarktlage geworden ist. Es ist zu vermuten, dass Ostdeutschland sowohl in Bezug auf die Arbeitsmarktlage als auch in Bezug auf Produktivität und Einkommen heute besser dastünde, wenn die wirtschaftliche Förderung geringer ausgefallen wäre. In diesem Sinne wäre weniger mehr gewesen.

Literaturverzeichnis

Abramovitz, M. (1986), Catching-Up, Forging Ahead, and Falling Behind, *Journal of Economic History* 36, 385–406.

Aghion, P. und P. Howitt (1992), A Model of Growth Through Creative Destruction, *Econometrica* 60, 323–351.

Akerlof, G.A., A. Rose, J. Yellen und H. Hessenius (1991), East Germany in from the Cold: The Aftermath of Currency Union, *Brookings Papers on Economic Activity* 1, 1–105.

Barro, R.J. und X. Sala-i-Martin (1997), Technological Diffusion, Convergence, and Growth, *Journal of Economic Growth* 2, 1–27.

Barro, R.J. und X. Sala-i Martin (1998), *Wirtschaftswachstum*, Oldenbourg Verlag, München.

Baumol, W.J., S.A.B. Blackman und E.N. Wolff (1989), *Productivity and American Leadership – The Long View*, The MIT Press, Cambridge, Mass.

Burda, M.C. und J. Hunt (2001), From Reunification to Economic Integration: Productivity and the Labor Market in Eastern Germany, *Brookings Papers on Economic Activity* 2, 1–71.

DIW, IfW, IAB, IWH und ZEW (2003), *Zweiter Fortschrittsbericht wirtschaftswissenschaftlicher Institute über die wirtschaftliche Entwicklung in Ostdeutschland*, IWH Sonderhefte.

DIW, IWH und IfW (1999), *Gesamtwirtschaftliche und unternehmerische Anpassungsfortschritte in Ostdeutschland, 19. Bericht*, Kiel Working Papers 346/347, Kiel Institute of World Economics.

Dumke, N.W. (1990), Reassessing the Wirtschaftswunder: Reconstruction and Postwar Growth in West Germany in an International Context, *Oxford Bulletin of Economics and Statistics* 52, 451–490.

Franz, W. und V. Steiner (2000), Wages in the East German Transition Process: Facts and Explanations, *German Economic Review* 3 (1), 247–269.

Heston, A., R. Summers und B. Aten (2002), *Penn World Table Version 6.1.* Center for International Comparisons at the University of Pennsylvania (CICUP).

Lindlar, L. (1997), *Das mißverstandene Wirtschaftswunder*, Mohr Siebeck, Tübingen.

Maddison, A. (1991), *Dynamic Forces in Capitalist Development*, Oxford University Press, Oxford.

Nelson, R.R. und G. Wright (1992), The Rise and Fall of American Technological Leadership: The Postwar Era in Historical Perspective, *Jornal of Economic Literature* 30, 1931–1964.

Ragnitz, J. (2003), *Wie hoch sind die Transferleistungen für die neuen Länder?* IWH-Pressemitteilung 21, Halle.

Sinn, G. und H.-W. Sinn (1992), *Kaltstart – Volkswirtschaftliche Aspekte der deutschen Vereinigung*, 2. Aufl., Verlag Mohr, Tübingen. (1. Auflage 1991).

Smolny, W. (1999), International Sectoral Spillovers – An Empirical Analysis for German and U.S. Industries, *Journal of Macroeconomics* 21 (1), 135–154.

Smolny, W. (2000), Post-War Growth, Productivity Convergence, and Reconstruction, *Oxford Bulletin of Economics and Statistics* 62 (5), 589–606.

Smolny, W. (2003), Produktivitätsanpassung in Ostdeutschland – Bestandsaufnahme und Ansatzpunkte einer Erklärung, *Jahrbücher für Nationalökonomie und Statistik* 223 (2), 239–254.

Solow, R.M. (1956), A Contribution to the Theory of Economic Growth, *Quarterly Journal of Economics* 70, 65–94.

SVR (2002), *Zwanzig Punkte für Beschäftigung und Wachstum*, Jahresgutachten des Sachverständigenrats zur Begutachtung der gesamtwirtschaftlichen Entwicklung, Metzler Poeschel, Stuttgart.

SVR (2003), *Staatsfinanzen konsolidieren – Steuersystem reformieren*, Jahresgutachten des Sachverständigenrats zur Begutachtung der gesamtwirtschaftlichen Entwicklung, Metzler Poeschel, Stuttgart.

Temple, J. (1999), The New Growth Evidence, *Journal of Economic Literature* 37, 112–156.

Arbeitsmarkteffekte wirtschaftlicher Integration – die Wiedervereinigung als „Natural Experiment“*

Thiess Büttner und Johannes Rincke

1 Einführung

In seiner jüngeren Vergangenheit hat Europa die Öffnung verschiedener Grenzen erlebt, und mit der anstehenden Erweiterung der Europäischen Union wird sich dieser Prozess weiter fortsetzen. Diese Erweiterung in Richtung Osten ist 1989 vergleichsweise unerwartet in Gang gekommen. Das sicher am besten bekannte einzelne Ereignis war der Fall der Berliner Mauer. Die Bilder von feiernden Menschen beiderseits der ehemaligen Grenze wurden auf der ganzen Welt verfolgt und als Abbau von Zwangsmaßnahmen gegen die Bevölkerung begrüßt. Im Gegensatz zu diesen historischen Ereignissen wird die bevorstehende Aufhebung der bisherigen Ostgrenze der Europäischen Union mit gemischten Emotionen betrachtet: Der Abbau von Handels- und Reisehemmnissen wird im Allgemein begrüßt, während die zunehmende Konkurrenz billiger Arbeitskräfte als problematisch für die Beschäftigten vor allem in den Grenzregionen der jetzigen Union gesehen wird.

Vor diesem Hintergrund beleuchtet die vorliegende Arbeit die wirtschaftliche Entwicklung der westdeutschen Grenzregionen vor und nach der Wiedervereinigung. Die Wiedervereinigung ist auch deshalb ein besonders interessanter Fall wirtschaftlicher Integration in der jüngeren Geschichte, weil die Bevölkerung beiderseits der Grenze durch eine gemeinsame Sprache und einen gemeinsamen kulturellen Hintergrund verbunden war. Weiterhin, und dies ist möglicherweise noch bedeutsamer, brachte die formelle Übernahme des bundesdeutschen Gesetzeskanons in Ostdeutschland eine praktisch sofortige Harmonisierung von Gesetzen und von zahlreichen öffentlichen Institutionen einschließlich der fiskalischen Institutionen und des Steuersystems.

Für die Frage nach den regionalen Auswirkungen wirtschaftlicher Integration ist die Wiedervereinigung von besonderem Interesse, stellt die Wiedervereinigung doch ein weitgehend unerwartetes Ereignis dar, das als ein „Natural Experiment“ für Grenzregionen betrachtet werden kann. Es ist erstaunlich, wie wenig bisher über die Konsequenzen dieses einmaligen Experimentes der regionalen Integration bekannt ist. Jung (2001) und Krüsemann (2001) haben in einer deskriptiven Analyse der Grenzregion Niedersachsens gezeigt, dass sich die Bedingungen auf den dortigen regionalen Arbeitsmärkten nach der Vereinigung verschlechtert haben. Abgesehen von diesen Fallstudien ist

* Die vorliegende Arbeit wurde finanziell gefördert durch die Europäische Union (Projekt ACCESSLAB, 5. Rahmenplan).

die vorliegende Arbeit unseres Wissens die erste systematische Untersuchung der Auswirkungen des wirtschaftlichen Schocks, den die Wiedervereinigung für die Arbeitsmärkte der westdeutschen Grenzregionen darstellte.

2 Theoretische Überlegungen

Eine Grenze definiert im Wesentlichen ein Gebiet, in dem bestimmte Institutionen wirksam sind. Daher erfahren Agenten, in der Mehrheit Individuen und Unternehmen, beim Überschreiten einer Grenze zum Teil erhebliche Änderungen des institutionellen Umfeldes, in dem sie handeln. Da dieser in räumlicher Hinsicht diskrete Wandel des institutionellen Umfeldes die Wirksamkeit staatlicher Maßnahmen unterminiert, finden sich an Grenzen – und insbesondere an Grenzen von Nationalstaaten – in der Regel signifikante Mobilitätshemmnisse. Die vorliegende Arbeit konzentriert sich auf diesen Aspekt von Grenzen und behandelt eine Grenze daher als eine Institution, die (unter Umständen prohibitive) Transaktionskosten beim Austausch von Gütern und Dienstleistungen zwischen Regionen und Staaten verursacht.

Das Entfernen einer Grenze wird daher die Möglichkeiten zweier Regionen erweitern, Handel zu treiben und Faktorleistungen in der jeweils anderen Region anzubieten oder nachzufragen. Das Entfernen einer Grenze kann daher verstanden werden als eine diskrete Veränderung des Ausmaßes der Integration von Güter- und Faktormärkten. Selbstverständlich ist eine solche Reduktion von Transaktionskosten für alle Märkte von Bedeutung. Wir wollen uns aber auf die Arbeitsmarkteffekte konzentrieren und betrachten daher eine kleine offene Volkswirtschaft, die Güter zu international fixierten Preisen handelt und Kapital zu einem konstanten Zinssatz nachfragt. Wenn wir keine weiteren Annahmen treffen, wird die Öffnung einer Grenze zu einem weiteren kleinen Land, sei dieses eine offene oder geschlossene Volkswirtschaft, keinen Effekt auf den Preisvektor haben.

Wir nehmen im Folgenden zwei Regionen an, die durch eine Grenze getrennt sind. In jeder Region lebt eine Menge von Haushalten, die der Einfachheit halber als gleich groß angenommen wird. Die Haushalte bieten Arbeit an, wobei sie gewissen Mobilitätskosten unterworfen sind. Diese Kosten $\mu \in [0, \infty]$ reflektieren die räumliche Verteilung der Bevölkerung innerhalb ihrer Region. Die Mobilitätskosten sind über die Haushalte verteilt gemäß der Verteilungsfunktion $F(\mu)$ mit der Dichte $f(\mu)$. Der Einfachheit halber sei $f(\mu) > 0$ $\forall \mu \in [0, \infty]$. Weiterhin nehmen wir an, dass durch die Überquerung der Grenze zusätzliche Mobilitätskosten in Höhe von δ entstehen. Diese sind für alle Haushalte gleich. Ein Haushalt aus Region 1, der am Arbeitsmarkt partizipiert, also überhaupt Arbeit anbietet, wird dieses Arbeitsangebot in Region 1 leisten, solange $w_2 - \delta - \mu < w_1$. Dabei sind w_1, w_2 die Marktlöhne in Region 1 und 2. Anders formuliert, ein Haushalt aus Region 1 bietet solange Arbeit in seiner Region an, solange seine individuellen Mobilitätskosten μ

den Wert

$$\mu_1 \equiv w_2 - w_1 - \delta \tag{1}$$

überschreiten. Eine ähnliche Bedingung kann für Region 2 aufgestellt werden. Hier ist die Grenze der Mobilitätskosten, bis zu der die Haushalte Arbeit in ihrer eigenen Region anbieten, gegeben durch

$$\mu_2 \equiv w_1 - w_2 - \delta. \tag{2}$$

Sind die Mobilitätskosten geringer als μ_2, so bietet der jeweilige Haushalt Arbeit in Region 1 an. Um die weitere Analyse zu vereinfachen, wollen wir im Folgenden annehmen, dass Region 1 eine Hochlohnregion und Region 2 eine Niedriglohnregion ist: $w_1 > w_2$. Es folgt, dass μ_1 negativ ist und, für gegebene Partizipation am Arbeitsmarkt, dass alle Haushalte aus Region 1 ausschließlich Arbeit in Region 1 anbieten. Für Werte von δ, die nicht prohibitiv sind, bietet hingegen ein Teil der Haushalte aus Region 2 Arbeit in Region 1 an.

Um die Partizipationsentscheidung zu berücksichtigen, nehmen wir an, dass die Haushalte einen Reservationslohn $\omega \in [0, \infty]$ haben. Dieser sei über die Haushalte verteilt mit Verteilungsfunktion $G(\omega)$ und Dichte $g(\omega)$, wobei $g(\omega) > 0 \; \forall \omega \in [0, \infty]$. Für die Partizipation eines Haushaltes aus Region 1 muss gelten, dass w_1 höher ist als der Reservationslohn ω. Ein Haushalt aus Region 2 partizipiert, wenn $\max(w_2, w_1 - \delta - \mu) > \omega$. Wir nehmen zur Vereinfachung an, dass der Reservationslohn unabhängig von der Position des Haushalts im Raum ist, so dass für $F(\mu)$ und $G(\omega)$ Unabhängigkeit gilt.

Unter den gegebenen Annahmen entspricht das Arbeitsangebot in Region 1 gerade

$$L_1^S(w_1, w_2, \delta) = G(w_1) + \int_0^{\mu_2} \int_0^{w_1 - \delta - \mu} f(\mu)\, g(\omega)\, d\omega d\mu, \tag{3}$$

und in Region 2

$$L_2^S(w_2, w_1, \delta) = \int_{\mu_2}^{\infty} \int_0^{w_2} f(\mu)\, g(\omega)\, d\omega d\mu = G(w_2)\left[1 - F(\mu_2)\right]. \tag{4}$$

Um den Effekt der Transaktionskosten δ auf das Lohnniveau bestimmen zu können, benötigen wir eine Annahme über die Arbeitsnachfrage. Wir gehen davon aus, dass im Gleichgewicht die Beschäftigung so gewählt wird, dass das Grenzprodukt gerade dem Lohn entspricht. Weiterhin nehmen wir an, dass die Produktion durch die Produktionsfunktion $F(L_i, \xi_i)$ bestimmt ist, wobei L_i den Faktor Arbeit und ξ_i einen regionsspezifischen Produktionsfaktor bezeichnet. Damit ist das Arbeitsmarktgleichgewicht durch die Löhne w_1, w_2 bestimmt, die das folgende System lösen:

$$L_1^D(w_1, \xi_1) = L_1^S(w_1, w_2, \delta) \tag{5}$$
$$L_2^D(w_2, \xi_2) = L_2^S(w_2, w_1, \delta) \tag{6}$$

Wir können nun den komparativ-statischen Effekt einer Veränderung der Transaktionskosten bestimmen. Um langwierige Fallunterscheidungen zu vermeiden, unterstellen wir im Folgenden, dass die Transaktionskosten δ nicht prohibitiv hoch sind. Die Formulierung „nicht prohibitiv hoch" ist so zu verstehen, dass $\delta < w_1 - w_2$ gilt und daher $\mu_2 > 0$. Daher ist in allen Situationen, die wir betrachten, der Anteil der Haushalte aus Region 2, die Arbeit in Region 1 anbieten, strikt positiv.

Zunächst ist es hilfreich, den partiellen Einfluss der Transaktionskosten auf das Arbeitsangebot zu bestimmen.

Lemma 1 *Für gegebene Löhne erhöht eine Reduktion der Mobilitätskosten das Arbeitsangebot in der Hochlohnregion.*

Um zu zeigen, dass Lemma 1 gilt, müssen wir lediglich (3) differenzieren. Dies ergibt

$$\frac{\partial L_1^S}{\partial \delta} = -f(\mu_2)\, G(w_2) - \int_0^{\mu_2} f(\mu)\, g(w_1 - \delta - \mu)\, d\mu.$$

Die Aussage folgt aus der Tatsache, dass dieser Ausdruck strikt negativ ist.

Die Zunahme des Arbeitsangebots in der Hochlohnregion in der Folge einer Reduktion der Transaktionskosten zieht notwendigerweise eine Reduktion des Arbeitsangebotes in der Niedriglohnregion nach sich. Dies kann ebenfalls in einem Lemma zusammengefasst werden.

Lemma 2 *Für gegebene Löhne reduziert eine Reduktion der Mobilitätskosten das Arbeitsangebot in der Niedriglohnregion. Diese Reduktion ist immer geringer als die Zunahme des Arbeitsangebotes in der Hochlohnregion.*

Differenzierung von (4) ergibt

$$\frac{\partial L_2^S}{\partial \delta} = f(\mu_2)\, G(w_2)\,.$$

Die erste Aussage in Lemma 2 folgt aus der Tatsache, dass die Ableitung strikt positiv ist. Die zweite Aussage folgt daraus, dass die Summe der beiden partiellen Ableitungen aus Lemma 1 und 2 strikt negativ ist:

$$\frac{\partial L_1^S}{\partial \delta} + \frac{\partial L_2^S}{\partial \delta} = -\int_0^{\mu_2} f(\mu)\, g(w_1 - \delta - \mu)\, d\mu.$$

Im Hinblick auf den Einfluss des Lohnes in Region 1 auf das Arbeitsangebot können wir folgende Aussage treffen:

Lemma 3 *Eine Reduktion des Lohnes in der Hochlohnregion verringert das Arbeitsangebot in dieser Region und erhöht das Arbeitsangebot in der Niedriglohnregion. Die Reduktion des Arbeitsangebotes in der Hochlohnregion ist stets größer als die Erhöhung des Arbeitsangebotes in der Niedriglohnregion.*

Die Differentiation von (3) ergibt

$$\frac{\partial L_1^S}{\partial w_1} = g(w_1) + f(\mu_2) G(w_2) + \int_0^{\mu_2} f(\mu) g(w_1 - \delta - \mu) \, d\mu.$$

Folglich sinkt das Arbeitsangebot in Region 1, wenn w_1 verringert wird. Differentiation von (4) ergibt

$$\frac{\partial L_2^S}{\partial w_1} = -f(\mu_2) G(w_2).$$

Dies zeigt unmittelbar, dass eine Reduktion des Lohnes in Region 1 das Arbeitsangebot in Region 2 erhöht. Die Summe der beiden Effekte ergibt

$$\frac{\partial L_1^S}{\partial w_1} + \frac{\partial L_2^S}{\partial w_1} = g(w_1) + \int_0^{\mu_2} f(\mu) g(w_1 - \delta - \mu) \, d\mu.$$

Dieser Ausdruck ist unter den gegebenen Annahmen strikt positiv.

Wir sind nun in der Lage, den Einfluss der Mobilitätskosten δ auf die Löhne zu bestimmen.

Proposition 1 *Es sei angenommen, dass die Neigung der Arbeitsnachfragekurve negativ ist. Eine marginale Verringerung der Mobilitätskosten erhöht unter dieser Voraussetzung in der Hochlohnregion die Beschäftigung. Sie verringert in der Hochlohnregion hingegen den Lohn und die Partizipation.*

Beweis: Differentiation des Gleichungssystems aus (5) und (6) ergibt

$$\begin{aligned}
\frac{\partial L_1^D}{\partial w_1} dw_1 &= \frac{\partial L_1^S}{\partial w_1} dw_1 + \frac{\partial L_1^S}{\partial w_2} dw_2 + \frac{\partial L_1^S}{\partial \delta} d\delta, \\
\frac{\partial L_2^D}{\partial w_2} dw_2 &= \frac{\partial L_2^S}{\partial w_1} dw_1 + \frac{\partial L_2^S}{\partial w_2} dw_2 + \frac{\partial L_2^S}{\partial \delta} d\delta.
\end{aligned}$$

Für $dw_1/d\delta$ ergibt sich

$$\frac{dw_1}{d\delta} = \frac{\frac{\partial L_1^S}{\partial \delta} + \gamma \frac{\partial L_2^S}{\partial \delta}}{\frac{\partial L_1^D}{\partial w_1} - \frac{\partial L_1^S}{\partial w_1} - \gamma \frac{\partial L_2^S}{\partial w_1}}, \tag{7}$$

wobei

$$\gamma = \frac{\frac{\partial L_1^S}{\partial w_2}}{\frac{\partial L_2^D}{\partial w_2} - \frac{\partial L_2^S}{\partial w_2}} = \frac{f(\mu_2) G(w_2)}{\left(-\frac{\partial L_2^D}{\partial w_2}\right) + f(\mu_2) G(w_2) + g(w_2)\left[1 - F(\mu_2)\right]}.$$

Es gilt $0 < \gamma < 1$. Aus Lemma 1 und 2 ergibt sich, dass die Summe der beiden Terme im Zähler des Ausrucks in (7) negativ ist. Dies gilt auch für den Fall $\gamma = 1$. Aus Lemma 3 ergibt sich weiterhin, dass der Nenner ebenfalls negativ ist. Dies impliziert

$$\frac{dw_1}{d\delta} > 0.$$

Der Anstieg der Beschäftigung im Hochlohnland folgt aus der negativen Steigung der Arbeitsnachfragefunktion. Der Rückgang in der Partizipation in Region 1 ist eine unmittelbare Folge der getroffenen Annahmen über die Verteilungsfunktion des Reservationslohnes. ■

Unser einfaches Modell zeigt demnach, dass der Abbau von Mobilitätshemmnissen an einer Grenze eindeutige Auswirkungen auf den regionalen Arbeitsmarkt der Hochlohnregion hat. Mit zusätzlichen Annahmen könnten weitere Ergebnisse abgeleitet werden. Beispielsweise könnte eine dritte Region eingeführt werden, die an die Hochlohnregion 1 angrenzt, nicht aber an Region 2. Diese Erweiterung würde es ermöglichen, den Effekt einer Aufhebung der Grenze zwischen Region 1 und 2 auf das Arbeitsangebot von Haushalten aus Region 1 in Region 3 zu diskutieren. Unter Umständen würde sich so eine Art von Domino-Effekt ableiten lassen, bei dem ein Integrationsschock durch Anpassungen der regionalen Arbeitsangebote räumlich auf eine nicht an der betreffenden Grenze gelegene Region ausstrahlt (Filer, 1992 und Borjas et al., 1997). Eine weitere interessante Erweiterung könnte sich auf die Produktivitätsdifferenzen ξ_1, ξ_2 beziehen, die in der hier durchgeführten Analyse als gegeben angenommen wurden. Man könnte argumentieren, dass die Hochlohnregion durch das Entfernen der Grenze zusätzliche Faktoren attrahiert und sich so ein Agglomerationseffekt ergibt, der die Produktivität weiter steigert (Hanson, 1997). Ungeachtet dieser Erweiterungsmöglichkeiten reicht das hier diskutierte Modell aus, um den Integrationsschock auf den regionalen Arbeitsmarkt der Hochlohnregion untersuchen zu können.

3 Untersuchungsansatz

Wir stützen unsere empirische Untersuchung des Integrationseffektes auf die regionalen Arbeitsmärkte in den westdeutschen Grenzregionen auf ein Panel von westdeutschen Kreisen. Von den insgesamt 327 westdeutschen Kreisen (wir schließen Berlin wegen fehlender Daten für den Westteil aus) liegen 20 direkt an der ehemaligen deutsch-deutschen Grenze. Ausgehend von den theoretischen Überlegungen kann angenommen werden, dass der aus der Grenzöffnung resultierende Rückgang der Mobilitätskosten in diesen Regionen besonders ausgeprägt wirksam wurde. Daher sollten diese Grenzkreise von dem Integrationsschock stärker als andere Kreise betroffen sein. Unsere empirische Analyse nutzt die Variation in der geographischen Lage der Kreise relativ zur deutsch-deutschen Grenze im Rahmen eines „differences in differences"-Ansatzes aus. Wir betrachten also die Veränderung von Arbeitsmarktindikatoren in den Grenzkreisen relativ zu den Nicht-Grenzkreisen. Die

Integrationseffekte der Wiedervereinigung in den Grenzkreisen sind in verschiedener Hinsicht ein vielversprechender Anwendungsfall für diese Methodik. Folgt man Angrist und Krueger (1999) ist der „differences in differences"-Ansatz „[...] well suited to estimating the effect of sharp changes in the economic environment or government policy" (ebd., S.1296). Das vollständige Entfernen der innerdeutschen Grenze kann wohl mit Recht als eine solche plötzliche und drastische Veränderung angesehen werden.

Seit dem Bau der Mauer 1961 und dem damit verbundenen Grenzregime der DDR war die Mobilität von Ost- nach Westdeutschland stark unterbunden, wenn auch nicht völlig unterdrückt. Während in den 12 Jahren von 1949 bis 1961 ungefähr 2,7 Millionen Menschen die DDR in Richtung Bundesrepublik verließen, waren es zwischen 1962 und 1989 lediglich 0,6 Millionen (Sinn und Sinn, 1992). Die unerwartete Wiedergewinnung der Freizügigkeit 1989 wurde sofort von vielen DDR-Bürgern zum Verlassen des Landes genutzt. Bereits 1989 zogen etwa 0,39 Millionen Menschen in die Bundesrepublik,[1] und allein 1990 folgten ihnen nochmals etwa 0,4 Millionen (Statistisches Bundesamt, 1999). Nach dem Fall der Mauer wurden in rascher Folge die Schritte hin zur vollständigen politischen Vereinigung am 3. Oktober 1990 unternommen. Die Möglichkeit für DDR-Bürger, als Pendler in der Bundesrepublik zu arbeiten, war theoretisch sofort gegeben. Praktisch wurden die Pendlerströme anfangs noch durch die schlechten Verkehrsverbindungen zwischen Ost und West begrenzt. Die schnelle Integration der Arbeitsmärkte wurde aber durch den besonderen Umstand unterstützt, dass es, anders als bei Integrationschritten innerhalb der Europäischen Union, keine sprachlichen und kaum nennenswerte kulturelle Differenzen zwischen Ost- und Westdeutschen gab. Ein weiteres Charakteristikum der Wiedervereinigung ist die Tatsache, dass sie zumindest vom Zeitpunkt her weitgehend unerwartet war. Dies mag von heute aus betrachtet merkwürdig anmuten, ist aber – zumindest für Westdeutschland – kaum zu bezweifeln. All dieses rechtfertigt es, die Wiedervereinigung als eine plötzliche Veränderung der wirtschaftlichen Rahmenbedingungen in den Grenzregionen aufzufassen. Ein „differences in differences"-Ansatz scheint uns daher geeignet zu sein, die Wirkung dieses Schocks auf die Arbeitsmärkte der Grenzregionen zu testen.

Im Wesentlichen fasst unsere Untersuchung die Entwicklung von wichtigen Arbeitsmarkt-Indikatoren durch Regressionen des folgenden Typs zusammen:

$$\begin{aligned} y_{i,t} &= \beta_2 \left(d_{2,t} \times Grenze_i\right) + \cdots + \beta_T \left(d_{T,t} \times Grenze_i\right) \\ &+ \theta_2 d_{2,t} + \cdots + \theta_T d_{T,t} + \pi_{i,t} + \alpha_i + u_{it} \end{aligned} \tag{8}$$

Zur Erfassung des gemeinsamen zeitlichen Trends in der abhängigen Variablen verwenden wir die Dummies $d_{2,t}, \ldots, d_{T,t}$ mit $d_{s,t} = 1$ für $s = t$ und

[1] Der Massenexodus hatte bekanntlich bereits vor dem 9. November über die ungarisch-österreichische Grenze und die besetzten Botschaften in Prag und Budapest begonnen.

$d_{s,t} = 0$ für $s \neq t$. Zeitlich konstante Charakteristika der Regionen werden von fixen Regionseffekten α_i beschrieben. Im Unterschied zu der einflussreichen Studie von Card (1990) über den „Mariel Boatlift“ wird bei uns die Tatsache, dass eine Region einem Schock ausgesetzt ist, nicht von einer einzelnen Variablen erfasst, sondern von einer Folge von Variablen – eine Dummy für Grenzregionen jeweils mit dem betreffenden Jahr interagiert. Dieses Vorgehen reflektiert die Tatsache, dass die wirtschaftliche Integration von Ost- und Westdeutschland nicht als ein singuläres Ereignis des Jahres 1989 aufzufassen ist, sondern vielmehr eine Folge von Schocks darstellt. Unsere Modellierung weicht von derjenigen von Card (1990) auch insofern ab, als wir eine Kontrollvariable für die Verfügbarkeit von Mitteln aus der Regionalförderung berücksichtigen. Dabei handelt es sich um die Indikatorvariable $\pi_{i,t}$, die den Wert eins annimmt, falls ein Kreis Gemeinden enthält, in denen die dort ansässigen Unternehmen Investitionsbeihilfen der Regionalförderung in Anspruch nehmen können. Diese Variable variiert in der Zeit, weil die Regionalpolitik einer jährlichen Revision unterliegt und insbesondere nach 1989 erheblich umgestaltet wurde.[2]

Die Untersuchung der Integrationseffekte erfolgt anhand einer Reihe von Indikatoren für die Entwicklung des Arbeitsmarktes, darunter Löhne, Gehälter, Beschäftigung und Arbeitslosenquote. Während die Untersuchung von Löhnen und Beschäftigung angesichts der theoretisch zu erwartenden Ergebnisse nahe liegt, wird die letztgenannte Variable berücksichtigt, weil kein anderer Indikator für die Partizipation der in einer gegebenen Region ansässigen Bevölkerung am Arbeitsmarkt verfügbar ist.[3] Tabelle 1 zeigt einige deskriptive Statistiken.

4 Ergebnisse

Ergebnisse zu den mengenmäßigen Arbeitsmarktindikatoren finden sich in Tabelle 2. Die Ergebnisse für die Lohn- und Gehaltsindikatoren sind in Tabelle 3 zusammengefasst.

---

[2] Die westdeutsche Regionalpolitik war vor 1989 auf zwei Klassen von Regionen ausgerichtet. Die Gemeinschaftsaufgabe „Verbesserung der regionalen Wirtschaftsstruktur“ ist dafür vorgesehen, die Entwicklung in wirtschaftlich rückständigen Regionen und in Regionen mit besonderen Strukturproblemen zu fördern. Darüber hinaus wurden auch die Regionen des so genannten Zonenrandgebietes in ähnlicher Weise gefördert. Unter anderem hatten Unternehmen im Zonenrandgebiet grundsätzlich Zugang zu den Investitionsbeihilfen der Gemeinschaftsaufgabe. Nach der Wiedervereinigung verschob sich der Fokus der Regionalpolitik nach Ostdeutschland. Die Förderung des Zonenrandgebietes lief im September 1991 aus. Dennoch hatten auch nach der Umgestaltung der Regionalförderung verschiedene Regionen in Westdeutschland Zugang zu den Mitteln der Regionalförderung, und zwar sowohl innerhalb als auch außerhalb des ehemaligen Zonenrandgebietes.

[3] Die Beschäftigtenzahlen beziehen sich auf die Beschäftigung am Arbeitsort und sind daher für die Beschreibung der Partizipation der ansässigen Bevölkerung ungeeignet.

Tabelle 1: Deskriptive Statistiken

	Beob.	Mittelw.	Std.Abw.	Min.	Max.
Arbeitslosenquote (in %)	4562	8,25	3,11	2,27	20,9
Beschäftigte pro Einwohner	4890	,331	,116	,126	,942
Bevölkerung (in 1000)	4890	192	163	33,0	1710
Stunden pro Besch.					
(Verarb. Gew.)	3272	1,15	,840	,321	12,1
Investitionen pro Besch.					
(Verarb. Gew.) [a)]	3273	11,9	5,07	2,89	65,7
Tageslohn [a)]	3912	124	27,8	70,5	198
Tagesgehalt (pro Tag) [a)]	3911	158	35,8	81,6	246
Regionalförderung	4890	,445	,494	,000	1,00

[a)] in DM und Preisen von 2000. Die Größe des Datensatzes variiert aufgrund von fehlenden Beobachtungen.

Die erste Spalte in Tabelle 2 zeigt Ergebnisse für die Arbeitslosenquote als abhängige Variable. Beginnend in 1990 weisen die Grenzregionen einen Anstieg relativ zu den anderen Regionen aus. Das Differential wächst und erreicht 2,28% im Jahr 2000. Die Ergebnisse zeigen, dass die Grenzöffnung die Arbeitslosigkeit in den Grenzregionen anhaltend und statistisch signifikant ansteigen lässt, wie wir auf Basis unserer theoretischen Überlegungen bereits vermutet hatten. Die Indikatorvariable, die den Einfluss der Regionalförderung misst, ist positiv und signifikant, was darauf hindeutet, dass die Arbeitslosigkeit in den Regionen, die von der Regionalförderung mit Investitionsbeihilfen bedacht werden, höher ist. Bei der Interpretation sollte bedacht werden, dass der Koeffizient zwei Sachverhalte gleichzeitig misst: Einerseits greift er die räumliche Verteilung der Investitionshilfen auf, andererseits reflektiert er die Wirkung der Fördermaßnahmen. Es kann daher nicht festgestellt werden, ob der Koeffizient ein Scheitern der Regionalförderung oder lediglich die Auswahl von Regionen mit erhöhter Arbeitslosigkeit in die Regionalförderung anzeigt.

Die Spalten (2) bis (4) von Tabelle 2 zeigen Ergebnisse für die Beschäftigung und den Bevölkerungsstand. Die Beschäftigung in den Grenzregionen weist relativ zum Bundesdurchschnitt einen positiven Verlauf nach der Wiedervereinigung auf. Zwischen 1991 und 1997 ist das Beschäftigungsdifferential relativ zum Basisjahr signifikant positiv. Zum Ende des Untersuchungszeitraumes ist dann ein Rückgang der Beschäftigung zu beobachten, der allerdings nicht signifikant ist. Im Gegensatz zur – zumindest zeitweilig – ansteigenden Beschäftigung zeigt die relative Entwicklung der Bevölkerung einen anhaltend negativen Trend. Im Jahr 2000 ist die Bevölkerungsentwicklung in den Grenzregionen um fast 3%, gemessen am Basisjahr 1986, hinter der

Tabelle 2: Schätzergebnisse, erster Teil

Abh. Variable	Arbeits-losenq.	Beschäf-tigung (in Log.)	Bevöl-kerung (in Log.)	$\frac{\text{Besch.}}{\text{Einw.}}$ (in Log.)	$\frac{\text{Stunden}}{\text{Besch.}}$ (in Log.)	$\frac{\text{Invest.}}{\text{Besch.}}$ (in Log.)
	(1)	(2)	(3)	(4)	(5)	(6)
Grenze×1987		-,002	-,008	,006		
		(,015)	(,013)	(,010)		
Grenze×1988	,247	-,008	-,014	,006		
	(,441)	(,014)	(,012)	(,010)		
Grenze×1989	,598	-,011	-,017	,007		
	(,394)	(,013)	(,011)	(,010)		
Grenze×1990	1,16 **	-,000	-,015	,014	,009	-,067
	(,370)	(,013)	(,011)	(,010)	(,030)	(,102)
Grenze×1991	1,34 **	,028 **	-,019 *	,047 **	,190	-,032
	(,362)	(,013)	(,011)	(,010)	(,201)	(,110)
Grenze×1992	1,19 **	,027 **	-,022 **	,049 **	,009	,037
	(,363)	(,013)	(,010)	(,010)	(,039)	(,112)
Grenze×1993	1,22 **	,028 **	-,022 **	,050 **	,023	-,083
	(,376)	(,012)	(,010)	(,010)	(,030)	(,104)
Grenze×1994	1,18 **	,035 **	-,021 **	,056 **	,023	-,019
	(,409)	(,012)	(,010)	(,010)	(,030)	(,106)
Grenze×1995	1,36 **	,040 **	-,021 **	,060 **	,024	-,060
	(,419)	(,012)	(,010)	(,010)	(,029)	(,097)
Grenze×1996	1,70 **	,031 **	-,022 **	,053 **	,039	-,072
	(,419)	(,013)	(,011)	(,010)	(,031)	(,109)
Grenze×1997	1,90 **	,030 **	-,020 **	,050 **	,039	-,043
	(,384)	(,014)	(,012)	(,010)	(,031)	(,113)
Grenze×1998	1,98 **	,021	-,021 **	,042 **	,023	-,162
	(,371)	(,015)	(,012)	(,010)	(,029)	(,115)
Grenze×1999	2,08 **	,010	-,023 **	,032 **	,036	-,110
	(,387)	(,017)	(,013)	(,011)	(,031)	(,132)
Grenze×2000	2,28 **	-,010	-,029 **	,018		
	(,385)	(,017)	(,014)	(,011)		
Regionalförderung	,124 **	-,037 **	-,015 **	-,022 **	,012	,081 **
	(,049)	(,002)	(,001)	(,002)	(,014)	(,020)
Periode	87-00	86-00	86-00	86-00	89-99	89-99
R^2	0,937	0,996	0,999	0,988	0,442	0,602
Beob.	4 562	4 890	4 890	4 890	3 272	3 273

Heteroskedastie-konsistente Standardfehler in Klammern. * zeigt Signifikanz zum 10%-Niveau, ** zeigt Signifikanz zum 5%-Niveau an. Alle Schätzungen enthalten außerdem fixe Regional- und Zeiteffekte.

Entwicklung in anderen westdeutschen Standorten zurückgeblieben.[4] Diese beiden Effekte fließen in der Variablen, die die Beschäftigung pro Kopf misst, zusammen. Hier zeigt sich ein signifikanter Anstieg in der Periode nach der Wiedervereinigung.

Da die Beschäftigungsentwicklung in Personen nur temporär positiv ist, könnte man annehmen, dass hier lediglich ein kurzfristiger Nachfrageeffekt vorliegt. Dann dürften vor allem die Arbeitsstunden nach der Grenzöffnung ansteigen. In Spalte (5) finden sich die Ergebnisse für die Stunden im verarbeitenden Gewerbe (nur Arbeiter), die mit der Anzahl der Beschäftigten im verarbeitenden Gewerbe (einschließlich Angestellten) skaliert wurden. Es zeigt sich kein signifikanter Effekt auf die Stunden.[5]

Wenn wir die von der Entwicklung der sonstigen Regionen abweichende Entwicklung unserer Arbeitsmarktindikatoren in den Grenzregionen als einen Integrationseffekt interpretieren wollen, müssen wir für die Verfügbarkeit von Subventionen aus der Regionalförderung kontrollieren. Diese Kontrolle ist besonders bedeutsam, weil die Investitionsbeihilfen nahezu zeitgleich mit der Integration erheblich umgestaltet wurden und, wie zuvor bereits erwähnt, von den westdeutschen Grenzregionen weitgehend in die neuen Länder umgeleitet wurden. Daher wurde in allen Regressionen die entsprechende Dummy-Variable berücksichtigt. Um zu testen, ob dieser Indikator in der Lage ist, den Einfluss der Investitionsförderung zu kontrollieren, haben wir eine weitere Regression mit den Investitionen pro Beschäftigten im verarbeitenden Gewerbe als abhängiger Variable durchgeführt. Wenn die Regionalpolitik hinreichend gut von unserem Indikator erfasst wird, sollte sich in den Investitionen unter Berücksichtigung des Indikators für die Regionalförderung kein signifikanter Effekt der Integration für die Grenzregionen mehr zeigen. Spalte (6) enthält die entsprechenden Ergebnisse. Zunächst ist festzustellen, dass die Investitionen in den Grenzkreisen keine signifikant von der Entwicklung der übrigen Kreise abweichende Reaktion auf den Integrationsschock zeigen. Weiterhin zeigen sich die Investitionsanreize der Regionalpolitik als positiv und hoch signifikant. Dies zeigt an, dass die Regionalförderung in der Tat effektiv war im Sinne der Förderung von Investitionen in den entsprechenden Regionen. Die Ergebnisse zeigen zugleich, dass die von uns verwendete Dummy die Investitionsanreize der Regionalpolitik hinreichend gut auffängt. Die Ergebnisse für Löhne und Gehälter finden sich in Tabelle 3.

---

[4] Ein Teil des Bevölkerungsverlustes dürfte auch darauf zurückzuführen sein, dass vor 1989 in den westdeutschen Grenzregionen ansässige Haushalte ihren Standort in die neuen Länder verlagert haben.

[5] Die Skalierung mit der Anzahl der Beschäftigten im verarbeitenden Gewerbe insgesamt ist sicher problematisch, da ein möglicherweise vorhandener Effekt auf die Arbeiterstunden durch diese Skalierung verschleiert wird. Leider waren Daten über die Anzahl der Arbeiter im verarbeitenden Gewerbe nicht verfügbar.

Tabelle 3: Schätzergebnisse, zweiter Teil

Abh. Variable	log Lohn (1)	log Gehalt (2)	log Lohn (3)	log Gehalt (4)
log Stunden			,551 **	
			(,055)	
log Tariflohn			,377 **	,029
			(,043)	(,052)
Berufsbildung			,088 **	,090 **
			(,001)	(,004)
Alter			,333 **	,698 **
			(,003)	(,006)
Alter, quadriert			-,037 **	-,073 **
			(,000)	(,001)
Grenze×1987	-,005	-,002	- ,005	-,001
	(,008)	(,015)	(,007)	(,009)
Grenze×1988	-,010	-,010	- ,007	-,015
	(,008)	(,012)	(,008)	(,010)
Grenze×1989	-,012	-,000	- ,008	-,016 **
	(,008)	(,010)	(,007)	(,007)
Grenze×1990	-,010	,013	-,010	,001
	(,008)	(,012)	(,007)	(,009)
Grenze×1991	-,021 **	,004	- ,015 *	,004
	(,007)	(,010)	(,006)	(,008)
Grenze×1992	-,025 **	-,003	- ,013 *	-,004
	(,007)	(,015)	(,006)	(,011)
Grenze×1993	-,026 **	-,008	- ,022 **	-,019 **
	(,007)	(,012)	(,006)	(,008)
Grenze×1994	-,022 **	-,007	-,018 **	-,023 **
	(,008)	(,011)	(,007)	(,008)
Grenze×1995	-,039 **	,000	- ,026 **	-,018
	(,008)	(,013)	(,007)	(,012)
Grenze×1996	-,042 **	-,015	- ,028 **	-,024 **
	(,008)	(,011)	(,007)	(,010)
Grenze×1997	-,032 **	,002	- ,027 **	-,021 **
	(,008)	(,014)	(,007)	(,019)
Regionalförderung	-,006 **	,005 *	-,004 **	,003 *
	(,001)	(,003)	(,001)	(,002)
Periode	86-97	86-97	86-97	86-97
R^2	0,978	0,935	0,366[a)]	0,416[a)]
Beob.	3 912	3 911	555 578	280 254

[a)] bezogen auf die Variation nach Bereinigung um regionale fixe Effekte.
(1) und (2) weisen heteroskedastie-konsistente Standardfehler aus (in Klammern). (3) und (4) zeigen Standardfehler nach Huber/White und Berücksichtigung der Abhängigkeit der Beobachtungen innerhalb der Regionen. * und ** stehen für Signifikanz zum 10%-Niveau beziehungsweise 5%-Niveau. Alle Schätzungen enthalten fixe Regional- und Zeiteffekte. (3) und (4) berücksichtigen zusätzlich fixe industriespezifische Effekte.

Spalten (1) und (2) zeigen Ergebnisse für einfache Regressionen, die wie zuvor einem „differences in differences"-Ansatz folgen. Beginnend mit 1991 weisen die Grenzregionen signifikant niedrigere Löhne verglichen mit Nicht-Grenzregionen auf. Auch hier ist der Effekt deutlich, persistent und statistisch signifikant. Von 1991 bis 1997 liegt der durchschnittliche Lohn in den Grenzregionen im Vergleich zur Basisperiode zwischen 2,1% und 4,2% niedriger als in den anderen westdeutschen Regionen. Für die Gehälter ist ebenfalls ein negativer Trend sichtbar, allerdings erweisen sich die Interaktionsvariablen als nicht signifikant.

In Spalten (3) und (4) finden sich Ergebnisse für Löhne und Gehälter, die sich auf Regressionen mit Individualdaten beziehen. Diese Regressionen enthalten einige zusätzliche Kontrollvariablen für individual-spezifische Charakteristika wie Alter und Ausbildung entsprechend der üblichen Lohnregression nach Mincer. Zusätzlich nutzen diese Regressionen Informationen über die Industrie, in der der betreffende Arbeiter beschäftigt ist. Sie berücksichtigen Industrie-Dummies ebenso wie einen Indikator für die Anzahl der in der betreffenden Industrie eingesetzen Stunden. Weiterhin wird auch für die Höhe des tarifvertraglich vereinbarten Lohnes kontrolliert (vgl. Büttner und Fitzenberger, 2002). In diesen Regressionen werden unsere vorläufigen Ergebnisse für die Löhne bestätigt, obwohl die individuellen Charakteristika und die Charakteristika der betreffenden Industrie hoch signifikant sind. Diese Ergebnisse bestätigen unsere einfache Modellierung im Rahmen eines „differences in differences"-Ansatzes: Unterschiede in der Zusammensetzung der Beschäftigten können den beobachteten Trend zu niedrigeren Löhnen in den Grenzregionen in den Jahren nach der Wiedervereinigung nicht erklären.

5 Schlussfolgerung

Die vorliegende Arbeit untersucht die Entwicklung der Arbeitsmarktbedingungen in westdeutschen Grenzregionen vor und nach der Wiedervereinigung. Die theoretische Analyse liefert eine Reihe klarer empirischer Implikationen für die Konsequenzen der Grenzöffnung von Hochlohnregionen. Wenn tatsächlich der Abbau der Mobilitätsbarrieren an der innerdeutschen Grenze zu einem höheren Arbeitsangebot in den westdeutschen Grenzregionen geführt hat, dann sollte dies die Gesamtbeschäftigung erhöht haben. Gleichzeitig sollte dieses zusätzliche Arbeitsangebot Druck auf das Lohnniveau ausüben, und die Arbeitslosigkeit der in den Grenzregionen ansässigen Bevölkerung sollte einen Anstieg zeigen, relativ zu den weniger stark vom Integrationsschock betroffenen Gebieten. Die empirische Untersuchung der Arbeitsmarktentwicklung in den westdeutschen Kreisen hat diese Hypothesen sämtlich bestätigen können. Darüber hinaus weist der negative Trend im Bevölkerungsstand auf eine verringerte Attraktivität der regionalen Arbeitsmärkte westlich der Grenze hin. Die durch die Grenzöffnung bedingte interregionale Ausweitung des Arbeitsangebots ist von daher eine plausible Erklärung für die gefundene gemeinsame Bewegung von regionaler Beschäftigung, regionalen Arbeitslosenquoten und Löhnen in den westdeutschen Grenzregionen. Trotz zumindest zeitweiliger Ausweitung der Beschäftigung insgesamt haben die Beschäftigten in den Grenzregionen in der Folge der Grenzöffnung eine relative Verschlechterung ihrer Position hinnehmen müssen. Dieses Ergebnis ist als ein Hinweis darauf zu werten, dass sich auf den regionalen Arbeitsmärkten Deutschlands an der polnischen und tschechischen Grenze nach der anstehenden Osterweiterung der EU ähnliche Probleme zeigen werden.

Nun kann der reine Integrationseffekt auf dem Arbeitsmarkt nicht den ganzen Verlauf der Entwicklung der Grenzregionen seit der Wiedervereinigung erklären. Dies zeigt sich insbesondere an dem Rückgang der positiven Beschäftigungseffekte in der Mitte der 1990er Jahre. Mittel- bis langfristig dürften vielmehr die örtlichen Standortbedingungen die wesentliche Rolle für die Entwicklung spielen. Im innerdeutschen Kontext ist in diesem Zusammenhang auf die massive Förderung der ostdeutschen Regionen hinzuweisen. Zudem sind die Arbeitsmärkte der westdeutschen Grenzregionen durch die Einbindung in die Flächentarifverträge im Nachteil gegenüber den ostdeutschen Standorten. Zieht man solche Standortbedingungen in die Überlegungen zur Konsequenz der EU-Osterweiterung mit ein, zeigen sich allerdings im Hinblick auf die ostdeutschen Grenzregionen weitere Probleme. So ist zumindest die steuerliche Standortattraktivität in Ost-Europa durchweg höher als in Deutschland (vgl. Jacobs et al., 2003) und auch in Bezug auf die Lohnkosten sind Zweifel an der Attraktivität angebracht.

Allerdings ist bei allen Parallelen auch auf Unterschiede hinzuweisen. Der Hauptunterschied zwischen dem Beitritt der Länder Ost-Mittel-Europas zur Europäischen Union und der deutschen Wiedervereinigung liegt darin, dass die Osterweiterung ein seit langem schon antizipiertes Ereignis darstellt, während die Wiedervereinigung eine unerwartete und plötzliche Integration herbeiführte. Die Pendlerbewegungen an der deutschen Ostgrenze haben bereits heute erhebliche Ausmaße angenommen, und die regionalen Arbeitsmärkte an der heutigen Ostgrenze der EU sind über diese Grenze hinweg schon zu einem gewissen Grad integriert. Dies ist ein Grund, warum nach der Aufnahme Polens und der Tschechischen Republik in die EU mit weniger starken Integrationseffekten auf den regionalen Arbeitsmärkten der deutschen Grenzregionen zu rechnen ist.

Anhang: Datenquellen und Definitionen

Der Datensatz besteht aus allen 327 Kreisen und kreisfreien Städten Westdeutschlands. Die kreisfreie Stadt Wolfsburg ist aufgrund fehlender Daten und der erheblichen Bedeutung des Volkswagenwerkes ausgeschlossen.

Jährliche Bevölkerung berechnet als Quartalsdurchschnitt, offizielle Projektionen auf Basis der Daten der Einwohnermeldeämter.

Arbeitslosenquote ist der offizielle Jahreswert des Kreises beziehungsweise der kreisfreien Stadt aus der Arbeitsmarktstatistik.

Gesamte Beschäftigung bezieht sich auf die Anzahl der Beschäftigten Ende Juni des jeweiligen Jahres am Arbeitsort, ausgewiesen in der Beschäftigtenstatistik basierend auf allen sozialversicherungspflichtig Beschäftigten.

Beschäftigung im verarbeitenden Gewerbe bezieht sich auf die Beschäftigung am Arbeitsort in Unternehmen des verarbeitenden Gewerbes gemäß den entsprechenden Berichten der Statistischen Landesämter.

Löhne und Gehälter: die Lohnvariable beinhaltet Bruttolöhne von männlichen vollzeitbeschäftigten Arbeitern mit niedriger oder mittlerer Qualifikation pro Tag, ausgewiesen im IABS-REG scientific use file – einer einprozentigen Zufallsstichprobe der sozialversicherungspflichtig Beschäftigten. Die Gehälter beziehen sich auf die entsprechenden Angaben über Angestellte. Die Spezifikationen (1) und (2) verwenden Durchschnitte der täglichen Entlohnung vom 30. Juni im jeweiligen Kreis und Jahr. Die Spezifikationen (3) und (4) verwenden die entsprechenden Individualdaten.

Alter und Qualifikation: Das Alter ist das Alter der betreffenden Person aus IABS-REG. Qualifikation ist ein Indikator, der den Umfang der vorhandenen Berufsausbildung misst. Zu beachten ist, dass hoch qualifizierte Beschäftigte, d.h. diejenigen mit einem Fachhochschul- oder Hochschulabschluss, nicht im Datensatz enthalten sind. Dadurch werden Probleme vermieden, die mit dem Top-coding der entsprechenden Einkommensdaten verbunden sind.

Branchendummy: Zugehörigkeit zur Branche entsprechend der Branchenklassifikation der Bundesanstalt für Arbeit.

Stunden: Durchschnittliche Anzahl der wöchentlich geleisteten Stunden auf Branchenebene (nur männliche Arbeiter). Quelle: Statistisches Bundesamt, FS 16,2, Segmente 1612-1615, 5565-5568.

Tariflöhne für Arbeiter: Branchenspezifischer Index der tariflichen Stundenlöhne von männlichen Arbeitern (1991=100). Quelle: Statistisches Bundesamt, FS 16,4.3, Segment 2561.

Tariflöhne für Angestellte: Branchenspezifischer Index der tariflichen Monatsgehälter von männlichen Angestellten (1991=100). Quelle: Statistisches Bundesamt, FS 16,4.3, Segment 2554).

Regionalpolitik ist eine Indikatorvariable für Kreise mit Gemeinden, in denen die dort ansässigen Unternehmen Investitionsbeihifen im Rahmen der Gemeinschaftsaufgabe 'Verbesserung der regionalen Wirtschaftsstruktur' beantragen können. Für die Zeit vor 1991 wurde der Indikator auf eins gesetzt, wenn für den Kreis i im Jahr t mindestens eine der folgenden Bedingungen erfüllt war:

1. Der Kreis enthält Gemeinden, die im Rahmenplan für die „Verbesserung der regionalen Wirtschaftsstruktur" als Zielgebiete der Regionalförderung ausgewiesen sind.
2. Der Kreis enthält Gemeinden, die zum Zonenrandgebiet gehören.

Für die Jahre nach 1991 ist die zweite Bedingung gegenstandslos, da keine Förderung des Zonenrandgebietes mit Mitteln aus der Gemeinschaftsaufgabe mehr erfolgt. In den Fällen, in denen alle Gebiete (Gemeinden oder Teile von Gemeinden) innerhalb eines Kreises i den Status der Zugehörigkeit zum Zielgebiet im Jahr t verlieren, wurde π_{it} auf den Wert $m/12$ gesetzt, wobei m die Anzahl der Monate im Jahr t bezeichnet, in denen die ansässigen Unternehmen noch Anträge auf Förderungen stellen konnten. Die Informationen bezüglich der jährlich ausgewiesenen Zielgebiete wurde dem jährlich veröffentlichten Rahmenplan der Gemeinschaftsaufgabe 'Verbesserung der regionalen Wirtschaftsstruktur' entnommen (Bundesministerium für Wirtschaft und Technologie).

Literaturverzeichnis

Angrist, J.D. und A.B. Krueger (1999), Empirical Strategies in Labor Economics, in: Ashenfelter, O. (Hrsg.), *Handbook of Labor Economics*, 3A, Amsterdam, 1277–1366.

Borjas, G.J., R.B. Freeman und L.F. Katz (1997), How Much do Immigration and Trade Affect Labor Market Outcomes? *Brookings Papers on Economic Activity* 1, 1–67.

Büttner, T. und B. Fitzenberger (2002), *Integrating Wage Bargaining into an Efficiency Wage Model: The Relationship Between Wages and Unemployment Revisited*, unveröff. Manuskript, Mannheim.

Card, D.E. (1990), The Impact of the Mariel Boatlift on the Miami Labor Market, *Industrial & Labor Relations Review* 43 (2), 245–257.

Filer, R.K. (1992), The Impact of Immigrant Arrivals on Migratory Patterns of Native Workers, in: Borjas, G. J. und Freeman, R. B. (Hrsg.), *Immigra-*

tion and the Work Force: Economic Consequences for the United States and Source Areas, Chicago, 245–269.

Hanson, G.H. (1997), Increasing Returns, Trade and the Regional Structure of Wages, *Economic Journal* 107, 113–133.

Jacobs, O.H., C. Spengel, M. Finkenzeller und M. Roche (2003), Company Taxation in the New EU Member States, Frankfurt und Mannheim.

Jung, H.-U. (2001), Entwicklungsprobleme und -perspektiven der ehemaligen niedersächsischen Grenzregionen, in: Niedersächsisches Institut für Wirtschaftsforschung (Hrsg.), *Entwicklungsprobleme und -perspektiven der ehemaligen niedersächsischen Grenzregionen*, Hannover, 1–28.

Krüsemann, M. (2001), Entwicklunsgprobleme ausgewählter niedersächsischer Städte im ehemaligen Zonenrandgebiet, in: Niedersächsisches Institut für Wirtschaftsforschung (Hrsg.), *Entwicklungsprobleme und -perspektiven der ehemaligen niedersächsischen Grenzregionen*, Hannover, 75–92.

Sinn, H.W. und G. Sinn (1992), *Jumpstart*, Cambridge, Mass.

Statistisches Bundesamt (1999), Fachserie 1, R1 Gebiet und Bevölkerung, Stuttgart.

Produktionspotential, NAIRU und das GPS der Wirtschaftspolitik

Wolfgang Scheremet

1 Einleitung

Es gibt wohl wenig ökonomische Konzepte, die für die praktische Wirtschaftspolitik von solch überragender Bedeutung sind, wie das Produktionspotential und die Non-Accelerating Inflation Rate of Unemployment (NAIRU). Beide bilden, wie die Satelliten im GPS, dem „Global Positioning System", die Bezugspunkte im wirtschaftspolitischen Navigationssystem. Sie sind essentielle Bestandteile des Indikatorensets einer regelgebundenen Geldpolitik. Das Produktionspotential findet Eingang in die Konjunkturbereinigung öffentlicher Haushalte. Schließlich determiniert das Wachstum des Produktionspotentials den trendmäßigen Produktivitätsfortschritt, der wiederum als Richtschnur für die Lohnpolitik herangezogen wird.

Beide Größen sind dabei mehrdimensional. Sie sind zum einen, in der kurzen Frist, Referenzwerte für das Gleichgewicht auf dem Gütermarkt und auf dem Arbeitsmarkt. Abweichungen der aktuellen Werte der gesamtwirtschaftlichen Produktion vom Produktionspotential und der Arbeitslosenquote von der NAIRU messen den Anspannungsgrad auf den jeweiligen Märkten. Beide, Produktionspotential und NAIRU, sind zum anderen in der langen Frist aber auch Variablen, deren Verläufe von Maßnahmen der Wirtschaftspolitik abhängen.

Dementsprechend sind auch die Ziele der Wirtschaftspolitik mehrdimensional. In der kurzen Frist gilt es nach Möglichkeit die Lücke zwischen der gesamtwirtschaftlichen Produktion und dem Produktionspotential sowie zwischen der aktuellen Arbeitslosenquote und der NAIRU zu minimieren. Auf die längere Frist hingegen kann der Wohlstand nachhaltig – also ohne Inflation – nur durch eine Beschleunigung des Potentialwachstums beziehungsweise durch eine Senkung der NAIRU erhöht werden.

Es ist deshalb nicht verwunderlich, dass es sowohl im akademischen Bereich als auch im Bereich der praktischen Wirtschaftspolitik eine Vielzahl von Berechnungen und Veröffentlichungen zur Entwicklung des Produktionspotentials und der NAIRU gibt. Die Bedeutung beider Größen hat in den vergangenen drei Jahrzehnten auch dadurch zugenommen, dass es in der Wirtschaftspolitik eine Abkehr von diskretionären Entscheidungen und eine Hinwendung zu einer regelgebunden Wirtschaftspolitik gegeben hat. Für die regelgebundene Wirtschaftspolitik ist aber ein festes und klar identifizierbares Referenzsystem unverzichtbar.

Beide Konzepte, Produktionspotential und NAIRU, haben jedoch als Bezugspunkte im Navigationssystem der Wirtschaftspolitik zwei entscheidende Mängel: Erstens sind beide unbeobachtbare Größen. Sie müssen vielmehr durch mehr oder weniger aufwendige ökonometrische Verfahren aus den tatsächlich realisierten Werten der gesamtwirtschaftlichen Produktion und der Arbeitslosenquote ermittelt werden. Mit anderen Worten, man kennt die Position der Satelliten im GPS nicht so ganz genau, sondern kann sie nur abschätzen. Zum zweiten basiert die Interpretation der permanenten Komponente des realen Bruttoinlandsprodukts als Potentialwachstum und der Arbeitslosenquote als NAIRU auf der sehr restriktiven Annahme, dass Zyklus und Trend völlig voneinander unabhängig sind. Erweist sich diese theoretische Annahme aber als nicht zutreffend, ist die empirische Zerlegung in Zyklus- und Trendkomponente nicht möglich.

Die damit verbundenen Probleme und die möglichen Konsequenzen für die Wirtschaftspolitik sollen in den weiteren Ausführungen eingehender betrachtet werden. Im folgenden Abschnitt werden die beiden Konzepte in aller Kürze dargestellt. Im 3. Abschnitt folgt ein kurzer Überblick über die verschiedenen Methoden zur Ermittlung von Produktionspotential und NAIRU und den theoretischen Grundlagen. Daran anschließend folgt eine kritische Diskussion der beiden Konzepte und deren Eignung als Bezugspunkte im wirtschaftspolitischen Navigationssystem. Eine Diskussion der wirtschaftspolitischen Implikationen schließt die Ausführungen ab.

2 Wachstum und Konjunktur – die lange und die kurze Frist

Was bestimmt das Niveau von Produktion und Beschäftigung? Bei der Beantwortung dieser Frage ziehen Ökonomen üblicherweise eine scharfe Trennung zwischen der kurzen und der langen Frist. In der langen Frist wird das Wachstum der gesamtwirtschaftlichen Produktion durch die Angebotsseite der Volkswirtschaft bestimmt. Die Expansion verläuft in der Regel jedoch nicht stetig, sondern der Wachstumstrend wird kurzfristig von zyklischen Schwankungen der Nachfrage überlagert. Derartige Abweichungen stellen temporäre Ungleichgewichte dar und sind damit immer nur kurzfristiger Natur. Über kurz oder lang findet die tatsächlich produzierte Absatzmenge wieder auf den Trend zurück. Der Trend dominiert also die Entwicklung.

Beide Prozesse sind bei dieser Betrachtungsweise voneinander unabhängig. Sie unterliegen damit auch unterschiedlichen Einflussfaktoren. Entsprechend der Vorstellung, dass der langfristige Trend die Entwicklung der Angebotsseite wiederspiegelt, kann dieser Wachstumstrend auch nur durch angebotsorientierte Maßnahmen, wie der Rentabilität von Investitionen (Besteuerung von Kapital, Rechtssystem, Lohn-Zins-Verhältnis), den Investitionen in Forschung und Entwicklung (technischer Fortschritt), dem Bildungssystem (Humankapital) und der öffentlichen Infrastruktur beeinflusst werden. Kurzfristige Abweichungen der Nachfrage von diesem Trend wiederum können von der makroökonomischen Politik beeinflusst werden. Der Wachstumstrend hingegen ist für die makroökonomische Wirtschaftspolitik eine exogene Größe. Ist eine dauerhafte Abschwächung oder Beschleunigung des Wachstumspfades zu beobachten, liegen die Ursachen folglich an einer Veränderung dieses exogenen Trends. Erst durch diese Exogenität können das Produktionspotential und die NAIRU als Referenzgröße für eine regelgebundene makroökonomische Politik verwendet werden.

Eine der ursprünglichen Definitionen des langfristigen Produktionspotentials stammt von Okun (1962). Er setzte das Potential mit der Produktion bei Vollbeschäftigung gleich. Für makroökonomische Politikfelder wie die Geld-, Finanz- und Lohnpolitik ist diese rein technische Betrachtung von geringer Bedeutung. Wichtig ist vielmehr, welche ökonomischen Prozesse durch die kurzfristigen Abweichungen vom längerfristigen Trend („Produktionslücke“) ausgelöst werden. Bei den Weiterentwicklungen des Konzepts wird daher unter dem Produktionspotential jenes Niveau der Produktion verstanden, das in einer Volkswirtschaft maximal erzeugt werden kann, ohne dass ein Anstieg der Inflation hervorgerufen wird (De Masi, 1997). Präziser definiert: Das Produktionspotential stellt die nachhaltig zur Verfügung stehenden Angebotsmöglichkeiten einer Volkswirtschaft dar, die durch die Produktionsstruktur, den Stand der Technik und die verfügbaren Produktionsfaktoren bestimmt werden (EZB, 2000). Von Bedeutung ist hier der Begriff „nachhaltig“. Er drückt unter anderem aus, dass eine Erhöhung des Potentialwachstums nur dann vorliegt, wenn sie nicht mit einer Beschleunigung der Inflation verbunden ist.

Eine analoge Betrachtungsweise erfolgt für den Arbeitsmarkt. In der langen Frist wird die Arbeitslosenquote auf einem aggregierten Arbeitsmarkt vom Schnittpunkt der Arbeitsangebots- und der Arbeitsnachfragefunktion bestimmt (Friedman, 1968). Arbeitslosigkeit, die über einen längeren Zeitraum auftritt ist freiwillig oder „natürlich“. „Natürlich“ ist also jene Arbeitslosenquote, die sich in einem walrasianischen System unter Berücksichtigung der strukturellen Charakteristika der Arbeits- und Gütermärkte ergibt, also etwa Marktunvollkommenheiten, wie Informationskosten über die Verfügbarkeit von offenen Stellen, Mobilitätskosten usw. Auch hier kann es Abweichungen von der natürlichen Arbeitslosenquote geben, jedoch wiederum nur kurzfristig. Was nicht bedeutet, dass die „natürliche“ Arbeitslosenquote konstant ist. Verändern sich die strukturellen Charakteristika der Arbeits- und Gütermärkte, steigt oder fällt auch die gleichgewichtige Arbeitslosenquote.

Üblicherweise wird die „gleichgewichtige“ Arbeitslosenquote mit der NAIRU gleichgesetzt. Auch wenn beide Ähnliches beschreiben, sind es dennoch unterschiedliche Konzepte. Die „natürliche“ Arbeitslosenquote von Friedman ist ein Bestandteil des walrasianischen Gleichgewichtsmodells, während die NAIRU ein keynesianisches Konzept ist.[1] Beide basieren auf unterschiedlichen Preistheorien und unterliegen unterschiedlichen Einflussfaktoren. Aus beiden Konzepten ergeben sich daher auch verschiedene wirtschaftspolitische Implikationen (Tobin, 1998). Auf eine ausführliche Darstellung der Theorie und Empirie der NAIRU soll an dieser Stelle verzichtet werden. Eine umfassende Übersicht findet sich bei Franz (2003*a*) und Franz (2003*b*).

Analog zum Konzept des Produktionspotentials beschreibt die NAIRU einen gleichgewichtigen Zustand auf dem Arbeitsmarkt. Sie ist jene Arbeitslosenquote, bei der es nicht zu einer Beschleunigung der Lohnzuwächse kommt. Die NAIRU ist also ein bestimmter Schwellenwert der Arbeitslosenquote. Ist die tatsächliche Arbeitslosenquote höher als dieser Wert, kann die Arbeitslosigkeit durch nachfragestimulierende Maßnahmen auf dem Gütermarkt reduziert werden, ohne dass inflationäre Prozesse ausgelöst werden. Soll die Arbeitslosigkeit unter diesen Schwellenwert gesenkt werden, sind dagegen angebotspolitische Maßnahmen auf dem Arbeitsmarkt zu ergreifen, die die Funktionsweise des Arbeitsmarktes verbessern. Ansatzpunkte der Politik liegen hier im Bereich der institutionellen Ausgestaltung des Arbeitsmarktes, wie dem Lohnfindungsprozess, der Matchingfunktion der Arbeitsvermittlung, der Höhe und der Dauer von Lohnersatzleistungen sowie individuellen Charakteristika der Arbeitslosen, wie beispielsweise deren Qualifikationsniveau und deren regionale Verfügbarkeit. Die NAIRU kann demnach zur Unterscheidung zwischen konjunkureller und struktureller Arbeitslosigkeit herangezogen werden (Franz, 2003*b*).

Das Produktionspotential und die NAIRU sind nicht unabhängig voneinander. Das Produktionspotential in der erweiterten Definition hängt von der Höhe der NAIRU ab, da die Produktionskapazitäten vom potenziellen Arbeitseinsatz mitbestimmt werden. Liegt beispielsweise die tatsächliche Arbeitslosenquote unterhalb der NAIRU, so geht vom Arbeitsmarkt ein inflationärer Druck aus (cost-push), selbst wenn noch genügend freie Sachkapazitäten existieren und auf dem Gütermarkt keine „demand-pull"-Inflation vorliegt.

Die beiden Konzepte Produktionspotential und NAIRU sind damit für die makroökonomische Politik die zentralen Informationsvariablen für die Bestimmung des Inflationspotentials. Eine positive oder sogar zunehmende Produktionslücke erhöht den Inflationsdruck, da die Überschussnachfrage auf dem Gütermarkt die Preisüberwälzungsspielräume der Unternehmen erhöht (demand-pull) oder die Anspannung auf dem Arbeitsmarkt zu einer Beschleunigung der Lohnzuwächse führt (cost-push).

Die Relevanz beider Größen ist dabei unabhängig von der geldpolitischen Strategie. Das Potentialwachstum ist explizites Element der Quantitätsglei-

[1] Die NAIRU ist quasi die keynesianische Antwort auf die monetaristische Vorstellung einer vertikalen Phillipskurve (Gottschalk, 2002).

chung und damit der Geldmengensteuerung. Die NAIRU wiederum ist ein Bestimmungsfaktor des Potentialwachstums. Ist die tatsächliche Entwicklung der gesamtwirtschaftlichen Produktion kräftiger als das im Geldmengenziel enthaltene Potentialwachstum, werden die Zinsen bei gegebenem Geldmengenwachstum entsprechend steigen. Der sich automatisch einstellende restriktive Kurs zwingt die gesamtwirtschaftliche Produktion wieder auf den Potentialpfad und der Inflationsdruck lässt nach. Bei einer auf „Inflation-Targeting" basierenden Geldpolitik dagegen sind je nach Formulierung der Zinsgleichung die Produktionslücke oder die Abweichung der Arbeitslosenquote von der NAIRU Element der geldpolitischen Strategie.[2] Eine negative Produktionslücke deutet auf steigenden Inflationsdruck hin und die Zentralbank wird dem vorausschauend durch Zinserhöhungen entgegenwirken.

Das Potentialwachstum nimmt auch bei den Überlegungen zu einer nachhaltigen Finanzpolitik – wie beispielsweise im Konzept des konjunkturneutralen Haushalts – eine zentrale Rolle ein. Wobei es hierbei nicht notwendigerweise um eine aktive Konjunktursteuerung durch die Finanzpolitik geht, falls die gesamtwirtschaftliche Expansion vom Potentialpfad abweicht. Vielmehr geht es darum beurteilen zu können, ob eine Veränderung des staatlichen Budgetsaldos konjunkturell (automatische Stabilisatoren) oder diskretionär bedingt ist. Die Unterteilung in strukturelle und konjunkturelle Defizite ist für die Konsolidierungsstrategie im Rahmen des Europäischen Stabilitäts- und Wachstumspaktes von besonderer Bedeutung. So empfiehlt die Europäische Kommission in den „Grundzügen der Wirtschaftspolitik für die Jahre 2003-2005", die Mitgliedstaaten sollten „über den Konjunkturzyklus hinweg einen nahezu ausgeglichenen Haushalt oder einen Haushaltsüberschuss aufrechterhalten und solange dieses Ziel nicht erreicht ist, alle notwendigen Maßnahmen ergreifen, um eine jährliche Verbesserung der konjunkturbereinigten Haushaltsposition um mindestens 0,5% des BIP sicherzustellen" (Leitlinie 1, Europäische Kommission 2003).

Wie bereits oben erwähnt, haben das Potentialwachstum und die NAIRU allerdings eine unangenehme Eigenschaft. Sie sind beides unbeobachtbare Größen. Sie müssen deshalb aus den tatsächlich realisierten Größen Bruttoinlandsprodukt und Arbeitslosigkeit extrahiert werden. Ökonomen haben deshalb eine Vielzahl methodischer Verfahren entwickelt, um die sich in den tatsächlich beobachtbaren Zeitreihen verbergenden Informationen über die langfristigen Trends herauszufiltern. Im Folgenden wird die Nützlichkeit dieser Methoden diskutiert.

[2] Auf eine detaillierte Darstellung der Geldmengensteuerung und des Inflations-Targeting soll an dieser Stelle verzichtet werden. Eine Übersicht sowie die einschlägigen Literaturhinweise finden sich beispielsweise bei Svensson (1999) und Bofinger (2001).

3 Schätzungen des Produktionspotentials und der NAIRU oder die Suche nach dem GPS

Die Verfahren zur Ermittlung des Produktionspotentials und der NAIRU beruhen weitgehend auf dem gleichen Prinzip. Es geht darum, eine Zeitreihe in ihre zyklische oder temporäre und ihre permanente oder Trendkomponente zu zerlegen. Alle diese Methoden basieren – naturgemäß – auf realisierten Transaktionsmengen. Sie bilden damit weder allein das Angebot noch die Nachfrage ab. Um dennoch Informationen über die Entwicklung des Angebots – als Trendkomponente – und der Nachfrage – als Konjunkturkomponente – aus den Zeitreihen isolieren zu können, sind zusätzliche identifizierende Annahmen erforderlich. Von zentraler Bedeutung ist dabei die aus der Theorie abgeleitete Annahme, dass Trend und Zyklus unabhängig voneinander sind. Die langfristige Entwicklung spiegelt das Angebot beziehungsweise das Potential wider, während die Nachfrage sich zyklisch um den langfristigen Trend bewegt. Eine weitere Annahme ist beispielsweise, wie bei Blanchard und Quah (1989), dass Angebotsschocks einen dauerhaften Einfluss, Nachfrageschocks dagegen nur einen transitorischen Einfluss auf die Produktion ausüben.

Die verschiedenen Methoden können grob in drei Gruppen eingeteilt werden.[3] Die erste Gruppe umfasst die univariaten Methoden, die nur eine Variable zur Beschreibung verwenden. Hierzu gehören: der lineare Trend, der Hodrick-Prescott-Filter, der Rotemberg-Filter, der Baxter-King-Filter, die Beveridge-Nelson-Zerlegung und der univariate Kalman-Filter. Diese univariaten Filter sind so formuliert, dass eine Zeitreihe in eine stationäre und eine instationäre Komponente zerlegt wird. Bis zu diesem Zeitpunkt ist dies reine Statistik. Diesen Methoden wird daher oftmals vorgeworfen, sie seien theorielos. Dies ist so aber nicht ganz korrekt. Zwar basiert die Zerlegung in eine stationäre und eine instationäre Komponente auf rein statistischen Verfahren, die ökonomische Interpretation der instationären Komponente als Produktionspotential oder als NAIRU sowie der stationären Komponente als Konjunktur beruht aber auf den oben beschrieben theoretischen Überlegungen der Unabhängigkeit von Konjunktur und Wachstum. Diese Überlegungen fließen als grundlegende Annahme in die Interpretation ein.

Gegenüber den univariaten Methoden basiert die zweite Gruppe von Methoden auch bei der empirischen Ermittlung auf theoretischen Überlegungen. Zu dieser Gruppe gehören die Schätzungen des Produktionspotentials mit Hilfe einer Produktionsfunktion oder im Rahmen eines SVAR-Systems und die Schätzung der NAIRU in einem Preis-Lohn-System. Allerdings ist auch hier die Identifikation von Produktionspotential und NAIRU nicht oh-

[3] Ein ausführlicher Überblick über die verschiedenen Messkonzepte zur Ermittlung des Potentialwachstums und der NAIRU findet sich bei Fritsche et al. (2003) und bei SVR (2003); siehe auch die dort enthaltenen Literaturhinweise.

ne exogene Informationen – beziehungsweise identifizierende Restriktionen – möglich, da diese Schätzungen ebenfalls auf beobachteten Daten basieren, also Daten, die Informationen über die Entwicklung des Angebots und der Nachfrage enthalten.

Bei der Extrahierung des Produktionspotentials mit Hilfe einer Produktionsfunktion muss zudem die NAIRU bekannt sein, damit der potenzielle Arbeitseinsatz berechnet werden kann. Damit wird das Problem lediglich verlagert. Die NAIRU – ob konstant oder variabel – muss aus einer Schätzung der Phillips-Kurve, beispielsweise mit Kalman-Filter, ermittelt oder schlicht durch einen Hodrick-Prescott-Filter approximiert werden. Damit gelten für die Schätzung des Potentials mit Hilfe einer Produktionsfunktion im Prinzip dieselben Einwände wie bei den univariaten Methoden.

Diese gelten auch für Schätzungen von Produktionspotential und NAIRU mit Hilfe eines SVAR-Systems. So beruht beispielsweise die Spezifikation von Blanchard und Quah (1989) auf der Annahme, dass lediglich Angebotsschocks langfristig auf die gesamtwirtschaftliche Produktion und damit auf das Potential wirken. Nachfrageschocks haben dagegen nur kurzfristigen Einfluss. Auch hier gilt die grundlegende Annahme, dass Angebot und Nachfrage voneinander unabhängig sind und dass makroökonomische Politik allenfalls kurzfristige Wirkung hat. Diese Annahme führt dazu, dass die von Blanchard und Quah (1989) berechnete Produktionslücke per Definition stationär ist.[4]

Die dritte Gruppe der Methoden umfasst schließlich Berechnungen von Produktionspotential und NAIRU mit Hilfe von semi-strukturellen Methoden, wie dem multivariaten Hodrick-Prescott-Filter oder dem multivariaten Kalman-Filter. Diese Gruppe bildet quasi die Kombination von univariaten Zeitreihenmethoden und den strukturellen Modellen. Sie basieren auf den Zeitreihenmethoden, beziehen aber Informationen aus anderen Zeitreihen und aus ökonomischen Zusammenhängen mit ein. Damit können Schätzungen des Produktionspotentials und der NAIRU im Rahmen von ökonomisch fundierten Modellen durchgeführt und der mögliche Einfluss von exogenen Variablen auf die langfristigen Gleichgewichtswerte getestet werden.

Wie eingangs beschrieben, basiert in diesen Methoden die Extraktion von Produktionspotential und NAIRU aus den jeweiligen Zeitreihen auf der Annahme, dass Wachstum und Konjunktur von jeweils unterschiedlichen und unabhängigen Prozessen determiniert werden. Basierend auf den Überlegungen von Friedman (1968) und Phelps (1967) hat die Wirtschaftspolitik, namentlich die Geldpolitik, allenfalls einen kurzfristigen Einfluss auf realwirtschaftliche Größen wie die gesamtwirtschaftliche Produktion oder die Arbeitslosigkeit. Langfristig werden dagegen nur nominale Größen wie Preise und Nominalzinsen berührt. Diese Sichtweise ist aber sowohl theoretisch als

---

4 Für ein Modell, dass die Neutralität einer Nachfragepolitik nicht von vornherein annimmt vgl. Balmaseda et al. (2000) und Fritsche et al. (2003).

auch empirisch umstritten.[5] Die Nicht-Neutralität[6] des Geldes lässt sich sowohl im Rahmen neoklassischer als auch keynesianischer Modelle ableiten. So zeigen Orphanides und Solow (1990), dass selbst eine geringfügige Modifikation eines einfachen theoretischen Models genügt, um Nicht-Neutralität des Geldes gegenüber dem Niveau der gesamtwirtschaftlichen Produktion abzuleiten.

Der wohl wichtigste Mechanismus, der eine Nicht-Neutralität des Geldes implizieren kann, sind Hysterese-Effekte auf dem Arbeitsmarkt und dem Kapitalmarkt. Clarida et al. (1999) erweitern in einem makroökonomischen Standardmodell die Bestimmungsgleichung des Produktionspotentials um Hysterese-Prozesse auf dem Arbeitsmarkt. Schwenkt die Zentralbank auf einen restriktiven Kurs ein, um einen Anstieg der Inflationsrate zu bekämpfen, folgt dem Anstieg der Nominalzinsen aufgrund nominaler Rigiditäten ein Anstieg der Realzinsen. Die damit verbundene Zunahme der Arbeitslosigkeit führt über kurz oder lang zu einer Abschwächung der Lohnzuwächse und der Inflation. Werden die Zinsen nicht schnell und kräftig genug gesenkt, nachdem der Anstieg der Arbeitslosigkeit erfolgt ist, erhöht sich die durchschnittliche Dauer der Arbeitslosigkeit und die Zahl der Langzeitarbeitslosen nimmt zu. Mit zunehmender Arbeitslosigkeitsdauer und dem damit einhergehenden Verlust von Humankapital verringert sich das effektive Arbeitsplatzangebot. Eine anhaltend hohe Arbeitslosigkeit wird dann, über kurz oder lang, zu einem Anstieg der gleichgewichtigen Arbeitslosenquote, also der NAIRU, führen.

Die Hysterese-Effekte wirken aber nicht nur über die Entwertung von Humankapital, sondern auch über einen Abbau des Sachkapitalbestandes.[7] Der Kapitalbestand in einer Ökonomie ist zwar kurzfristig, nicht aber auf die mittlere Frist konstant. Die Kapitalakkumulation wird maßgeblich von den Kapitalkosten bestimmt. Wenn die Zentralbank nach einer Stabilisierungsrezession die Zinsen nicht im Gleichklang mit dem Rückgang der Lohnstückkosten senkt, können Hysterese-Effekte infolge einer langsameren Kapitalakkumulation auftreten. In einer Rezession geht die Kapitalakkumulation deutlich zurück oder wird sogar negativ, weil Firmen in Konkurs gehen oder die am Markt verbleibenden Firmen die Investitionsentscheidung hinausschieben. Je tiefer eine Rezession ist und je länger sie andauert, desto mehr Firmen scheiden aus dem Markt aus und umso mehr Kapital wird vernichtet. Dieser Prozess vollzieht sich vergleichsweise schnell. Der Aufbau von Sachkapital geht

---

5 Vgl. Horn und Tober, 2003, und die dort zitierte Literatur.

6 Zu unterscheiden ist dabei zwischen der einfachen Neutralität und der Super-Neutralität des Geldes. Die einfache Neutralität besagt, dass eine einmalige, dauerhafte und von den Marktteilnehmern nicht vorhergesehene Erhöhung der Geldmenge sich nicht auf die realen Größen wie Konsum, Investitionen und Produktion auswirkt. Super-Neutralität dagegen bedeutet, dass auch eine dauerhafte Erhöhung der Wachstumsrate sich nicht auf die realwirtschaftliche Größen auswirkt (Horn und Tober, 2003).

7 Vgl. Blanchard, 2003, und Collignon, 1998.

dagegen nur langsam vonstatten. Schwenkt die Zentralbank nicht schnell genug auf einen expansiven Kurs ein, so stockt der Aufbau des Kapitalstocks und damit der Beschäftigung. Die Arbeitslosigkeit weist ein persistentes Verhalten auf und ökonometrische Schätzungen der Phillipskurve ermitteln einen Anstieg der NAIRU. Romer und Romer (1994) weisen in einer Untersuchung für die USA darauf hin, dass in den USA auf eine Rezession in der Regel eine schnelle und ausgeprägte Erholung folgt. Dieser Impuls führt die gesamtwirtschaftliche Expansion schnell wieder auf den Potentialpfad zurück (Ball, 1999). Romer und Romer (1994) führen dieses Muster auf die schnelle Reaktion der amerikanischen Zentralbank zurück.

Auch wenn empirische Studien keinen eindeutigen Befund für die Nicht-Neutralität der Geldpolitik finden, so sind dennoch Zweifel angebracht, ob die Neutralität des Geldes gilt. So kommen beispielsweise Horn und Tober (2003) auf Basis einer Reihe empirischer Analysen zu dem Schluss, dass die Geldpolitik nicht nur in der kurzen Frist, sondern auch in der langen Frist Auswirkungen auf die wirtschaftliche Dynamik hat. Wenn also die Geldpolitik den Realzins für eine längere Zeitspanne beeinflusst kann, wofür es empirische Evidenz gibt, dann hätte die Geldpolitik auch auf die längere Frist Einfluss auf die wirtschaftliche Dynamik. Damit hätte die Geldpolitik auch Einfluss auf die Höhe der (gemessenen) NAIRU.

Zu ähnlichen Schlussfolgerungen kommen Mankiw (2001) und Karanassou et al. (2003) bei empirischen Untersuchungen zur Phillipskurve. So sei die Zunahme und Verfestigung der Arbeitslosigkeit in Europa über die vergangenen 20 Jahre weniger das Resultat eines Anstiegs der NAIRU im Sinne einer höheren strukturellen Arbeitslosigkeit, sondern Folge der restriktiven Geldpolitik während dieses Zeitraums.

Eine Unterstützung der These, dass die Geldpolitik Einfluss auf die NAIRU und damit auf das Produktionspotential hat, liefern auch die Ergebnisse von Logeay und Tober (2003) und Fritsche et al. (2003). Logeay und Tober schätzen eine zeitabhängige NAIRU mit Hilfe eines multivariaten Kalman-Filters für Europa. Damit kann der Einfluss von exogenen Bestimmungsfaktoren der NAIRU explizit getestet werden. Eine der Variablen, die getestet wurden, war der Realzins. Eine Zunahme des kurzfristigen Realzinses um einen Prozentpunkt führt zu einem Anstieg der NAIRU im Euroraum um 0,3 Prozentpunkte. Demzufolge hat die Geldpolitik nicht nur Auswirkung auf die Höhe der aktuellen Arbeitslosenquote, sondern auch auf die Höhe der NAIRU. Für Deutschland kommen Fritsche et al. (2003) zu einem ähnlichen Ergebnis. Gemäß den Schätzungen mit Hilfe des multivariaten Kalman-Filters für Deutschland hat der Anstieg der Realzinsen im Verlauf der 1980er Jahre zu rund 60% zum Anstieg der NAIRU beigetragen. Ähnliches folgte in den 1990er Jahren, als der Anstieg der NAIRU um 1,2 Prozentpunkte mit einem Anstieg der Realzinsen um rund 2 Prozentpunkte einherging. Diese Abhängigkeit der NAIRU von makroökonomischen Größen mag dafür verantwortlich sein, dass „by any method, simple or complex, the NAIRU is very hard to determine“ (Franz, 2003*b*).

4 Die Grenzen des GPS

Sowohl Produktionspotential als auch die NAIRU spielen zwar in der praktischen Wirtschaftspolitik eine überragende Rolle, beide Konzepte stehen aber auf tönernen Füssen. Der Nutzen für die praktische Wirtschaftspolitik wird von zwei Seiten eingeschränkt. Zum einen von der theoretisch nicht eindeutigen Unabhängigkeit von Konjunktur und Wachstum. Wenn beide Prozesse aber nicht unabhängig sind, dann können das Produktionspotential und die NAIRU empirisch nicht als permanente Komponenten ihrer jeweiligen Zeitreihen bestimmt werden.

Die zweite offene Flanke der Konzepte Produktionspotential und NAIRU liegt in den verwendeten Methoden. Die Schätzungen von Produktionspotential und NAIRU beruhen immer auf historischen Daten, die aufgrund von bestimmten Konstellationen in der Vergangenheit realisiert wurden. Diese Zeitreihen sind Ergebnis einer Vielzahl von ökonomischen Prozessen und Ereignissen. Vor allem sind sie aber das Ergebnisse der Wirtschaftspolitik.

Gerade die Entwicklung in Deutschland in den 1990er Jahren zeigt dies exemplarisch.[8] Bei einer längerfristigen Betrachtung einer Reihe von ökonomischen Indikatoren für die Bundesrepublik Deutschland – wie die Entwicklung des Bruttoinlandsprodukts und seiner Komponenten oder die Arbeitslosigkeit – wird deutlich, dass die 1990er Jahre eine Besonderheit darstellen. Angesichts der politischen Großereignisse in dieser Zeit verwundert dies allerdings nicht. Zweimal in diesem Jahrzehnt führten politisch-ökonomische Entscheidungen zu einem fundamentalen Wandel der wirtschaftlichen Rahmenbedingungen in Deutschland: Dies waren die Wirtschafts- und Währungsunion mit der DDR und die Einführung einer gemeinsamen Währung in Europa. Allein die Dimension dieser beiden Ereignisses führte zu erheblichen Verwerfungen. Waren es zu Beginn der 1990er Jahre positive Impulse durch eine Steuerreform und die zusätzliche Nachfrage aus Ostdeutschland, traten von 1992 an per saldo überwiegend negative Nachfrageschocks auf, so 1991 bis 1994 eine restriktive Geldpolitik und ab 1993 eine auf Haushaltskonsolidierung ausgerichtete Finanzpolitik.[9] Hinzu kamen im Gefolge von Turbulenzen im europäischen Währungssystem in den Jahren 1992 und 1995 zwei reale Aufwertungen der D-Mark, die deutsche Waren und Dienstleistungen im Vergleich zu ausländischen um insgesamt fast 13% verteuerten. Im Jahr 1998 wurde die gerade einsetzende konjunkturelle Erholung durch die von den Währungsturbulenzen in Asien und Russland ausgelöste Abkühlung der Weltkonjunktur erneut unterbrochen. Der am Ende des Jahrzehnts einset-

[8] Vgl. Scheremet (2001).

[9] Vgl. Leibfritz et al. (1999), Jaeger (2001) und Scheremet (2001).

zende Konjunkturaufschwung ging aufgrund erneuter außenwirtschaftlicher Turbulenzen, aber auch wegen der monetären Restriktion, schnell wieder zu Ende. Die Fülle dieser Störungen führte zu einer äußerst unsteten gesamtwirtschaftlichen Expansion. Der Boomphase in den Jahren 1990 und 1991 folgte eine Wachstumsschwäche, die bis heute anhält. Von 1992 bis 2003 gab es nur drei Jahre – 1994, 1998 und 2000 – mit Wachstumsraten von mehr als 2%.[10]

Diese geringe wirtschaftliche Dynamik hat sich in den Schätzungen zur Entwicklung des Produktionspotentials und der NAIRU in einer deutlichen Verlangsamung des Wachstumspfades und einem Anstieg der NAIRU niedergeschlagen. Dies muss aber noch nicht bedeuten, dass damit das Potentialwachstum abnahm. Der flachere Wachstumspfad ist vielmehr zwangsläufige Konsequenz der verwendeten Methoden. Die Vielzahl der negativen Schocks hat die gesamtwirtschaftliche Dynamik für längere Zeit gedämpft. Da es sich bei den oben beschriebenen Verfahren um nicht viel anderes als einen mehr oder weniger gleitenden Durchschnitt der betrachteten Zeitreihen handelt, folgte die „gemessene" Trendkomponente den aktuellen Werten.

Zu diesem Schluss kommt auch Franz (2003*b*) in seinem Epilog auf die NAIRU. Er kommt zu einem ernüchternden Ergebnis hinsichtlich der Schätzungen der NAIRU für Deutschland. Nicht nur, dass die NAIRU „sehr schwer zu bestimmen sei", „die vielen Versuche hätten auch nicht wirklich funktioniert" (eigene Übersetzung). Letztendlich hätten die hochkomplexen ökonometrischen Verfahren zur Bestimmung der zeitvariablen NAIRU nichts anderes als den Trend der aktuellen Arbeitslosenquote hervorgebracht.

Wenn aber die NAIRU von makroökonomischen Größen abhängt und die Zerlegung in konjunkturelle und permanente Komponente empirisch nicht eindeutig möglich ist, dann können die Konzepte von Produktionspotential und NAIRU nicht zur Unterscheidung zwischen konjunktureller und struktureller Arbeitslosigkeit beziehungsweise von Konjunktur und Wachstum herangezogen werden. Damit stößt auch die Vorstellung eines GPS, an dem sich die Wirtschaftspolitik orientieren könnte, schnell an ihre Grenzen. Die geschätzte NAIRU und das Produktionspotential stellen nicht mehr automatisch eine Geschwindigkeitsbegrenzung für die Wirtschaftspolitik dar. Nimmt die konjunkturelle Dynamik im Gefolge einer expansiven Wirtschaftspolitik zu und sinkt die aktuelle Arbeitslosenquote, so wird mit einer gewissen Verzögerung auch die Wachstumsrate des geschätzten Produktionspotentials zunehmen und die geschätzte NAIRU sinken. Die Betonung liegt hier bei „geschätzt". Ob es sich bei der geschätzten Größe tatsächlich um das Produktionspotential handelt, das die nachhaltig zur Verfügung stehenden

[10] Zwar wurden auch die anderen Länder im Euroraum von diesen internationalen Turbulenzen nicht verschont. Deutschland nimmt aber gleichwohl eine Sonderstellung ein, da Deutschland im Gegensatz zu den meisten anderen Ländern nicht vom kräftigen Rückgang der Realzinsen im Gefolge der Währungsunion profitierte.

Angebotsmöglichkeiten einer Volkswirtschaft darstellt, die durch die Produktionsstruktur, den Stand der Technik und die verfügbaren Produktionsfaktoren bestimmt werden, oder um eine fiktive Mischung aus aktuellem Bruttoinlandsprodukt und Produktionspotential, ist schlicht unbekannt. Analoges gilt für die NAIRU.

Damit sind die Konzepte Produktionspotential und NAIRU nur begrenzt als Navigationssystem für die praktische Wirtschaftspolitik geeignet. Dies wäre in etwa so, als ob sich bei einem auf dem GPS basierenden Verkehrsnavigationssystem das Koordinatensystem im Bordcomputer verschiebt, wenn man an einer Stelle die falsche Abzweigung genommen hat und damit die optimale Route verlässt. Die Konsequenzen wären in diesem Fall gravierend. Man fände nicht mehr auf den ursprünglichen Pfad zurück.

Die Kosten für die Wirtschaftspolitik, die James Galbraith (1997) als „Cost of NAIRUvianism" bezeichnet hat, sind ebenso gravierend. Wird der Potentialpfad beispielsweise bei der Geldmengenregel unterschätzt, geht von der zu knapp bemessenen Geldmengenexpansion eine permanente restriktive Wirkung aus. Davor würde auch eine Strategie des Inflation-Targeting nicht schützen. In diesem Fall wäre die geschätzte Produktionslücke geringer und die Zentralbank würde eine höhere Inflationsrate erwarten. Die Folge wäre wiederum eine zu restriktive Geldpolitik. Analog ergäbe sich für eine Unterschätzung des Potentialpfades eine zu expansive Geldpolitik. Natürlich trägt hier das Argument, dass es bei einer länger anhaltenden Fehleinschätzung des Potentialpfades zu einer Abweichung der Preissteigerungsrate von der Zielinflationsrate kommt, die Zentralbank dies bemerkt und ihren Kurs korrigieren kann. Allerdings ist die Preisentwicklung ein nachlaufender Indikator. Da zudem die Geldpolitik erst mit langer Verzögerung wirkt, können in der Zwischenzeit erhebliche realwirtschaftliche Verwerfungen auftreten. Beispielsweise kann sich ein konjunkturell bedingter Anstieg der Arbeitslosigkeit durch die Zunahme der Langzeitarbeitslosen strukturell verhärten. Darüber hinaus ist die Flexibilität der Preise nach oben höher als nach unten. Die Notwendigkeit einer Korrektur bei einer Unterschätzung des Potentialpfades wird damit möglicherweise erst spät deutlich. Für eine Fehleinschätzung der NAIRU gelten die gleichen Überlegungen. Eine Fehlentwicklung kann daher lang anhalten, zumindest länger als die übliche Interpretation des Zeitraums eines Konjunkturzyklus.

Auch bei der Finanzpolitik kann eine Fehleinschätzung des Potentialpfades erhebliche realwirtschaftliche Effekte nach sich ziehen. Das Konzept des konjunkturneutralen Haushalts besagt, dass bei einer konjunkturellen Normalsituation die öffentlichen Haushalte ausgeglichen sein sollen. Bei einer negativen Produktionslücke weisen die öffentlichen Haushalte Überschüsse und bei einer positiven Produktionslücke Defizite auf. Wird der Potentialpfad unterschätzt und hält die Finanzpolitik am Konzept des konjunkturneutralen Haushalts fest, so müssen die Steuern erhöht und/oder die

Ausgaben gekürzt werden, um einen ausgeglichenen Haushalt vorlegen zu können. Die öffentlichen Haushalte weisen dann, selbst bei einer konjunkturellen Normalsituation, einen strukturellen Überschuss auf. Die Finanzpolitik übt einen permanent restriktiven konjunkturellen Impuls aus. Wird das Potential überschätzt, gehen von den öffentlichen Haushalten analog dazu expansive Impulse aus und es werden strukturelle Defizite kumuliert.

Wenn aber das Produktionspotential und die NAIRU nicht zur Verwendung im Navigationssystem der Wirtschaftspolitik geeignet sein, welche Orientierung bleibt der Wirtschaftspolitik dann noch? Beide Konzepte haben durchaus ihre (theoretische) Berechtigung. So ist die NAIRU als analytisches Instrument zur Unterscheidung von konjunktureller und struktureller Arbeitslosigkeit geeignet. Sie ist auch als didaktisches Instrument geeignet, um zu zeigen, dass mit einer gewissen Nominallohnrigidität – in dem Sinne, dass sinkende Arbeitslosenquote und steigende Inflationsraten nicht unmittelbar zu einer Beschleunigung der Lohnzuwächse führen – zusätzlicher Spielraum für die Geldpolitik geschaffen wird, um den monetären Mantel weiter zu schneidern. Die Wirtschaftspolitik (und die sie beratenden Ökonomen) müssen dabei aber berücksichtigen, dass die NAIRU ebenso wie das Produktionspotential schlicht und einfach empirisch nicht zu bestimmen sind. Auch das, was mit den anspruchsvollsten Methoden empirisch ermittelt wird, entspricht nicht notwendigerweise dem Produktionspotential oder der NAIRU, welches sich der Theoretiker vorgestellt hat.

Letztendlich kommt es darauf an, dass die Wirtschaftspolitik sich nicht sklavisch an unsicheren Konzepten orientiert. Die Kosten einer solchen Politik in Form von entgangenen Einkommensmöglichkeiten sind einfach zu hoch. Vielmehr muss die Wirtschaftspolitik auf Basis einer Vielzahl von Indikatoren ihre Entscheidungen treffen. Letztlich können diskretionäre Entscheidungen nicht umgangen werden. Um es mit James Galbraith (1997) zu sagen: „Time to ditch the NAIRU".

Wolfgang Franz ist im Epilog zu „Will the (German) NAIRU Please Stand up?" zu einem ähnlichem Ergebnis gekommen. Er hat darin auch angekündigt, das (wohl) letzte Papier zur NAIRU geschrieben zu haben. Das ist nicht zu hoffen. Zu hoffen ist vielmehr, dass dem Papier zur NAIRU ein Papier zum Produktionspotential folgt. Dies dürfte zu den gleichen Schlussfolgerung kommen: Neben der NAIRU ist auch das Produktionspotential kein geeignetes Instrument der Wirtschaftspolitik. Was dann allerdings noch fehlt, ist eine Aufarbeitung der Implikationen der beiden Ergebnisse für die Wirtschaftspolitik und die wirtschaftspolitische Beratung.

Literaturverzeichnis

Ball, L. (1999), Aggregate Demand and Long-Run Unemployment, *Brookings Papers of Economic Activity* 2, 189–251.

Balmaseda, M., J.J. Dolado und D.J. López-Salido (2000), The Dynamic Effects of Shocks to Labour Markets: Evidence from OECD Countries, *Oxford Economic Papers* 52 (1), 3–23.

Blanchard, O.J. (2003), *Monetary Policy and Unemployment*, Mimeo, MIT.

Blanchard, O.J. und D. Quah (1989), The Dynamic Effects of Aggregate Demand and Supply, *American Economic Review* 79, 655–673.

Bofinger, P. (2001), *Monetary Policy: Goals, Institutions, Strategies, and Instruments*, Oxford University Press, Berlin.

Clarida, R., J. Galí und M. Gertler (1999), The Science of Monetary Policy: A New Keynesian Perspective, *Journal of Economic Literature* 37, 1661–1707.

Collignon, S. (1998), *Does the Central Bank Set the Natural Rate of Unemployment?* mimeo (verfügbar unter `www.stefancollignon.de/downloads.htm`).

De Masi, P.R (1997), *IMF Estimates of Potential Output: Theory and Practise*, IMF Working Paper 97/177, Washington.

Europäische Kommission (2003), *Empfehlungen der Kommission für die Grundzüge der Wirtschaftspolitik der Mitgliedstaaten und der Gemeinschaft (im Zeitraum 2003-2005)*, KOM(2003) 170 endgültig, Brüssel.

EZB (2000), Potenzialwachstum und Produktionslücke: Begriffsabgrenzung, Anwendungsbereiche und Schätzergebnisse, *Monatsbericht* (Oktober), 39–50.

Franz, W. (2003*a*), *Arbeitsmarktökonomik*, Springer-Verlag, Berlin.

Franz, W. (2003*b*), *Will the (German) NAIRU Please Stand up?* ZEW Discussion Paper 03-35.

Friedman, M. (1968), The Role of Monetary Policy, *American Economic Review* 68 (1), 1–7.

Fritsche, U., G.A. Horn, C. Logeay und S. Tober (2003), *Output-Gap und Nairu: Implikationen für den makroökonomischen Policy-Mix unter besonderer Berücksichtigung von Veränderungen im Lohn- und Preissetzungsverhalten und der zunehmenden Bedeutung der Informations- und Kom-*

munikationstechnologien (New Economy), Gutachten im Auftrag des Bundesministeriums für Wirtschaft und Arbeit, Deutsches Insitut für Wirtschaftsforschung, Berlin.

Galbraith, J. K. (1997), Time to Ditch the NAIRU, *The Journal of Economic Perspectives* 11 (1), 93–108.

Gottschalk, J. (2002), *Keynesian and Monetarist Views on the German Unemployment Problem – Theory and Evidence*, Kieler Arbeitspapiere, Institut für Weltwirtschaft, Kiel.

Horn, G.A. und S. Tober (2003), Zur langfristigen Nichtneutralität des Geldes, in: Deutsches Institut für Wirtschaftsforschung und Zentrum für Europäische Integrationsforschung (Hrsg.), *Quantitative Prognosen realwirtschaftlicher Effekte der Geldpolitik, Gutachten im Auftrag des Bundesministeriums für Wirtschaft und Arbeit*, Berlin.

Jaeger, A. (2001), Cyclical Fiscal Policy Behavior in EU Countries, in: International Monetary Fund (Hrsg.), *Monetary and Exchange Rate Policies of the Euro Area, Selected Issues*, 82–98.

Karanassou, M., H. Sala und D.J. Snower (2003), The European Phillips Curve: Does the NAIRU Exist? *Applied Economics Quarterly* 49 (2), 93–121.

Leibfritz, W., W. Meister und B. Lehne (1999), Finanzpolitik und Konjunktur: Die automatischen Stabilisatoren in Deutschland, *ifo Schnelldienst* 52 (29), 14–22.

Logeay, C. und S. Tober (2003), *Time-Varying Nairu and real Interest Rates in the Euro Area*, DIW Diskussionspapiere 351, Berlin.

Mankiw, N.G. (2001), The Inexorable and Mysterious Tradeoff Between Inflation and Unemployment, *The Economic Journal* 111, C45–C61.

Okun, A. (1962), Potential GNP: Its Measurement and Significance, *Proceedings of the Business and Economics Section, American Statistical Association* 98–104.

Orphanides, A. und R.M. Solow (1990), Money, Inflation and Growth, in: *Handbook of Monetary Economics*, 1, Amsterdam.

Phelps, E.S. (1967), Phillips Curves, Expectations of Inflation and Optimal Unemployment over Time, *Economica* 34 (3), 254–281.

Romer, C.P. und D.H. Romer (1994), What Ends Recessions? in: Fischer, S. und Rotemberg, J. (Hrsg.), *NBER Macroeconomic Annual*, 9, 13–57.

Scheremet, W. (2001), *Automatische Stabilisatoren, fiskalpolitische Schocks und Konjunktur: Eine vergleichende SVAR Analyse für Deutschland und die USA*. Europäische Hochschulschriften Reihe 5: Volks- und Betriebswirtschaft, Nr. 2816.

Svensson, L.E.O.M. (1999), Monetary Policy Issues for the Eurosystem, *Carnegie-Rochester Conference Series on Public Policy* 51 (1), 79–136.

SVR (2003), *Staatsfinanzen konsolidieren – Steuersystem reformieren*, Jahresgutachten des Sachverständigenrats zur Begutachtung der gesamtwirtschaftlichen Entwicklung, Metzler Poeschel, Stuttgart.

Tobin, J. (1998), *Supply Constraints on Employment and Output: NAIRU versus Natural Rate*, Cowles Foundation Paper No. 1150, New Haven.

Die Ökologische Steuerreform in Deutschland – eine kritische Bestandsaufnahme

Christoph Böhringer

1 Rückblick

Seit Anfang der 1990er Jahre spielen Konzepte für Ökologische Steuerreformen eine zentrale Rolle in der umweltpolitischen Diskussion. Die Grundidee scheint überzeugend einfach (Binswanger et al., 1979, Binswanger et al., 1983, Pearce, 1991): Mittels Umweltsteuern sollen umweltbelastende Aktivitäten auf ein sozial erwünschtes Niveau beschränkt werden. Um potenziell negative Auswirkungen von Umweltsteuern auf Wirtschaftskraft und Beschäftigung abzuschwächen, soll das zusätzliche Steueraufkommen zur Senkung anderer leistungshemmender Steuern verwendet werden. Angesichts von Massenarbeitslosigkeit und des vermuteten Zusammenhangs mit zu hohen Arbeitskosten steht in zahlreichen Industrieländern die Senkung der Kosten für den Faktor Arbeit an oberster Stelle alternativer Varianten der Rückverteilung von zusätzlichem Aufkommen aus Umweltsteuern (OECD, 2001).

Eine aufkommensneutrale Ökologische Steuerreform (ÖSR) soll mehrere *Dividenden* erwirtschaften:

- Die erste – so genannte grüne – (Umwelt-)Dividende einer ÖSR besteht in einer erhöhten Umweltqualität.
- Die zweite – so genannte rote – (Beschäftigungs-)Dividende knüpft an zusätzliche Arbeitsplätze als Folge reduzierter Arbeitskosten im Rahmen der Rückverteilung an.
- Die dritte – so genannte blaue – (Effizienz-)Dividende bezieht sich im engeren finanzwissenschaftlichen Kontext auf die verringerte Verzerrungswirkung des Steuersystems: Mit dem Aufkommen aus Ökosteuern lassen sich andere verzerrende Steuern senken, so dass möglicherweise die leistungshemmenden Effekte des gesamten Steuersystems abnehmen.

Gesellschaftspolitisch hat diese Hypothese der doppelten (oder sogar dreifachen) Dividende ein enormes Gewicht: Höhere Umweltqualität, deren monetärer Nutzen oft nur schwer messbar ist, scheint als Rechtfertigung für Umweltsteuern in den Hintergrund zu geraten. Nicht umsonst haben verschiedene Protagonisten von Umweltsteuern die Umsetzung einer ÖSR als *no-regret*-Politik angepriesen und fast den Eindruck vermittelt, als ob Umweltsteuern vorrangig dem Arbeitsmarkt und gar nicht so sehr der Umwelt dienen sollen. Damit verbunden ist die Hoffnung auf eine höhere Akzeptanz von Umweltsteuern angesichts der fehlenden Popularität von Steuern im Allgemeinen beziehungsweise der geringen Zahlungsbereitschaft für Umweltschutz im Speziellen (vgl. Böhringer und Vogt, 2003).

Während Umweltverbände wie Greenpeace (Greenpeace, 1995) die ÖSR als Königsweg zur Lösung von Umwelt-, Energie- und Klimaproblemen sowie zur Schaffung von mehr Beschäftigung betrachten, sehen Industrieverbände durch Umweltsteuern im nationalen Alleingang den heimischen Wirtschaftsstandort gefährdet (Bundesverband der Deutschen Industrie e.V., 1994).

In Deutschland war die ÖSR auf politischer Ebene frühzeitig ein Kernelement grüner Politik und stand folgerichtig nach der rot-grünen Regierungsübernahme im Jahr 1998 zur Umsetzung an: Seit 1999 wurde Energie in Deutschland schrittweise verteuert und das zusätzliche Steueraufkommen zur Senkung der Rentenversicherungsbeiträge verwendet. Die fünfte und (vorläufig) letzte Stufe trat zum 1.1.2003 in Kraft. Erklärtes Ziel der ÖSR war und ist neben der Verbesserung der Umweltqualität vor allem auch die Senkung der Abgabenlast auf den Faktor Arbeit, um neue Arbeitsplätze zu schaffen.

Nachdem die ÖSR bei jeder Umsetzungsstufe kontrovers diskutiert wurde, ist es mittlerweile – nach Abschluss der letzten Stufe – ruhig um die umweltorientierte Weiterentwicklung des Steuersystems geworden. Es bietet sich vor diesem Hintergrund an, die gegenwärtige Verschnaufpause für eine kritische Bestandsaufnahme zu nutzen. Zunächst werden aus Sicht der umweltökonomischen beziehungsweise finanzwissenschaftlichen Theorie Kriterien für die kosteneffiziente Ausgestaltung einer ÖSR aufgezeigt. Danach wird die konkrete Umsetzung der ÖSR an diesen Kriterien gemessen und daraus Forderungen für eine „Reform der Reform“ abgeleitet.

2 Theoretischer Leitfaden

2.1 Externe Umwelteffekte und Pigou-Steuern

Ausgangspunkt für die Erhebung von Umweltsteuern im Rahmen einer ÖSR sind fehlende private Eigentumsrechte für Umweltressourcen. Bei privaten Gütern mit exklusiven Nutzungsrechten rationieren Marktpreise im Zusammenspiel von Angebot und Nachfrage knappe Ressourcen nach Wertschätzung und Einkommen. Die Marktpreise signalisieren dabei Knappheiten (je knapper ein Gut, desto höher sein Preis) und kompensieren die Kosten für die Gutbereitstellung: Mit dem Kauf(preis) eines Guts zahlt der Nachfrager verursachungsgerecht diejenigen Kosten, die in der Volkswirtschaft durch Produktion und Konsum des Guts entstehen. Marktpreise stellen idealerweise sicher, dass Produktionsfaktoren in ihrer produktivsten, d.h. gesamtwirtschaftlich günstigsten Verwendung eingesetzt werden. Ökonomen bezeichnen diesen Zustand als effiziente Allokation.

Für viele Umweltgüter beziehungsweise Umweltdienstleistungen gibt es aber kein exklusives Nutzungsrecht – niemand kann von der Nutzung ausgeschlossen werden. Es fehlen Umweltmärkte und damit Umweltpreise, welche die Knappheit der Ressource Umwelt angeben und die Kosten der Umweltnutzung kompensieren. Deshalb werden beispielsweise Umweltdienstleistungen im betriebswirtschaftlichen Produktionsprozess stärker genutzt, als es aus gesamtwirtschaftlicher Sicht wünschenswert ist.

Umweltsteuern schaffen bisher fehlende Umweltmärkte, indem sie der Umweltnutzung einen künstlichen Preis geben. Ziel von Umweltsteuern ist die so genannte Internalisierung externer Kosten: Kosten der Umweltnutzung, die nicht beim Verursacher anfallen (externe Kosten), sollen diesem über die Preise (Steuern) zugerechnet werden, um eine effiziente Verwendung knapper (Umwelt-)Ressourcen zu gewährleisten. Der Steuersatz, der den Verursacher einer Umweltbelastung trifft, ist so zu wählen, dass der soziale (Grenz-)Nutzen dieser Steuer den sozialen (Grenz-)Kosten entspricht. Im „einfachsten" Fall der nach dem Ökonomen A.C. Pigou benannten Steuer (Pigou, 1920) entspricht sie genau dem vermiedenen Grenzschaden der Umweltbelastung, wobei es bei der Monetarisierung in der Praxis erhebliche Bewertungsprobleme geben kann.

Abbildung 1: Pigou-Steuer zur Internalisierung externer Effekte

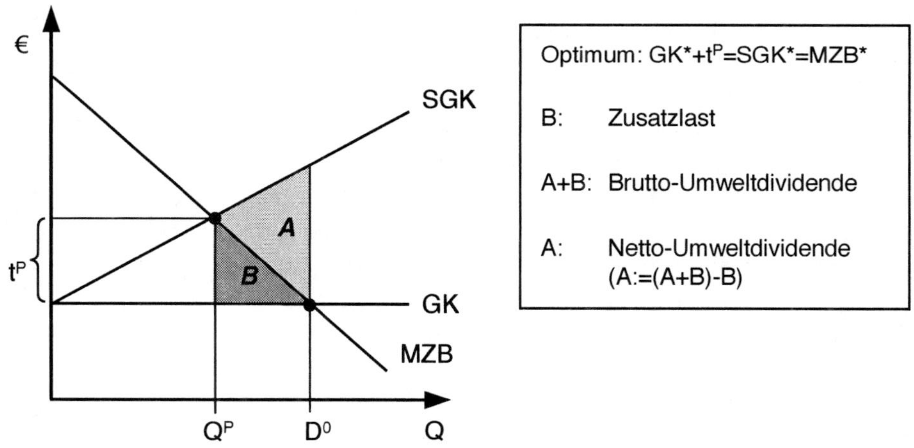

GK: Grenzkosten, *MZB*: marginale Zahlungsbereitschaft, *SGK*: soziale Grenzkosten

Die marktkonforme effizienzfördernde Wirkung einer Pigou-Steuer wird in Abbildung 1 illustriert. Ohne Pigou-Steuer ergibt sich die Marktlösung im Schnittpunkt der Grenzkosten der Produktion und der marginalen Zahlungsbereitschaft. Unberücksichtigt bleiben dabei die externen Kosten der Bereitstellung beziehungsweise des Konsums in Form von Umweltbelastungen, welche in der sozialen Grenzkosten-Kurve erfasst sind. Das soziale Optimum bei Berücksichtigung des externen Umwelteffekts ergibt sich im Schnittpunkt der sozialen Grenzkosten mit der marginalen Zahlungsbereitschaft und kann über die Erhebung der Pigou-Steuer (t^P), erreicht werden. Aus Wohlfahrtssicht verursacht die Pigousteuer eine Zusatzlast (hier: Verlust an Konsumentenrente) von B und bringt einen Gewinn von A+B (Bruttoumweltdividende).[1] Insgesamt verbleibt die Fläche A als Netto-Umweltdividende.

2.2 Die Hypothese der doppelten Dividende

In der vorangegangenen lehrbuchmäßigen Diskussion der Pigou-Steuer bleiben zwei Aspekte unberücksichtigt, die eine wesentliche Rolle bei der Bewertung von Ökosteuern in Hinblick auf die zweite beziehungsweise dritte Dividende spielen: Einerseits wurden bestehende Steuerverzerrungen (auf anderen Märkten) vernachlässigt; andererseits wurde die Verwendung des Aufkommens aus der Ökosteuer nicht näher spezifiziert (bisher: Pauschaltransfer).

Wird eine Umweltsteuer in ein bestehendes verzerrendes Steuersystem integriert, dann ergibt sich die Möglichkeit, das zusätzlich erzielte Steueraufkommen zur Senkung anderer Steuern zu verwenden und damit unter Umständen die gesamtwirtschaftlichen Zusatzlasten der Erreichung eines bestimmten Steueraufkommens zu verringern.

Abbildung 2 verdeutlicht den Rückverteilungsmechanismus (so genannter *revenue recycling effect* – siehe Goulder, 1995) am Beispiel eines Arbeitsmarktes mit Lohnrigiditäten in Form von fixen Netto-Mindestlöhnen.[2] In der Ausgangssituation ruft eine Steuer t^0 unfreiwillige Arbeitslosigkeit in Höhe von U^0 hervor und ist mit einer entsprechenden Zusatzlast versehen.[3] Mit dem Aufkommen aus der Ökosteuer lässt sich nun die Arbeitssteuer von t^0 auf t^1 senken. Damit reduziert sich zum einen die Arbeitslosigkeit und man erhält eine Beschäftigungsdividende. Zum anderen wird die anfängliche Zusatzlast gesenkt. Ist der Saldo aus verringerter Zusatzlast C auf dem Arbeitsmarkt und der Zusatzlast B auf dem Markt für umweltschädliche Güter (siehe Abbildung 1) positiv, dann erhält man insgesamt eine positive Effizienzdividende. In der Literatur wird dieser Sachverhalt als *strong double dividend* bezeichnet (Goulder, 1995). Ist der Saldo negativ, dann werden die spezifischen Zusatzkosten der Umweltsteuer zwar reduziert, aber insgesamt kommt es doch zu einem fiskalisch weniger effizienten System. Es stellt sich lediglich eine so genannte *weak double dividend* ein.

---

[1] Unter der Zusatzlast einer Steuer versteht man dabei den geldwerten Wohlfahrtsverlust, der durch veränderte Konsum- und Produktionsentscheidungen gegenüber einer steuerfreien Situation anfällt. Sie ist ein Maß für die über den Kaufkraftentzug durch Steuerzahlung hinausgehende Belastung.

[2] Eine solche Lohnrigidität lässt sich z.B. in Gewerkschaftslohnmodellen als Aufschlag über eine staatlich gewährte Arbeitslosenunterstützung ableiten (vgl. etwa Franz, 2003 oder Fuest, 2000).

[3] Zur grafischen Vereinfachung ist in Abbildung 2 der Mindestnettolohn im Ausgangsgleichgewicht auf den markträumenden Lohn gesetzt.

Abbildung 2: Die Hypothese der Doppelten Dividende

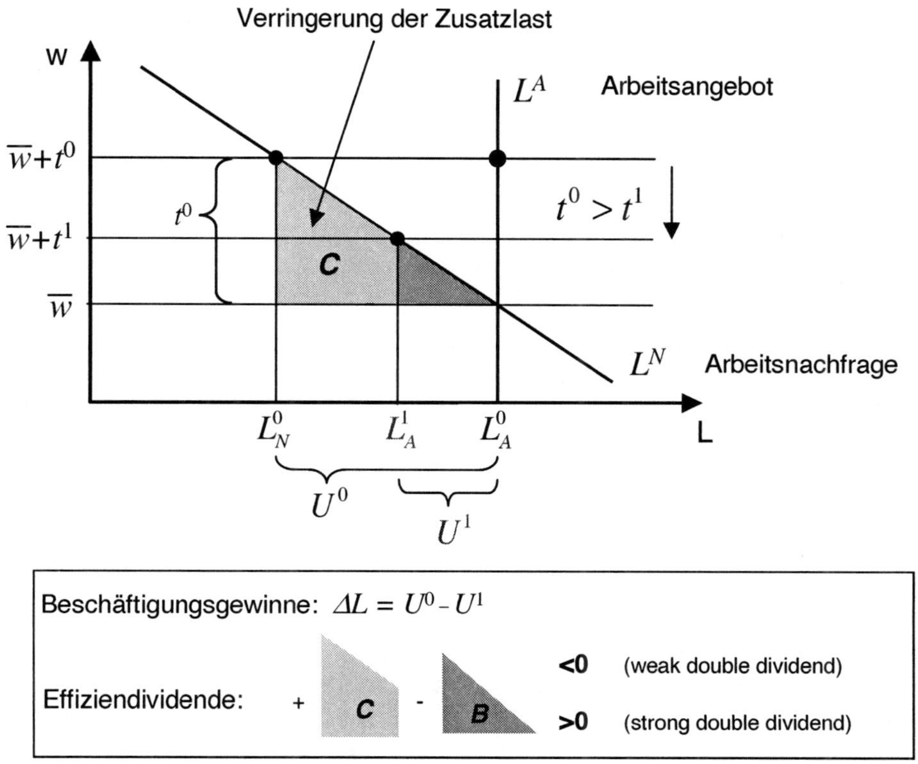

In der bisherigen Partialanalyse wurden verschiedene Märkte einer Volkswirtschaft isoliert voneinander betrachtet. Wegen der wechselseitigen Verknüpfungen von Märkten beeinflussen die Einführung und Rückverteilung von Umweltsteuern aber grundsätzlich alle Angebots- und Nachfrageentscheidungen. Diese Steuerwechselwirkungseffekte (so genannter *tax interaction effect* – Goulder, 1995) können jedoch Stärke und Richtung der wirtschaftlichen Wirkungen einer ÖSR dominieren. Hieraus leiten sich auch die starken Vorbehalte gegenüber der Existenz einer Effizienzdividende in der finanzwissenschaftlichen Theorie ab. Das grundsätzliche Argument lässt sich wie folgt verkürzt zusammenfassen: Umweltsteuern sollen verursachungsgerecht auf spezifische umweltschädliche Aktivitäten erhoben werden und haben daher tendenziell eine eher schmale Bemessungsgrundlage; zudem sind starke Ausweichreaktionen erwünscht. Gemessen an den Daumenregeln für möglichst verzerrungsfreie Fiskalsteuern – d.h. breite Steuerbemessungsgrundlage sowie geringe Ausweichmöglichkeiten – schneiden sie daher schlecht ab und sind in der Regel mit höheren Zusatzlasten behaftet als typische Fiskalsteuern (z.B. Steuern auf Arbeitseinkommen). Falls das bestehende Steuersystem unter fiskalischen Gesichtspunkten nur annähernd effizient gestaltet ist, gibt es kaum Spielraum für eine Effizienzdividende. Auch für eine Beschäftigungsdividende sind die Aussichten eher gering: Verursacht die ÖSR höhere Zusatzlasten, dann gehen diese mittelfristig auf Kosten des fixen Faktors Arbeit. Kapital und Energie sind nämlich international mobil und können sich der Steuerlast entziehen. Der Effizienzverlust schlägt sich in einer Verringerung der Reallohnsumme nieder, was bei eher inelastischen Löhnen (Mindestlohnpolitik) zu geringerer Beschäftigung führt.[4]

Allerdings sind gegenüber den theoretischen Analysen erhebliche Vorbehalte angebracht. Sie können zwar wichtige qualitative Einsichten in Wirkungsmechanismen liefern, sind aber wegen – analytisch notwendiger – extremer Vereinfachungen kaum politikrelevant. So lässt sich in einer (Modell-)Ökonomie mit komplexeren Steuersystemen und institutionellen Marktrestriktionen die Existenz einer zweiten oder dritten Dividende nicht ausschließen. Konkret sind numerische Simulationsstudien erforderlich, um die Frage nach den Dividenden einer ÖSR in angemessener Komplexität auf der Basis empirischer Daten zu untersuchen.

2.3 Steuersatzdifferenzierung

Bei Vernachlässigung sonstiger Marktunvollkommenheiten legt die Theorie der Umweltpolitik es nahe, eine einheitliche Mengensteuer auf umweltbelastende Emissionen beziehungsweise Immissionen zu erheben, da dies ein kosteneffizientes Lenkungsinstrument darstellt. In Abbildung 3 wird die Kostenoptimalität einer verursachungsgerechten einheitlichen Besteuerung am Beispiel einer 2-Sektoren-Ökonomie (z.B. Industrie- und Haushaltssektor) dargestellt, die eine bestimmte Emissionsminderung (e^{tot}) erzielen muss. Kostenminimal wird die Emissionsreduktion durch einheitliche Grenzvermeidungskosten (GVK), d.h. einen einheitlichen Steuersatz t^P, erreicht und führt zu optimalen sektoralen Emissionsminderungen in Höhe von e_1^* beziehungsweise $e^{tot} - e_1^*$. Bei Differenzierung der Steuern beziehungsweise einer Verschiebung der kostenminimalen Minderungslasten um Δe kann es zu erheblichen Zusatzkosten kommen, die neben der Höhe der verschobenen Minderungslasten auch stark von der Richtung der Steuersatzdifferenzierung abhängen können.

Es kann jedoch verschiedene Gründe geben, die – in Abgrenzung zur engeren partialanalytischen Minimierung von Emissionsvermeidungskosten (über einheitliche Grenzvermeidungskosten) – eine Steuersatzdifferenzierung rechtfertigen. Aus der Optimalsteuertheorie ist bekannt, dass eine zusätzliche Steuer bestehende Steuerverzerrungen abschwächen oder auch verstärken kann. Damit weichen die optimalen zweitbesten Umweltsteuern nicht nur einheitlich von der Pigou-Rate ab, sondern sind unter Umständen auch über

4 Eine – zumindest partielle – Lastenabwälzung vom Faktor Arbeit könnte unter Umständen auf Bezieher von nominalen Transfereinkommen oder bei internationaler Marktmacht durch Kostenüberwälzungen auf Handelspartner erfolgen.

Abbildung 3: Zusatzkosten einer Steuersatzdiskriminierung

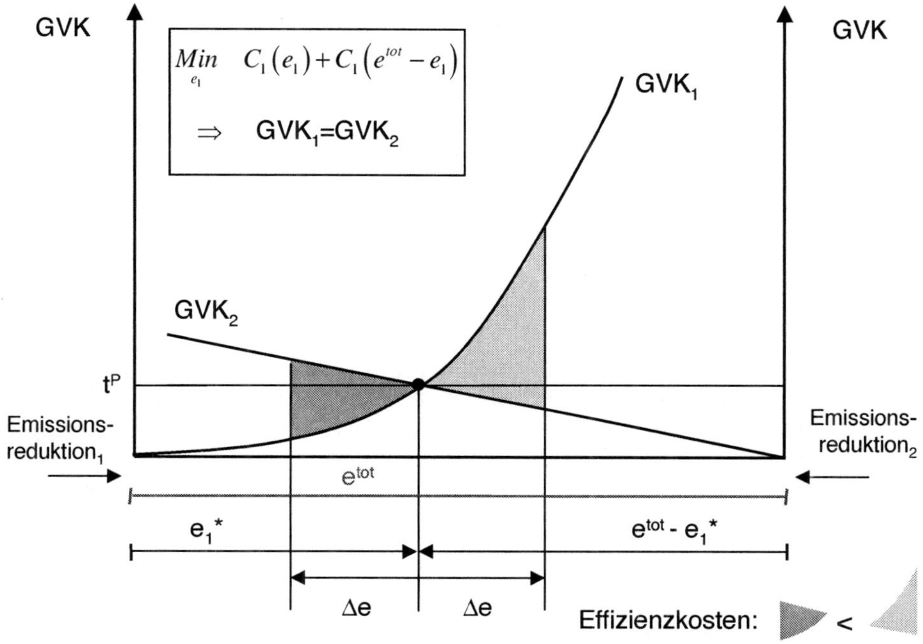

verschiedene Segmente einer Wirtschaft zu differenzieren. Bei institutionellen Arbeitsmarktrestriktionen könnten höhere Umweltsteuern auf Haushalte Effizienzverlusten durch Monopolgewerkschaften entgegenwirken (vgl. Richter und Schneider, 2001). Ein anderes – in der politischen Debatte häufig angeführtes – Argument für die Steuersatzdiskriminierung zugunsten energieintensiver Unternehmen ist die Gefahr ökologisch kontraproduktiver Emissionsverlagerungen ins Ausland bei unilateralen Alleingängen. Dieses so genannte *emission leakage* (vgl. etwa Pezzey, 1992, oder Oliveira-Martins und Martin, 1992) erfolgt im Wesentlichen über drei Kanäle: Erstens können Importe umweltintensiver Güter die heimische Produktion verdrängen. Zweitens kann es zu Standortverlagerungen umweltintensiver Industrien ins Ausland kommen. Drittens kann der Nachfragerückgang in emissionsmindernden Ländern zu fallenden Weltenergiepreisen führen, so dass die Energienachfrage in Ländern ohne Klimapolitik steigt. Um diese kontraproduktiven Rückwirkungen abzuschwächen, kann es sinnvoll sein, umwelt- und exportintensive Industrien weniger stark zu besteuern. Die Berücksichtigung von *leakage* in der theoretischen Betrachtung optimaler Umweltbesteuerung führt zu fein differenzierten Steuersätzen, die sich am Emissionsgehalt von Importen und Exporten orientieren (Hoel, 1996). Die Differenzierung von Umweltsteuern könnte auch im Rahmen strategischer Steuerpolitik Sinn machen, um reale Handelsaustauschverhältnisse – die so genannten *terms of trade* – zu verbes-

Tabelle 1: Steuersätze auf Benzin, Diesel, Heizöl, Erdgas und Strom[(a)] (Quelle: Bundesministerium der Finanzen, 2003)

Mineralöl/ Strom	Erhöhung durch das Gesetz			Steuersatz
	Zum Einstieg in die	*Zur Fortführung der*	*zur Fortentwicklung der*	
	Ökologische/n Steuerreform um			
Benzin[(b)]	3,07 Cent / Liter	12,28 Cent / Liter	0	65,45 Cent / Liter
Diesel[(b)]	3,07 Cent / Liter	12,28 Cent / Liter	0	47,04 Cent / Liter
Heizöl	2,05 Cent / Liter	0	0	6,14 Cent / Liter
Erdgas	0,16 Cent / kWh	0	0,20 Cent / kWh	0,55 Cent / kWh
Strom	1,02 Cent / kWh	1,03 Cent / kWh	0	2,05 Cent / kWh

(a) ohne Umsatzsteuer; kWh = Kilowattstunde; teilweise gerundet; (b) schwefelfrei.

sern. Sofern Länder im Außenhandel über Marktmacht verfügen, können sie differenzierte Umweltsteuern als Substitute für Optimalzölle einsetzen (vgl. Krutilla, 1991, Anderson, 1992, Rauscher, 1994). Schließlich könnten reduzierte Steuersätze aus politökonomischen Erwägungen wünschenswert sein, um stärkere Strukturbrüche in politisch einflussreichen Bereichen der umweltintensiven Grundstoffindustrien zu vermeiden (Böhringer und Rutherford, 1997).

3 Die Umsetzung in der Praxis

Am 1. April 1999 ist mit dem *Gesetz zum Einstieg in die Ökologische Steuerreform* vom 24. März 1999 die erste Stufe der Ökologischen Steuerreform in Kraft getreten. *Gemäss dem Gesetz zur Fortführung der Ökologischen Steuerreform* vom 16. Dezember 1999 wurde Energie in vier weiteren Stufen bis zum Jahr 2003 schrittweise verteuert. Laut Gesetz soll das zusätzliche Steueraufkommen in erster Linie zur Senkung der Sozialversicherungsbeiträge (paritätische Senkung der Beitragssätze in der Rentenversicherung) verwendet werden.

Tabelle 1 weist die historische Entwicklung der Steuersätze auf Energieträger aus.[5] Im Rahmen der Ökologischen Steuerreform wurden demnach Heizstoffe zunächst einmalig sowie Kraftstoffe und Strom schrittweise verteuert.

Erhebungsseitig handelt es sich um Steuern auf Endenergie. Zudem gibt es „aus wirtschafts-, umwelt- und sozialpolitischen Gründen“ (Bundesministerium der Finanzen, 2003, S. 5) vielfältige Ausnahmen und Sonderregeln für einzelne Energieträger und Nutzergruppen. So ist Kohle von der Mineralölsteuer ausgenommen. Für viele Energienutzer liegen die effektiven Steuersätze erheblich unter den in Tabelle 1 aufgeführten Regelsätzen. Das

[5] Eine detaillierte Übersicht findet sich im Internet unter: www.bundesministerium.de/Steuern-und-oderZoelle/Oekologische-Steuerreform.727.htm.

produzierende Gewerbe sowie die Land- und Forstwirtschaft wurden bis zum 1. Januar 2003 nur mit 20% des Normalsatzes belastet, soweit die Steuerbelastung auf Strom und Heizstoffe jeweils 511 € im Jahr überstieg. Darüber erhielten Unternehmen des produzierenden Gewerbes auf Antrag den Teil der Steuerzahlungen zurück, der die Entlastung beim Arbeitgeberanteil zur Rentenversicherung um mehr als 20% überstieg. Mit dem *Gesetz zur Fortentwicklung der Ökologischen Steuerreform*, welches zum 1.1.2003 in Kraft getreten ist, haben sich die Regelungen zur Steuersatzbegünstigung für das produzierende Gewerbe und die Landwirtschaft sowie zum Spitzenausgleich für das produzierende Gewerbe geändert: (i) die ermäßigten Steuersätze für Strom, Heizöl und Erdgas sind auf 60% abgeschmolzen worden, sofern die Steuerbelastung jeweils über 512,5 € im Jahr hinausgeht, (ii) übersteigt die Belastung eines Unternehmens des produzierendes Gewerbes durch die Ökosteuer die (bisher: 1,2-fache) 1-fache Entlastung der Rentenversicherung, so wird die übersteigende Steuer zu 95% (bisher: 100%) rückerstattet.

Abbildung 4: Tarif der Stromsteuer

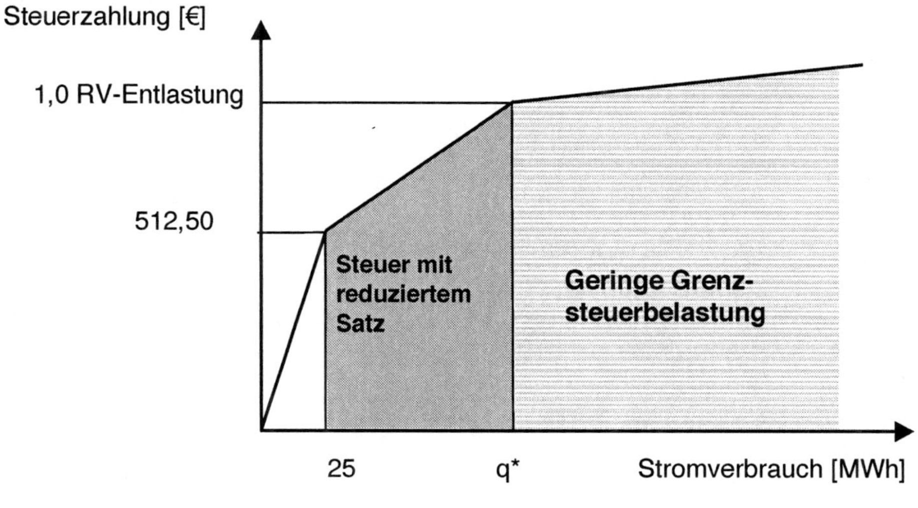

Der effektive Tarifverlauf für das produzierende Gewerbe nach der letzten Stufe der ÖSR wird in Abbildung 4 am Beispiel der Stromsteuer illustriert, wo die Steuerzahlung nach Abzug der Erstattung in Abhängigkeit vom Stromverbrauch dargestellt ist. Bis zur Sockelmenge von 25 MWh steigt die Steuer entsprechend dem Normalsatz von 20,5 €/MWh steil an, danach nur noch mit 12,3 €/MWh. Bei der kritischen Verbrauchsmenge q^* erreicht die Steuer das 1-fache der Entlastung durch die Senkung der Rentenversicherungsbeiträge. Danach verbleibt ein geringer Grenzsteuersatz von 0,615 €/MWh (= 5% · 60% · Regelsteuersatz).

4 Bewertung

Quantitative Analysen zu den umweltseitigen und gesamtwirtschaftlichen Auswirkungen einer Ökologischen Steuerreform und insbesondere zur Existenz einer doppelten Dividende (etwa Conrad und Wang, 1993, DIW, 1995, Buttermann und Hillebrand, 1996, Welsch, 1996, Böhringer und Rutherford, 1997, Arndt et al., 1998, Meyer und Lutz, 1999, Forum für Energiemodelle und Energiewirtschaftliche Systemanalysen in Deutschland, 1999, Koschel, 2001, Böhringer, 2002) wurden überwiegend auf der Basis stilisierter Politikszenarien durchgeführt, die zentrale Aspekte der Erhebung und Rückverteilung von Ökosteuern widerspiegeln. Lediglich eine jüngere Studie (Bach et al., 2003) – im Auftrag des Bundesfinanzministeriums erstellt – versuchte, die Spezifika der konkreten ÖSR-Ausgestaltung weitgehend zu berücksichtigen.

Ein direkter quantitativer Vergleich der verschiedenen Simulationsrechnungen ist wegen erheblicher Unterschiede in den unterstellten Steuerszenarien und sonstiger Rahmenbedingungen nicht möglich; es bleibt notwendigerweise bei einer qualitativen Meta-Analyse. Erwartungsgemäß führen in allen Studien höhere Energie- beziehungsweise Emissionssteuern zu einer ersten Dividende in Form verringerter energiewandlungsbedingter Schadstoffemissionen. Kaum eine Studie rechnet jedoch mit einer Effizienzdividende, d.h. erhöhter wirtschaftlicher Leistungsfähigkeit als Folge verringerter Zusatzlasten des Steuersystems. Kontrovers sind die Aussagen zur Beschäftigungsdividende, die sich unter anderem durch alternative Annahmen zu Lohnbildungsprozessen erklären lassen (vgl. Böhringer et al., 1998). Beispielsweise bleiben die in der jüngsten BMF-Studie simulierten Beschäftigungszuwächse von knapp 1/4 Million aus, falls die Mindestlöhne in Reaktion auf einen anfänglichen Beschäftigungsimpuls ansteigen sollten (Bach et al., 2003).

Dem neutralen Beobachter bleibt hier kaum ein anderer Weg, als die Plausibilität von Verhaltenshypothesen (wiederum aus subjektiver Sicht) beziehungsweise die empirische Belastbarkeit von Parameterwerten zu prüfen und sich danach für die zugehörige Schlussfolgerung zu entscheiden.[6] Unabhängig vom konkreten Vorzeichen der Arbeitsmarkteffekte kann festgehalten werden, dass die ÖSR weder „Jobkiller“ noch „Beschäftigungsmotor“ ist.

Insgesamt weisen die Ergebnisse der empirischen Wirtschaftsforschung in dieselbe Richtung wie die der theoretischen Analysen. Umweltsteuern beziehungsweise eine ÖSR sind primär durch ökologische Gründe zu rechtfertigen. Aus fiskalischer Sicht scheint es wenig angebracht, Ineffizienzen des bestehenden Steuersystems über den indirekten Weg zusätzlicher Umweltsteuern abzubauen. Auch können Umweltsteuern kein Mittel einer verursachungsgerechten Politik zum Abbau von Arbeitslosigkeit sein.

Der verursachungsgerechten Besteuerung von umweltbelastenden Akti-

[6] Böhringer und Ruocco (2003) haben in diesem Zusammenhang ein kleines numerisches Simulationsmodell zur interaktiven Sensitivitätsanalyse entwickelt.

vitäten fällt damit eine entscheidende Rolle zu. Hierin offenbart sich der zentrale Schwachpunkt der Umsetzung der ÖSR in Deutschland. Weitreichende Ausnahme- und Kompensationsregelungen führen zu einer starken Schwächung der ökologischen Lenkungsfunktion. Insbesondere energieintensive Industrien haben kaum einen Anreiz zur Energie- beziehungsweise Schadstoffeinsparung. Die ÖSR, welche ursprünglich einen wesentlichen Beitrag zur Verringerung des beim fossilen Energieeinsatz freigesetzten Treibhausgases CO_2 liefern sollte, kommt nach Schätzung der jüngsten BMF-Studie nicht über eine 2-3prozentige CO_2-Minderung gegenüber dem „business-as-usual" hinaus (Bach et al., 2003). Dabei werden die potenziell hohen Zusatzkosten von Ausnahmeregelungen häufig kaschiert. Größere Steuererleichterungen für ein Segment der Volkswirtschaft bedingen nämlich eine Erhöhung der Steuerbelastungen für die übrigen Wirtschaftssektoren, falls dasselbe Umweltqualitätsziel wie bei einer einheitlichen Steuer erreicht werden soll. Kostengünstige Potentiale zur Schadstoffverringerung in Bereichen mit niedrigen Steuern werden dann zulasten teurerer Alternativen in Bereichen mit höheren Steuern nicht ausgeschöpft. Simulationsanalysen zu den Auswirkungen einer Ökosteuerdiskriminierung in Deutschland weisen erhebliche Zusatzkosten insbesondere für den politisch relevanten Fall aus, dass energieintensive Verbraucher gegenüber einer verursachungsgerechten Besteuerung nur wenig belastet werden (Böhringer, 2002). Wesentlicher Grund hierfür ist, dass ein erheblicher Teil der Energie- beziehungsweise CO_2-Besteuerungsbasis mit günstigen Energieeinspar- beziehungsweise Emissionsvermeidungsmöglichkeiten der Lenkungswirkung entzogen wird. Die in der ÖSR umgesetzte starke Steuersatzdifferenzierung zugunsten der energieintensiven Unternehmen lassen sich auf Basis empirisch gestützter Simulationsrechnungen auch kaum durch Umweltdumping bei unilateralem Alleingang oder handelsstrategischem Verhalten rechtfertigen: Die Berücksichtigung von *leakage* und internationaler Marktmacht führt nur zu moderaten Steuerermäßigungen für energieintensive Industrien (Böhringer und Rutherford, 2002). Lediglich polit-ökonomisch motivierte Sorgen um negative Produktions- und Beschäftigungseffekte in politisch einflussreichen Grundstoffindustrien erklären weitgehende Steuererleichterungen für diese Branchen, die dann aber – bei Beibehaltung eines übergeordneten Umweltziels – zulasten der Produktion und Beschäftigung in anderen Bereichen gehen. Steuerbefreiungen erhalten zwar Arbeitsplätze in den dadurch indirekt subventionierten Sektoren, aber diese Arbeitsplätze sind gesamtwirtschaftlich sehr kostspielig (Böhringer und Rutherford, 1997).

Eine weitere Abweichung vom Verursacherprinzip ist die pauschale Besteuerung des Energiegehalts von Energieträgern. Die Bemessungsgrundlagen der Umweltsteuern sollten die mit Produktions- und Konsumaktivitäten verbundenen Schadstoffströme sein. Eine „unscharfe" Besteuerung kann zu erheblichen gesamtwirtschaftlichen Mehrkosten von Umweltschutz führen. So ist unter der Zielsetzung einer CO_2-Minderung die undifferenzierte Besteuerung von Energie (Energiesteuer) gegenüber einer CO_2-spezifischen Besteuerung von Energieumwandlungen (CO_2-Steuer) weniger kosteneffektiv. In der Praxis bleibt aber – bei Berücksichtigung von Transaktionskosten und technischen Anwendungsbedingungen von Steuern auf einzelne Schadstoffe (siehe etwa Welsch, 1994 oder Michaelis, 1996) – umstritten, ob eine möglichst spezifische Zielformulierung und Bemessungsgrundlage anzustreben ist oder die Orientierung an leicht erfassbaren Größen (wie z.B. dem Energieeinsatz als Proxi für verschiedene Umweltbelastungen) nicht erhebliche Umsetzungsvorteile aufweist. Zudem ist bei unilateraler Besteuerung die Erhebung von ökologisch zielgenauen Emissionssteuern problematisch, da diese Steuern durch Import von Sekundärenergien – insbesondere Elektrizität – unterlaufen werden können und eine diskriminierende Besteuerung von importierter Sekundärenergie aus handelsrechtlichen Gründen kaum möglich ist.

Unter reinen Effizienzgesichtspunkten sollte das Aufkommen aus der Ökosteuer dazu genutzt werden, um die Sätze stark leistungshemmender Steuern im Sinne eines Ausgleichs der marginalen Zusatzlasten über die verschiedenen Steuerinstrumente zu reduzieren. Eine Verbindung zusätzlicher Umweltsteuern mit dem Absenken von Abgaben auf den Faktor Arbeit ist aus reiner Effizienzsicht nicht zwingend. So wäre zu prüfen, ob nicht die Senkung der Unternehmenssteuern in Hinblick auf Beschäftigungs- und Wachstumsziele vorteilhafter sein könnte. In Anbetracht hoher Arbeitslosigkeit ist andererseits die politische Prioritätensetzung auf die Senkung von Lohnkosten nachvollziehbar.

5 Fazit

Die Ökologische Steuerreform hat wie kaum ein anderes Thema die umweltpolitische Debatte der letzten Jahre in Deutschland polarisiert. Für die einen ist sie der Königsweg zur Lösung der Umwelt- und Klimaprobleme und zur Schaffung von mehr Beschäftigung, für die anderen ein Instrument der „Öko-Planwirtschaft“ und eine massive Gefährdung des Wirtschaftsstandortes Deutschland. Nach der schrittweisen Einführung der Ökologischen Steuerreform in den Jahren 1999-2003 bietet es sich an, eine kritische Bilanz zu ziehen.

Die Grundidee einer Ökologischen Steuerreform ist überzeugend: Um eine Übernutzung der natürlichen Umwelt zu verhindern, ist staatliches Eingreifen zur Internalisierung externer Kosten der Umweltnutzung erforderlich. Verursachungsgerechte Umweltsteuern mit geeigneter Rückverteilung sind dabei ein wichtiges umweltpolitisches Instrument, um auf ökonomisch effiziente Weise Umweltqualitätsziele zu erreichen. Es ist unstrittig, dass die „Kosten“ von Umweltschutz durch eine aufkommensneutrale Senkung bestehender leistungshemmender Steuern erheblich verringert werden können. Auf der Grundlage theoretischer und empirischer Analysen ist jedoch auch klar, dass sich eine ÖSR originär aus umweltpolitischen Motiven rechtfertigen muss und kein Ersatz für spezifische arbeitsmarkt- oder fiskalpolitische Reformen sein kann: Defizite im Fiskalsystem oder der Arbeitsmarktregulierung können – unabhängig von der Erhebung neuer Umweltsteuern – zielgenau durch geeignete fiskal- oder arbeitsmarktpolitische Maßnahmen abgebaut werden. Die Höhe der Umweltsteuer sollte sich an den monetär bewerteten Schäden der Umweltnutzung orientieren, wofür es mittlerweile auf einigen Gebieten wie Energie- und Transportexternalitäten einschlägige Kostenschätzungen gibt. Weitreichende Abweichungen vom Verursacherprinzip sind auch bei Berücksichtigung von internationalen Wechselwirkungen gesamtwirtschaftlich kaum zu rechtfertigen.

Misst man die gute Idee einer ÖSR an ihrer konkreten Umsetzung in Deutschland, dann fällt die Bewertung eher negativ aus (vgl. Böhringer, 2003): Mit zahlreichen Ausnahme- und Sonderregelungen für energie- beziehungsweise schadstoffintensive Branchen wurden die potenziellen ökonomischen Bruttokosten (d.h. Kosten ohne Berücksichtung des Nutzens erhöhter Umweltqualität) stark vermindert, praktisch aber auch das Umweltziel der ÖSR aufgegeben. Dabei bleibt auf den ersten Blick verborgen, dass Steuerdiskriminierungen zugunsten von Branchen mit breiter Schadstoffbasis und günstigen Vermeidungsoptionen eine starke Lastenverschiebung zuungunsten anderer Bereiche sowie gesamtwirtschaftliche Mehrkosten implizieren, sofern die Umweltqualitätsziele nicht aufgegeben werden. Die Lenkungswirkung der Umweltsteuern wird zudem durch verschiedene umweltpolitische Hemmnisse verringert (Kohlesubventionen, Pendlerpauschale etc.), deren Abbau im Rahmen der ÖSR weitgehend tabuisiert wurde.

Es bleibt zu hoffen, dass die Schwächen des bisherigen Konzeptes bei einer zukünftigen Weiterentwicklung beseitigt werden, um – wie vom Sachverständigenrat zur Beurteilung der gesamtwirtschaftlichen Lage angemahnt (SVR, 2000) – die Lenkungswirkung beziehungsweise Kosteneffizienz zu stärken. Produktions- und Konsumaktivitäten sollten dabei stärker gemäß ihrem Beitrag zur Umweltbelastung besteuert werden. Vorrangig müssen aber Ausnahme- und Sonderregelungen – inklusive ökologisch schädlicher Subventionen – abgebaut werden. Die Umsetzung dieser Forderungen auf nationaler Ebene wird durch die jüngste EU-Energiesteuerrichtlinie zu EU-weit gültigen Mindeststeuersätzen für nahezu alle Energieprodukte erleichtert. Andererseits bedarf es eines sinnvollen Abgleichs zwischen der Ökosteuergesetzgebung und der mittlerweile ebenfalls beschlossenen EU-Direktive zum CO_2-Emissionshandelsystems für energieintensive Anlagen.

Literaturverzeichnis

Anderson, K. (1992), The Standard Welfare Economics of Policies Affecting Trade and the Environment, in: Anderson, K. und Blackhurst, R. (Hrsg.), *The Greening of World Trade*, Hempstead.

Arndt, H.-W., B. Heins, B. Hillebrand, E.C. Meyer, W. Pfaffenberger und W. Ströbele (1998), *Ökosteuern auf dem Prüfstand der Nachhaltigkeit*, Berlin.

Bach, S., M. Kohlhaas, B. Meyer, B. Praetorius und H. Welsch (2003), Auswirkungen und Perspektiven der ökologischen Steuerreform in Deutschland – eine modellgestützte Analyse, *Perspektiven der Wirtschaftspolitik* 4, 223–239.

Binswanger, H.C., H. Frisch und H.G. Nutzinger (1983), *Arbeit ohne Umweltzerstörung – Strategien einer neuen Wirtschaftspolitik*, Frankfurt a.M.

Binswanger, H.C., W. Geissberger und T. Ginsburg (1979), *Wege aus der Wohlstandsfalle – der NAWU-Report: Strategien gegen Arbeitslosigkeit und Umweltzerstörung*, Frankfurt a.M.

Böhringer, C. (2002), *Environmental Tax Differentiation Between Industries and Households – Implications for Efficiency and Employment*, ZEW Discussion Paper 02-08, Mannheim.

Böhringer, C., U. Fahl, F. Vöhringer und A. Voß (1998), Ökosteuerstudien – ein kritischer Vergleich, *Energiewirtschaftliche Tagesfragen* 3, 167–172.

Böhringer, C. und C. Vogt (2003), The Dismantling of a Breakthrough: The Kyoto Protocol – Just Symbolic Policy, *European Journal of Political Economy* (erscheint demnächst).

Böhringer, C. und R. Schwager (2003), Die Ökologische Steuerreform in Deutschland – ein umweltpolitisches Feigenblatt, *Perspektiven der Wirtschaftspolitik* 4, 211–222.

Böhringer, C. und T.F. Rutherford (1997), Carbon Taxes with Exemptions in an Open Economy – A General Equilibrium Analysis of the German Tax Initiative, *Journal of Environmental Economics and Management* 32, 189–203.

Böhringer, C. und T.F. Rutherford (2002), *In Search of a Rationale for Differentiated Environmental Taxes*, ZEW Discussion Paper 02-30, Mannheim.

Böhringer, C., W. Wiegard C. Starkweather und A. Ruocco (2003), Green Tax Reforms and Computational Economics: A Do-It-Yourself Approach, *Computational Economics* 22, 75–109.

Bundesministerium der Finanzen (2003), *Die ökologische Steuerreform ist effektiver Umweltschutz*, Referat IV A1, Berlin.

Bundesverband der Deutschen Industrie e.V. (1994), Umsteuern mit Ökosteuern, Köln.

Buttermann, H.G. und B. Hillebrand (1996), *Sektorale und regionale Wirkungen von Energiesteuern*, Untersuchungen des RWI, Heft 19, Essen.

Conrad, K. und J. Wang (1993), Quantitative Umweltpolitik: Gesamtwirtschaftliche Auswirkungen einer CO_2-Besteuerung in Deutschland (West), *Jahrbücher für Nationalökonomie und Statistik* 213, 308–324.

DIW (1995), *Deutsches Institut für Wirtschaftsforschung: Wirtschaftliche Auswirkungen einer ökologischen Steuerreform*, Sonderhefte des DIW 153.

Forum für Energiemodelle und Energiewirtschaftliche Systemanalysen in Deutschland (Hrsg.) (1999), *Energiemodelle zum Klimaschutz in Deutschland – Strukturelle und gesamtwirtschaftliche Auswirkungen aus nationaler Perspektive*, Springer, Heidelberg.

Franz, W. (2003), *Arbeitsmarktökonomik*, 5. Aufl., Springer-Verlag, Berlin Heidelberg.

Fuest, C. (2000), *Steuerpolitik und Arbeitslosigkeit*, Beiträge zur Finanzwissenschaft 11, Mohr Siebeck, Tübingen.

Goulder, L. H. (1995), Environmental Taxation and the Double Dividend: A Readers' Guide, *International Tax and Public Finance* 2, 157–183.

Greenpeace (1995), *Der Preis der Energie – Plädoyer für eine ökologische Steuerreform*, Beck'sche Reihe.

Hoel, M. (1996), Should a Carbon Tax Be Differentiated Across Sectors? *Journal of Public Economics* 59, 17–32.

Koschel, H. (2001), *A CGE Analysis of the Employment Double Dividend Hypothesis*, Dissertationsschrift, Heidelberg.

Krutilla, K. (1991), Environmental Regulation in an Open Economy, *Journal of Environmental Economics and Management* 20, 127–142.

Meyer, B., A. Bockermann G. Ewerhart und C. Lutz (1999), *Marktkonforme Umweltpolitik. Wirkungen auf Luftschadstoffemissionen, Wachstum und Struktur der Wirtschaft*, Springer, Heidelberg.

Michaelis, P. (1996), *Ökonomische Instrumente in der Umweltpolitik*, Springer, Heidelberg.

OECD (2001), Database on Environmentally Related Taxes in OECD Countries, Paris (verfügbar unter `www.oecd.org/env/policies/taxes/htm`).

Oliveira-Martins, J., H.M. Burniaux und J.P. Martin (1992), *Trade and the Effectiveness of Unilateral CO2 Abatement Policies: Evidence from GREEN*, OECD Economic Studies 19, Paris.

Pearce, D.W. (1991), The Role of Carbon Taxes in Adjusting to Global Warming, *Economic Journal* 101, 938–948.

Pezzey, J. (1992), Analysis of Unilateral CO2 Control in the European Community, *The Energy Journal* 13, 159–172.

Pigou, A.C. (1920), *The Economics of Welfare*, MacMillan, London.

Rauscher, M. (1994), On Ecological Dumping, *Oxford Economic Papers* 46 (4), 822–840.

Richter, W.F. und K. Schneider (2001), *Energy Taxation: Reasons for Discriminating in Favor of the Production Sector*, Working paper, Universität Dortmund.

SVR (2000), *Chancen auf einen höheren Wachstumspfad*, Jahresgutachten des Sachverständigenrats zur Begutachtung der gesamtwirtschaftlichen Entwicklung, Metzler Poeschel, Stuttgart, Ziff. 317, 382-385.

Welsch, H. (1994), Meßtechnik und Umweltpolitik: Ein Beitrag zur Instrumentendiskussion, *Zeitschrift für Umweltpolitik und Umweltrecht* 17, 181–206.

Welsch, H. (1996), *Klimaschutz, Energiepolitik und Gesamtwirtschaft: Eine allgemeine Gleichgewichtsanalyse für die Europäische Union*, Oldenbourg, München.

Teil II

Innovationen, Investitionen und Finanzmärkte

Finanzmarktintegration und Wirtschaftsstandort

Friedrich Heinemann, Michael Schröder und Martin Schüler

1 Einleitung

Die wirtschaftspolitische Reformdebatte in Deutschland hat trotz aller Kontroversen im Detail in jüngster Zeit an Gehalt gewonnen. Die Einsicht, dass die sozialen Sicherungssysteme, die Arbeitsmärkte oder das Steuersystem in Deutschland mit ihren heutigen Strukturen maßgeblich Anteil am geringen deutschen Potentialwachstum und der niedrigen Beschäftigung haben, ist inzwischen im Prinzip unstrittig. Dennoch ist ein zentrales Manko dieser aktuellen Reformdebatte zu konstatieren: Sie ist weitgehend binnenorientiert. Die Einbettung der deutschen Volkswirtschaft in den europäischen Binnenmarkt und die Weltwirtschaft kommt im Kontext der Reformdebatte in erster Linie in Form einer „Drohung" zur Sprache: Der deutsche Standort werde ohne durchgreifende Reformen weiter an internationaler Wettbewerbsfähigkeit verlieren.

Diese Sichtweise ist verzerrt und in dieser Einseitigkeit kontraproduktiv. Es wird dabei verkannt, dass eine aktive Integrationspolitik eine sinnvolle Flankierung des Reformprozesses darstellt und mit zu einem höheren Wirtschaftswachstum beitragen kann. Es ist daher unangemessen, die Einbettung Deutschlands in die globalen Märkte lediglich als Begründung anzuführen, um auf die Notwendigkeit von Reformen im Inneren hinzuweisen. Die Integration in die globalen Märkte ist vielmehr als ein weiterer Ansatzpunkt zu begreifen, der in einer wachstumspolitischen Gesamtkonzeption einzubeziehen ist. Mit anderen Worten: Die Offenheit Deutschlands ist nicht Teil des Gesamtproblems, sondern Teil der Problemlösung.

Dieses mangelnde Bewusstsein für die Chancen der ökonomischen Integration beruht auf verschiedenen Faktoren. Zunächst entspricht es einem wirtschaftshistorisch bekannten Muster, dass protektionistisches Denken in Zeiten der Stagnation zunimmt. Aufgrund der nationalen Erfolglosigkeit wird der internationale Wettbewerb vermehrt als Belastung und nicht als Vorteil empfunden.

Daneben dürfte aber ein weiteres Missverständnis heute von Bedeutung sein: So herrscht vielfach die Bewertung vor, dass das Potential für eine Einbettung Deutschlands in den europäischen Binnenmarkt nun weitgehend realisiert sei. Immerhin sind seit der so genannten „Vollendung des Binnenmarkts" 1993 bereits zehn Jahre vergangen und zudem hat zwischenzeitlich die Einführung der gemeinsamen Währung einen weiteren Integrationsschritt gebracht.

Schließlich dürfte auch eine gewisse Ernüchterung eine Rolle spielen: Im Vorfeld des 1993er Projekts hatten Studien wie der Cecchini-Bericht einen substantiellen Wachstums-Schub für Europa prognostiziert. Insbesondere die deutsche Wirtschaft hat nach 1993 aber eine Dekade mit sehr niedrigem Durchschnittswachstum erlebt. Dies erweckt den Anschein, als ob Cecchini – zumindest aus der deutschen Perspektive – falsifiziert worden wäre.

Ziel dieses Beitrags ist es nun, zu einer Korrektur dieser vorherrschenden Bewertungen des Integrationsthemas für einen wichtigen Teil des Binnenmarktes, den Finanzbinnenmarkt, beizutragen. Der Finanzbinnenmarkt als Untersuchungsgegenstand bietet sich an, weil hier besondere Missverständnisse und ein besonderer Handlungsbedarf bestehen. Denn vielfach wird hier nach Herstellung des freien Kapitalverkehrs, nach Implementierung technischer Innovationen (z.B. Internet-Banking) und nach Einführung einer gemeinsamen Währung vorschnell auf einen hohen Integrationsstand geschlossen, der so nicht auf allen Teilmärkten gegeben ist. Gleichzeitig bietet die theoretische und empirische Literatur gerade für den Bereich der Finanzmärkte belastbare Hinweise auf eine positive Verbindung zwischen Integration und Wachstum. Zudem unterliegen die Finanzmärkte wie kein anderer Markt der Regulierung und Aufsicht. Die aus der Integration resultierenden Marktveränderungen stellen damit in besonderer Weise eine Herausforderung an die politischen Entscheidungsträger dar.

Die Kernthesen dieses Beitrags lauten:

- Es besteht eine positive und ursächliche Beziehung zwischen Integration und Wachstum.
- In Bezug auf den Stand der Integration muss zwischen dem Retail- und dem Wholesale-Bereich unterschieden werden. Einen sehr hohen Integrationsgrad weisen die Wholesale-Finanzmärkte auf, also diejenigen Märkte, auf denen die Finanzgeschäfte institutioneller Investoren durchgeführt werden. Der Retail-Bereich, also die Endverbrauchermärkte für Finanzdienstleistungen, haben dagegen auch heute das volle Integrationspotential noch längst nicht realisiert.
- Für die politischen Akteure ergeben sich hieraus zwei Schlussfolgerungen: Zum einen erfordert die bereits fortgeschrittene Integration im Wholesale-Bereich eine Anpassung der Regulierungs- und Aufsichtsstrukturen. Zum anderen sollten die nationalen Akteure im Bezug auf die noch unvollständige Integration im Retail-Bereich die Integrationspolitik als integralen Bestandteil ihrer Reformstrategie (wieder)entdecken.

Im Folgenden (Abschnitt 2) wird nun zuerst ein Überblick über die theoretischen und empirischen Einsichten zu den Wachstumswirkungen der Finanzmarktintegration gegeben. Im Abschnitt 3 wird empirisch überprüft, wo Finanzmärkte in Europa heute immer noch durch einen geringen Integrationsgrad ausgezeichnet sind. Exemplarisch wird dabei der Endverbrauchermarkt für Hypothekenkredite beleuchtet. Anschließend (Abschnitt 4) wird die aus einer zunehmenden Integration der europäischen Bankenmärkte resultierende Notwendigkeit zur Reform der Aufsichts- und Regulierungsstruktur aufgezeigt. Der Beitrag schließt mit einigen wirtschaftspolitischen Schlussfolgerungen.

2 Integration und Wachstum

Die Beziehung zwischen dem Entwicklungsstand von Finanzmärkten und dem Wirtschaftswachstum ist in einer wachsenden Literatur ausführlich beleuchtet worden.[1] Die Finanzmarktentwicklung kann das Wirtschaftswachstum über folgende Kanäle positiv beeinflussen (Pagano, 1993):

- Durch eine Verringerung der Kosten der Finanzintermediation mit zunehmender Finanzmarktentwicklung kann ein wachsender Anteil der gegebenen Ersparnis in Investitionen gelenkt werden.
- Mit dem Entwicklungsgrad der Finanzmärkte steigt die Effizienz in der Allokation einer gegebenen Ersparnis, denn es verbessert sich die Fähigkeit von Intermediären und Börsen, Investitionen im Hinblick auf Renditeerwartung und Risiko zu bewerten. Auf diese Weise steigt die Grenzproduktivität des gesamtwirtschaftlichen Kapitalstocks.
- Der Grad der Finanzmarktentwicklung kann die Sparquote einer Volkswirtschaft positiv beeinflussen, weil sich aus Sicht des Sparers durch die effizientere Intermediation und Bewertung von Finanzaktiva eine verbesserte Rendite-Risiko-Relation einstellt. Dieser Effekt ist allerdings der einzige unter den drei genannten, dessen Vorzeichen nicht eindeutig ist. Denn hier ist zu berücksichtigen, dass höher entwickelte Finanzmärkte den Akteuren verbesserte Möglichkeiten zur Absicherung gegen vielfältige Risiken bieten und somit das Vorsichtsmotiv an Relevanz verliert. Zudem vermindert sich mit höher entwickelten Kreditmärkten die mit Kreditrationierung verbundene Ersparnis. Allerdings ist das theoretisch mögliche negative Vorzeichen bei der gesamtwirtschaftlichen Ersparnis gerade auf solchen Märkten kaum wachstumsrelevant, die in den globalen Kapitalmarkt eingebunden sind, weil hier die heimische Ersparnis nicht relevant für die Höhe der heimischen Investitionen ist.[2]

In der empirischen Literatur auf Basis von Länderquerschnitten und Länderpanels bestätigt sich die theoretische Vorhersage einer positiven Beziehung zwischen Finanzmarktentwicklung und Wachstum[3] und zwar auch dann, wenn die üblichen methodischen Probleme (Simultanität und Frage der Rich-

---

[1] Vgl. die Überblicke in Giannetti et al. (2002), Kappler und Westerheide (2003), Neimke et al. (2003).

[2] Aus diesem Grund gilt seit Feldstein und Horioka (1980) eine hohe Korrelation von Ersparnis und Investitionen auch als Indiz für unvollständige Integration.

[3] Am Anfang dieser empirischen Literatur stehen King und Levine (1993), für einen Überblick vgl. Giannetti et al. (2002).

tung der Kausalität) durch Einsatz geeigneter Instrumentenschätzer adäquat behandelt werden.

Soweit beziehen sich diese Aussagen auf die Wachstumswirkungen der Finanzmarkt*entwicklung* und noch nicht auf die der Finanzmarkt*integration*. Die Erweiterung der Betrachtung vom Entwicklungs- auf den Integrationsaspekt basiert auf folgender Einsicht: Die Integration eines noch gering entwickelten nationalen Finanzmarktes in einen regionalen oder globalen Finanzmarkt kann die Finanzmarktentwicklung dieses nationalen Marktes beschleunigen oder auch substituieren. Eine Beschleunigung tritt beispielsweise dann ein, wenn die ausländische Konkurrenz zu einer Intensivierung des Wettbewerbs im Inlandsmarktes führt und dort neue Produkte und effizientere Intermediation bedingt. Eine Substitution tritt dann ein, wenn die Integration die Entwicklung des nationalen Finanzmarktes zwar nicht voran bringt, dafür aber Sparer und Investoren dieses nationalen Markts ihre Finanzdienstleistungen nun aus höher entwickelten Finanzmärkten importieren.[4] Im letzteren Fall sorgt Integration dann dafür, dass einem national weniger entwickelten Finanzmarkt dennoch die Finanzdienstleistungen höher entwickelter Finanzmärkte zur Verfügung stehen. Im Hinblick auf die europäischen Bedingungen ist zu ergänzen, dass der Entwicklungsstand eines hoch integrierten EU-Finanzbinnenmarkts auch über dem Stand des zuvor am weitesten entwickelten nationalen Marktes liegen dürfte. Damit verschafft Integration nicht nur Zugang zu höher entwickelten Märkten, sondern sorgt zudem auch für einen höheren Entwicklungsstand des Gesamtmarktes.

Aufgrund dieser Zusammenhänge lassen sich die theoretisch und empirisch fundierten Erkenntnisse zum Zusammenhang zwischen Finanzmarktentwicklung und Wachstum auch auf die Finanzmarktintegration anwenden. Auch Finanzmarktintegration hat demnach positive Folgen für das Wirtschaftswachstum, weil sie zu einer höheren Effizienz in der Intermediation, zu einer effizienteren Kapitalakkumulation und – mit einiger Wahrscheinlichkeit – zu einer höheren Sparquote führt.

Auch wenn den im politischen Geschäft so wichtigen präzisen Quantifizierungen von Wachstumseffekten gegenüber sicher Skepsis angebracht ist, so macht doch die Literatur insgesamt deutlich, dass es im Hinblick auf das positive Vorzeichen des Wachstumseffekts höherer Finanzmarktintegration wenig Zweifel gibt.[5]

---

4 Diese Möglichkeit hat zur Folge, dass ein nationaler Finanzplatz nicht unbedingt etwa in Form einer Geschäftsausweitung oder Beschäftigungszunahme profitiert, wenn der Integrationsgrad steigt. Diese Einsicht ist politökonomisch relevant, denn wichtige nationale Akteure haben trotz der positiven Wachstumswirkungen nicht unbedingt ein Interesse an einem höheren Integrationsgrad, vgl. dazu auch Heinemann und Schüler (2004).

5 Neuere Beispiele für entsprechende Analysen nach dem Cecchini-Bericht (Commission of the European Communities, 1988) sind: London Economics (2002), Giannetti et al. (2002), Cecchini et al. (2003).

3 Unvollständige Integration auf Retail-Märkten – Beispiel Hypothekenkredite

Für die Beurteilung der Wachstumsfolgen einer aktiven Integrationspolitik unter den europäischen Bedingungen ist es nicht ausreichend, Einsichten über den Zusammenhang zwischen Integration und Wachstum zu besitzen. Zusätzlich muss eine Vorstellung darüber gegeben sein, ob überhaupt noch Spielraum für einen höheren Stand an Integration besteht. In Bezug auf den Integrationsstand muss zwischen Retail- und Wholeale-Finanzmärkten unterschieden werden. Wholesale-Märkte, also beispielsweise Geld-, Aktien-, Anleihenmärkte oder auch Finanzdienstleistungsmärkte für Institutionelle können bereits als relativ stark integriert angesehen werden. Ein ganz anderes Bild zeigt sich aber bei den Endverbrauchermärkten für Finanzdienstleistungen. Exemplarisch soll hier der Markt für Hypothekenkredite analysiert werden. Methodisch erfolgt die Beurteilung des Integrationsstandes mit Hilfe einer Analyse der Zinsanpassungsgeschwindigkeiten.

Untersuchungen über die Weitergabe von Zinsänderungen durch die Kreditinstitute an den Endverbraucher spielen im Rahmen der Analyse des geldpolitischen Transmissionsmechanismus eine wichtige Rolle. Die Geschwindigkeit, mit der eine Änderung der Geldmarktzinsen durch die Notenbank den privaten Kreditnehmer erreicht, ist für die Frage der Transmission geldpolitischer Entscheidungen von großer Bedeutung. Das auf diesem Forschungsgebiet entwickelte Instrumentarium kann aber auch für die Integrationsanalyse genutzt werden.[6] Die Kernidee ist die folgende: Weisen die nationalen Kreditmärkte in der EU-Staaten stark unterschiedliche Geschwindigkeiten auf, mit der Änderungen im Kapitalmarktzins an den Endverbraucher weitergegeben werden, dann ist dies ein Indikator unvollständiger Integration. Bei einem hohen Integrationsgrad sind unterschiedliche Geschwindigkeiten aufgrund grenzüberschreitender Arbitrage nicht vorstellbar: Kreditnehmer in einem Land mit langsamer Anpassungsgeschwindigkeit würden beispielsweise in einer Zinssenkungsphase ihren Kredit grenzüberschreitend in einem Land mit höherer Anpassungsgeschwindigkeit aufnehmen. Dieser bei hoher Integration stattfindende Arbitrageprozess würde zu einer Nivellierung der nationalen Anpassungsgeschwindigkeiten führen. Unterscheiden sich hingegen die Anpassungsgeschwindigkeiten zwischen nationalen Märkten deutlich, dann ist dies ein Anzeichen für einen nicht existierenden Arbitrageprozess und damit für unvollständige Integration.

Diese Grundidee wird im Folgenden für den europäischen Markt für Hypothekenkredite zur Anwendung gebracht. Datengrundlage ist die Datenbank „National Retail Interest Rates“ der Europäischen Zentralbank, die monatliche Durchschnittswerte für eine Reihe von Kreditzinsen, darunter auch den Zins für Hypothekenkredite, enthält. Die Heterogenität der natio-

[6] Vgl. zum Folgenden Heinemann und Schüler (2003).

nalen Zinssätze aufgrund unterschiedlicher Eigenschaften der betreffenden Hypothekenkredite verbietet einen direkten Vergleich dieser Zinsen, ist aber kein ernsthaftes Problem für die Analyse der Zinsanpassungsgeschwindigkeit, bei der es um den Zusammenhang zwischen Anleiherenditen und Hypothekenkreditzinsen innerhalb eines Landes geht.

Als Ausgangsbasis für die Schätzungen dient die Modellierung in Gleichung (1). L bezeichnet den Hypothekenkreditzins, den der Endverbraucher bei Neuabschlüssen zahlen muss. M bezeichnet den Marktzins, der die Refinanzierungskonditionen der Hypothekenbanken darstellt. Δ bezeichnet die Differenz zum Vormonat.

Das Modell ist als Fehlerkorrekturmodell spezifiziert, das eine verzögerte Anpassung an eine langfristige Gleichgewichtsbeziehung (Kointegration) zwischen Kredit- und Marktzins unterstellt. Die Aufnahme der Langfristbeziehung $(L_{t-1} - \delta_0 - \delta_1 M_{t-1})$ hat dann ihre Berechtigung, wenn der Test auf Kointegration das Vorliegen einer Kointegrationsbeziehung bestätigt.[7] Der Kointegrationstest wurde mit dem Johansen-Verfahren durchgeführt. Die Auswahl der optimalen Lag-Länge k in Gleichung (1) erfolgt auf Basis des Akaike-Kriteriums. Die Verwendung von Lags von ΔM lässt eine verzögerte Wirkung des Refinanzierungszinses auf den Hypothekenzins zu.

$$\Delta L_t = c + \beta_0 \Delta M_t + \sum_{i=1}^{k} (\alpha_i \Delta L_{t-i} + \beta_i \Delta M_{t-i}) + \gamma (L_{t-1} - \delta_0 - \delta_1 M_{t-1}) + \epsilon_t \quad (1)$$

Aus der Literatur ist bekannt, dass derartige Zinsanpassungsprozesse typischerweise asymmetrisch sind: In einer Zinssenkungsphase erfolgt die Weitergabe des Marktzinses an den Kunden oftmals langsamer als in einer Zinserhöhungsphase. Dies ist in der Regression durch Auswahl eines geeigneten Untersuchungszeitraums zu berücksichtigen. Hier wird der Zeitraum 1995-1999, der durch einen stetigen Rückgang der Kapitalmarktrenditen im Vorfeld der Europäischen Währungsunion gekennzeichnet war, zugrunde gelegt. Die Datenverfügbarkeit erlaubt den Einbezug von neun EU-Staaten. Tabelle 1 fasst die Merkmale der Regressionsergebnisse zusammen. Danach führt das Modell lediglich für Italien zu keinen verwertbaren Resultaten, was sich in einem fehlenden Erklärungswert der Regression und in einer fehlenden Konvergenz des geschätzten Zinsanpassungsprozesses äußert.

[7] Die Zeitreihen weisen aufgrund ihres Integrationsgrades von 1 die Voraussetzungen für diese Vorgehensweise auf, zu den Einzelheiten vgl. Heinemann und Schüler (2003).

Tabelle 1: Merkmale der Zinsanpassungsregressionen für die nationalen Hypothekenmärkte (Stützzeitraum 1995-1999)

Land	*Optimale Lag-Länge (Akaike)*	$\overline{\mathbf{R}}^2$	*Konvergenz der Zinsanpassung*
Österreich	4	0,233	ja
Belgien	2	0,362	ja
Deutschland	1	0,858	ja
UK	1	0,395	ja
Irland	3	0,527	ja
Italien	1	-0,053	nein
Niederlande	1	0,574	ja
Portugal	6	0,184	ja
Spanien	6	0,731	ja

Die so geschätzten individuellen nationalen Zinsanpassungsmodelle lassen nun Rückschlüsse im Hinblick auf die Anpassungsgeschwindigkeit der Endverbraucher-Zinsen an die Kapitalmarktrenditen zu. Tabelle 2 beziffert die im jeweiligen Modell implizierte Anpassung des Hypotheken-Kreditzinses drei Monate nach einem Fall der Bondrenditen um 1 Prozentpunkt.

Tabelle 2: Rückgang der Hypothekenkreditzinsen drei Monate nach Fall der Bondrenditen um 1 Prozentpunkt (in Basispunkten)

Land	*Zinsrückgang*
Österreich	-14
Belgien	-107
Deutschland	-99
UK	-62
Irland	-56
Italien	-47
Niederlande	-97
Portugal	-11
Spanien	-35

Diese Ergebnisse lassen folgende Rückschlüsse zu: Im Untersuchungszeitraum (1995-1999) kann von einem integrierten EU-Binnenmarkt für Hypothekenkredite noch nicht die Rede sein. Ländern, in denen Zinssenkungen zügig an den Endverbraucher weitergegeben werden (Belgien, Deutschland, Niederlande), stehen Länder mit einer sehr viel langsameren Weitergabe gegenüber (Österreich, Portugal, Spanien). Die unvollständige Integration hat es den Banken in einer Reihe von Ländern erlaubt, ihre Zinsmargen im Hypothekenkreditgeschäft in dieser Zinssenkungsphase zulasten der Kreditnehmer zumindest zeitweilig stark auszuweiten.

4 Hohe Integration auf Wholesale-Märkten – aber unzureichende Aufsichtsstrukturen

Der noch sehr unvollständigen Integration der Retail-Finanzmärkte, wie sie sich etwa auf dem Markt für Hypothekenkredite zeigt, stehen Wholesale-Finanzmärkte gegenüber, deren Integration zum Teil schon weit fortgeschritten ist. Europäische Geld-, Bond- und Aktienmärkte können als weitgehend integriert angesehen werden. Die Folge ist, dass europäische Banken z.B. über den Interbankenmarkt oder die Zahlungssysteme stärker grenzüberschreitend verflochten sind. Eine erhöhte Verflechtung der europäischen Banken hat unter Umständen einen Anstieg des europaweiten Systemrisikopotentials zur Folge. Systemrisiko bezeichnet die Gefahr, dass die Insolvenz einer einzelnen Bank zum Zusammenbruch weiterer Banken führen und so eine Kettenreaktion von Bankzusammenbrüchen auslösen kann. Dies würde dann das gesamte Bankensystem bedrohen. Erfahrungsgemäß hätte dies auch hohe realwirtschaftliche Kosten zur Folge. Das Vorliegen von Systemrisiko stellt einen der Hauptgründe für Regulierung und Aufsicht von Finanzinstituten dar.

Durch die grenzüberschreitenden Verflechtungen im EU-Bankenmarkt ist das Systemrisiko unter Umständen nicht mehr nur national begrenzt, sondern hat eine europäische Dimension. Der Zusammenbruch einer Bank hätte dann also nicht mehr nur Folgen für den heimischen Bankenmarkt, sondern auch für die Finanzmärkte in anderen europäischen Ländern.

Diese Auswirkungen von Finanzmarktintegration auf den Charakter des Systemrisikos stellen neue Herausforderungen an die Systeme der Regulierung und Aufsicht der Finanzmärkte dar. In der EU steht dem Integrationsprozess ein Bankenaufsichtssystem gegenüber, das im Wesentlichen national verankert ist und auf Kooperation und Koordination zwischen den nationalen Behörden beruht. Da Aufsicht und Regulierung der Finanzmärkte letztlich der Marktentwicklung folgen müssen, fordert der Integrationsprozess gegebenenfalls eine Reform des Aufsichtssystems. Vor dem Hintergrund eines europaweiten Systemrisikopotentials reicht das nach wie vor national ausgerichtete Aufsichtssystem vielleicht nicht mehr aus, Finanzstabilität zu sichern.

4.1 Systemrisiko im EU-Bankenmarkt

Den Ausgangspunkt für die Diskussion über eine Reform des Bankenaufsichtssystems in der EU bildet somit die Frage nach dem Charakter und Umfang des Systemrisikos. Schüler (2004) und Schröder und Schüler (2003) untersuchen empirisch Veränderungen des europaweiten Systemrisikopotentials über die Zeit. Grundlage beider Untersuchungen ist ein von De Nicolo und Kwast (2002) eingeführter Ansatz, nach dem Korrelationen zwischen Bankaktienrenditen ein Maß für die Verflechtungen und Abhängigkeiten zwischen Banken darstellen. Solche Interdependenzen sind die Voraussetzung, damit ein negativer Schock bei einer einzelnen Bank Folgewirkungen auf andere Banken hat, d.h. eine negative Externalität besteht. Darin liegt letztlich Systemrisiko begründet. Diesem Ansatz liegt die Annahme zugrunde, dass Aktienkurse die kollektive Bewertung eines Unternehmens aus Investorensicht widerspiegeln und somit auch den Einfluss der Interdependenzen mit anderen Banken einschließen. Veränderungen in den Korrelationen zwischen Bankaktienrenditen können deshalb als ein Maß für Veränderungen des Systemrisikopotential angesehen werden. Im internationalen Kontext ist es dabei wichtig, gemeinsame, die Rendite beeinflussende Faktoren bei den Berechnungen zu berücksichtigen, um z.B. nicht aufgrund einer höheren Korrelation von Zinsen oder Aktienmarktindizes fälschlicherweise auf ein gestiegenes Systemrisiko zu schließen.

Schüler (2004) berechnet so genannte „Rolling-window"-Korrelationen zwischen den Aktienrenditen der 54 größten europäischen Banken. Die Renditen wurden vorher um nationale Faktoren bereinigt. Die durchschnittliche Entwicklung der Korrelationen über die Zeit geben Aufschluss über die Entwicklung des Systemrisikopotentials unter den größten europäischen Banken (siehe Abbildung 1).

Abbildung 1: Durchschnittliche Entwicklung der Korrelationen zwischen bereinigten Aktienrenditen europäischer Banken

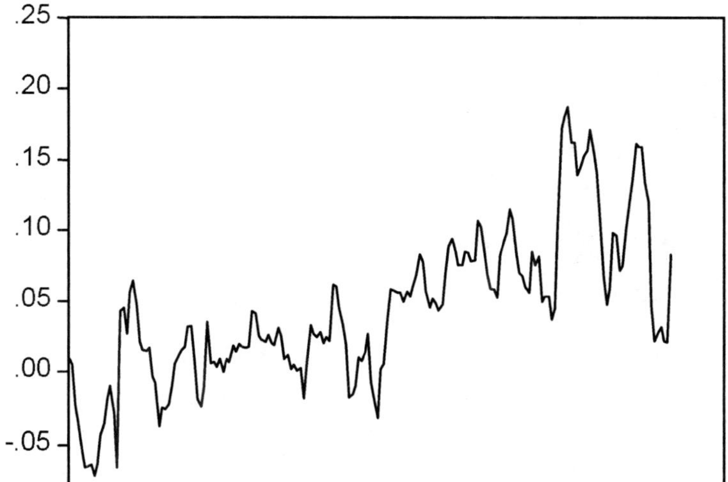

Abbildung 1 zeigt, dass im Durchschnitt die Korrelationen unter europäischen Bankaktien in den letzten 15 Jahren deutlich angestiegen sind. Eine Regression dieser mittleren Korrelation auf eine Konstante und einen

Zeittrend ergibt, dass dieser Anstieg signifikant ist. Des Weiteren weist die durchschnittliche Korrelation einen signifikanten Sprung in der Zeit nach der Einführung der zweiten Bankdirektive im Jahre 1993 auf. Die zweite Bankdirektive vervollständigte den EU-Bankenbinnenmarkt. Insgesamt weist der Anstieg in den Korrelationen auf eine Zunahme der Interdependenzen zwischen den größten europäischen Banken und damit auf einen Anstieg des europaweiten Systemrisikopotentials hin.

Zu einem ähnlichen Ergebnis kommen Schröder und Schüler (2003), die anstelle von individuellen Bankaktienrenditen Renditen von Bankaktienindizes von 13 europäischen Ländern verwenden. Die Korrelationen zwischen diesen Renditen werden mit Hilfe eines bivariaten GARCH-Modells geschätzt. Dabei werden zwei gemeinsame, die Renditen beeinflussende Faktoren berücksichtigt: die nationale Aktienmarktentwicklung sowie ein kurzfristiger Zins. Um die Entwicklung der (bedingten) Korrelationen über die Zeit und damit des Systemrisikopotentials zu erfassen, werden nicht-parametrische und parametrische Tests angewandt. Der nicht-parametrische Test findet klare Hinweise darauf, dass die Nullhypothese einerkonstanten Korrelation in zahlreichen Fällen verworfen wird. Die parametrischen Tests belegen, dass die (bedingten) Korrelationen im Beobachtungszeitraum in vielen Fällen angestiegen sind. Dieser Anstieg erfolgte entweder stufenweise als Folge der Vervollständigung des EU-Bankenbinnenmarkts und der Einführung des Euro oder aber die Korrelationen erhöhten sich graduell, also einem linearen Trend folgend. Dieser Anstieg der Korrelationen kann als ein Indiz für eine stärkere Verflechtung der europäischen Bankenmärkte und damit auch als Anstieg des EU-weiten Systemrisikopotentials interpretiert werden.

Diese empirische Evidenz für eine Zunahme des EU-weiten Systemrisikopotentials untermauert die Vermutung, dass ein Zusammenbruch einer Bank nicht mehr nur den jeweiligen nationalen Bankenmarkt gefährdet, sondern auch die Banken anderer Länder in Mitleidenschaft ziehen kann.

4.2 Wie soll EU-weitem Systemrisiko begegnet werden?

Damit stellt sich die Frage, inwieweit das bestehende Bankenaufsichtssystem in der EU geeignet ist, mit dem gestiegenen EU-weiten Systemrisiko fertig zu werden – also letztlich Finanzmarktstabilität zu sichern.[8]

Grundsätzlich spielt zur Eindämmung von Systemrisiko die Aufsicht von Banken eine entscheidende Rolle. Im Allgemeinen umfasst Bankenaufsicht die folgenden Bereiche um Bankenmarktstabilität zu sichern:

- Regulierung, wie beispielsweise Eigenkapitalvorschriften oder Informationspflichten;
- Aufsicht im engeren Sinne, d.h. die Überwachung der Einhaltung der Regulierung;

[8] Die Analyse dieses Abschnitts ist größtenteils aus Schüler (2003*a*) entnommen.

– Krisenmanagement, das neben Einlagensicherungssystemen den „Lender of Last Resort" (LOLR) umfasst. LOLR bezeichnet die Liquiditätshilfe im Krisenfall.

Das Bankenaufsichtssystem in der EU basiert gegenwärtig auf den Prinzipien der Heimatlandaufsicht und gegenseitiger Anerkennung sowie Kooperation zwischen den nationalen Aufsichtsbehörden. Nach dem Prinzip der Heimatlandaufsicht liegt die Zuständigkeit für die Aufsicht bei der Behörde in dem Land, in dem die Bank ihren Hauptsitz hat. Diese Zuständigkeit schließt auch die ausländischen Aktivitäten dieser Bank ein, sobald sie nicht über rechtlich selbständige Niederlassungen erfolgt. Auch beim Krisenmanagement besteht grundsätzlich nationale Zuständigkeit. Die Europäische Zentralbank (EZB) hat keinen Auftrag als „europäischer LOLR" zu fungieren.

Kooperation zwischen den nationalen Aufsehern findet auf einer bilateralen und multilateralen Ebene statt. Grundlage – vor allem der bilateralen Kooperation – sind so genannte „Memoranda of Understanding" (MoU), die den praktischen Rahmen für den regelmäßigen Austausch von Information festlegen und Abläufe für die Koordination der Aufsichtsmaßnahmen festlegen. Daneben existieren auf EU Ebene zur multilateralen Kooperation die folgenden Gremien: Groupe de Contact, Banking Advisory Committee (BAC) und Banking Supervision Committee (BSC).

Die Politik hat durchaus die Notwendigkeit zu einer Reform des europäischen Aufsichtssystems erkannt. Nach einem Entwurf des Wirtschafts- und Finanzausschuss (WFA) zum ECO-FIN-Rat im Oktober 2002 (Economic and Financial Committee, 2002) soll das bereits für die Wertpapiermärkte gültige „Lamfalussy-Verfahren" auf die Bereiche Banken, Versicherungen und Finanzministerien ausgeweitet werden.

Die Frage ist nun also, inwieweit das bestehende europäische Aufsichtssystem und die vorgeschlagene Reform geeignet sind, mit dem gestiegenen EU-weiten Systemrisikopotential fertig zu werden – also letztlich Finanzmarktstabilität zu sichern?

Das Lamfalussy-Modell reformiert vor allem das EU-Gesetzgebungsverfahren, wirkt also insbesondere auf Regulierung. Ziel ist unter anderem eine schnellere, mit den sich wandelnden Finanzmärkten Schritt haltende Gesetzgebung. Außerdem sollen Konvergenz in der Aufsichtspraxis und eine konsistente Implementierung von EU-Direktiven bewirkt werden. Daneben gibt es die Baseler Eigenkapitalrichtlinien, die bereits eine Form der internationalen Bankenregulierung darstellen. In Bezug auf die Regulierung von Banken wird somit dem zunehmend integrierten EU-Bankenmarkt Rechnung getragen.

Aufsicht im engeren Sinne, d.h. die Überwachung der Regulierung, sollte so nah wie möglich an den zu überwachenden Finanzinstitutionen stattfinden, also auf nationaler Ebene. Durch die zunehmende Verflechtung im EU-Bankenmarkt ergibt sich hier aber ein verstärkter Bedarf zur Koordination und Kooperation zwischen den nationalen Aufsehern. Die im Rahmen des

Lamfalussy-Modells neu zu gründenden multilateralen Ausschüsse haben das Ziel, diesen Bedarf zu decken. Inwieweit dieses Ziel erreicht wird, bleibt abzuwarten. In diesem Zusammenhang spielen vor allem auch Anreizprobleme eine Rolle.[9]

Fraglich ist auch, ob das vorgeschlagene EU-Aufsichtssystem angemessen ist, Bankenmarktstabilität im Fall einer Krise zu sichern. Dabei stellt sich auch die Frage nach der Notwendigkeit eines europäischen LOLR sowie der Koordination einer solchen Maßnahme. Entscheidend in diesem Zusammenhang ist die Einbindung der nationalen Notenbanken und insbesondere der EZB, die als einzige die Möglichkeit zur Geldschöpfung hat.

Häufig wird argumentiert, dass die EZB und das Europäische System der Zentralbanken (ESZB) bereits implizit eine Art LOLR darstellen. Falls nötig, würden im Krisenfall die erforderlichen Mechanismen bereit stehen, die Finanzkrise zu bekämpfen. In diesem Kontext wird auch von einer so genannten „konstruktiven Unklarheit" gesprochen. Diese meint, dass eine zu klare Offenlegung der im Krisenfall anzuwendenden Rettungsmechanismen „Moral Hazard" fördert, also Kreditinstitute dazu verleitet, zu hohe Risiken einzugehen. Eine „konstruktive Unklarheit" über eine mögliche Rettungsaktion soll helfen, Moral Hazard zu beschränken.

Sicherlich besteht kein Zweifel an der Fähigkeit und dem Willen des Eurosystems, im Krisenfall zu handeln. Ebenso ist ex ante Unklarheit bezüglich des Einsatzes der LOLR-Funktion aus Anreizüberlegungen angebracht. Allerdings sollte der Entscheidungsprozess im Krisenfall transparent sein. In diesem Sinne ist Transparenz durchaus mit „konstruktiver Unklarheit" vereinbar.

Zur Optimierung der Abläufe im Falle einer Krise, aber vor allem zur Krisenprävention, sollte es auf EU-Ebene ein Gremium zur Überwachung des europaweiten Systemrisikos geben. Einfache Kooperation zwischen den nationalen Aufsehern, selbst im vorgeschlagenen System, wird diesbezüglich nicht ausreichen. Ein solches „Observatory of Systemic Risk" sollte auch gewisse Kompetenzen in Bezug auf in Schwierigkeiten befindliche Finanzinstitute haben. Diese könnten dann durch den jeweiligen nationalen Aufseher ausgeübt werden. Neben der Überwachung des EU-weiten Systemrisikos könnte dieses Gremium auch einheitliche Aufsichtspraktiken und -standards sichern. Primäres Ziel wäre also die Krisenprävention. Da diesem Gremium aber auch eine entscheidende Rolle bei der Koordinierung der Maßnahmen im Falle einer Krise zukommen könnte, ist eine enge Kooperation mit dem LOLR, also mit der EZB und den nationalen Notenbanken erforderlich. Das bereits bestehende und bei der EZB angesiedelte Banking Supervision Committee könnte in einer reformierten Form diese Aufgabe erfüllen.

---

[9] Zur genaueren Analyse dieser Anreizprobleme siehe Schüler (2003*b*).

5 Wirtschaftspolitische Schlussfolgerungen

Die hier vorgestellten Analysen führen zu einem doppelten Befund. Auf der einen Seite ist das Integrationsniveau im europäischen Finanzbinnenmarkt auf wichtigen Endverbrauchermärkten immer noch vergleichsweise niedrig. Nationale Grenzen haben eine fortdauernde Bedeutung als Marktgrenzen, was mit Effizienz- und Wachstumsverlusten einhergeht. Auf der anderen Seite besteht aber auch auf den höher integrierten Wholesale-Märkten ein Defizit, weil wichtige Rahmenbedingungen – insbesondere in Bezug auf die Aufsicht – noch nicht die Realitäten hoch integrierter Märkte widerspiegeln.

Die europäische und nationale Integrationspolitik steht also vor einer doppelten Herausforderung. Zum einen sollte die Zielsetzung lauten, Integrationshindernisse auf den Retail-Märkten weiter zu beseitigen, um auch gerade den Endverbraucher an den Vorteilen des Binnenmarktes stärker partizipieren zu lassen. Auf der anderen Seite müssen diese Bemühungen flankiert werden durch die Herausbildung gesamteuropäischer Aufsichtsstrukturen, die eine ausreichende Gewähr für Finanzmarktstabilität bieten.

Zentral ist auch die Einsicht, dass europäische Integrationspolitik nicht nur in Brüssel, sondern vor allem auch in den nationalen Hauptstädten gemacht wird – manchmal vermutlich sogar unbewusst. Ein illustratives Beispiel bietet die deutsche Rentenreform mit ihrer Definition der förderfähigen „Riester-Produkte“. Unter dem Deckmantel des Anlegerschutzes wurden nur solche Altersvorsorgeprodukte als förderfähig erklärt, die eine ganze Liste spezifischer Bedingungen zu erfüllen haben. Die Folge ist, dass ausländische Anbieter ihre bewährten Altersvorsorgeprodukte den deutschen Sparern nicht ohne erhebliche Anpassungen und Markteintrittskosten anbieten können. Auf diese Weise bleibt das enorme Potential, das ein gesamteuropäischer Markt für Altersvorsorgeprodukte durch Wettbewerbsintensivierung und steigende Skalenerträge für den Arbeitnehmer hätte, ungenutzt. Angesichts der Tatsache, dass sich alle EU-Staaten gemeinsam der demographischen Krise gegenüber sehen, läuft die Zersplitterung der Altersvorsorgemärkte in 15 nationale Segmente auf eine unverständliche Ressourcenverschwendung hinaus.

Natürlich sollte man dabei keine unrealistischen Vorstellungen über den erreichbaren Integrationsstand haben. Ein Teil der existierenden Barrieren ist wie etwa die Sprachunterschiede oder unterschiedliche Anlegermentalitäten auf absehbare Zeit nicht zu überwinden. Diese natürlichen Barrieren dürften aber heute vielfach eine geringere Rolle spielen als die von der Politik verursachten Hindernisse.

Integration ist eben kein notwendiges Übel, das Europa uns aufzwingt, sondern ein Mittel zur Überwindung der deutschen Sklerose. Nach dem Einstieg in eine ernsthafte Reformpolitik, der nun hoffentlich eingeläutet wird, müssen noch mutigere und phantasievollere Schritte folgen. Es ist dringend zu hoffen, dass die Wiederentdeckung einer aktiven Integrationspolitik zu diesen weiteren Schritten zählt.

Literaturverzeichnis

Cecchini, P., Heinemann, F. und Jopp, M. (Hrsg.) (2003), *The Incomplete European Market for Financial Services*, ZEW Economic Studies 19, Heidelberg.

Commission of the European Communities (1988), *The Economics of 1992*, European Economy 35, Brüssel.

De Nicolo, G. und M. L. Kwast (2002), Systemic Risk and Financial Consolidation: Are They Related? *Journal of Banking & Finance* 26 (5), 861–880.

Economic and Financial Committee (2002), *EFC Report on Financial Regulation, Supervision and Stability*, Brussels. (Revised version, Oktober).

Feldstein, M. und C. Horioka (1980), Domestic Saving and International Capital Flows, *The Economic Journal* (90), 314–329.

Giannetti, M., L. Guiso, T. Jappelli, M. Padula und M. Pagano (2002), *Financial Market Integration, Corporate Financing and Economic Growth, Final Report*, European Commission, Directorate-General for Economic and Financial Affairs, Economic Papers 179, Brussels.

Heinemann, F. und M. Schüler (2003), Integration Benefits on EU Retail Credit Markets – Evidence from Interest Rate Pass-Through, in: Cecchini et al. (2003). 105–128.

Heinemann, F. und M. Schüler (2004), A Stiglerian View on Banking Supervision, *Public Choice* (erscheint demnächst).

Kappler, M. und P. Westerheide (2003), *Aktienmärkte und Beschäftigung – Eine Analyse aus makro- und mikroökonomischer Perspektive*, Deutsche Börse AG Research Paper, Frankfurt.

King, R.G. und R. Levine (1993), Finance and Growth: Schumpeter May Be Right, *Quarterly Journal of Economics* (108), 713–737.

London Economics (2002), *Quantification of the Macro-Economic Impact of Integration of EU Financial Markets*, Final Report to the European Commission – Directorate-General for the Internal Market.

Neimke, M., C. Eppendorfer und R. Beckmann (2003), Deepening European Financial Integration: Theoretical Considerations and Empirical Evaluation of Growth and Employment Benefits, in: Cecchini et al. (2003). 187–229.

Pagano, M. (1993), Financial Markets and Growth: An Overview, *European Economic Review* (37), 613–622.

Schröder, M. und M. Schüler (2003), *Systemic Risk in European Banking – Evidence from Bivariate GARCH Models*, ZEW Discussion Paper 03-11, Mannheim.

Schüler, M. (2003*a*), *How Do Banking Supervisors Deal with Europe-Wide Systemic Risk?* ZEW Discussion Paper 03-03, Mannheim.

Schüler, M. (2003*b*), *Incentive Problems in Banking Supervision – The European Case*, unveröff. Manuskript.

Schüler, M. (2004), The Threat of Systemic Risk in European Banking, *Quarterly Journal of Business and Economics* (erscheint demnächst).

Bankenrisiko und Risiko Bank*

Peter Winker

1 Einführung

Auf die bedeutende Rolle der Entwicklung von Finanzmärkten als Standortfaktor weisen in diesem Memorandum Heinemann et al. (2004) eingehend hin (siehe auch de Avila, 2003). Allerdings gibt es ausgeprägte nationale Unterschiede hinsichtlich des Gewichtes der Banken im Finanzsystem. Auf deren Ursachen soll hier nicht näher eingegangen werden (Edwards und Fischer, 1994). Allerdings ist die im internationalen Vergleich große Bedeutung des Bankensystems für die Unternehmensfinanzierung in Deutschland festzuhalten. Aus der engen Verbindung zwischen Banken und Unternehmen ergibt sich möglicherweise eine unmittelbarere Wirkung von Bankenkrisen auf die Realwirtschaft. Die Begrenzung derartiger Risiken ist eine der Aufgaben der Bankenüberwachung. Dafür ist zunächst die Analyse und Messung der verschiedenen Risikoaspekte eine wesentliche Voraussetzung. Die im Zusammenhang mit den Vorschlägen des Basler Ausschusses (Basel II) diskutierten Ansätze sind jedoch von einer umfassenden Erfassung dieser Risiken noch weit entfernt.

Dass das Bankensystem in Deutschland insbesondere für die Finanzierung der kleinen und mittleren Unternehmen (KMU) einen wichtigen Beitrag leistet, lässt sich anhand von Daten über die Finanzierungsstruktur der KMU und der Großunternehmen belegen, die in Tabelle 1 ausgewiesenen werden. Neben der hohen Fremdmittelquote für die KMU fällt auf, dass ein großer Anteil dieser Fremdmittel über das Bankensystem vermittelt wird. Während die Fremdmittelquote im Zeitraum 1994 bis 2001 leicht rückläufig war, stieg der Anteil der Bankenfinanzierung daran sogar noch von 37,1% auf 39,9% an, während er für die Großunternehmen lediglich 12,2% ausmacht. Dies schlägt sich auch im Zinsaufwand nieder, der trotz tendenziell rückläufiger Zinssätze im Beobachtungszeitraum nur geringfügig abnahm.

Der hohe Anteil des Bankensystems an der Finanzierung der KMU hat zur Folge, dass einerseits spezifische Risiken für das Bankensystem entstehen könnten, dass aber in jedem Fall Störungen im Bankensektor wahrscheinlich asymmetrisch auf KMU und Großunternehmen wirken. Eine unmittelbare wirtschaftspolitische Implikation ergibt sich hieraus jedoch nur dann, wenn KMU Aufgaben übernehmen, die nicht ohne weiteres auch von Großunternehmen abgewickelt werden könnten.[1]

* Für wertvolle und weiterführende Kommentare bin ich D. Maringer und A. Worms zu Dank verpflichtet. Alle noch bestehenden Unvollkommenheiten gehen aber allein zu meinen Lasten.

[1] Siehe auch Reize (2004) und Zimmermann (2004) in diesem Memorandum.

Tabelle 1: Bankenfinanzierung und Zinsaufwand

KMU (unter 100 Mio. DM bzw. 50 Mio. € Umsatz)					
	1994	1996	1998	2000	2001
Bilanzsumme	1489,7	1484,2	1545	873,5	889
Fremdmittelquote	92,8%	93,5%	93,4%	93,0%	92,5%
davon von Kreditinstituten	37,1%	38,1%	39,7%	39,5%	39,9%
Zinsaufwand	4,0%	3,7%	3,4%	3,4%	3,4%
Großunternehmen					
Bilanzsumme	1858	1941,5	2165,5	1278,5	1313
Fremdmittelquote	75,1%	74,4%	73,7%	75,0%	74,6%
davon von Kreditinstituten	11,9%	11,7%	12,6%	12,5%	12,2%
Zinsaufwand	1,7%	1,4%	1,4%	1,6%	1,8%

Quelle: Deutsche Bundesbank (2003*b*), eigene Berechnungen; Bilanzsumme bis 1998 in Mrd. DM, ab 1999 in Mrd. €; Zinsaufwand bezogen auf die Bilanzsumme.

Die Bedeutung des Bankensystems für die Finanzierung gerade der KMU ergibt sich daraus, dass Transaktionskosten und die Kosten für die Beschaffung von Information gepoolt und damit reduziert werden können. Vor allem die Beschaffung von Information, unter anderem auch durch die Ausbildung langfristiger Beziehungen, sowie die kurzfristige Liquiditätsversorgung gehören zu den klassischen Aufgaben des Bankensystems in einer Situation asymmetrischer Information, wie sie Kreditbeziehungen typischerweise prägt (Diamond, 1984, 1991, Winker, 1996 und Szczesny, 2003, S. 131ff).

Diese wenigen Bemerkungen und Verweise sollen genügen, um die Bedeutung des Bankensystems für den Wirtschaftsstandort Deutschland zu betonen. Natürlich kann dieser kleine Beitrag nicht den Anspruch stellen, die Rolle des deutschen Bankensystems für den Wirtschaftsstandort Deutschland umfassend zu beleuchten. Stattdessen sollen im Folgenden einige Aspekte beleuchtet werden, die eine tiefer gehende Analyse verdienen. Insbesondere wird es um Risiken für das Bankensystem und Risiken, die aus dem Bankensystem resultieren können, gehen. Dabei wird ein besonderes Augenmerk auf die Risikomessung und die Konsquenzen einer Umsetzung der Vorschläge des Basler Ausschusses (Basel II) gelegt (Basel Committee on Banking Supervision, 2003). Im Mittelpunkt wird die wirtschaftspolitische Frage stehen, ob die gegenwärtig implementierten und geplanten Maßnahmen der Bankenaufsicht ausreichen, um die Risiken im Bankensektor zu kontrollieren.

In Abschnitt 2 werden zunächst unterschiedliche Ansätze zur Messung des Risikos einer Bank vorgestellt. In Abschnitt 3 werden einige Aspekte des systemischen Risikos des Bankensystems angesprochen. Dabei wird als Beispiel auf die möglichen Auswirkungen der zunehmenden weltweiten Integration von Finanzmärkten eingegangen. Im Abschnitt 4 werden mögliche Konsequenzen im Hinblick auf die (De-)Regulierung des Bankensystems und wirtschaftspolitische Implikationen angesprochen.

2 Das Risiko einer Bank

2.1 Risiko und Eigenkapital

Eine Analyse des Bankenrisikos wird zunächst am Risiko einer individuellen Bank ansetzen. Dabei können zwei unterschiedliche Risiken auftreten. Erstens kann eine Bank in eine Liquiditätskrise geraten, wenn kurzfristige Mittelabflüsse – etwa im Zuge eines „bank run“ – nicht ebenso kurzfristig durch die Auflösung von Aktiva finanziert werden können. Zweitens, und dies ist das Risiko, auf das in diesem Beitrag fokussiert wird, kann aus Verlusten im Kredit- und Anlagegeschäft eine Verminderung der Eigenkapitalausstattung der Bank resultieren.[2] Im Extremfall gerät die Bank dadurch in Insolvenz; aber bereits deutlich früher wird sie entweder regulatorische Anforderungen an die Eigenkapitalausstattung nicht mehr erfüllen oder aber eine aus dem Optimierungskalkül der Bank selbst resultierende Mindestausstattung mit Eigenkapital unterschreiten (Rime, 2001 und Barrios und Blanco, 2003). In beiden Fällen wird normalerweise eine Reduktion des Finanzierungsvolumens der Banken folgen. Beim Vorliegen ausgeprägter Informationsasymmetrien zwischen Bankeignern und Bankmanagement wäre jedoch auch ein „gambling for resurrection“ denkbar. Besonders hoch ist diese Gefahr, wenn die Bankeigner das wirtschaftliche Risiko des Bankbetriebs nicht tragen, wie es für den öffentlichen Bankensektor der Fall ist.

In einem Modell des monetären Transmissionsmechanismus finden Hülsewig et al. (2004) einen signifikanten langfristigen Zusammenhang zwischen dem Kreditangebot an den privaten Sektor und der Eigenkapitalausstattung der Banken. Der Langfristkoeffizient für das Eigenkapital ist dabei deutlich kleiner als eins, d.h. eine Expansion des Kreditvolumens an den privaten Sektor geht mit einer überproportionalen Erhöhung der Eigenkapitalausstattung einher. Dieser Effekt lässt sich dadurch erklären, dass keine proportionale Erhöhung der weniger riskanten Aktiva, z.B. Staatsanleihen möglich ist. Damit erhöht sich das Gesamtrisiko des Bankportfolios.[3] Darüberhinaus ergibt ein Test, dass die Eigenkapitalausstattung als schwach exogen angenommen werden kann, d.h. die Banken können ihre Eigenkapitalausstattung nicht kurzfristig auf ein gewünschtes Niveau anpassen. Mit anderen Worten: Änderungen in der Eigenkapitalaustattung der Banken schlagen unmittelbar auf die Kreditvergabemöglichkeiten durch. Damit sind individuelle Bankenrisi-

---

2 Für eine formale Abgrenzung dieser Risiken siehe z.B. Northcott (2002, S. 11f).

3 Ebenfalls einen positiven Zusammenhang zwischen Eigenkapitalausstattung und Risiko finden Bichsel und Blum (2002) in einer Panelanalyse für Schweizer Banken.

ken auch gesamtwirtschaftlich relevant, wenn Unternehmen nicht problemlos auf andere Finanzierungsmöglichkeiten ausweichen können.

Abbildung 1 zeigt die trendmäßige Entwicklung der Quote von Bankkapital zur Bilanzsumme. Die hierbei zugrunde gelegte Abgrenzung des ausgewiesenen Kapitals in der Bankbilanzstatistik ist nicht identisch mit der für die Bewertung der Eigenkapitalausstattung berücksichtigten Größe. Allerdings weisen beide Größen einen ähnlichen Verlauf auf (Hülsewig et al., 2004).

Abbildung 1: Kapitalquote (HP-Trend)

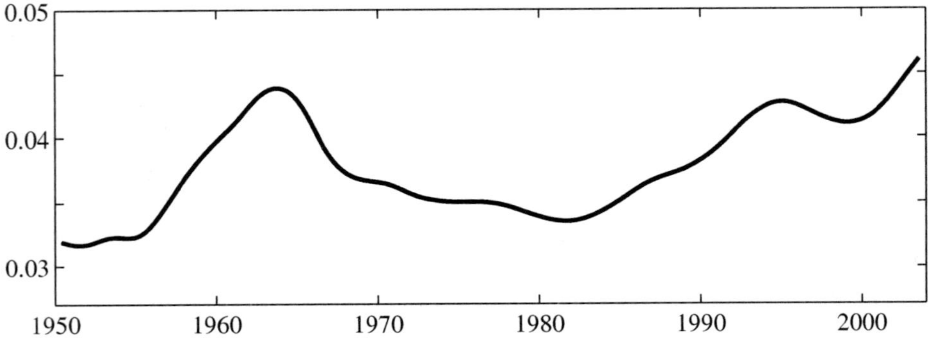

Quelle: Deutsche Bundesbank Zeitreihen-Datenbank, eigene Berechnungen.

Die Frage, ob die in Abbildung 1 dargestellte Kapitalausstattung in der Größenordnung von zuletzt knapp 4,6% der Bilanzsumme dem Risiko angemessen ist, kann nicht unabhängig von der Aktivseite der Bankbilanzen und den tatsächlich realisierten Risiken beantwortet werden. So stieg beispielsweise der Nettobewertungsaufwand im Jahr 2002 auf einen Anteil von 0,44% der Bilanzsumme und lag damit ungefähr doppelt so hoch wie im Durchschnitt der 1990er Jahre (Deutsche Bundesbank, 2003*a*). Dabei ergeben sich auch zwischen den einzelnen Bankengruppen deutliche Unterschiede. Insbesondere für die Sparkassen fiel der Bewertungsaufwand mit 0,71% der Bilanzsumme noch deutlich höher aus. Obwohl der überwiegende Teil der Abschreibungen und Wertberichtigungen dem inländischen Kreditgeschäft zuzurechnen ist, musste gerade die Risikovorsorge für Auslandsengagements bei rückgängigem Volumen deutlich erhöht werden.

In den Regeln des Basler Akkords von 1988 wurden international gültige Mindestanforderungen an die Eigenkapitalunterlegung von Kreditrisiken festgesetzt. Dazu werden die Kredite sehr grob in wenige Kategorien unterteilt und mit entsprechenden Faktoren gewichtet (Szczesny, 2003, S. 41).[4]

[4] Für einen Teil des deutschen Bankensystems waren ähnliche Anforderungen bereits seit 1962 bindend (Winker, 1996, S. 159ff).

Während Kredite an öffentliche Haushalte gar nicht berücksichtigt werden, gehen Kredite an andere Banken mit einem Gewicht von lediglich 20% in die Risikomessung ein. Für alle anderen Kredite an Nichtbanken findet keine weitere Unterteilung mehr statt. Dieses System ist offenbar den tatsächlichen Risiken einzelner Kredite nicht angemessen.

In der aktuell diskutierten Neufassung (Basel II) wird daher eine engere Verknüpfung zwischen den einzelnen Risiken und einer entsprechenden Unterlegung mit Eigenkapital angestrebt (Basel Committee on Banking Supervision, 2003), d.h. Unternehmenskredite sollen nicht mehr pauschal mit einem Faktor versehen werden, sondern in Abhängigkeit vom tatsächlichen Risiko. Auch Finanzderivate in den Bankportfolios müssen in Zukunft mit Eigenkapital unterlegt werden. Damit sollen insbesondere bisher bestehende Arbitragemöglichkeiten reduziert werden. Obwohl die Unterschranke für die Eigenkapitalquote bei 8% bestehen bleibt, kann die höhere Gewichtung riskanterer Anlageformen zu einer schnelleren Ausschöpfung dieser Quote führen. Andererseits liegt möglicherweise für einen Teil des Bankensystems die regulatorische Schranke unterhalb der sich aus dem eigenen Optimierungskalkül ergebenden.[5]

Die Daten für die individuelle Bewertung von Krediten kommen dabei entweder von externen Ratingagenturen oder aus internen Ansätzen der Banken (Szczesny, 2003). Würden auf diesem Wege die Risiken aller Anlageformen angemessen erfasst, könnten die höheren Eigenkapitalkosten für riskantere Anlagen in Form einer erhöhten Risikoprämie umgelegt werden. Generell gilt jedoch für das neue wie für das alte System, dass die Banken keinen Anreiz haben, eigene Informationen über tatsächlich höhere Risiken einzelner Anlagen zu kommunizieren, da dies die kalkulatorischen Kosten für das zu unterlegende Eigenkapital nach oben treiben würde. Die Ergebnisse einer Sonderumfrage des ZEW im Jahr 2000 (Szczesny, 2003, S. 253) deuten darauf hin, dass die Banken sich auf die Notwendigkeit einer Erhöhung ihrer Eigenmittel im Zuge der Umsetzung der Basler Vorschläge zur Bankenaufsicht einstellen. Gleichzeitig zeichnet sich ab, dass es dabei nicht unerhebliche Anreize gibt, interne Ratings günstiger darzustellen, um Eigenmittel zu sparen. Die Möglichkeit zu einem derartigen Verhalten, für das 83% der befragten Finanzmarktakteure geringe bis erhebliche Anreize sahen, ergibt sich aus Informationsvorteilen der Banken gegenüber der Bankenaufsicht.

Aus einer Umsetzung von Basel II würde demnach primär folgen, dass die Banken bei der Kreditvergabe das Risiko einzelner Engagements genauer prüfen und bei der Kostenkalkulation auch die Kosten für das zu unterlegende Eigenkapital berücksichtigen müssten. Hieraus wäre zunächst eine verbesserte Risikoallokation zu erwarten. Allerdings hat der Ansatz drei Schwächen, auf die im Folgenden näher eingegangen werden soll. Das erste Problem be-

[5] Barrios und Blanco (2003) finden in einer empirischen Studie für den spanischen Markt, dass dies dort für etwa 70% der Kreditinstitute der Fall sein dürfte.

trifft die Bereitstellung beziehungsweise Generierung der Information, die für die Risikobewertung notwendig ist. Der zweite Aspekt bezieht sich auf das Gesamtrisiko einer Bank, das nicht der Summe der Einzelrisiken entspricht. Der dritte Schwachpunkt dieser Ausgestaltung der Bankenregulierung schließlich liegt im dadurch nicht hinreichend berücksichtigten systemischen Risiko begründet.

2.2 Probleme der Eigenkapitalregulierung

Ein großer Teil der Kritik an Basel II richtete sich in den letzten Jahren auf den Aspekt der Informationsbeschaffung. Dabei wurde argumentiert, dass insbesondere für kleinere und mittelgroße Unternehmen die Kosten eines externen Ratings in der Regel zu hoch sein dürften. Andererseits stellt sich die Frage, ob die Banken angesichts der relativ hohen Kosten für die Eigenkapitalunterlegung nicht zunehmend das Interesse am Geschäft mit dem Mittelstand verlieren könnten. Diesen Vorbehalten, die gerade für das deutsche Finanzsystem von großer Bedeutung sein könnten, wurde in den jüngsten Verhandlungsrunden dahingehend Rechnung getragen, dass für kleinere Kredite auch eine gepoolte Risikoanalyse zugelassen wird. Allerdings werden damit Firmen mit besonders ausgeprägten Informationsasymmetrien, d.h. vor allem junge, schnell wachsende und technologieorientierte Firmen, nach wie vor besonders von möglichen Restriktionen auf der Finanzierungsseite getroffen sein (Winker, 1999).

Während externe Ratings prinzipiell individuelle Risiken abbilden, erlauben interne Systeme der Bank auch das Risiko des gesamten Anlageportfolios zu bewerten. Für den Einsatz derartiger Instrumente werden im Zuge der Neuorientierung der Bankenaufsicht Möglichkeiten eröffnet. Als besonders intuitiver Ansatz gilt dabei das Konzept des „value at risk", d.h. die maximale Verlusthöhe, die nur mit einer vorgegebenen – sehr geringen – Wahrscheinlichkeit (z.B. 1%) überschritten wird. Herring (1999) weist zu Recht darauf hin, dass diese extremen Ereignisse schwieriger zu modellieren und abzuschätzen sind als „normale" Risiken. Die Eigenkapitalerfordernis kann sich direkt am „value at risk" orientieren. Die nach den Basler Vorschlägen zulässigen Verfahren zur Abschätzung des „value at risk" basieren unter anderem auf Simulationen der historischen Verläufe. Damit wird es möglich, das gesamte Risiko einer Bank abzubilden, wie es sich im historischen Verlauf dargestellt hätte. Natürlich bleibt auch dieser Ansatz nicht immun gegen die Kritik, dass zukünftige Entwicklungen anders aussehen können als die Vergangenheit und dass sich diese Unterschiede bei extremen Ereignissen, die maßgeblich für den „value at risk" sind, noch stärker bemerkbar machen können. Immerhin wird jedoch mit dem Konzept der Korrelation zwischen Einzelrisiken im Anlageuniversum einer Bank explizit Rechnung getragen.

Obwohl dieser Ansatz geeignet ist, das Gesamtrisiko eines gegebenen Portfolios abzuschätzen, ergibt sich eine neue Problematik, wenn dieses Instrument seitens der Bankenaufsicht vorgegeben wird. Angesichts begrenzter Eigenkapitalausstattung werden die Banken bemüht sein, ihr Anlageportfolio so zu gestalten, dass ein möglichst geringes „value at risk" ausgewiesen werden kann. Angesichts der Nichtlinearität des „value at risk"-Maßes und institutioneller Restriktionen wie Transaktionskosten, Ganzzahligkeit etc. ist dies kein leichtes Unterfangen. Aktuelle Fortschritte in der Implementierung von Optimierungsheuristiken deuten jedoch darauf hin, dass dieses Hindernis bald aus dem Weg geräumt sein dürfte (Maringer, 2003, Maringer und Winker, 2003). In ihrer Arbeit über Aktienportfolios zeigen Maringer und Winker (2003), dass diese Option zu möglicherweise nicht erwarteten, auf jeden Fall aber unerwünschten Ergebnissen führen kann. Wenden die Banken das in Basel II vorgesehene Verfahren der historischen Simulation an, um ein Anlageportfolio mit möglichst geringem „value at risk" zu generieren,[6] so führt dies dazu, dass das tatsächliche Risiko ex post deutlich höher ausfällt als das für die Regulierung berechnete. Ähnliche Effekte resultieren auch bei der Optimierung von Bondportfolios. Diese Abweichungen können je nach gewählten Anlagen und analysierter Zeitspanne sehr beträchtlich sein und damit das ursprüngliche Ziel der Risikobeschränkung ad absurdum führen.

3 Das Risiko des Bankensystems

Verlassen wir nun den Bereich der Einzelbanken und wenden uns den systemischen Risiken für das Bankensystem insgesamt zu. Hier sind wiederum zwei unterschiedliche Kanäle zu unterscheiden, die allerdings durchaus interagieren können.[7] Einerseits kann der Ausfall einer Bank aufgrund der Verbindlichkeiten gegenüber anderen Banken zu Ansteckungseffekten führen. Andererseits gibt es Risiken, die nicht idiosynkratisch für die einzelne Bank sind, sondern alle Banken in ähnlicher Weise betreffen, so dass es selbst ohne Ansteckungseffekte dazu kommen kann, dass Teile des Bankensystems gleichzeitig ausfallen oder zumindest ihre Kreditaktivitäten deutlich einschränken müssen.

Abbildung 2 zeigt zunächst den Anteil an der Bilanzsumme des deutschen Bankensystems, der auf Kredite an Banken inklusive Wertpapieren und Geldmarktpapiere entfällt. Diese Größe zeigt im Verlauf der letzten 50 Jahre einen trendmäßigen Anstieg unter Schwankungen. In dem Ausmaß, in dem diese Verbindlichkeiten zwischen Banken nicht abgesichert sind oder im Ernstfall durch die Zentralbank abgesichert würden („too big to fail"), ergibt sich hieraus ein Potential für Ansteckungseffekte.

In einer theoretischen Arbeit zeigen Allen und Gale (2000), dass das Ri-

---

[6] Dies entspricht der Problemstellung, mit gegebener Eigenkapitalausstattung ein Portfolio mit möglichst hohem erwarteten Ertrag zu konstruieren.

[7] Der hier benutzte Begriff des „systemischen Risikos" erweitert daher den üblicherweise nur auf Ansteckungseffekte zwischen Banken angewandten Ansatz.

Abbildung 2: Anteil Kredite an Banken mit Wertpapieren und Geldmarktpapieren an Bilanzsumme (HP-Trend)

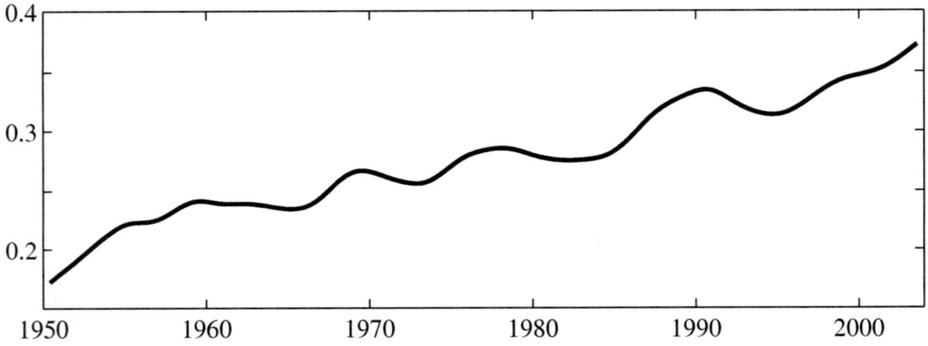

Quelle: Deutsche Bundesbank Zeitreihen-Datenbank, eigene Berechnungen.

siko von Ansteckungseffekten von der konkreten Ausgestaltung der Interbankbeziehungen abhängt.[8] Insbesondere erscheinen gleichmäßige Verflechtungen zwischen allen Banken zu robusteren Strukturen zu führen. Upper und Worms (2002) untersuchen vor diesem Hintergrund das deutsche Bankensystem, das im Bereich der Sparkassen und Volksbanken mehrstufig organisiert ist mit der Folge, dass es nicht zu einer gleichmäßigen Verflechtung kommt, da die Kreditbeziehungen in diesem Segment überwiegend mit den Zentralinstituten erfolgt. Auf Basis einer Schätzung mit den Bankbilanzdaten der Deutschen Bundesbank kommen Upper und Worms (2002) zu dem Schluss, dass die Ansteckungsgefahr durch das zweistufige System teilweise reduziert wird, dass aber insbesondere der Ausfall eines der Zentralinstitute zum Verlust von bis zu 15% der Aktiva des Bankensystems ingesamt führen kann. Ähnliche Untersuchungen wurden Leinonen und Soramäki (2003) zufolge auch für Dänemark, Finnland, Kanada und Schweden durchgeführt, wobei jeweils nur ein geringes Risiko für Ansteckungseffekte gefunden wurde. Allerdings wird für die schwedische Studie hervorgehoben, dass systemische Risiken vor allem aus Fremdwährungspositionen resultieren. Northcott (2002) weist für Kanada ebenfalls für einzelne Institute ein höheres Ansteckungspotential aus.

Selbst unter der – eher unrealistischen – Annahme, dass exogene Schocks jeweils nur eine einzelne Bank treffen, bleibt somit das Risiko nicht auf die Zahlungsfähigkeit dieser Bank begrenzt. Insbesondere erscheinen die oben angesprochenen Probleme eines hohen Ex-post-„value at risk“ damit in einem anderen Licht, vor allem dann, wenn Zentralinstitute der Sparkassen

[8] Die Implikationen für die Bankenaufsicht werden unter anderem von Rochet und Tirole (1996) diskutiert.

und Genossenschaftsbanken betroffen sind. Natürlich gilt dies auch für individuell falsch eingeschätzte Risiken, wofür es in der jüngeren deutschen Finanzgeschichte hinreichend Beispiele gibt.

Neben diesen systemischen Risken können auch korrelierte Schocks das Bankensystem treffen. Wenn konjunkturelle Schocks oder Schocks, die aus der internationalen Verflechtung resultieren, viele Banken gleichzeitig in einem erheblichen Umfang treffen, hat dies nicht nur quantitativ andere Auswirkungen als Schocks ähnlicher Größenordnung, die nur eine Bank treffen. Insbesondere wenn aus den Schocks der gleichzeitige Zusammenbruch mehrerer Banken resultiert, ergibt sich zusammen mit dem systemischen Effekt ein erhebliches Krisenszenario. Eine empirische Bewertung dieser Risiken ist bisher jedoch nur ansatzweise erfolgt, wäre jedoch nicht nur aus wissenschaftlicher Sicht von hohem Interesse. Dabei müsste eine Gesamtanalyse individueller Bankrisiken, der Korrelation von externen Schocks und der systemischen Verbreitung erfolgen.

Um die mögliche quantitative Bedeutung korrelierter Schocks heraus zu stellen, mag das Beispiel der internationalen Verflechtung des Bankensystems dienen. In den letzten Jahren haben die deutschen Banken den Anteil ihrer Auslandsaktiva erheblich ausgeweitet. In Abbildung 3 wird das Verhältnis von Wertpapieren ausländischer Emittenten zum Eigenkapital der Banken dargestellt. Insbesondere für die umfassendere Komponente „Aktien und Anleihen“ zeigt sich über die letzte Dekade ein dramatischer Anstieg, der erst durch die stark rückläufigen Kurse auf den Aktienmärkten seit 2000 etwas gebremst erscheint.

Abbildung 3: Wertpapiere ausländischer Emittenten relativ zum Eigenkapital

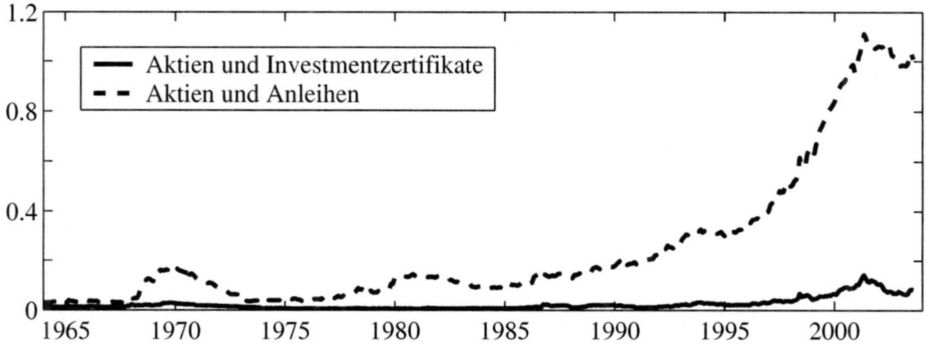

Quelle: Deutsche Bundesbank Zeitreihen-Datenbank, eigene Berechnungen.

Es wird deutlich, dass der Anteil ausländischer Wertpapiere an den Aktiva der deutschen Banken bereits das Niveau der Eigenkapitalaustattung überschritten hat. Auch der Anteil, der allein in ausländischen Aktien investiert ist, ist bereits recht beträchtlich.[9] Für eine genauere Bewertung der resultierenden Risiken müssten diese Anlagen nach ihrem tatsächlichen Risiko weiter differenziert werden, was aufgrund der vorliegenden Daten jedoch nicht möglich war. Außerdem müsste berücksichtig werden, in welchem Umfang diese Risiken durch Derivate in den Bankportfolios abgesichert oder möglicherweise noch verstärkt werden. Nichtsdestotrotz veranschaulichen die Zahlen, wie stark ein mittelgroßer Schock auf einzelnen ausländischen Märkten bereits die Eigenkapitalausstattung des Bankensystems tangieren könnte. In einer derartigen Situation wären systemische Effekte wie oben beschrieben sehr viel wahrscheinlicher und ausgeprägter. Gegenläufige Effekte ergeben sich hinsichtlich der Absorption inländischer Schocks. Außerdem könnte – ähnlich wie für das Bankensystem eines Landes – eine gleichmäßige internationale Verknüpfung zwischen den Banken zu einem insgesamt stabileren globalen Finanzsystem führen.

4 Implikationen

Die Rolle des Bankensystems für den Wirtschaftsstandort Deutschland ist unstrittig – trotz einer zu beobachtenden Tendenz zur Disintermediation insbesondere in der Finanzierung von Großunternehmen. Dennoch erscheint eine Analyse des Bankensystems primär im Hinblick auf seine Rolle für die Finanzierung kleiner und mittelständischer Unternehmen zu kurz gegriffen, wenn es um eine kritische Auseinandersetzung mit Basel II geht.

Im Hinblick auf einzelne Banken und einzelne Kreditbeziehungen sollte den Anreizen zur Gewinnung und Verwertung von Information besonderes Augenmerk gewidmet werden. Diese Aufgabe an externe Ratingagenturen zu verweisen, wirft eine Reihe neuer Probleme auf: Wer kommt für die Kosten auf? Wie sehen die Anreize für die Ratingagenturen selbst aus? Wer haftet bei fehlerhaften Ratings? Außerdem müssen die bankinternen Bewertungsverfahren sehr sorgfältig von der Bankenaufsicht kontrolliert werden, was entsprechende Kapazitäten voraussetzt. Über die bisher vorgelegten Ansätze hinausgehend, müssen Verfahren entwickelt werden, um der extensiven Risikoexposition bei Optimierung eines „value at risk"-Ansatzes oder ähnlicher bankinterner Verfahren begegnen zu können.

Natürlich ist eine Bankenregulation, die allein am Risiko einzelner Banken ansetzt, angesichts systemischer Risiken und korrelierter Schocks nicht ausreichend und nicht optimal (Acharya, 2001, 2004). Vielmehr müssen die Risiken im Kontext des gesamten Bankensystems und seiner wachsenden internationalen Verflechtung analysiert werden. Insbesondere durch den steigenden Anteil ausländischer Aktiva können internationale Schocks sehr viel

[9] Eine detaillierte Beschreibung dieser Entwicklungen im Hinblick auf einzelne Bankengruppen findet sich in Winker (2003).

stärker auf die Eigenkapitalposition der Banken durchschlagen. Hieraus resultiert ein erhöhtes systemisches Risiko einerseits und eine verringerte Kreditverfügbarkeit andererseits. Da letzterer Effekt davon abhängt, ob eine bestehende Eigenkapitalregulierung bereits bindend wird, erfolgen Anpassungen an Schocks auf diesem Wege wahrscheinlich nicht linear, sondern regimeabhängig, was bei der Modellierung gegebenenfalls zu berücksichtigen wäre. Eine empirische Analyse der gesamten Wirkungskette muss allerdings zukünftiger Forschungsarbeit vorbehalten bleiben.

Literaturverzeichnis

Acharya, V. V. (2001), Competition Among Banks, Capital Requirements and International Spillovers, *Economic Notes* 30 (3), 337–358.

Acharya, V. V. (2003), Is the International Convergence of Capital Adequacy Regulation Desirable? *Journal of Finance* 58 (6), 2745–2781.

Allen, F. und D. Gale (2000), Financial Contagion, *Journal of Political Economy* 108, 1–33.

Barrios, V. E. und J. M. Blanco (2003), The Effectiveness of Bank Capital Adequacy Regulation: A Theoretical and Empirical Approach, *Journal of Banking & Finance* 27, 1935–1958.

Basel Committee on Banking Supervision (2003), *Consultative Document: The New Basel Capital Accord*, Bank for International Settlement, Basel (verfügbar unter `www.bis.org`).

Bichsel, R. und J. Blum (2002), *The Relationship Between Risk and Capital in Swiss Commercial Banks: A Panel Study*, Working Paper 02.04, Studienzentrum Gerzensee, Gerzensee.

de Avila, D. R. (2003), *Finance and Growth in the EU: New Evidence from the Liberalisation and Harmonisation of the Banking Industry*, Working Paper 266, European Central Bank, Frankfurt.

Deutsche Bundesbank (2003*a*), Die Ertragslage der deutschen Kreditinstitute im Jahr 2002, *Deutsche Bundesbank Monatsbericht* September 2003, 15–43.

Deutsche Bundesbank (2003*b*), Zur wirtschaftlichen Situation kleiner und mittlerer Unternehmen in Deutschland, *Deutsche Bundesbank Monatsbericht* Oktober 2003, 29–55.

Diamond, D. W. (1984), Financial Intermediation and Delegated Monitoring, *Review of Economic Studies* 51, 393–414.

Diamond, D. W. (1991), Monitoring and Reputation: The Choice Between Bank Loans and Directly Placed Debt, *Journal of Political Economy* 99 (4), 689–721.

Edwards, J. und K. Fischer (1994), *Banks, Finance and Investment in Germany*, Cambridge University Press, Cambridge, MA.

Heinemann, F., M. Schröder und M. Schüler (2004), Finanzmarktintegration und Wirtschaftsstandort, in: Fitzenberger, B., Smolny, W. und Winker, P. (Hrsg.), *Herausforderungen an den Wirtschaftsstandort Deutschland*, Baden-Baden, 79–93.

Herring, R. J. (1999), Credit Risk and Financial Instability, *Oxford Review of Economic Policy* 15 (3), 63–79.

Hülsewig, O., P. Winker und A. Worms (2004), Bank Lending in the Transmission of Monetary Policy: A VECM Analysis for Germany, *Jahrbücher für Nationalökonomie und Statistik* (erscheint demnächst).

Leinonen, H. und K. Soramäki (2003), *Simulating Interbank Payment and Securities Settlement Mechanisms with the BoF-PSS2 Simulator*, Discussion Paper 23-2003, Bank of Finland, Helsinki.

Maringer, D. G. (2003), *Distribution Assumptions and Risk Constraints in Portfolio Optimization*, Diskussionspapier 2003-008E, Staatswissenschaftliche Fakultät, Universität Erfurt.

Maringer, D. G. und P. Winker (2003), *Portfolio Optimization Under Different Risk Constraints with Memetic Algorithms*, Diskussionspapier 2003-005E, Staatswissenschaftliche Fakultät, Universität Erfurt.

Northcott, C. A. (2002), *Systemic Risk, Designation, and the ACSS*, Working Paper 2002-41, Bank of Canada, Ottawa.

Reize, F. (2004), Investitionsverhalten von kleinen und mittleren Unternehmen: Welche Unternehmen erweitern ihre Kapazitäten und welche rationalisieren? in: Fitzenberger, B., Smolny, W. und Winker, P. (Hrsg.), *Herausforderungen an den Wirtschaftsstandort Deutschland*, Baden-Baden, 123–139.

Rime, B. (2001), Capital Requirements and Bank Behaviour: Empirical Evidence for Switzerland, *Journal of Banking and Finance* 25, 789–805.

Rochet, J.-C. und J. Tirole (1996), Interbank Lending and Systemic Risk, *Journal of Money, Credit and Banking* 28, 733–762.

Szczesny, A. (2003), *Risikoindikatoren, Rating und Ausfallwahrscheinlichkeit im Kreditgeschäft*, Nomos, Baden-Baden.

Upper, C. und A. Worms (2002), *Estimating Bilateral Exposures in the German Interbank Market: Is There a Danger of Contagion?* Discussion Paper 09/02, Deutsche Bundesbank, Frankfurt.

Winker, P. (1996), *Rationierung auf dem Markt für Unternehmenskredite in der BRD*, Mohr & Siebeck, Tübingen.

Winker, P. (1999), Causes and Effects of Financing Constraints at the Firm Level: Some Microeconometric Evidence, *Small Business Economics* 12, 169–181.

Winker, P. (2003), Transmission über den Geschäftsbankensektor, in: Schröder, M. und Westerheide, P. (Hrsg.), *Finanzmärkte, Unternehmen und Vertrauen*, Baden-Baden, 71–81.

Zimmermann, V. (2004), Kooperationen bei Innovationsvorhaben kleiner und mittlerer Unternehmen: Einbindung externen Wissens und Verteilung von Risiken und finanziellen Lasten, in: Fitzenberger, B., Smolny, W. und Winker, P. (Hrsg.), *Herausforderungen an den Wirtschaftsstandort Deutschland*, Baden-Baden, 109–122.

Kooperationen bei Innovationsvorhaben kleiner und mittlerer Unternehmen: Einbindung externen Wissens und Verteilung von Risiken und finanziellen Lasten*

Volker Zimmermann

1 Einleitung

„Innovation sichert Zukunft. Neue Produkte, Dienstleistungen und Verfahren stärken die Wettbewerbsfähigkeit auf globalen Märkten und sichern so zukunftsfähige Arbeitsplätze in Deutschland. Daher ist Innovationspolitik zentrales Element einer zukunftsgerichteten Politik für mehr Wachstum und Beschäftigung.“[1]

In der Forschungs- und Technologiepolitik hat der Innovationsbegriff Hochkonjunktur. Das Ziel dieser Politik ist es, sowohl die wissenschaftlichen und wirtschaftlichen Rahmenbedingungen für FuE- sowie für Innovationsaktivitäten zu verbessern als auch die Wettbewerbsfähigkeit deutscher Unternehmen zu stärken. Ein wichtiger Ansatzpunkt dieser Politik ist es, den Unternehmen die Nutzung von externem Wissen für ihren Innovationsprozess zu ermöglichen und damit ihre Innovationskraft zu stärken.

Für das Innovationspotential von Unternehmen wird der Fähigkeit, externes Wissen in den Innovationsprozess des eigenen Unternehmens einzubinden, eine entscheidende und zunehmende Bedeutung beigemessen. Neben einer Vielzahl anderer Quellen zählt die Zusammenarbeit zwischen Unternehmen sowie zwischen Unternehmen und Forschungseinrichtungen zu den wichtigsten Quellen externen Know-hows. So zeigt sich, dass Unternehmen, die kooperieren, deutlich häufiger innovativ[2] und mit ihren Innovationen auch auf dem Markt erfolgreicher sind.[3] Vor dem Hintergrund aktuell rückläufiger Kooperationsaktivitäten droht hier wichtiges Innovationspotential zunehmend brach zu liegen.

Dieser Beitrag untersucht die Bestimmungsfaktoren von Kooperationen an einem Datensatz kleiner und mittlerer Unternehmen, die Innovationsprojekte mit einem hohen Innovationsgehalt durchführen. Solche Unternehmen sind für eine Volkswirtschaft von besonderer Bedeutung, da sie häufig an der Spitze des technischen Fortschritts stehen und so den strukturellen Wandel in be-

* Für wertvolle Hinweise und Unterstützung bedanke ich mich bei Joachim Heidebrecht und Tao Weng. Alle verbleibenden Unzulänglichkeiten gehen zu meinen Lasten. Dieser Beitrag liegt in der alleinigen Verantwortung des Autors und stellt nicht notwendigerweise die Meinung der KfW dar.

1 BMBF und BMWi (2002).

2 Vgl. Zimmermann (2003*a*).

3 Vgl. beispielsweise König et al. (1994).

sonderem Maße mit prägen. Im Mittelpunkt dieser Analyse steht die Frage, welche Merkmale für das Eingehen von Kooperationen bei Innovationsprojekten dieser Unternehmen ausschlaggebend sind. Dabei dürften neben den üblichen unternehmensbezogenen Merkmalen auch spezifische Charakteristika des Innovationsprojekts eine Rolle spielen.

Dieser Beitrag gliedert sich wie folgt: Nach theoretischen Überlegungen zu den Bestimmungsfaktoren des Kooperationsverhaltens von Unternehmen in Abschnitt 2 werden in Unterabschnitt 3.1 die Datenbasis und in 3.2 die erwarteten Einflüsse der in die Untersuchung einbezogenen erklärenden Variablen für das Kooperationsverhalten dargestellt. Unterabschnitt 3.3 zeigt die Ergebnisse der empirischen Untersuchung und Abschnitt 4 fasst die wesentlichen Aspekte zusammen.

2 Theoretische Überlegungen zum Kooperationsverhalten von KMU

Warum lohnt es sich für Unternehmen, Innovationsprojekte in Kooperation mit anderen Partnern durchzuführen? In der Literatur werden dafür verschiedene Erklärungsansätze genannt.[4] Besonders wird hervorgehoben, dass eine Zusammenarbeit bei Innovationsvorhaben den Zugang zu komplementärem Know-how von anderen Unternehmen und wissenschaftlichen Einrichtungen erleichtert, was den Aufwand an Ressourcen, die ein Unternehmen für ein Innovationsvorhaben aufwenden muss, deutlich senken kann.[5]

So wird angeführt, dass die Kosten, die für ein Innovationsprojekt aufgewendet werden müssen, höher ausfallen, wenn ein Unternehmen das Vorhaben allein durchführt oder auch das Vorhaben extern als Auftragsforschung vergibt, als wenn es das Vorhaben im Rahmen einer Kooperation durchführt: Denn bei alleiniger Verwirklichung eines Innovationsvorhabens muss auch das Know-how vollständig selbst generiert werden. Bei Kooperationen dagegen entsteht ein Wissensfluss zwischen den Partnerunternehmen. Einem Unternehmen gelingt es so, sich das externe Know-how anzueignen und dem eigenen Unternehmen zugute kommen zu lassen.[6] Auch der Einkauf von Innovationen von außen kann sich als eine, der Kooperation unterlegene Alternative erweisen: Es ist vertraglich kaum möglich sicherzustellen, dass das bei der Entwicklung der Innovation entstandene Know-how vollständig auf den Auftraggeber transferiert wird. Ein Teil des entstandenen Know-hows verbleibt beim Auftragnehmer und kann durch den Auftraggeber nicht internalisiert werden.

---

[4] Vgl. Hagedoorn et al. (2000), Pfirrmann und Hornschild (1999) sowie König et al. (1997) für einen Literaturüberblick.

[5] Hierbei muss es sich nicht nur um FuE-Wissen handeln. Beispielsweise kann hinsichtlich des späteren Absatzes auch eine Zusammenarbeit mit Abnehmern vorteilhaft sein.

[6] Vgl. N'Guyen und Owen (1992).

Ein weiterer Vorteil von Kooperationen ist, dass durch Zusammenführen von Ressourcen im Innovationsprozess Synergien und Effizienzgewinne entstehen können, wenn etwa Größen- oder Verbundvorteile realisiert werden.

Kooperationen können darüber hinaus zum Poolen von Risiken genutzt werden, da zum einen Entwicklungskosten von im Ertrag unsicheren Projekten auf mehrere Schultern verteilt werden. Zum anderen kann mittels Kooperationen das Risiko von Innovationsprojekten durch Diversifizierung gemildert werden. Dies gilt, wenn die Zusammenarbeit eine gleichzeitige Verfolgung mehrerer Projekte ermöglicht.

Die Ersparnis an Ressourcen durch Kooperationen kann von Unternehmen auch genutzt werden, um Neuerungen schneller auf den Markt zu bringen und dadurch First-Mover-Vorteile zu realisieren oder auch technologisch höherwertige Neuerungen zu entwickeln.

Der Nutzung von Kooperationen für Innovationsvorhaben stehen jedoch auch Nachteile und Hemmnisse gegenüber. So fürchten viele Unternehmen den Verlust an Unabhängigkeit bei ihren Innovationsaktivitäten. Auch ist es bei Kooperationen oft schwieriger, gemeinsam erzielte Ergebnisse vor weiterer Verbreitung zu schützen. Ein weiterer Nachteil ist, dass ein Unternehmen bei der Durchführung von Kooperationen dem Partner – und falls die Zusammenarbeit nicht geheim zu halten ist, auch gegenüber möglichen Konkurrenten – die interne Produkt- und Innovationsstrategie offen legen muss.

Diese Schwierigkeiten machen deutlich, dass die Suche nach geeigneten Kooperationspartnern mit hohen Transaktionskosten verbunden ist. Dies gilt insbesondere, da es des Aufbaus eines Vertrauensverhältnisses zwischen den Partnern bedarf. Auch nach erfolgreicher Suche eines Kooperationspartners muss ein zum Teil erheblicher Koordinations- und Kommunikationsaufwand erbracht werden.

Den Vorteil, den ein Unternehmen aus Kooperationen bei Innovationsprojekten ziehen kann, wird nicht zuletzt durch die Fähigkeit des Unternehmens begrenzt, externes innovationsrelevantes Wissen in den Innovationsprozess des eigenen Unternehmens einzubinden.[7] In diesem Zusammenhang wird betont, dass die Aufnahmefähigkeit von externem Wissen in einem hohen Maße von der Innovationskompetenz eines Unternehmens und damit in erster Linie vom Humankapital der Mitarbeiter abhängt.[8] Kooperationen im FuE-Bereich beispielsweise sind also nur bei jenen Unternehmen zu erwarten, die dieses Wissen intern auch verarbeiten können. So können in empirischen Untersuchungen häufiger Kooperationen mit Forschungseinrichtungen in jenen Unternehmen festgestellt werden, die Hochschulabsolventen beschäftigen und eigene FuE-Abteilungen besitzen.[9] Kooperationen im Innovationsbereich stellen daher häufig keinen Ersatz für eigene FuE-Anstrengungen dar, son-

---

7 Vgl. Cohen und Levinthal (1989).

8 Vgl. Reinhard (2001).

9 Vgl. Czarnitzki et al. (2000).

dern werden in erster Linie als Ergänzung zu den eigenen FuE-Arbeiten gesehen.[10]

3 Empirische Untersuchung

3.1 Datenbasis und Untersuchungsmethode

Basis der Untersuchung bilden die KfW-Programme zur Innovationsförderung.[11] Die KfW fördert Innovationen in kleinen und mittleren Unternehmen durch Kredite und Beteiligungskapital. Dabei vergibt die KfW keine Kredite direkt an innovierende Unternehmen – beziehungsweise beteiligt sich nicht direkt an solchen –, sondern ermutigt Finanzintermediäre durch eine kostengünstige und langfristige Finanzierung sowie durch eine teilweise Übernahme des Risikos, Innovationsvorhaben von kleinen und mittleren Unternehmen zu finanzieren.

Wesentlich für die Gewährung einer Förderung in diesen Programmen ist, dass es sich bei dem beantragten Vorhaben um marktnahe Forschungs- und Entwicklungsvorhaben oder Einführungen von neuen Produkten oder Dienstleistungen auf dem Markt beziehungsweise um die Einführung neuer Prozesse im Unternehmen handelt, die dem Unternehmen Marktchancen und Wettbewerbsvorteile versprechen. Bedingung für eine Förderung ist weiterhin, dass das geförderte Unternehmen einen wesentlichen eigenen FuE-Beitrag im Rahmen des Projektes erbringt. Bei der verwendeten Datenbasis handelt es sich also um Unternehmen, die Innovationsprojekte mit einem relativ hohen Innovationsgehalt durchführen.

Zum Zeitpunkt der Antragstellung werden die Unternehmen zu einer Vielzahl von Merkmalen schriftlich befragt. Eine Besonderheit der Datenbasis ist, dass neben den üblichen Unternehmensmerkmalen auch spezifische Merkmale des Innovationsvorhabens erfragt werden. So wird unter anderem erhoben, ob das geförderte Projekt in Kooperation mit externen Partnern realisiert wird.[12]

Die folgende Untersuchung umfasst die im Zeitraum von 1999 bis einschließlich 3. Quartal 2003 durch die KfW geförderten Innovationsvorhaben von Unternehmen mit einem Jahresumsatz von maximal 125 Mio. €. In diesem Zeitraum liegen für 1035 geförderte Innovationsprojekte von 917 Unternehmen auswertbare Antworten zum Kooperationsverhalten sowie den wichtigsten Erklärungsfaktoren vor. Der Anteil der in Kooperation durchgeführten Innovationsprojekte im Datensatz beträgt 59,5%. Die ökonometrische Analyse

[10] Vgl. Czarnitzki und Rammer (2000).

[11] Dies sind das KfW/BMWA-Technologie-Beteiligungsprogramm (BTU) sowie das ERP-Innovationsprogramm, welches in einer Beteiligungs- und in einer Kreditvariante angeboten wird.

[12] Die Frage lautet: „Kooperieren Sie bei dem Vorhaben mit anderen Unternehmen oder Institutionen?"

erfolgt mit Hilfe eines Logitmodells, bei dem die zu erklärende Variable den Wert eins annimmt, wenn das Projekt in Kooperation mit einem externen Partner durchgeführt wird, und den Wert null, wenn dies nicht gilt.[13]

3.2 Erklärende Variablen

Im Folgenden werden die in der Untersuchung berücksichtigten erklärenden Variablen sowie die aufgrund der theoretischen Überlegungen erwarteten Effekte dieser Merkmale auf die Kooperationswahrscheinlichkeit dargestellt. Tabelle 2 im Anhang zeigt die deskriptiven Statistiken der verwendeten Unternehmens- und Projektmerkmale.

Unternehmensgröße

Mit einer steigenden Unternehmensgröße dürften in der Regel auch zunehmende Kooperationsaktivitäten beobachtet werden. Dies wird unter anderem auf die mit den wachsenden ökonomischen Aktivitäten ebenfalls zunehmenden Kontakte mit externen Partnern zurückgeführt.[14] Für eine höhere Kooperationswahrscheinlichkeit großer Firmen spricht auch, dass es diesen leichter fällt, personelle Ressourcen für die Etablierung und Betreuung von Kooperationen bereitzustellen. Des Weiteren agieren große, etablierte Unternehmen häufiger in fest gefügten und langfristig gewachsenen Produktionsketten, die den Aufbau von Kooperationen erleichtern.

Aufgrund der hohen FuE-Orientierung der in diesem Datensatz erfassten Unternehmen – rund 80% betreiben regelmäßig eigene FuE – kann gerade auch von den jungen und kleinen Unternehmen erwartet werden, dass sie schon frühzeitig ihre Innovationskraft durch Kooperationen zu stärken versuchen, da es insbesondere für kleine und mittlere Unternehmen aufgrund finanzieller und personeller Restriktionen oft nur begrenzt möglich ist, umfangreichere FuE-Arbeiten auf sich selbst gestellt durchzuführen.[15]

Bisherige FuE-Tätigkeit

Die bisherige FuE-Tätigkeit eines Unternehmens spiegelt zum einen die Technologieorientierung wider. Da Kooperationen in der Regel als komplementär zu eigenen FuE-Aktivitäten gesehen werden, kann vermutet werden, dass Unternehmen ohne oder mit geringen FuE-Aktivitäten seltener in Innovationsprojekten kooperieren. Zum anderen kann das eigene FuE-Engagement als Indikator für die Absorptionskapazität eines Unternehmens gesehen werden.[16] Weil die Aufnahmefähigkeit von externem Wissen in ers-

---

[13] Das mehrfache Auftauchen von Unternehmen in der Datenbasis und die damit zusammenhängende Verletzung der Annahme der Unabhängigkeit der Beobachtungen wird in der Schätzung berücksichtigt (vgl. Huber, 1967).

[14] Vgl. Fritsch und Lukas (2001) sowie König et al. (1994).

[15] Vgl. König et al. (1997).

[16] Vgl. Rammer et al. (2000).

ter Linie an das Humankapital der Mitarbeiter im jeweiligen Unternehmen gebunden ist, fehlt insbesondere Unternehmen ohne eigene FuE oftmals die Kompetenz zur Aufnahme von externem innovationsrelevantem Wissen. Auch daher ist bei steigenden FuE-Aktivitäten eines Unternehmens mit einer zunehmenden Kooperationsneigung zu rechnen.

Angaben zur FuE-Intensität (gemessen als FuE-Ausgaben am Umsatz) sind für kleine und mittlere Unternehmen oftmals problematisch, da FuE-Ausgaben in der Regel nicht separat von den Unternehmen erfasst werden.[17] Daher werden in dieser Untersuchung die FuE-Anstrengungen eines Unternehmens als Grad der Regelmäßigkeit von eigenen FuE-Arbeiten in der Vergangenheit abgefragt.

Branche, Rechtsform und Standort

Als weitere Merkmale eines Unternehmens wird die Wirtschaftszweigzugehörigkeit sowie die Rechtsform in die Untersuchung aufgenommen. Diese Variablen geben spezifische Einflüsse auf die Kooperationswahrscheinlichkeit wieder, wie – im Falle der Wirtschaftszweigdummies – die speziellen Möglichkeiten sowie Vor- und Nachteile einer Kooperation (z.B. das Ausmaß der Spillovers) in einer Branche sowie weitere Einflüsse, die nicht durch die anderen berücksichtigten Merkmale erfasst werden.

Die Wirtschaftszweige werden in 9 Branchendummies auf der Basis der NACE-Einteilung zusammengefasst. Ebenfalls geht eine Dummyvariable mit der bei Unternehmensuntersuchungen üblichen Unterscheidung in Personen- oder Kapitalgesellschaften in die Untersuchung ein.

Aufgrund der verbreiteten staatlichen Förderung von Kooperationen in den neuen Bundesländern ist zu erwarten, dass Unternehmen, die dort angesiedelt sind, häufiger Kooperationen bei Innovationsprojekten eingehen.[18] In der Untersuchung wird daher unterschieden, ob die Unternehmen in den neuen oder alten Bundesländern angesiedelt sind.

Neuigkeitsgrad der angestrebten Innovation

Ob Innovationsprojekte in Zusammenarbeit mit externen Partnern durchgeführt werden, hängt auch von den Charakteristika des geplanten Vorhabens ab. Hier spielt insbesondere der Neuigkeitsgrad der Innovation eine Rolle. Wenn davon ausgegangen wird, dass Weiterentwicklungen nur inkrementale Innovationen beinhalten und es sich bei völligen Neuentwicklungen jedoch um radikale Innovationen handelt, kann erwartet werden, dass bei völligen Neuentwicklungen ein hohes Innovationsniveau vorherrscht. Bei der Entwicklung einer solchen Neuerung kann häufiger die Einbindung von exter-

---

[17] In der Regel werden von kleinen und mittleren Unternehmen Kosten nur projektbezogen erhoben.

[18] Vgl. Zimmermann (2003*b*), Günther (2003) sowie Brussig und Dreher (2001).

nem Wissen notwendig sein. Des Weiteren können solche Vorhaben sowohl mit einem höheren technischen Risiko als auch Problemen bezüglich der Akzeptanz auf dem Absatzmarkt verbunden sein, was für die Durchführung des Projekts in Kooperation und damit die Verteilung des Risikos auf mehrere Schultern spricht. Bei Projekten mit einem hohen Neuigkeitsgrad ist somit eine größere Neigung zu Kooperationen zu erwarten. Bezüglich des Neuigkeitsgrads einer Innovation können die Unternehmen angeben, ob es sich um eine völlige Neuentwicklung, eine Weiterentwicklung oder um die Imitation eines bekannten Produkts oder Verfahrens handelt.[19]

FuE versus Markteinführung

In der Datenbasis wird unterschieden, ob es sich bei dem von der KfW refinanzierten Projekt um ein FuE-Projekt oder eine Markteinführung handelt. Bezüglich dieser Unterscheidung kann erwartet werden, dass FuE-Projekte ein höheres Risiko aufweisen als Markteinführungen, bei denen die FuE-Phase bereits erfolgreich abgeschlossen wurde. In welchem Stadium bei der Realisierung einer Innovation häufiger externes Wissen notwendig ist, kann dagegen a priori kaum entscheiden werden. Somit kann aufgrund theoretischer Überlegungen nicht beurteilt werden, ob in einer der beiden Projektphasen häufiger kooperiert wird als in der anderen.

Produkt- versus Prozessinnovationen

Ebenfalls ist aus theoretischer Sicht nicht klar, ob kleine und mittlere Unternehmen eher bei Produkt- oder Prozessinnovationen kooperieren. Zwar ist zu erwarten, dass kleine und mittlere Unternehmen, die oftmals als Zulieferer für größere Unternehmen fungieren, bei ihren Produktinnovationen eng mit anderen Unternehmen zusammenarbeiten. Andererseits weisen empirische Studien darauf hin, dass der Fokus von Prozessinnovationen kleiner und mittlerer Unternehmen häufig auf einer höheren Flexiblität in der Produktion sowie der schnelleren und besseren Anpassung an Kundenwünsche liegt und nicht auf Kostensenkungen wie bei großen Unternehmen.[20] Letztere Beobachtung spricht also dafür, dass sich bei den hier untersuchten Unternehmen eine höhere Neigung zu Kooperationen bei Prozessinnovationen zeigt.

Projektgröße

Wesentlich für das Risiko, das ein Innovationsprojekt für ein Unternehmen darstellt, ist auch das Volumen an finanziellen Mittel, welche es bindet und welche bei einem Scheitern des Projekts auf dem Spiel stehen. Da des Weiteren die Etablierung und Betreuung einer Kooperation mit Transaktionskosten verbunden ist, kann erwartet werden, dass mit zunehmender Projektgröße

[19] Die Kategorie „Imitation“ wird von den Unternehmen jedoch nur in geringer Fallzahl genannt.

[20] Vgl. Gottschalk et al. (2002) sowie Mittelstandsmonitor (2003).

auch die Neigung steigt, ein Vorhaben in Zusammenarbeit zu realisieren. Ein wesentlicher – insbesondere für kleine und mittlere Unternehmen nicht zu unterschätzender – Aspekt für die Verwirklichung eines umfangreichen Innovationsprojekts in Kooperation mit Partnern ist die begrenzte Finanzierungskraft eines einzelnen Unternehmens. In die Untersuchung wird daher mit einbezogen, welchen Betrag ein Unternehmen in ein Innovationsprojekt investiert.

3.3 Regressionsergebnisse

Die Regressionsergebnisse werden in Tabelle 3 im Anhang wiedergegeben. Tabelle 1 zeigt darüber hinaus für ausgewählte Merkmale die marginalen Effekte der erklärenden Variablen auf die Wahrscheinlichkeit, ein Projekt in Kooperation durchzuführen.[21]

Die Regressionsergebnisse bezüglich der Unternehmensgröße zeigen eine vom Jahresumsatz weitgehend unabhängige Neigung der in die Untersuchung einbezogenen Unternehmen, bei Innovationsprojekten mit Externen zusammenzuarbeiten. Lediglich bei neu gegründeten Unternehmen, die ihre Geschäftstätigkeit erst aufgenommen haben und einen geringen beziehungsweise noch keinen Umsatz aufweisen, ist ein Anstieg der Wahrscheinlichkeit zu kooperieren festzustellen. Diese Beobachtung dürfte auf die hohe Technologieorientierung der im Datensatz erfassten Unternehmen zurückzuführen sein, welche die Unternehmen veranlasst, von Beginn an bei Innovationsvorhaben auch externes Wissen einzubinden.

Unternehmen, die größer als ihre Konkurrenten sind, kooperieren seltener. Dies deutet auf die Relevanz des Arguments hin, dass es gerade den – im Vergleich zu ihren Mitbewerbern – kleineren Unternehmen schwer fällt, Innovationsprojekte auf sich allein gestellt durchzuführen und sie auf diese Weise versuchen, ihre Größennachteile gegenüber marktmächtigen Unternehmen auszugleichen.

Ebenso kann – wie in anderen Studien – die Regelmäßigkeit eigener FuE eines Unternehmens als bestimmender Faktor für das Eingehen von Kooperationen ermittelt werden. Unternehmen, die regelmäßig FuE betreiben, neigen eher zu Kooperationen. Gegenüber Unternehmen, die keine oder nur gelegentlich eigene FuE-Aktivitäten durchführen, steigt die Wahrscheinlichkeit, in einem Innovationsprojekt zu kooperieren, um knapp 20%. Diese Beobachtung kann auf eine höhere Ausrichtung des Unternehmens auf innovative Produkte und auf eine hohe Absorptionskapazität aufgrund von explizitem

[21] Das Referenzunternehmen ist dabei wie folgt definiert: Die Personengesellschaft aus dem Wirtschaftszweig Chemie, Gummi- und Kunststoffwaren weist einen Jahresumsatz von 1 Mio. € auf und ist in den alten Bundesländern angesiedelt. Dieses Unternehmen ist kleiner oder gleich groß wie seine Konkurrenten und hat in der Vergangenheit gelegentlich eigene FuE-Tätigkeiten durchgeführt. Bei dem geplanten Projekt handelt es sich um die Weiterentwicklung eines Produkts. Das Investitionsvolumen beträgt 1 Mio. €.

Innovations-Know-how zurückzuführen sein, die es den Unternehmen erst erlaubt, Nutzen aus Kooperationen in diesem Bereich zu ziehen.

Unternehmen aus den neuen Bundesländern arbeiten deutlich häufiger mit anderen Unternehmen oder Forschungseinrichtungen zusammen als ihre Pendants in den alten Bundesländern. Dies deutet darauf hin, dass sie von den vielfältigen Fördermöglichkeiten für Kooperationen in den neuen Bundesländern regen Gebrauch machen.

Tabelle 1: Relative Veränderung der Kooperationswahrscheinlichkeit in einem Innovationsprojekt, bei Variation eines Merkmals

Merkmal	Veränderung in %
Unternehmensgröße	
Hauptkonkurrenten sind kleiner	-31,5
Regelmäßigkeit von eigener FuE	
Regelmäßige FuE	19,7
Standort	
neue Bundesländer	55,1
Projektcharakteristika	
Neuentwicklung	20,9
FuE-Projekt	0,6
Prozessinnovation	26,4
Investitonssumme	
Anstieg um 10% gegenüber 1 Mio. €	0,5

Quelle: KfW-Innovationsprogramme 1999-2003, eigene Berechnung gemäß Tabelle 3. Definition Referenzunternehmen: Die Personengesellschaft aus dem Wirtschaftszweig Chemie, Gummi- und Kunststoffwaren weist einem Jahresumsatz von 1 Mio. € auf und ist in den alten Bundesländern angesiedelt. Dieses Unternehmen ist kleiner oder gleich groß wie seine Konkurrenten und hat in der Vergangenheit gelegentlich eigene FuE-Tätigkeiten durchgeführt. Bei dem geplanten Projekt handelt es sich um die Weiterentwicklung eines Produkts. Das Investitionsvolumen beträgt 1 Mio. €.

Entsprechend den Überlegungen zum Neuigkeitsgrad der Innovation zeigt sich bei den projektbezogenen Merkmalen, dass insbesondere bei völligen Neuentwicklungen auf externes Know-how aus Kooperationen zurückgegriffen wird. Die Wahrscheinlichkeit, bei Innovationsvorhaben, die Neuentwicklungen beinhalten, mit externen Partnern zusammenzuarbeiten, liegt um 21% höher als bei anderen Innovationsvorhaben. Hingegen erweist sich bezüglich der Kooperationsneigung als irrelevant, ob es sich um ein FuE-Projekt oder um eine Markteinführung handelt.

Des Weiteren arbeiten die hier untersuchten kleinen und mittleren Unternehmen insbesondere häufig bei der Verbesserung ihrer Prozesse der Leistungserbringung zusammen, wie es aufgrund der starken Ausrichtung von Produktionsprozessen entsprechend Kundenwünschen zu vermuten war.

Mit entscheidend für die Durchführung eines Projekts in Kooperation mit externen Partnern ist schließlich auch die Größe des Projekts. Die Beobachtung, dass mit steigender Projektgröße auch die Kooperationswahrscheinlichkeit steigt, zeigt, dass die Unternehmen versuchen, Projektkosten und die damit einhergehenden finanziellen Risiken auf mehrere Schultern zu verteilen.

4 Fazit

Die Untersuchung kleiner und mittlerer FuE-orientierter Unternehmen bestätigt eine Vielzahl gängiger Erklärungsansätze für das Kooperationsverhalten von Unternehmen im Rahmen von Innovationsprojekten.

Insbesondere deuten die hier als relevant ermittelten Merkmale darauf hin, dass einerseits die Notwendigkeit, externes Wissen in den Innovationsprozess einzubinden, andererseits aber auch Kosten- und Risikoaspekte wesentlich mitbestimmen, ob ein Unternehmen in einem Innovationsprojekt kooperiert oder nicht. Ebenfalls deutet diese Untersuchung darauf hin, dass der Fähigkeit, externes Wissen überhaupt verarbeiten zu können, eine entscheidende Rolle zukommt. Wie die hohe Kooperationsneigung gerade bei den weniger dominanten Unternehmen eines Marktes zeigt, versuchen diese Unternehmen mit Kooperationen ihre Größennachteile auszugleichen.

Um weitere Innovationspotentiale gerade bei kleinen und mittleren Unternehmen zu nutzen, gilt es für die Wirtschaftspolitik, die Unternehmen beim Aufbau der eigenen Innovationskompetenz weiter zu unterstützen. Die Durchführung (möglichst kontinuierlicher) eigener FuE sichert nicht nur am ehesten die Entwicklung neuer Produkte und Verfahren. Wie diese Untersuchung zeigt, hilft sie den Unternehmen darüber hinaus, neue externe Quellen der Wissensgenerierung zu erschließen.

Die hohen finanziellen Risiken, gekoppelt mit beschränkten finanziellen Möglichkeiten, sind des Weiteren bestimmend dafür, ob ein Innovationsprojekt in Kooperation durchgeführt wird oder nicht, wie die Regressionsergebnisse gerade für die weniger marktmächtigen Unternehmen sowie die Unternehmen mit hohen Innovationsaufwendungen zeigen. Dies deutet auf – auch durch andere Studien bestätigte[22] – nicht ausreichende eigene Finanzierungsmöglichkeiten kleiner und mittlerer Unternehmen für Innovationsprojekte hin. Auch klagen kleine und mittlere Unternehmen in Befragungen doppelt so häufig wie große Unternehmen über fehlendes Fremd- und Eigenkapital für die Finanzierung von Innovationen.[23] Hier deutet sich ein Marktversagen an, welches erhebliche Teile des Innovationspotentials dieser Unternehmen unerschlossen lässt. Dieses Potential erschließen zu helfen, bleibt daher eine zentrale Aufgabe der Wirtschaftspolitik. Die gezielte Unterstützung

[22] Vgl. z.B. Winker (1999).

[23] Vgl. Mittelstandsmonitor (2003).

gerade kleiner und mittlerer Unternehmen kann mithelfen, die eingangs zitierten Hoffnungen auf Wachstum und Beschäftigung zu realisieren.

Anhang

Tabelle 2: Deskriptive Statistik der erklärenden Variablen

Merkmal	Anteil in %/Mittelwert
Unternehmensgröße	
Umsatz (in Mio. €)	13,9
Relative Größe zu den Hauptkonkurrenten	
Hauptkonkurrent ist größer	37,2
Hauptkonkurrent ist gleich	41,2
Hauptkonkurrent ist kleiner	6,4
Keine Angaben zum Hauptkonkurrent	15,3
Rechtsform	
Kapitalgesellschaften	74,3
Wirtschaftszweig	
Chemie, Gummi-, Kunststoffwaren	8,5
Metallerzeugung, -verarbeitung	8,6
Maschinen-, Fahrzeugbau	15,9
Bürom., Elektro, Optik	20,3
Verarb. Gewerbe, Sonstiges	6,6
EDV DL	20,9
Unternehmensnahe DL, Sonstige	8,9
Sonstige DL	8,6
Sonstige	1,7
Bisherige eigene FuE	
Regelmäßige	79,0
Gelegentlich	10,9
Bislang keine	10,1
Standort	
neue Bundesländer	23,1
Projektcharakteristika	
FuE-Projekt	78,7
Neuentwicklung	60,0
Prozessinnovation	22,2
Investitionssumme (in Mio. €)	1,7

Quelle: KfW-Innovationsprogramme 1999-2003, eigene Berechnung.

Tabelle 3: Logitschätzung zum Kooperationsverhalten bei Innovationsprojekten

Variable	*Koeffizient*	*t-Wert*
Konstante	-0,2624	-0,66
Unternehmensgröße		
1/(*Umsatz in* Mio. €)	0,0007	3,28
Relative Größe zu den Hauptkonkurrenten		
(größer oder gleich groß)		
Hauptkonkurrenten sind kleiner	-0,6147	-2,13
Keine Angaben zum Hauptkonkurrenten	-0,2154	-1,10
Rechtsform		
Kapitalgesellschaften	-0,0183	-0,10
Wirtschaftszweig		
(Chemie, Gummi-, Kunststoffwaren)		
Metallerzeugung, -verarbeitung	-0,6075	-1,80
Maschinen-, Fahrzeugbau	-0,4963	-1,63
Bürom., Elektro, Optik	-0,4532	-1,52
Verarb. Gewerbe, Sonstiges	-0,3819	-1,08
EDV DL	-0,3759	-1,23
Unternehmensnahe DL, sonstige	-0,2449	-0,68
Sonstige DL	-0,6552	-1,78
Sonstige	-0,6241	-1,07
Bisherige eigene FuE-Tätigkeit		
(keine oder gelegentliche)		
Regelmäßige FuE	0,3615	1,98
Projektcharakteristika		
Neuentwicklung	0,3851	2,66
FuE-Projekt	0,0119	0,06
Prozessinnovation	0,4868	2,70
Investitionssumme	0,0948	2,17
Standort		
Neue Bundesländer	1,0673	5,20
Jahr des Investitionsprojekts (1999)		
2000	0,1601	0,93
2001	-0,1013	-0,49
2002	-0,3142	-1,21
2003	-0,2166	-0,52
Anzahl Beobachtungen	1035	
Wald χ^2 (22)	78,67	
Prob $> \chi^2$	0,0000	
Log Likelihood	-646,3237	

Quelle: KfW-Innovationsprogramme 1999-2003, eigene Berechnung.
Anmerkung: Referenzkategorie in Klammern; robuste t-Werte, vgl. White (1982).

Literaturverzeichnis

BMBF und BMWi (Hrsg.) (2002), *Innovationspolitik. Mehr Dynamik für zukunftsfähige Arbeitsplätze*, Berlin.

Brussig, M. und C. Dreher (2001), Wie erfolgreich sind Kooperationen? Neue Ergebnisse zur Kooperationspraxis in Ostdeutschland, *WSI Mitteilungen* (9), 566–572.

Cohen, W. und D.A. Levinthal (1989), Innovation and Learning: The Two Faces of R&D, *Economic Journal* 99, 569–596.

Czarnitzki, D., G. Ebling, S. Gottschalk, N. Janz und H. Niggemann (2000), Quellen für Innovationen im Verarbeitenden Gewerbe und Bergbau, in: Janz, N. (Hrsg.), *Quellen für Innovationen: Analyse der ZEW-Innovationserhebungen 1999 im Verarbeitenden Gewerbe und Dienstleistungssektor*, ZEW Dokumentation 00-10, 1-26.

Czarnitzki, D. und C. Rammer (2000), Innovationsimpulse aus der Wissenschaft – Ergebnisse aus der Innovationserhebung, in: Schmoch, U., Licht, G. und Reinhard, M. (Hrsg.), *Wissens- und Technologietransfer in Deutschland*, Stuttgart, 38–73.

Fritsch, M. und R. Lukas (2001), Who Cooperates on R&D? *Research Policy* 30, 297–312.

Gottschalk, S., N. Janz, B. Peters, C. Rammer und T. Schmidt (2002), *Innovationsverhalten der deutschen Wirtschaft: Hintergrundbericht zur Innovationserhebung 2001*, ZEW Dokumentation 02-03, Mannheim.

Günther, J. (2003), *Innovation Cooperation in East Germany – Only a Half-Way Success?* Discussion Paper 170, Halle Institute for Economic Research, Halle.

Hagedoorn, J., A.N. Link und N.S. Vontoras (2000), Research Partnerships, *Research Policy* 29, 567–686.

Huber, P.J. (1967), The Behaviour of Maximum Likelihood Estimates Under Non-Standard Conditions, in: *Proceedings of the Fifth Berkeley Symposium on Mathematical Statistics and Probability*, 1, 221–233.

König, H., G. Licht und M. Saat (1994), F&E Kooperationen und Innovationsaktivität, in: Gahlen, B., Hesse, H. und Ramser, H.-J. (Hrsg.), *Europäische Integrationsprobleme aus wirtschaftspolitischer Sicht*, Tübingen, 219–254.

König, H., M. Kukuk und G. Licht (1997), Kooperationsverhalten von Unternehmen des Dienstleistungssektors, in: Helmstädter, E., Poser, G. und Ramser, H.-J. (Hrsg.), *Beiträge zur angewandten Wirtschaftsforschung. Festschrift für Karl Heinrich Oppenländer*, Berlin, 217–243.

Mittelstandsmonitor (2003), *Jährlicher Bericht zu Konjunktur- und Strukturfragen kleiner und mittlerer Unternehmen*, Frankfurt.

N'Guyen, D.G. und R. Owen (1992), High-Tech Competition and Industrial Restructuring in Light of the Single Market, *AEA Papers and Proceedings* 82, 93–97.

Pfirrmann, O. und K. Hornschild (1999), Neuere Erkenntnisse zur Bedeutung von F&E-Kooperationen industrieller Unternehmen – ein Literaturüberblick, *Konjunkturpolitik* 45, 40–78.

Rammer, C., M. Reinhard und H. Rottmann (2000), Determinanten der Wissenschaftsnutzung auf der Grundlage neuerer Unternehmensbefragungen, in: Schmoch, U., Licht, G. und Reinhard, M. (Hrsg.), *Wissens- und Technologietransfer in Deutschland*, Stuttgart, 282–284.

Reinhard, M. (2001), Absorptionskapazität und Nutzung externen technologischen Wissens in Unternehmen, *Ifo Schnelldienst* (4/2001), 28–39.

White, H. (1982), Maximum Likelihood Estimation of Misspecified Models, *Econometrica* 50, 1–25.

Winker, P. (1999), Causes and Effects of Financing Constraints at the Firm Level: Some Microeconometric Evidence, *Small Business Economics* 12, 169–181.

Zimmermann, V. (2003*a*), *Innovationsaktivitäten von kmU im Verarbeitenden Gewerbe: Was zeichnet Imitatoren und originäre Innovatoren aus?* Discussion Paper 03-37, ZEW, Mannheim.

Zimmermann, V. (2003*b*), Zur Entwicklung der Innovationstätigkeit von kleinen und mittleren Unternehmen – Empirische Ergebnisse für die alten und neuen Bundesländer 1991-2001, in: Pleschak, F. (Hrsg.), *Wachstum durch Innovation*, Wiesbaden, 39–56.

Investitionsverhalten von kleinen und mittleren Unternehmen: Welche Unternehmen erweitern ihre Kapazitäten und welche rationalisieren?

Frank Reize

1 Einleitung

Investitionen sind eine entscheidende Triebfeder für Wachstum und Beschäftigungsaufbau in einer Volkswirtschaft. Dabei haben die privatwirtschaftlichen Investitionen nicht nur kurzfristige konjunkturelle Wirkungen, sondern bestimmen – im Unterschied zum Konsum – ganz wesentlich den langfristigen Wachstumspfad einer Volkswirtschaft.

Dieser Beitrag soll die Bestimmungsgründe des Investitionsverhaltens von kleinen und mittleren Unternehmen, die in den Jahren 1997 bis 2002 in den KfW-Breitenprogrammen gefördert wurden, näher beleuchten. Anhand einer empirischen Analyse werden die beiden Hauptinvestitionsmotive „Kapazitätserweiterung" („Umsatzsteigerung") und „Rationalisierung" („Kostensenkung") untersucht. Dabei soll die Analyse Aufschluss darüber geben, von welchen Faktoren und Strukturmerkmalen diese Investitionsmotive bestimmt werden. Auf Basis der abgeleiteten Faktoren lassen sich Rückschlüsse nicht nur für eine optimale Investitionsstrategie auf Unternehmensebene, sondern auch wichtige Erkenntnisse bezüglich der wirtschaftspolitisch relevanten Fragestellung gewinnen, ob „Umsatzsteigerungsmaßnahmen" gegenüber „Rationalisierungsmaßnahmen" gesamtwirtschaftlich wünschenswerter sind. Die Ergebnisse dieser Studie weisen zwar auf deutliche strukturelle Unterschiede zwischen „Umsatzsteigerern" und „Rationalisierern" hin. „Umsatzsteigerer" sind eher kleine und junge Unternehmen, die vor allem in den humankapitalintensiven Branchen angesiedelt sind. Im Unterschied hierzu finden sich „Rationalisierer" eher unter den großen, zum Teil auch älteren Unternehmen im traditionellen verarbeitenden Gewerbe wieder. Allerdings zeigen die Analysen auch, dass je nach Unternehmenssituation unterschiedliche Motive die langfristige Wettbewerbsfähigkeit des Unternehmens sichern und somit die Wachstumschancen möglicherweise verbessern helfen. Entsprechend können Investitionen zum Zweck der Umsatzsteigerung und solche mit dem Ziel der Rationalisierung aus volkswirtschaftlicher Sicht gleichermaßen sinnvoll sein.

2 Datenbasis und Untersuchungsmethode

2.1 Datenbasis

Die empirische Analyse stützt sich auf die Daten von Investitionsprojekten, die im Rahmen der Breitenprogramme der Kreditanstalt für Wiederaufbau (KfW) in den Jahren 1997 bis 2002 gefördert wurden.[1] Antragsberechtigt sind dabei in- und ausländische Unternehmen mit einem Jahresumsatz bis zu 500 Mio. €, die sich mehrheitlich im Privatbesitz befinden. Es werden alle Investitionen in Deutschland, die einer langfristigen Mittelbereitstellung bedürfen, gefördert. Umschuldungen und Überbrückung zeitlich begrenzter Liquiditätsengpässe sowie Investitionen im Ausland sind für diese Analyse ausgeschlossen. Die Förderung durch die KfW bezieht sich dabei auf die Gewährung eines langfristigen und zinsgünstigen Darlehens. Der maximale Kreditbetrag beträgt in der Regel 5 Mio. € und kann bis zu 75% der Gesamtinvestitionssumme ausmachen. Aufgrund dieser sehr breit gefassten Zugangskriterien reflektiert die für die Analyse verwendete Stichprobe ein annähernd repräsentatives Spektrum des deutschen Mittelstandes. Im Zuge der Antragstellung erhält die KfW mittels der so genannten „Statistischen Beiblätter" Informationen über die Investitionsmotive, die dem zu finanzierenden Projekt zugrunde liegen. Für die vorliegende Analyse werden dabei die beiden Motive „Umsatzsteigerung" und „Rationalisierung" unterschieden.[2] Hierbei ist besonders zu betonen, dass das Investitionsmotiv für die Förderwürdigkeit eines Projektes, mit den oben genannten Einschränkungen, keine Relevanz hat. Für diese Untersuchung werden folgende Kombinationen aus Investitionsmotiven unterschieden: Mit dem Investitionsprojekt wird

- weder eine „Umsatzsteigerung" noch „Rationalisierung"
- nur eine „Umsatzsteigerung"
- nur „Rationalisierung" oder
- sowohl eine „Umsatzsteigerung" als auch „Rationalisierung"

verfolgt (siehe Tabelle 1). Neben den Investitionsmotiven liefern die der KfW verfügbaren Daten auch Informationen über weitere strukturelle sowie ökonomische Merkmale der Investitionsprojekte. Ferner stehen Informationen zu den Unternehmen, die diese Projekte durchführen, zur Verfügung. Diese Faktoren sind z.B. Unternehmensgröße, -alter und Branche, aber auch die Umsatzrendite, die Eigenkapitalquote, der Absatzmarkt oder die Forschungs- und Entwicklungsaktivitäten. Insgesamt liegen der Untersuchung 83.601 Investitionsprojekte zugrunde, für die das Ziel des Investitionsprojektes be-

[1] Zu den ausgewerteten Breitenprogrammen zählen das KfW-Mittelstandsprogramm, das ERP-Regional- sowie das ERP-Aufbauprogramm.

[2] Weitere Investitionsmotive, die der Antragsteller angeben kann, sind: Anpassung an technische Neuerungen, Umweltschutz, Befolgen einer behördlichen Auflage, Erneuerung/Erweiterung des Produktsortiments, Forschung und Entwicklung, Betriebsübernahme/Gesellschafterwechsel sowie Nachfolgeregelung.

kannt ist, wobei diese Projekte von 74.143 unterschiedliche Unternehmen durchgeführt werden.

Tabelle 1 vermittelt einen ersten Eindruck über die Bedeutung unterschiedlicher Investitionsmotive. Knapp 70% der Projekte verfolgen das Ziel der Umsatzsteigerung, 39% das Ziel der Rationalisierung. Vergleichsweise wenige Projekte werden weder zum Zweck der Umsatzsteigerung noch zu Rationalisierungsmaßnahmen, sondern aufgrund anderer Zielsetzungen (z.B. Forschung und Entwicklung, Umweltschutzmaßnahmen, Nachfolgeregelungen) durchgeführt. Diese Anteile haben sich teilweise im Zeitablauf verschoben (siehe Abbildung 1).

Tabelle 1: Investitionsmotive: Deutlich mehr „Umsatzsteigerer" als „Rationalisierer"

Investitionsmotive	Anzahl	Anteil
Weder Umsatz steigern noch rationalisieren	12.518	15,0%
Nur Umsatz steigern	38.242	45,7%
Nur Rationalisieren	13.631	16,3%
Umsatz steigern und rationalisieren	19.210	23,0%
Gesamt	83.601	100,0%

Quelle: KfW-Breitenprogramme, 1997-2002; eigene Berechnungen.

Der Anteil der Umsatzsteigerer ist von 1997 bis 2002 von 75 auf 66% und der der Rationalisierer von 48 auf 32% zurückgegangen. Deutlich zugenommen von 7 auf 21% hat der Anteil der Projekte, die weder zum Zweck der Umsatzsteigerung noch zum Zweck der Rationalisierung durchgeführt werden. Dieses Ergebnis spiegelt teilweise die zunehmende Bedeutung von Investitionen aufgrund von Inhaberwechseln wider. Der Anteil dieses Motivs hat sich zwischen den Jahren 1999 und 2002 mehr als verdoppelt. Über 20% der Investitionsprojekte im Jahre 2002 wurden mit dem Ziel der Betriebsübernahme oder Nachfolgeregelung durchgeführt.

Der vergleichsweise stärkere Rückgang der Bedeutung des Investitionsziels „Rationalisierung" im Vergleich zum Ziel der „Umsatzsteigerung" kann ebenfalls teilweise auf die Zunahme der Bedeutung von Wechseln in der Unternehmensleitung zurückgeführt werden. Während Betriebsübernahmen relativ häufig mit einer Erweiterung der Kapazitäten einhergehen (z.B. knapp 30% der Betriebsübernahmen in 2002 waren mit einer umsatzsteigernden Investitionen gekoppelt) ist eine Kombination dieses Investitionsmotivs mit Rationalisierungsmaßnahmen eher selten. Nur bei etwa 4,5% der Investitionen in Betriebsübernahmen wird gleichzeitig rationalisiert.

Interessant ist auch ein Vergleich der Investitionsmotive im Konjunkturzyklus. Man würde erwarten, dass im Abschwung Rationalisierungsinvestitionen an Bedeutung gewinnen, während im Aufschwung umsatzsteigernde

Abbildung 1: Entwicklung der Investitionsmotive „Umsatzsteigern" und „Rationalisieren" und des BIP zwischen 1997 und 2002

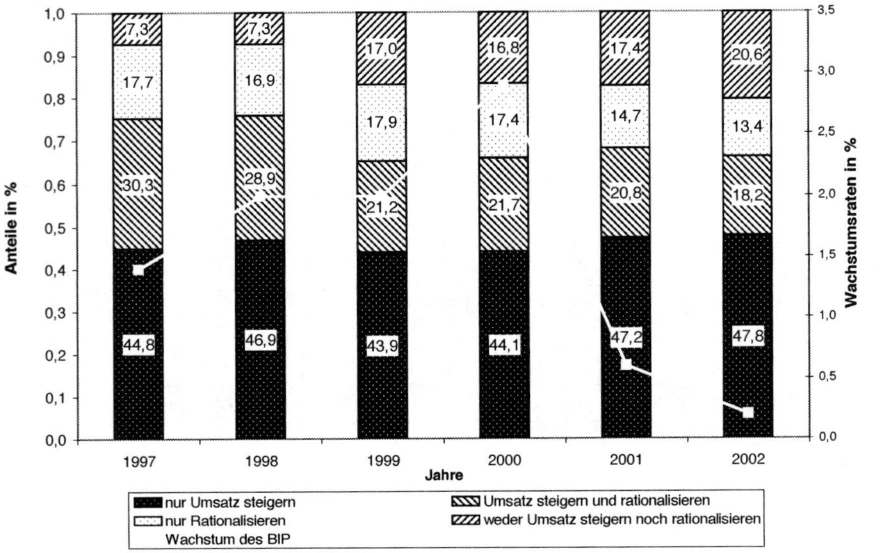

Quelle: KfW-Breitenprogramme, 1997-2002; eigene Berechnungen.

Maßnahmen zunehmen. Im Betrachtungszeitraum war die konjunkturelle Lage von 1997 bis zum Jahre 2000 von relativ hohen und steigenden Wachstumsraten und in den Jahren 2001 und 2002 von den in diesem Zeitraum zu beobachtenden geringsten Wachstumsraten des BIP gekennzeichnet. Entgegen den Erwartungen zeigt sich also, dass die Bedeutung des Ziels der Umsatzsteigerung zumindest bis 2000 eher rückläufig ist. Auch die Bedeutung der Rationalisierungsmaßnahmen geht entgegen der obigen Hypothese im Abschwung zurück. Dieses überraschende Ergebnis könnte mehrere Gründe haben. Zum einen werden in der zugrunde liegenden Datenbasis die geplanten Investitionen erfasst. D.h. der genaue Zeitpunkt der Durchführung der Investitionen ist nicht bekannt. Weiterhin handelt es sich beim betrachteten Zeitraum um eine relativ kurze Zeitreihe, die unter Umständen nicht ausreicht, um einen kompletten Konjunkturzyklus abzubilden.

2.2 Untersuchungsmethode: Bivariates Probitmodell

Die ökonometrische Analyse erfolgt im Rahmen eines bivariaten Probitmodells (vgl. Greene, 1997). Dabei werden die Wahrscheinlichkeiten, die Investitionsziele „Umsatzsteigerung" beziehungsweise „Rationalisierung" zu verfolgen, simultan in Abhängigkeit von Unternehmens- und Projektcharakteristika (vgl. Tabelle 2 im Anhang) geschätzt. Dieser Ansatz berücksichtigt somit explizit, dass die Entscheidung, den Umsatz zu steigern, nicht unabhängig ist von der Entscheidung zu rationalisieren und vice versa, d.h. dass ein Unternehmen eines der beiden Ziele, keines oder beide gleichzeitig verfolgen kann. Für die Interpretation der Ergebnisse ist zu beachten, dass nur Informationen zu investierenden Unternehmen vorliegen. Demzufolge sind die Determinanten der Investitionen in Umsatzsteigerungsmaßnahmen beziehungsweise in Rationalisierungsmaßnahmen immer im Vergleich zu Investitionen aufgrund anderer Motive (siehe Abschnitt 2.1) zu bewerten. Die Wirkung der einzelnen Faktoren wird dabei durch die in Tabelle 2 ausgewiesenen marginalen Effekte beschrieben. Der marginale Effekt stellt dabei die jeweilige prozentuale Änderung der Wahrscheinlichkeit dar, den „Umsatz zu steigern", gegeben das Unternehmen rationalisiert beziehungsweise die prozentuale Änderung der Wahrscheinlichkeit zu „rationalisieren", gegeben das Unternehmen steigert den Umsatz, hervorgerufen durch eine Veränderung des Erklärungsfaktors. Das Referenzinvestitionsprojekt, das als Bezugsgröße für den marginalen Effekt dient, wird von Einzelunternehmen mit weniger als 5 Beschäftigten, die jünger als ein Jahr und im nicht technologieintensiven verarbeitenden Gewerbe angesiedelt sind, durchgeführt. Die Referenzunternehmen führen keine Forschungs- und Entwicklungsaktivitäten durch und agieren auf einem regional begrenzten Absatzmarkt in Nordrhein-Westfalen. Ferner weist die Referenzgruppe eine Eigenkapitalquote von 16,2% und eine Umsatzrendite von 6,2% auf. Schließlich wurden die Referenzprojekte im Jahre 1997 durchgeführt. Für die Analyse werden robuste Standardfehler (vgl. Huber, 1967 oder White, 1980) verwendet, da die einzelnen Investitionsprojekte nicht unabhängig voneinander sind, sondern zum Teil von ein und demselben Unternehmen durchgeführt werden. Entsprechend wird ein Unternehmen als ein „Cluster" aufgefasst.

3 Untersuchungsergebnisse

Die Ergebnisse der multivariaten Analyse sind in Tabelle 2 dargestellt. Unternehmen, die der oben definierten Referenzgruppe angehören, investieren mit einer Wahrscheinlichkeit von 58% mit dem Ziel einer Umsatzsteigerung. Die Wahrscheinlichkeit zu rationalisieren liegt für diese Unternehmen bei etwa 38%. Ferner lässt sich feststellen, dass Unternehmen, die eine Umsatzsteigerung verfolgen, eine deutlich geringere Wahrscheinlichkeit aufweisen gleichzeitig zu rationalisieren. Dieses Ergebnis findet seinen Ausdruck in einer hohen negativen Korrelation (-0,4) beider Ziele.

3.1 Strukturelle Unterschiede zwischen „Umsatzsteigerern" und „Rationalisierern"

Für die Dynamik des Investitionsverhaltens spielt die Unternehmensstruktur eine zentrale Rolle. Dabei wird das Investitionsverhalten nicht nur vom Stand des unternehmensspezifischen Entwicklungsprozesses beeinflusst, sondern auch maßgeblich von den Wachstumspotentialen der Märkte, auf denen das Unternehmen agiert. Die zentralen strukturellen Merkmale, die im Folgenden genauer analysiert werden, sind die Unternehmensgröße, das Unternehmensalter und die Branche.[3]

„Umsatzsteigerer" sind kleiner als „Rationalisierer"

Die Unternehmensgröße ist im Allgemeinen ein wichtiger Indikator für das Wachstumspotential eines Unternehmens. Zahlreiche empirische Analysen (z.B. Harhoff et al., 1998) haben gezeigt, dass – im Gegensatz zu der von Gibrat postulierten Hypothese – kleine Unternehmen schneller wachsen als große. Somit dürften kapazitätserweiternde Maßnahmen vor allem in der Auf- und Ausbauphase von Unternehmen von großer Bedeutung sein. Kleine Unternehmen erweitern ihre Kapazitäten, um sich am Markt erfolgreich zu positionieren. Dies geschieht, bis das Unternehmen seine optimale Betriebgröße erreicht hat. Folglich gewinnen bei großen Unternehmen mit geringeren Wachstumspotentialen konsolidierende Maßnahmen wie z.B. die Optimierung der Kostenstruktur mittels Rationalisierung an Bedeutung.

Ein Blick auf die Analyseergebnisse für die Unternehmensgröße bestätigt, dass die Dynamik des Investitionsverhaltens mit der Dynamik der Unternehmensentwicklung einhergeht. So ist die Wahrscheinlichkeit, den Umsatz zu steigern, bei Unternehmen mit mehr als 100 Beschäftigten um etwa 3,8 Prozentpunkte geringer als bei Betrieben mit weniger als 5 Mitarbeitern. Im Unterschied hierzu steigt die Wahrscheinlichkeit zu rationalisieren bei Unternehmen mit mehr als 100 Beschäftigten um 8,2 Prozentpunkte im Vergleich zu den Kleinbetrieben. Dabei zeigt sich für das Investitionsziel „Rationalisieren" ein, bis auf wenige Ausnahmen, eindeutiger Zusammenhang zwischen Unternehmensgröße und Investitionsziel. Eine der Ausnahmen stellt dabei die Klasse mit 15-19 Beschäftigten dar. Unternehmen dieser Größe rationalisieren im Vergleich zu Betrieben mit 20-24 Beschäftigten häufiger. Beim Ziel der Umsatzsteigerung findet sich ein nichtlinearer Größeneffekt. Die Wahrscheinlichkeit, dieses Ziel zu verfolgen, nimmt zunächst mit steigender Beschäftigtenzahl bis zu einer Größe von 14 Mitarbeitern ab. Für die Größenklassen 15-19 und 20-24 Beschäftigte ist die Wahrscheinlichkeit, das Ziel der Umsatzsteigerung zu verfolgen, nur unwesentlich geringer als für Betriebe mit weniger als 5 Mitarbeitern. Für größere Unternehmen nimmt diese Wahrscheinlichkeit dann kontinuierlich ab.

Somit wird die Hypothese, dass kleine Unternehmen eher ihre Kapazitäten erweitern, während große Betriebe häufiger rationalisieren, um sich gegebenenfalls weiterhin im Wettbewerb behaupten zu können, überwiegend bestätigt. Eine wichtige Schwelle für das Investitionsverhalten scheint dabei bei 20 Mitarbeitern zu liegen. Knapp unterhalb dieser Betriebsgröße

[3] Auf die weiteren Einflussfaktoren soll im Rahmen dieser Analyse nicht näher eingegangen werden. Der interessierte Leser sei auf Tabelle 2 verwiesen.

werden relativ häufig sowohl umsatzsteigernde als auch Rationalisierungsmaßnahmen durchgeführt. Hierfür dürften vor allem Kostengesichtspunkte eine wichtige Rolle spielen: Bei mehr als 20 Mitarbeitern wird es zusehends schwierig, schlanke Organisationsstrukturen aufrechtzuerhalten. So wird in der Regel eine zusätzliche Hierarchieebene notwendig. Eine weitere Rolle mag spielen, dass der Betriebsrat ab 20 Mitarbeitern aus drei Mitgliedern statt einem besteht. Entsprechend kann ein lediglich geringes Überschreiten dieser Grenze mit deutlich höheren Kosten verbunden sein. In diesem Fall werden die Unternehmen zunächst ihren Produktionsprozess bei einer konstanten Mitarbeiterzahl von unter 20 optimieren, um dann gegebenenfalls diese Marke mit einer größeren Erweiterungsinvestition deutlich zu überspringen. Ein weiterer Grund für ein eher konsolidierendes Investitionsverhalten bei Unternehmen mit 15-19 Beschäftigten könnte darin begründet sein, dass für Unternehmen im Dienstleistungsgewerbe die optimale Betriebsgröße selten die Marke von 20 überschreiten dürfte. Lediglich 4% der Unternehmen in der Dienstleistungsbranche, aber über 13% im verarbeitenden Gewerbe haben mehr als 19 Mitarbeiter.

„Umsatzsteigerer“ sind tendenziell jünger als „Rationalisierer“

Die Hypothese, dass umsatzsteigernde Maßnahmen – unabhängig von der Unternehmensgröße – vor allem in der Frühphase des Unternehmens durchgeführt werden, wird durch die vorliegende Untersuchung bestätigt. Junge Unternehmen, insbesondere im Alter zwischen einem und sieben Jahren, verfolgen sehr häufig das Ziel der Umsatzsteigerung. Dabei ist der Alterseffekt noch wesentlich ausgeprägter als der Größeneffekt. Unternehmen, die 2-3 Jahre alt sind, haben eine um 16 Prozentpunkte höhere Wahrscheinlichkeit den Umsatz zu steigern, als Unternehmen die weniger als ein Jahr respektive älter als 20 Jahre sind. Der geringe Anteil der Umsatzsteigerer bei den Gründungen (Unternehmen jünger als ein Jahr) ist vermutlich auf die hohe Bedeutung von Investitionen in die Gründung an sich zurückzuführen. Entsprechend bleibt für diese Unternehmen zunächst nur ein geringer Spielraum, um ihre Kapazitäten zu erweitern. Diese Hypothese wird durch die Tatsache bestätigt, dass der Anteil der Investitionen in Betriebübernahmen bei Gründungen 29,3% beträgt, während dieses Investitionsmotiv insgesamt nur bei gut 8% aller Investitionsprojekte die zentrale Rolle spielt.

Für das Investitionsziel „Rationalisieren“ ergibt sich ebenfalls ein signifikanter Einfluss des Faktors Alter. Allerdings ist die Interpretation der Ergebnisse weniger eindeutig als bei den Umsatzsteigerern. So finden sich im Vergleich zur Referenzkategorie (Unternehmen jünger als ein Jahr) durchgängig relativ hohe Wahrscheinlichkeiten zu rationalisieren. Dies gilt insbesondere für Unternehmen, die 2-3 Jahre alt sind. Dieses auf den ersten Blick vielleicht etwas überraschende Ergebnis hat bei genauerer Betrachtung eine durchaus plausible Erklärung. Rationalisierungsmaßnahmen sind demnach ständige Begleiter der Unternehmensentwicklung. Schon gegen Ende oder unmittelbar nach Abschluss der Gründungsphase besteht für die Unternehmen die Notwendigkeit, ihren Produktionsprozess zu optimieren und die Inputfaktoren effizient(er) einzusetzen. Diesem Prozess muss sich das Unternehmen kontinuierlich unterziehen, um seine Wettbewerbsfähigkeit aufrechtzuerhalten, und zwar unabhängig vom Unternehmensalter.

Insofern unterscheiden sich „Umsatzsteigerer“ und „Rationalisierer“ in ihrer Altersstruktur im Vergleich zur Größenstruktur nur wenig. Während rationalisierende Unternehmen deutlich größer sind als umsatzsteigernde, sind sie nicht wesentlich älter, wenn man von der Klasse der Unternehmen absieht, die 15 Jahre oder älter sind. Für diese fest etablierten Unternehmen liegt die Wahrscheinlichkeit zu rationalisieren mit marginalen Effekten von 6,7 beziehungsweise 8,7% deutlich über der der Referenzkategorie. Im Unterschied hierzu finden sich für die älteren Unternehmen in Bezug auf die Wahrscheinlichkeit den Umsatz zu steigern keine signifikanten Unterschiede zu den Unternehmen, die jünger als ein Jahr sind. Allerdings sind die gefundenen Alterseffekte unter Umständen mit einer gewissen Vorsicht zu interpretieren. So finden sich auch starke Rationalisierungstendenzen bei Unternehmen, für die das Alter unbekannt ist.

Humankapitalintensität und Technologieorientierung

Die Branche stellt einen wichtigen Indikator für die im Unternehmen eingesetzte Produktionstechnik und die für das Unternehmen vorhandenen Wachstumspotentiale dar. Für diese Analyse wurde zum einen zwischen dem eher sachkapitalintensiven verarbeitenden Gewerbe und den humankapitalintensiven Dienstleistungen unterschieden. Weiterhin wurden diese beiden Sektoren nach dem Grad der jeweiligen Technologisierung unterteilt. Für das verarbeitende Gewerbe diente dabei als Maßstab die FuE-Intensität der jeweiligen Branche (vgl. Grupp und Legler, 2000) und für die Dienstleistungen der Anteil der hoch qualifizierten Beschäftigten (wissensintensive Dienstleistungen). Das FuE-intensive verarbeitende Gewerbe zeichnet sich sowohl durch ein überdurchschnittlich hohes Beschäftigungswachstum als auch durch hohe Produktionssteigerungen und starke Investitionstätigkeiten aus. Darüber hinaus finden sich im Vergleich zu anderen Branchen im FuE-intensiven verarbeitenden Gewerbe auch die höchsten Produktivitätszuwächse (vgl. BMBF, 2001). Durch die zunehmende Tertiärisierung nimmt die Bedeutung der Dienstleistungen und insbesondere die der wissensintensiven Dienstleistungen für die Entwicklung einer Volkswirtschaft zu. Die wissensintensiven Dienstleistungen weisen gesamtwirtschaftlich die höchsten Zuwächse an Beschäftigten aus (vgl. BMBF, 2002). Zusammen prägen das FuE-intensive verarbeitende Gewerbe und die wissensintensiven Dienstleistungen somit die technologische Leistungsfähigkeit einer Volkswirtschaft.

„Umsatzsteigerer" produzieren humankapitalintensiv

Die hohen Wachstumspotentiale der technologieorientierten Branchen werden für das Investitionsmotiv „Umsatzsteigerung" zumindest durch die Ergebnisse für das verarbeitende Gewerbe bestärkt. Für den Fall, dass ein Investitionsprojekt im technologieintensiven statt im sonstigen verarbeitenden Gewerbe angesiedelt ist, steigt die Wahrscheinlichkeit des Ziels der „Umsatzsteigerung" um 3,8 Prozentpunkte. Wird das Projekt in der Baubranche durchgeführt, sinkt diese Wahrscheinlichkeit um 10,1 Prozentpunkte. Ferner zeigt sich, dass vor allem die Produktionstechnik und weniger die Technologieorientierung für die Entscheidung über eine Ausweitung der Kapazitäten verantwortlich ist: Die Wahrscheinlichkeit, eine umsatzsteigernde Maßnahme durchzuführen, ist in den wissensintensiven Dienstleistungen um 4,2 Prozentpunkte höher als im sonstigen verarbeitenden Gewerbe. Bei den sonstigen Dienstleitungen liegt dieser Wert sogar bei 6,4 Prozentpunkten. Somit findet sich ein sehr dynamisches, auf Expansion ausgerichtetes Investitionsverhalten vor allem in den humankapitalintensiven Branchen.

Folglich spiegelt dieses Ergebnis deutlich die zunehmende Bedeutung des tertiären Sektors, hervorgerufen durch den Strukturwandel von der Industriegesellschaft hin zur Dienstleistungs- beziehungsweise Wissensgesellschaft, wider. Entsprechend waren die Wachstumsraten in den humankapitalintensiven Branchen in den letzten Jahren deutlich höher als in der traditionellen Industrie. Dieser Prozess der veränderten gesamtwirtschaftlichen Nachfragestruktur dürfte insbesondere im Bereich der hochwertigen unternehmensnahen Dienstleitungen noch nicht abgeschlossen sein (vgl. BMBF, 2001). Ebenfalls ein Indikator für noch nicht ausgeschöpfte Wachstumspotentiale ist die hohe Gründungsdynamik in diesen Branchen (vgl. ebenda).

„Rationalisierer" produzieren sachkapitalintensiv

Diese für das Motiv der Umsatzsteigerung gewonnenen Erkenntnisse finden nicht nur ihre Bestätigung in der Analyse der Branchenstruktur der rationalisierenden Unternehmen, sondern werden sogar noch bestärkt. So sinkt die Wahrscheinlichkeit ein Investitionsprojekt mit dem Ziel der Rationalisierung durchzuführen im FuE-intensiven verarbeitenden Gewerbe um 3,1 Prozentpunkte und in den wissensintensiven Dienstleistungen sogar um 10,3 Prozentpunkte. Wenig überraschend zeichnet sich vor allem das Baugewerbe durch eine hohe Rationalisierungswahrscheinlichkeit aus. Rationalisierungsmaßnahmen werden vor allem in sachkapitalintensiven Branchen mit nahezu ausgeschöpftem Wachstumspotential durchgeführt. Die Technologieorientierung einer Branche (FuE-Intensität beziehungsweise Anteil der Hochqualifizierten) hat dabei im Vergleich zur Humankapitalintensität (sekundärer versus tertiärer Sektor) einen geringeren Einfluss.

Sowohl für Investitionen in Rationalisierungsmaßnahmen als auch in Kapazitätserweiterungen ist der sektorale Strukturwandel offensichtlich eine entscheidende Triebfeder. Zwar verfügen die technologieorientierten Branchen ebenfalls über überdurchschnittliche Wachstumsraten und -potentiale, allerdings zeichnen sich diese Branchen auch durch hohe Produktivitätsfortschritte aus, die unter anderem das Resultat von Rationalisierungsmaßnahmen sind. Entsprechend sind vor allem für technologieorientierte Unternehmen sowohl Kapazitätserweiterungen als auch Rationalisierungsmaßnahmen wichtige Investitionsziele. Folglich fallen die Unterschiede im Investitionsverhalten bezüglich Umsatzsteigerung und Rationalisierung für diese Unternehmenstypen relativ gering aus. Ferner sind Unternehmen in den traditionellen Industriebranchen oftmals mit einer sinkenden Nachfrage und entsprechend hart umkämpften Marktsegmenten konfrontiert. Um die Überlebensfähigkeit des Unternehmens in einer solchen Situation zu sichern, müssen der Einsatz der Produktionsfaktoren beziehungsweise die Qualität des Outputs ständig optimiert werden.

3.2 Das Investitionsverhalten eher als Spiegelbild des Unternehmenszyklus oder des sektoralen Strukturwandels?

Die multivariate Analyse der Strukturmerkmale zeigt deutlich, dass alle drei Faktoren – Größe, Alter, Branche – simultan einen signifikanten Einfluss auf die beiden Investitionsziele „Umsatzsteigerung“ und „Rationalisierung“ ausüben. Folglich ist das Ergebnis eines dynamischen Investitionsverhaltens in den humankapitalintensiven Branchen nicht nur ein Ausdruck der Größen- beziehungsweise Altersstruktur, sondern auch der Produktionstechnologie und der Wachstumspotentiale der Märkte, auf denen diese Unternehmen agieren.

Kleine und junge Unternehmen (mit Ausnahme von Gründungen mit einem Alter von unter einem Jahr) in den humankapitalintensiven und eher jungen Branchen verfolgen überwiegend das Investitionsmotiv der „Umsatzsteigerung“, während große und ältere Unternehmen im verarbeitenden Gewerbe eher rationalisieren. Dabei spiegelt sich in den Faktoren „Größe“ und „Alter“ der Unternehmenslebenszyklus und in der Branche der sektorale Strukturwandel vom sekundären zum tertiären Sektor wider. Im Folgenden soll die relative Stärke des Einflusses von Unternehmens- und Branchenzyklus auf die Investitionsmotive untersucht werden, wobei der Unternehmenszyklus vereinfachend lediglich durch die Altersvariable charakterisiert wird.

Abbildung 2 verdeutlicht für das Ziel der „Umsatzsteigerung“ die besondere Relevanz des Unternehmenslebenszyklus. Mit Ausnahme der Baubranche, die über die gesamte Altersstruktur des Unternehmens eine sehr geringe Wahrscheinlichkeit aufweist, in umsatzsteigernde Maßnahmen zu investieren, sind Investitionen in Kapazitätserweiterungen vor allem vom Unternehmensalter abhängig. Betrachtet man z.B. Unternehmen, die zwischen einem und sieben Jahre alt sind, unterscheidet sich die Wahrscheinlichkeit, den Umsatz zu steigern, zwischen verarbeitendem Gewerbe und Dienstleistungen kaum. Im Unterschied hierzu sind Investitionen in Kapazitätserweiterungen bei wissensintensiven Dienstleistern, die seit acht bis zehn Jahren am Markt sind, bereits deutlich seltener als bei nicht FuE-intensiven Industriebetrieben, die erst ein bis drei Jahre alt sind. Schließlich spielt die „Neuigkeit" einer Branche gemessen durch ihre Technologieorientierung (vor allem bei den wissensintensiven Dienstleistern) im Prinzip keine Rolle bei der Entscheidung, umsatzsteigernde Maßnahmen durchzuführen.

Abbildung 2: Relative Wahrscheinlichkeit einer „Umsatzsteigerung" nach Unternehmensalter und Branche

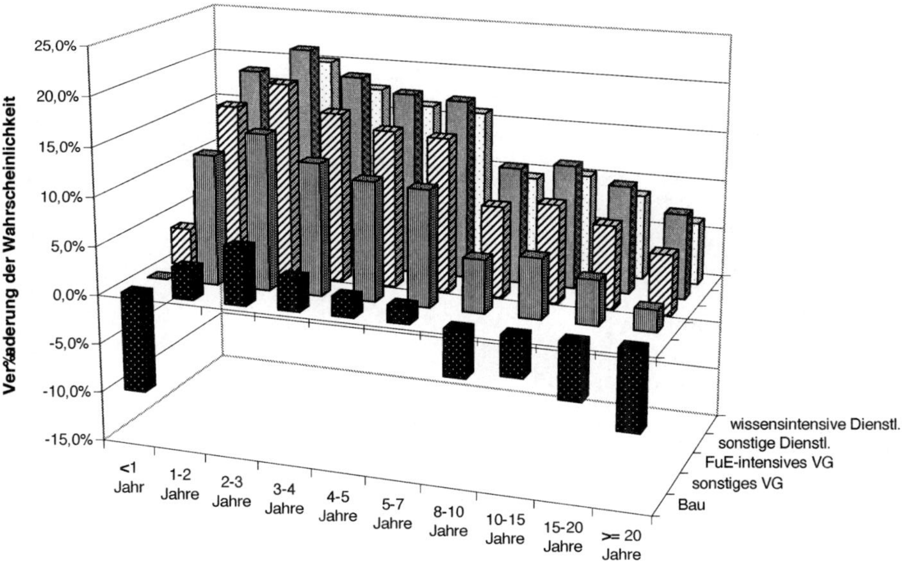

Quelle: KfW-Breitenprogramme, 1997-2002; eigene Berechnungen gemäß Tabelle 2.

Für die Bestimmung des Investitionsziels „Rationalisierung" ändert sich dieser Sachverhalt (siehe Abbildung 3). Der Einfluss des Unternehmensalters ist im Vergleich zu dem der Branche nur sehr gering. Dies wird insbesondere bei den wissensintensiven Dienstleistungen sichtbar. Unternehmen in dieser sehr jungen Branche haben über die gesamte Unternehmensaltersstruktur eine niedrigere Wahrscheinlichkeit zu rationalisieren als Unternehmen im verarbeitenden Gewerbe und zwar unabhängig davon, ob letztere FuE-intensiv produzieren oder nicht. Darüber hinaus wird sogar deutlich, dass das Alter der Branche, welches für die FuE-intensiven Firmen tendenziell geringer sein dürfte, innerhalb des verarbeitenden Gewerbes einen größeren Einfluss auf das Investitionsziel „Rationalisieren" ausübt als das Unternehmensalter.

Abbildung 3: Relative Wahrscheinlichkeit einer „Rationalisierung" nach Unternehmensalter und Branche

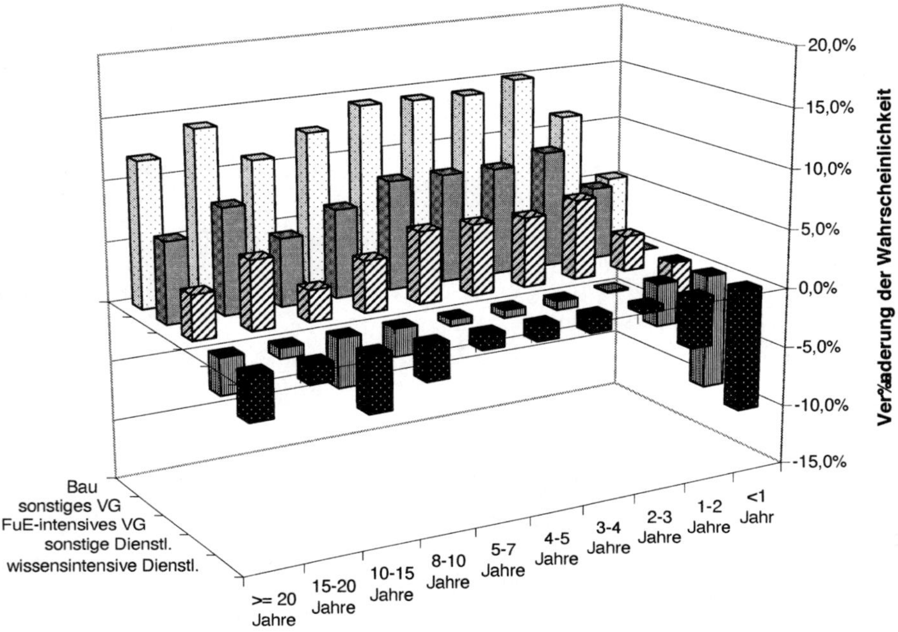

Quelle: siehe Abbildung 2.

3.3 Absolute Bedeutung der beiden Investitionsmotive

Die Diskussion der Ergebnisse im vorherigen Abschnitt zeigt sehr deutlich, dass die relative Bedeutung von Rationalisierungsmaßnahmen über den sektoralen Strukturwandel zu- und die Bedeutung von kapazitätserweiternden Maßnahmen über den Lebenszyklus des Unternehmens abnimmt. Dabei liegt die Betonung auf der relativen Bedeutung. Diese mag zwar bei Rationalisierungsmaßnahmen für die älteren und sachkapitalintensiv produzierenden Unternehmen höher sein, allerdings ist die Frage, ob dieser Unternehmenstyp absolut gesehen eher rationalisiert oder doch seine Kapazitäten erweitert, noch unbeantwortet. Um der Beantwortung dieser Frage nachzugehen, werden im Folgenden das Investitionsverhalten zweier unterschiedlicher und für das jeweilige Investitionsmotiv repräsentativer Unternehmenstypen analysiert.

Gemäß den Ergebnissen des vorherigen Abschnitts werden ein 1-2 Jahre altes Unternehmen mit weniger als 5 Beschäftigten, das in den wissensintensiven Dienstleistungen angesiedelt und somit repräsentativ für einen typischen „Umsatzsteigerer" ist, und ein 20 Jahre altes oder älteres Unternehmen mit 100 oder mehr Beschäftigten, das im sonstigen verarbeitenden Gewerbe produziert und somit den typischen Rationalisierer darstellt, verglichen.[4]

Abbildung 4 zeigt dabei sehr deutlich, dass nicht nur der typische „Umsatzsteigerer" häufiger dieses Investitionsziel verfolgt, sondern dass sogar beim typischen „Rationalisierer" die Wahrscheinlichkeit, eine Investition zum Zweck der Kapazitätserweiterung durchzuführen, höher ist als die Wahrscheinlichkeit zu rationalisieren und zwar um fast 20(!) Prozentpunkte. Somit hat das Ziel der Umsatzsteigerung über alle Unternehmenstypen hinweg die höchste Priorität. Knapp 78% der Investitionsprojekte bei jungen und kleinen Unternehmen in den wissensintensiven Dienstleistungen werden mit dem Ziel einer Kapazitätserweiterung durchgeführt. Bei den alten und großen Industriebetrieben sind es immer noch knapp 64% der Projekte.

Abbildung 4: Absolute Bedeutung der Ziele „Umsatzsteigern" und „Rationalisieren"

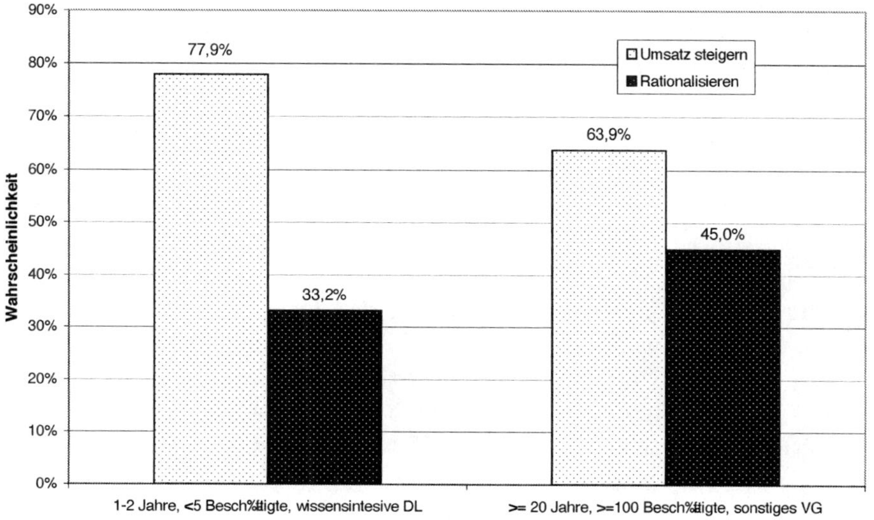

Quelle: siehe Abbildung 2.

4 Das Baugewerbe zeichnet sich zwar durch noch höhere Rationalisierungstendenzen aus, allerdings soll der Vergleich hier stringent zum bisherigen Analyserahmen sein, der bezüglich der Branchen in erster Linie das verarbeitende Gewerbe und die Dienstleistungen gegenüberstellt.

4 Fazit

Die vorliegende Studie untersucht das Investitionsverhalten von mittelständischen Unternehmen in Deutschland. Anhand einer Stichprobe von Investitionsprojekten, die im Rahmen der KfW-Breitenprogramme zwischen 1997 und 2002 gefördert wurden, werden die Bestimmungsgründe der beiden wichtigsten Investitionsmotive „Umsatzsteigerung“ und „Rationalisierung“ näher analysiert. Ein besonderes Augenmerk der Analyse ist dabei auf die strukturellen Faktoren wie Größe, Branche und Alter gerichtet. Anhand dieser Einflussgrößen lassen sich Rückschlüsse darauf ziehen, welche Investitionsstrategien Unternehmen in bestimmten Phasen und Umfeldern anwenden.

Die Ergebnisse bestätigen weitestgehend die theoretischen Überlegungen. „Umsatzsteigerer“ sind eher kleine und junge Unternehmen, die in den humankapitalintensiven Branchen angesiedelt sind. Im Unterschied hierzu finden sich „Rationalisierer“ eher unter den großen, zum Teil auch älteren Unternehmen im traditionellen verarbeitenden Gewerbe wieder. Die Investitionsziele sind dabei ein Spiegelbild des Lebenszyklus des Unternehmens: Nach der unmittelbaren Gründungsphase stehen die Erweiterungen der Kapazitäten und somit die Platzierung des Unternehmens am Markt im Vordergrund. Für Unternehmen, die in Branchen mit hohen Wachstumspotentialen angesiedelt sind, kann sich diese Phase der Kapazitätserweiterung, unter Umständen auch mit dem Ziel, einen relativ größeren Marktanteil zu erreichen, verlängern. Nach Abschluss dieser Auf- und Ausbauphase beziehungsweise der Erreichung der optimalen Betriebsgröße dürfte dem effizienteren Einsatz der Produktionsfaktoren eine immer größere Bedeutung zukommen. Dementsprechend verlieren kapazitätserweiternde Maßnahmen zum Teil an Gewicht und Maßnahmen wie die Einführung neuer Produktionstechnologien gewinnen an Gewicht. Dabei ist allerdings zu betonen, dass umsatzsteigernde Maßnahmen lediglich an relativer Bedeutung verlieren und somit für alle Unternehmenstypen in allen Phasen immer das wichtigste Investitionsmotiv darstellen.

Die Bedeutung der Nachfrageseite respektive der Wachstumspotentiale einzelner Branchen für das Investitionsverhalten wird besonders beim Ziel der Rationalisierung deutlich. Selbst junge Unternehmen im verarbeitenden Gewerbe gehen deutlich häufiger Rationalisierungsinvestitionen an als größere und schon etablierte Unternehmen, die in zukunftsorientierten Branchen mit hohen Wachstumspotentialen, wie den wissensintensiven Dienstleistungen, agieren. Dies liegt daran, dass die Technologieorientierung einer Branche, also die Frage, ob sie FuE-intensiv produziert beziehungsweise einen hohen Anteil an Hochqualifizierten aufweist, einen wesentlich geringeren Einfluss auf den Rationalisierungsdruck hat als die Tatsache, ob es sich um ein Unternehmen aus der Industrie oder den Dienstleistungen handelt.

Auch zur wirtschaftspolitisch interessanten Frage, ob Erweiterungsinvestitionen volkswirtschaftlich „wertvoller“ als Rationalisierungsinvestitionen sind, weil die einen Wachstum schaffen und die anderen nur Kosten senken, leistet die vorliegende Analyse einen Beitrag: Rationalisierung und Wachstum sind keine Gegensätze – im Gegenteil. Kostensenkungen steigern die Wettbewerbsfähigkeit und sind deshalb häufig die Voraussetzung für weiteres Wachstum. Das kann besonders gut am Beispiel des FuE-intensiven verarbeitenden Gewerbes beobachtet werden: Dort finden sich sowohl überdurchschnittliche Beschäftigungswachstumsraten als auch rationalisierungsbedingte Produktivitätssteigerungen. Die Investitionsziele „Umsatzsteigerung“ und „Rationalisieren“ sind aus volkswirtschaftlicher Sicht bezüglich ihrer Impulse für Wachstum und Beschäftigung gleichwertig. Entsprechend findet sich das Investitionsmotiv auch nicht unter den Kriterien zur Förderungswürdigkeit eines Investitionsprojektes in den KfW-Breitenprogrammen. Rationalisierungsmaßnahmen und Kapazitätserweiterungen sind gleichermaßen förderwürdig.

Für zukünftige Analysen wäre sicher ein Vergleich der Determinanten der Investitionsmotive „Umsatzsteigerung“ und „Rationalisierung“ auf Basis eines Datensatzes mit investierenden und nicht investierenden Unternehmen interessant. Ausgehend von dieser Datenbasis könnten eventuelle Selektionseffekte zwischen investierenden und nicht investierenden Unternehmen überprüft werden. Schließlich sollte in zukünftigen Forschungsarbeiten noch der Fragestellung nachgegangen werden, ob die Förderung durch die KfW, trotz der breit gefassten Zugangskriterien, einen Einfluss auf die Determinanten der Investitionsmotive hat. Diese beiden Forschungsfragen könnten in Zukunft mit dem gerade im Aufbau befindlichen KfW-Mittelstandspanel angegangen werden.

Anhang

Tabelle 2: Schätzergebnisse des bivariaten Probitmodells

	Umsatzsteigern			Rationalisieren			
	Koeff.	z-Wert	Mar. Effekt	Koeff.	z-Wert	Mar. Effekt	Mittelwert
Umsatz steigern							
5-9 Beschäftigte	-0,062	-2,52	-0,017	0,076	3,26	0,025	0,198
10-14 Beschäftigte	-0,081	-2,89	-0,023	0,097	3,61	0,032	0,127
15-19 Beschäftigte	-0,061	-1,86	-0,008	0,166	5,31	0,062	0,082
20-24 Beschäftigte	-0,065	-1,74	-0,013	0,134	3,81	0,049	0,060
25-50 Beschäftigte	-0,117	-4,15	-0,029	0,187	6,91	0,066	0,145
50-99 Beschäftigte	-0,128	-3,81	-0,032	0,197	6,08	0,069	0,086
100 und mehr Beschäftigte	-0,150	-4,30	-0,038	0,233	6,71	0,082	0,091
1-2 Jahre	0,318	4,23	0,133	0,089	1,23	0,061	0,017
2-3 Jahre	0,373	5,27	0,160	0,169	2,53	0,097	0,021
3-4 Jahre	0,304	4,45	0,134	0,161	2,42	0,089	0,022
4-5 Jahre	0,265	3,97	0,121	0,169	2,64	0,090	0,025
5-7 Jahre	0,255	4,43	0,118	0,173	3,07	0,091	0,048
8-10 Jahre	0,091	1,71	0,054	0,162	3,07	0,073	0,075
10-15 Jahre	0,120	2,26	0,061	0,115	2,17	0,056	0,075
15-20 Jahre	0,059	0,99	0,045	0,202	3,44	0,087	0,042
20 Jahre und älter	0,011	0,22	0,022	0,163	3,26	0,067	0,138
Unternehmensalter fehlt	0,099	2,09	0,059	0,164	3,50	0,074	0,510
Umsatzrendite	-0,128	-1,69	-0,036	-0,006	-0,05	-0,002	0,062
Umsatzrendite^2				-0,846	-2,41	-0,280	0,016
Umsatzrendite^3				0,086	0,30	0,029	0,004
Umsatzrendite^4				0,982	1,78	0,325	0,003
Eigenkapitalquote	-0,055	-1,78	-0,015	-0,107	-4,14	-0,035	0,162
Eigenkapitalquote^2	-0,088	-1,66	-0,025				0,112
BGB-Gesellschaft	0,067	2,00	0,039	0,116	3,68	0,052	0,065
Handelsgesellschaft	-0,078	-1,70	-0,033	-0,009	-0,21	-0,010	0,037
GmbH	-0,023	-1,21	-0,013	-0,033	-1,77	-0,015	0,395
Sonstige Kapitalgesellschaften	-0,128	-1,40	-0,084	-0,267	-2,85	-0,111	0,008
Private Haushalte	-0,059	-0,48	-0,014	0,095	0,83	0,033	0,004
sonstige Rechtsformen	-0,056	-0,58	-0,017	0,054	0,56	0,017	0,006
FuE-intensives VG	0,121	4,16	0,038	-0,103	-3,64	-0,031	0,094
Bau	-0,292	-11,06	-0,101	0,197	7,36	0,054	0,109
wissensintensive Dienstl.	0,185	5,87	0,042	-0,307	-10,19	-0,103	0,076
sonstige Dienstl.	0,233	11,88	0,064	-0,293	-15,30	-0,096	0,374
Sonstige Branchen	-0,135	-2,71	-0,053	0,031	0,64	0,001	0,025
Absatz im Inland				0,112	3,16	0,070	0,019
Absatz weltweit				0,102	1,35	-0,019	0,122
Regelmäßige FuE				-0,077	-2,84	-0,031	0,115
Konstante	0,648	11,10		-0,107	-1,87		
Beobachtete Wahrscheinlichkeit		0,574			0,382		
Geschätzte Wahrscheinlichkeit		0,580			0,383		
Anzahl der Beobachtungen				32.045			
Log-Likelihood				-39.784,59			
Waldtest				$\chi^2(109) = 1.717,27$			
Korrelation				-0,401 (-40,95)			

Literaturverzeichnis

BMBF (2001), *Bericht zur Technologischen Leistungsfähigkeit Deutschlands 2001*, European Economy, Bonn.

BMBF (2002), *Bericht zur Technologischen Leistungsfähigkeit Deutschlands 2002*, European Economy, Bonn.

Greene, W. (1997), *Econometric Analysis*, London.

Grupp, H. und H. Legler (2000), *Hochtechnologie 2000 – Neudefinition der Hochtechnologie für die Berichterstattung zur technologischen Leistungsfähigkeit Deutschlands*, Karlsruhe/Hannover.

Harhoff, D., K. Stahl und M. Woywode (1998), Legal Form, Growth and Exit of West German Firms – Empirical Results for Manufacturing, Construction, Trade and Service Industries, *Journal of Industrial Economics* 26 (5), 453–488.

Huber, P.J. (1967), The Behaviour of Maximum Likelihood Estimates Under Non-Standard Conditions, *Proceedings of the Fifth Berkley Symposium on Mathematical Statistics and Probability*, 221–233.

White, H. (1980), A Heteroskedasticity-Consistent Covariance Matrix Estimator and a Direct Test for Heteroskedasticity, *Econometrica* 48, 817–830.

Teil III

Löhne

Catch Me If You Can. Erklärungsfaktoren des Lohndifferenzials zwischen Männern und Frauen in den Jahren 1984 bis 2001*

Hedwig Prey und Elke Wolf

1 Einführung

Angesichts der anhaltenden Unterschiede in den Arbeitsmarktbedingungen für Männer und Frauen versuchen sowohl die Politik als auch Unternehmen die Chancengleichheit zwischen den Geschlechtern weiter zu fördern. Auf der einen Seite wird versucht, die Erwerbschancen der Frauen zu verbessern: Das geschieht beispielsweise durch die verstärkte Förderung der Aus- und Weiterbildung von Frauen, durch Initiativen, um Frauen den Zugang zu männerdominierten Berufen zu erleichtern, oder durch die Erleichterung der Wiedereingliederung nach familienbedingten Erwerbsunterbrechungen. Auf der anderen Seite gibt es tarifpolitische Bestrebungen, die unteren Einkommensschichten – in denen überwiegend Frauen vertreten sind – anzuheben.

Es lässt sich daher erfreulicherweise eine Verminderung der Lohnlücke zwischen den Geschlechtern im Zeitablauf beobachten. Dennoch sollte diese Tatsache nicht zur Untätigkeit animieren, sondern es sollte vielmehr auf eine weitere Verbesserung der Situation gedrängt werden. Denn ein bestehender geschlechtsspezifischer Lohnunterschied kann negative Auswirkungen auf die gesamte Volkswirtschaft haben. So reduzieren Lohnabschläge für weibliche Beschäftigte möglicherweise das Arbeitsangebot, was angesichts des persistenten Fachkräftemangels wachstumshemmend sein kann. Des Weiteren ist davon auszugehen, dass das geringere Lohnniveau und Arbeitsangebot von Frauen und die oftmals zu geringe Alterssicherung das System der sozialen Sicherung zusätzlich belasten. Ziel dieser Studie ist es daher, die Determinanten des Lohndifferenzials zwischen Männern und Frauen und deren zeitliche Entwicklung genauer zu analysieren, um gezielt weiteren Handlungsbedarf zu identifizieren.

Seit den einflussreichen Artikeln von Blinder und Oaxaca aus dem Jahre 1973 gibt es unzählige empirische Arbeiten, welche die beobachteten geschlechtsspezifischen Lohn- und Einkommensunterschiede „zerlegten“. Ziel all dieser Studien ist es, die Bedeutung verschiedener Ursachen des Lohndif-

* Diese Arbeit ist eine vollständig überarbeitete und aktualisierte Fassung von Prey (1999). Wir danken Werner Smolny, Bernd Fitzenberger und den Teilnehmern des Brown-Bag-Seminars an der Universität Konstanz für ihre hilfreichen Kommentare zu der früheren Version des Papiers. Außerdem danken wir Franziska Mientus und Susanne Steffes für die Unterstützung bei der Aufbereitung der Daten sowie Miriam Beblo und Anja Heinze wie auch den drei Herausgebern für ihre konstruktiven Anmerkungen.

ferenzials zwischen Frauen und Männern zu quantifizieren. In der Regel wird hierbei zwischen zwei Effekten unterschieden: dem *Merkmalseffekt* und dem *Entlohnungseffekt*. Der Merkmalseffekt beschreibt den Teil der Lohndifferenz, der auf die unterschiedliche Verteilung von einkommensrelevanten Merkmalen – wie beispielsweise die Humankapitalausstattung – zwischen Männern und Frauen zurückzuführen ist. Der Entlohnungseffekt basiert auf der unterschiedlichen Bewertung dieser Variablen durch den Arbeitgeber. Jene Größe beschreibt somit die Lohndifferenz, die verbleiben würde, wenn Männer und Frauen gleiche Humankapitalausstattungen hätten und auch hinsichtlich ihrer sonstigen einkommensrelevanten Merkmale vergleichbar wären. In der Regel wird bei einer derartigen Komponentenzerlegung ein nicht unerheblicher Teil dem Entlohnungseffekt zugeordnet, der oftmals als ein Hinweis auf Diskriminierung seitens der Arbeitgeber interpretiert wird.

Ein fundamentaler Nachteil dieser Methode ist jedoch, dass die Zerlegung des Lohndifferenzials nur auf dem Mittelwert basiert. Die unterschiedliche Verteilung der Lohneinkommen von Männern und Frauen bleibt unbeachtet. Außerdem liegt dieser Methodik die Annahme zugrunde, dass das Residuum, d.h. der Lohnunterschied, der nicht durch den Merkmals- oder Entlohnungseffekt erklärt wird, einen (zusätzlichen) Diskriminierungseffekt darstellt. Dieser nicht erklärte Teil der Lohndifferenz kann jedoch wiederum als geschlechtsspezifischer Unterschied in vernachlässigten Einflussfaktoren beziehungsweise unbeobachtbaren Qualifikationen und in deren Bewertung interpretiert werden (vgl. hierzu die ausführliche Darstellung in Blau, 1996). Einen neuen Anstoß erlangte die *gender-wage-gap*-Literatur daher durch die Arbeiten von Juhn et al. (1991, 1993), bei denen das Lohndifferenzial zwischen verschiedenen Personengruppen in Unterschiede beobachtbarer Variablen und deren Bewertung (analog zu Oaxaca und Blinder) und zusätzlich in die Unterschiede hinsichtlich der Ungleichverteilung und der mittleren Position dieser Gruppen in der Residualverteilung zerlegt wird. Besonderes Augenmerk liegt somit auf dem Vergleich der Lohnstruktur von Frauen und Männern.

Außerdem eröffnet die Methodik von Juhn et al. die Möglichkeit, Veränderungen über die Zeit oder zwischen verschiedenen Ländern zu analysieren. So wenden beispielsweise Blau und Kahn (1992) diese Zerlegung zur Erklärung der internationalen Unterschiede der geschlechtsspezifischen Lohnlücke an. Dabei stellen sie fest, dass die relativ große Lohndifferenz zwischen Frauen und Männern in den USA vorwiegend auf die im Vergleich zu anderen Ländern überdurchschnittliche Streuung der Residualverteilung in den USA und damit der hohen Bewertung unbeobachtbarer Qualifikationen zurückzuführen sei. Eine Reihe von Arbeiten nutzen die Idee von Juhn et al. um die zeitliche Entwicklung des *gender wage gap* zu untersuchen (siehe beispielsweise Blau und Kahn, 1997, für die USA; Gupta et al., 2003, vergleichen Dänemark und die USA, Holmlund, 2003, für Schweden). Beblo et al.

(2003) vergleichen den Lohnunterschied zwischen Männern und Frauen in verschiedenen europäischen Ländern auf Basis des Europäischen Haushaltspanels. Hierzu wenden sie verschiedene Schätz- und Zerlegungsmethoden an. Ihre Ergebnisse weisen darauf hin, dass mindestens 50% der geschlechtsspezifischen Lohnunterschiede durch die unterschiedlichen Merkmale erklärt werden können, was im Einklang mit früheren Studien steht (Europäische Kommission, 2002). Allerdings hängt die Größe des Merkmalseffekts stark vom Land und der angewendeten Schätz- und Zerlegungsmethodik ab. So spielt der Selektionseffekt in einigen Ländern für die Zerlegung des beobachteten Lohndifferenzials eine entscheidende Rolle. In Deutschland beispielsweise wäre der beobachtete Lohnunterschied zwischen Männern und Frauen noch größer, wenn die beschäftigten Frauen keine Positivauswahl, sondern eine Zufallsstichprobe hinsichtlich ihrer beobachtbaren Merkmale wären. Außerdem zeigt sich auf Basis der Juhn/Murphy/Pierce-Zerlegung (1991, 1993), dass der Entlohnungseffekt mit zunehmendem Einkommen abnimmt und die Unterschiede in den Charakteristika für die Erklärung des *gender wage gaps* immer bedeutender werden. Diese Ergebnisse verdeutlichen somit die Notwendigkeit, die Lohnunterschiede der gesamten Lohnverteilung differenziert zu berücksichtigen.

Für Deutschland gibt es einige Beispiele für die Zerlegung nach Blinder und Oaxaca (1973) (siehe beispielsweise Bellmann und Gerlach, 1984, Diekmann et al., 1993, Lorenz und Wagner, 1988, Lorenz und Wright, 1990 sowie Hübler, 1991). Fitzenberger und Wunderlich (2002) analysieren mit Hilfe von Quantilsregressionen die Entwicklung der Lohnunterschiede zwischen Frauen und Männern zwischen 1975 und 1995, wobei sie explizit die Veränderung der Lohnverteilung berücksichtigen. Ihren Ergebnissen zufolge ist die Lohnlücke am linken Rand der Lohnverteilung deutlich geschrumpft, während die relativen Löhne von Frauen zu den Löhnen der Männer für höhere Einkommen kaum gestiegen sind. Empirische Untersuchungen, die mit Hilfe der Juhn/Murphy/Pierce-Zerlegung die Entwicklung des Lohndifferenzials von deutschen Männern und Frauen über die Zeit oder im internationalen Kontext analysieren sind hingegen sehr selten. Neben der bereits vorgestellten Arbeit von Beblo et al. (2003) existiert hierzu die Arbeit von Prey (1999), die die Entwicklung der geschlechtsspezifischen Lohndifferenz in Westdeutschland für den Zeitraum zwischen 1984 und 1996 untersucht.

Die vorliegende Arbeit betrachtet die Entwicklung der geschlechtsspezifischen Lohndifferenz in Westdeutschland für die Jahre 1984 bis 2001 und stellt somit eine Erweiterung der Arbeit von Prey (1999) dar. Dabei folgen wir den Ansätzen von Juhn et al. (1991, 1993) beziehungsweise Blau und Kahn (1992), die im Gegensatz zur klassischen Oaxaca-Blinder-Zerlegung sowohl die Unterschiede in unbeobachteten Einflussfaktoren als auch die Spreizung der Lohnstruktur berücksichtigen. Als Datengrundlage dienen die ersten 18 Wellen des Sozio-ökonomischen Panels (GSEOP), für die wellenspezifische

Lohnregressionen durchgeführt werden. Grundsätzlich kann im Sinne von Suen (1997) argumentiert werden, dass die Panelstruktur der Daten besser genutzt werden sollte, da die Perzentile nicht unabhängig von der Standardabweichung der Verteilung sind. Sofern die Lohnungleichheit über die Zeit stark zunimmt, führt die Zerlegung nach Juhn et al. (1991, 1993) zu einer Überschätzung des Entlohnungseffekts und einer Unterschätzung des Merkmalseffekts. Da die Verteilung der Löhne in Deutschland – im Gegensatz zu den USA oder Großbritannien – in den letzten 20 Jahren jedoch recht stabil war (siehe beispielsweise Steiner und Wagner, 1998), ist nicht davon auszugehen, dass die Schätzergebnisse in unserem Fall stark verzerrt sind.

Der Artikel gliedert sich wie folgt: Im folgenden Abschnitt wird die Methodik zur Zerlegung des geschlechtsspezifischen Lohndifferenzials nach Juhn, Murphy und Pierce detailliert dargestellt. Abschnitt 3 widmet sich den empirischen Ergebnissen unserer Studie. Nach der Beschreibung der zugrunde liegenden Stichprobe und der Ergebnisse der Lohnschätzung, werden die Befunde der Juhn/Murphy/Pierce-Zerlegung dargestellt. Der Beitrag endet mit einigen abschließenden Bemerkungen und wirtschaftspolitischen Schlussfolgerungen.

2 Die Zerlegung nach Juhn, Murphy und Pierce (JMP)

Die Methodik nach Juhn et al. (1991, 1993) zur Zerlegung der Entwicklung der geschlechtsspezifischen Lohndifferenz in die einzelnen Komponenten kann folgendermaßen dargestellt werden. Zunächst werden die logarithmierten realen Brutto-Stundenlöhne von Männern Y_{it}^M auf einen Vektor von erklärenden Variablen X_{it}^M regressiert. Diese Gleichung 1 wird mit der Kleinste-Quadrate-Methode geschätzt:

$$Y_{it}^M = X_{it}^M \beta_t^M + u_{it}^M \tag{1}$$

wobei der hochgestellte Index M bedeutet, dass es sich um die männliche Teilstichprobe handelt und der tiefgestellte Index i für die Person und t für den Zeitpunkt steht. Es wird angenommen, dass die Fehlerterme identisch und unabhängig über die Individuen und die Zeit verteilt sind mit Mittelwert null und Streuung σ_t^M (die Ergebnisse dieser Schätzungen finden sich in Tabelle 4 im Anhang).

Im zweiten Schritt werden die Residuen standardisiert, so dass gilt:

$$u_{it}^M = \sigma_t^M \tilde{u}_{it}^M \quad . \tag{2}$$

Dabei ist nun $\tilde{u}_{it}^M$ das standardisierte Residuum in der männlichen Lohn-Residualverteilung mit Mittelwert 0 und Varianz 1; σ_t^M ist die Standardabweichung der männlichen Residualverteilung und repräsentiert den Grad ihrer Ungleichverteilung.

Im nächsten Schritt werden unter Verwendung der geschätzten „männlichen" Koeffizienten $\hat{\beta}_t^M$ die erwarteten Werte der weiblichen Löhne berechnet: $\hat{Y}_{it}^F = X_{it}^F \hat{\beta}_t^M$. Dieser hypothetische Wert beschreibt den Lohnsatz von Frauen unter der Annahme, dass die Merkmale X_{it} von Frauen und Männer identisch bewertet würden (Entlohnungseffekt). Um die Residuen von Männern und Frauen vergleichbar zu machen, wird der Unterschied zwischen den tatsächlich beobachtbaren und den erwarteten Löhnen der Frauen, $\tilde{u}_{it}^F$, berechnet aus $Y_{it}^F - X_{it}^F \beta_t^M$, mit σ_t^M standardisiert:

$$u_{it}^F = \sigma_t^M \tilde{u}_{it}^F \quad , \tag{3}$$

mit Mittelwert $\bar{\tilde{u}}_{it}^F$ und Standardabweichung σ_t^F / σ_t^M für $\tilde{u}_{it}^F$.

Für jede Frau wird nun das Perzentil θ_{it} ihres standardisierten Residuums $\tilde{u}_{it}$ in der standardisierten männlichen Residualverteilung bestimmt. Das Residuum u_{it}^F kann somit auch durch das ihm zugewiesene Perzentil in der männlichen Residualverteilung θ_t^F dargestellt werden, das mit der männlichen Standardabweichung multipliziert wird:

$$u_{it}^F \approx \sigma_t^M \theta_t^F \quad . \tag{4}$$

Veränderungen in den Löhnen können nun auf verschiedene Entwicklungen zurückgeführt werden. Wie bei der Blinder/Oaxaca-Zerlegung kann zwischen den Veränderungen in den beobachtbaren Charakteristika $(X_{it} - X_{it-1})$ bei gegebenen Preisen β_{t-1} und den Veränderungen in den Preisen $\beta_t - \beta_{t-1}$ bei unveränderten Eigenschaften X_{it} unterschieden werden. Juhn et al. (1991, 1993) beziehungsweise Blau und Kahn (1992) folgend, kann das Lohndifferenzial zwischen Männern und Frauen auch dadurch beeinflusst werden, dass sich die Perzentile in der Residualverteilung $\theta_t^F - \theta_{t-1}^F$ bei gegebenem Ungleichheitsgrad σ_{t-1} verschieben oder die Spreizung der Residualverteilung $\sigma_t^M - \sigma_{t-1}^M$ bei gegebenem Perzentil variiert. Wenn also die Differenz der mittleren Perzentile zwischen Frauen und Männern negativ ausfällt, d.h. wenn Frauen in Bezug auf ihre unbeobachtbaren Charakteristika im Durchschnitt unterhalb des Medians der männlichen Residualverteilung liegen, dann würde eine zunehmende Ungleichheit in der residualen Lohnverteilung selbst bei gleichbleibendem mittleren Perzentil von Frauen (ceteris paribus) zu einer Vergrößerung der geschlechtsspezifischen Lohndifferenz führen.

Zunächst sei die geschlechtsspezifische Lohndifferenz zum Zeitpunkt t als Differenz des durchschnittlichen Lohnsatzes von Frauen und Männern definiert:

$$\underbrace{\bar{Y}_t^F - \bar{Y}_t^M}_{\Delta Y_t} = \underbrace{(\bar{X}_t^F - \bar{X}_t^M)}_{\Delta X_t} \hat{\beta}_t^M + \underbrace{(\theta_t^F - \theta_t^M)}_{\Delta \theta_t} \sigma_t^M \quad . \tag{5}$$

Die Lohnlücke setzt sich aus zwei Komponenten zusammen. Der erste Term beschreibt den Unterschied in den beobachteten Merkmalen, bewertet mit dem geschätzten „Preisvektor“ der Männer. Der zweite Term enthält die

Unterschiede der Residualverteilung der Löhne von Frauen und Männern gewichtet mit der Standardabweichung der Residuen der Männer. Die *Entwicklung* der Lohndifferenz zwischen t und $t-1$ kann nun in die folgenden Bestandteile zerlegt werden:

$$\begin{aligned}\Delta Y_t - \Delta Y_{t-1} &= \underbrace{(\Delta X_t - \Delta X_{t-1})}_{(1)} \hat{\beta}^M_{t-1} + \Delta X_t \underbrace{(\hat{\beta}^M_t - \hat{\beta}^M_{t-1})}_{(2)} \\ &+ \underbrace{(\Delta\theta_t - \Delta\theta_{t-1})}_{(3)} \sigma^M_{t-1} + \Delta\theta_t \underbrace{(\sigma^M_t - \sigma^M_{t-1})}_{(4)} . \qquad (6)\end{aligned}$$

mit:

(1) Veränderung in beobachtbaren Charakteristika
(2) Veränderung in der Bewertung beobachtbarer Charakteristika
(3) Veränderung unbeobachtbarer Charakteristika bei unveränderter Bewertung
(4) Veränderung in der relativen Bewertung bei unveränderten unbeobachtbaren Charakteristika

Die folgende Abbildung 1 veranschaulicht noch einmal die Zerlegung der Veränderung der Residuen. So sei beispielsweise im Jahr 1986 der durchschnittliche Rang der Frauen in der männlichen Residualverteilung 23. Im Jahr zuvor, in 1985, lag er bei 21. Die Veränderung der unbeobachteten Lohndifferenz von θ^{23}_{86} zu θ^{21}_{85} wird also zerlegt in die mit der Streuung σ_{85} gewichtete Bewegung von θ^{23}_{85} zu θ^{21}_{85} und in die mit den jeweiligen jährlichen Standardabweichungen σ_{85} und σ_{86} gewichtete Bewegung von θ^{23}_{86} zu θ^{23}_{85}. Dieses Vorgehen ergibt dann die Terme (3) und (4) der oben dargestellten Residualzerlegung.

Der Einfluss der geschlechtsspezifischen Merkmale auf die Entwicklung der Lohndifferenz wird gemäß der hier vorgenommenen Zerlegung zum einen durch die unterschiedliche Veränderung in den beobachtbaren Eigenschaften von Frauen und Männern (Term (1)) und zum anderen durch die unterschiedliche Veränderung in der Position in der Residualverteilung (Term (3)) gemessen. Letztere kann als Differenz in unbeobachtbaren Eigenschaften oder als geschlechtsspezifische Diskriminierung interpretiert werden. Inwieweit auch der letzte Term der Komponentenzerlegung Lohndiskriminierung widerspiegelt, ist unklar.[1] So bedeutet beispielsweise eine Spreizung der Lohnstruktur, also eine positive Differenz zwischen σ^M_t und σ^M_{t-1}, für untere Perzentile die Vergrößerung der „Strafe“ (des Lohnverlusts) im Fall eines Abrutschens in einen tieferen Rang der Verteilung.

---

[1] Vgl. Juhn et al. (1991, 1993) oder Blau und Kahn (1992).

Abbildung 1: Illustration zur Zerlegung der Veränderung der Residuen

r	θ_{84}	θ_{85}	θ_{86}	θ_{87}
0	θ_{84}^{0}	θ_{85}^{0}	θ_{86}^{0}	θ_{87}^{0}
1	θ_{84}^{1}	θ_{85}^{1}	θ_{86}^{1}	θ_{87}^{1}
$\vdots$	$\vdots$	$\vdots$	$\vdots$	$\vdots$
21	θ_{84}^{21}	θ_{85}^{21}	θ_{86}^{21}	θ_{87}^{21}
22	θ_{84}^{22}	(3) θ_{85}^{22}	θ_{86}^{22}	θ_{87}^{22}
23	θ_{84}^{23}	θ_{85}^{23} ← (4)	θ_{86}^{23}	θ_{87}^{23}
$\vdots$	$\vdots$	$\vdots$	$\vdots$	$\vdots$
99	θ_{84}^{99}	θ_{85}^{99}	θ_{86}^{99}	θ_{87}^{99}
σ	σ_{84}	σ_{85}	σ_{86}	σ_{87}
r_{it}^{F}	20	21	23	24

3 Ergebnisse der eigenen empirischen Analyse

Auf welche der eben erläuterten Faktoren das Lohndifferenzial deutscher Frauen und Männer und dessen zeitliche Entwicklung zurückzuführen ist, wird im Folgenden empirisch untersucht.

3.1 Die Auswahl der Stichprobe

Als Datengrundlage der empirischen Untersuchung dienen die ersten achtzehn Wellen des Sozio-ökonomischen Panels. Um eine möglichst homogene Gruppe von ArbeitnehmerInnen zu untersuchen, betrachten wir nur solche Personen, die regulär vollzeitbeschäftigt, nicht in Kurzarbeit oder in einer betrieblichen Ausbildung und zwischen 20 und 60 Jahre alt sind. AusländerInnen und Selbständige werden aus der Analyse ausgeschlossen. Da der Beobachtungszeitraum sehr lang, und die Ausfallwahrscheinlichkeit somit nicht unerheblich ist, beziehen wir auch Personen in unsere Analyse ein, die neu in das Sample des Panels aufgenommen werden. Die Zahl der Beobachtungen schwankt je nach Welle zwischen 1784 und 3672 Personen (vgl. auch Tabelle 2 im Anhang).

3.2 Erste Ergebnisse auf Basis deskriptiver Statistiken

Die zentrale Variable für einen Vergleich der Einkommen von Frauen und Männern ist der logarithmierte reale Bruttostundenlohn. Hierzu wird das monatliche Bruttoeinkommen des Vormonats dividiert durch die vereinbarten Arbeitsstunden.[2] Um die Stundenlöhne über die Zeit vergleichbar zu

[2] Dieser Berechnung liegt die Annahme zugrunde, dass Überstunden zum Großteil entweder durch Freizeit kompensiert oder zu einem späteren Zeitpunkt ausbezahlt werden, so dass diese

machen, wurden sie mit dem Konsumentenpreisindex für alle Haushalte deflationiert.[3] Die Entwicklung der Löhne von Frauen relativ zu denen der Männer ist in Abbildung 2 für den Zeitraum von 1984 bis 2001 dargestellt.[4] Der Vergleich der durchschnittlichen Stundenlöhne weist darauf hin, dass das geschlechtsspezifische Lohndifferenzial über die Zeit leicht gesunken ist. So verdienten Frauen zu Beginn des Beobachtungszeitraums fast 30% weniger als ihre männlichen Kollegen. Im Jahr 2001 sank der Lohnunterschied erstmals auf unter 20%.

Abbildung 2: Verhältnis der realen Bruttostundenlöhne von Frauen und Männern, 1984-2001

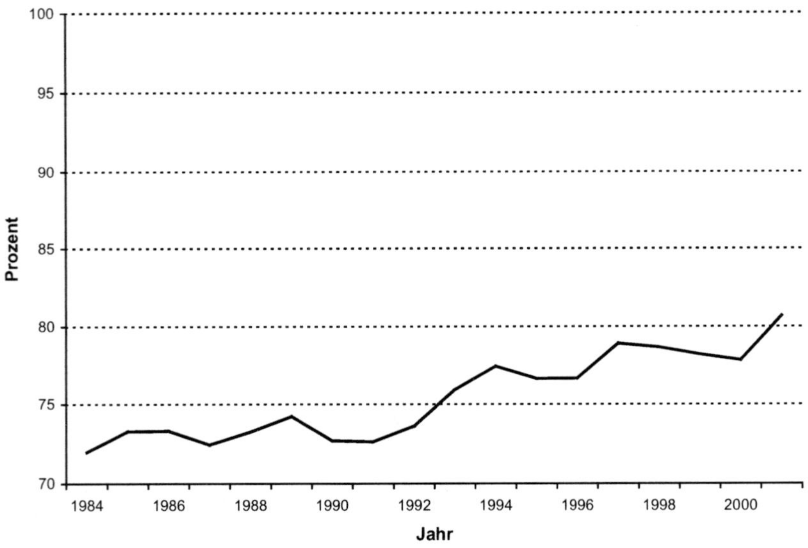

Quelle: Eigene Berechnungen auf Basis des GSOEP 1984-2001.

Die Verbesserung der Einkommensposition von Frauen ist unter anderem auf die zunehmende Arbeitsmarktbindung und das gestiegene Bildungsniveau von Frauen zurückzuführen. Die deskriptiven Statistiken auf Basis unserer Stichprobe weisen darauf hin, dass sowohl die Berufserfahrung als auch die durchschnittliche Dauer der Betriebszugehörigkeit bei Frauen deutlich

Zusatzleistungen nicht im Einkommen des Vormonats erfasst sind.

3 Da ab dem Jahr 2000 kein Konsumentenpreisindex für Westdeutschland mehr berechnet wird, ist der Index für die Jahre 2000 und 2001 mit dem Konsumentenpreisindex für Gesamtdeutschland fortgeschrieben worden.

4 Die Ergebnisse unterscheiden sich teilweise von Prey (1999). Dies rührt insbesondere von einer anderen Definition der abhängigen Variable, des monatlichen Bruttostundenlohnes, und einer etwas anderen Stichprobenauswahl her, welche nur noch Beschäftigte bis maximal 60 Jahre einbezieht.

zugenommen hat (siehe Abbildungen 5 und 6 im Anhang). Bei der durchschnittlichen Betriebszugehörigkeit ist allerdings erst nach 1996 ein deutlicher Anstieg zu beobachten. Im Gegensatz dazu scheinen diese Humankapitalindikatoren bei den Männern eher zu stagnieren beziehungsweise zu sinken. Auch das Qualifikationsniveau von Frauen ist im Beobachtungszeitraum deutlich gestiegen. Während der Anteil der beschäftigten Frauen ohne abgeschlossene Berufsausbildung von knapp 22% im Jahr 1984 auf unter 10% im Jahr 2001 gesunken ist, hat sich der Anteil der Hochschulabsolventinnen ungefähr verdoppelt.[5] Bei Männern ist hingegen nur ein geringer Anstieg der Erwerbstätigen mit Hochschulabschuss erkennbar.

Trotzdem bleibt ein ausgeprägterer Aufholprozess in den Löhnen der Frauen aus. Argumente, welche die Lohndifferenz zwischen Frauen und Männern zu erklären versuchen, beziehen sich meist auf die berufliche oder sektorale Segregation von Frauen[6] oder auf die Produktivitätsunterschiede zwischen Männern und Frauen. Letztere können sich aufgrund diskontinuierlicherer Erwerbsverläufe und damit verbundenen geringeren innerbetrieblichen Weiterbildungsaktivitäten von Frauen im Vergleich zu Männern ergeben (siehe beispielsweise Blau, 1996 oder Tomaskovic-Devey und Skaggs, 2002). Außerdem verursacht die Abweichung von einer Vollzeiterwerbstätigkeit nicht nur eine Unterbrechung der Humankapitalbildung, sondern auch eine Entwertung des in der Vergangenheit gebildeten Humanvermögens. Diskontinuierlichere Erwerbsverläufe führen daher zu einer niedrigeren Entlohnung bei ansonsten gleichen Ausgangsbedingungen (Beblo und Wolf, 2002*a*,*b*).

Auch die Lohn*struktur* von Männern und Frauen hat sich während des Beobachtungszeitraums leicht verändert. Abbildung 3 stellt die Lohnentwicklung des 10%-, 50%- und 90%-Quantils der Einkommensverteilungen von Frauen und Männern dar. Für alle Lohngruppen ist ein kontinuierlicher, ab 1989 etwas steilerer Anstieg der Löhne zu beobachten. Die unteren Lohngruppen haben von diesem Anstieg stärker profitiert als die oberen Lohngruppen. Diese Beobachtungen gelten gleichermaßen für Frauen und Männer, wobei das Lohnwachstum bei den Frauen generell und insbesondere bei den unteren Lohngruppen etwas stärker ausfiel als bei den Männern. Demnach ist die Lohnverteilung der Frauen über die Zeit weiter komprimiert, während die der Männer nahezu stabil war.[7]

---

5 Da sich die Grafiken nur auf erwerbstätige Frauen und Männer beziehen, ist dieser Effekt jedoch nicht nur auf das gestiegene Bildungsniveau zurückzuführen, sondern auch auf die erhöhte Nachfrage nach qualifizierten Arbeitskräften aufgrund des technologischen Wandels (vgl. dazu z.B. Fitzenberger, 1999).

6 Vgl. dazu z.B. Hübler (1991) oder Achatz et al. (2000).

7 Dieses Ergebnis weicht etwas von dem Befund von Fitzenberger und Wunderlich (2002) ab, welche die Lohnentwicklung von deutschen Männern und Frauen am 20%-, 50%- und 80%-Quantil auf Basis der IAB-Beschäftigtensstichprobe untersuchen. Während die Lohnverteilung von Frauen zwischen 1975 und 1995 eher stabil bleibt, beobachten sie bei Männern eine deutliche Lohnspreizung. Die Unterschiede zu Fitzenberger und Wunderlich (2002) können zum einen

Abbildung 3: Reale Bruttostundenlöhne, ausgewählte Quantile 1984-2001

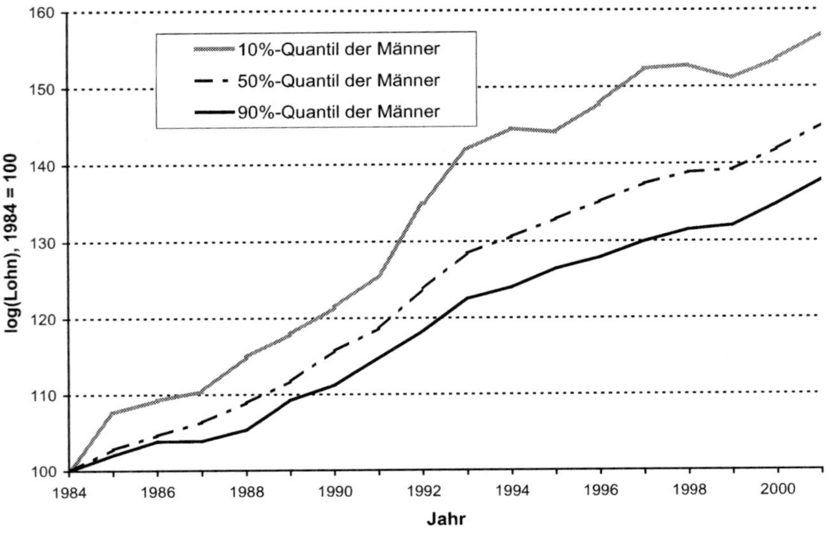

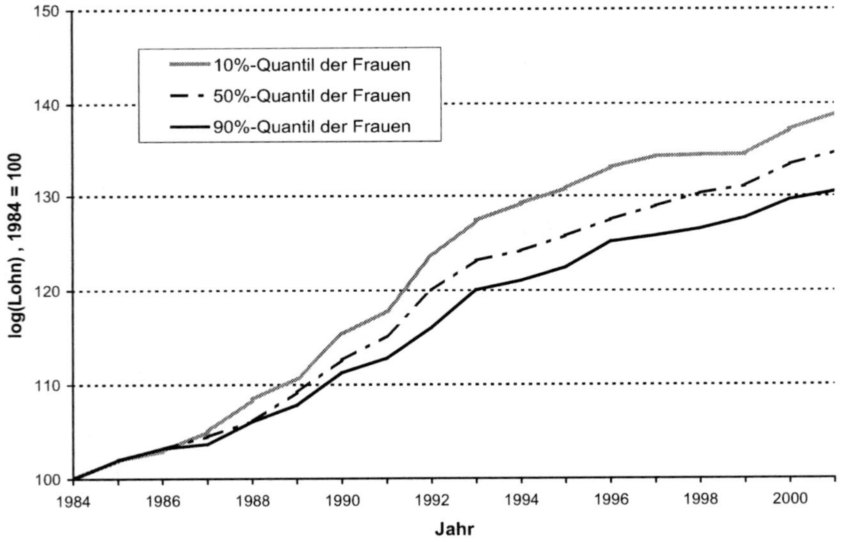

Quelle: Eigene Berechnungen auf Basis des GSOEP 1984-2001.

auf den unterschiedlichen Zeitraum zurückgeführt werden, da der Anstieg der Lohndispersion der Männer vor allem in den 1970er und 1980er Jahren erfolgte. Zum anderen scheinen die Veränderungen der Lohnungleichheit auf Basis des GSOEP unterschätzt zu werden. Vergleiche hierzu auch Steiner und Wagner (1998).

Um die Entwicklung der Lohnlücke[8] je Perzentil über die Zeit zu verfolgen, greift Abbildung 4 einige Jahre heraus. So zeigt sich, dass der relative Abstand von Frauen- zu Männerlöhnen im Jahr 1984 bei etwa 26% deutlich höher war als in den späteren Jahren. Dabei fiel die Lohnlücke in den unteren Perzentilen größer aus als im mittleren Bereich der Lohnverteilung.

Abbildung 4: Lohnlücke nach Perzentilen der Lohnverteilung

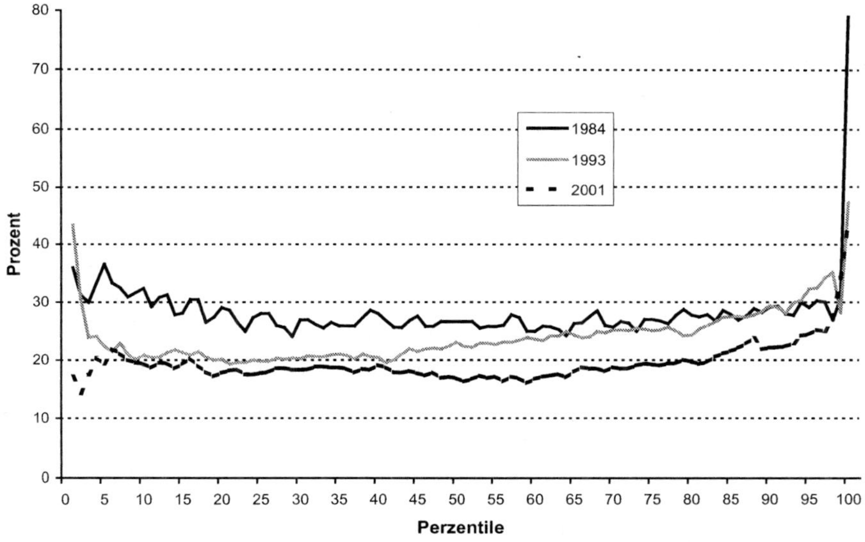

Anmerkung: Die Lohnlücke ist definiert als das Verhältnis der Differenz der Löhne von Frauen und Männern relativ zum Bruttostundenlohn der Männer.
Quelle: Eigene Berechnungen auf Basis des GSOEP 1984, 1993 und 2001.

Besonders hoch ist sie in den obersten Perzentilen. Im Jahr 1993 zeigt sich schon ein etwas anderes Bild. Hier wird die U-Form etwas schiefer: Nach einem Abfall der Lohnlücke von recht hohem Niveau in den untersten Perzentilen steigt sie etwa ab dem 30. Perzentil kontinuierlich an. Im Jahr 2001 schließlich ist die Lohnlücke in den untersten Perzentilen erstmals kaum höher als im mittleren Einkommensbereich. Die Lohnlücke verharrt recht stabil bei knapp 20% und steigt ab dem 80. Perzentil stärker an. Aus Abbildung 4 wird also deutlich, dass im Zeitablauf die Lohnlücke über die gesamte Lohnverteilung gesunken ist. Dies gilt insbesondere in den unteren Perzentilen. Allerdings verbleibt der große Abstand zwischen Männer- und Frauenlöhnen in den obersten Perzentilen, so dass man auch in Deutschland immer noch

[8] Die Lohnlücke ist definiert als das Verhältnis der Differenz der Löhne von Frauen und Männern relativ zum Bruttostundenlohn der Männer.

von einer „gläsernen Decke“ sprechen kann (vgl. Albrecht et al., 2003).[9] Im Gegensatz zu Schweden, steigt die Lohnlücke allerdings erst in den obersten Perzentilen steil an und scheint über die Zeit zu sinken.

3.3 Die empirische Umsetzung der JMP-Zerlegung

Im ersten Schritt zur Zerlegung des geschlechtsspezifischen Lohndifferenzials wird die Lohngleichung (1) aus Abschnitt 2 für jede Welle getrennt geschätzt. Der Vektor der erklärenden Variablen X_{it}^{M} enthält in dieser Studie Variablen zum Familienstand, zur Berufserfahrung (samt quadratischem Term) und zur Dauer der Betriebszugehörigkeit (samt quadratischem Term) sowie Dummies für die berufliche Stellung, den formalen Berufsausbildungsabschluss, die Beschäftigung im öffentlichen Dienst sowie für drei Firmengrößenklassen. Für eine genaue Definition der verwendeten Variablen vgl. Tabelle 3 im Anhang. Die abhängige Variable, der logarithmierte Bruttostundenlohn, ist wie in Abschnitt 3.2 beschrieben definiert.

Die Ergebnisse dieser Schätzungen finden sich in Tabelle 4 im Anhang. Entsprechend der Humankapitaltheorie wirken sich die Berufserfahrung (als Indikator für das allgemeine Humankapital) und die Firmenzugehörigkeit (als Indikator für das betriebsspezifische Humankapital) positiv auf den Bruttostundenlohn von Männern aus. Erwerbsunterbrechungen – bei Männern in erster Linie Arbeitslosigkeitsphasen – reduzieren den späteren Lohnsatz, da während dieser Zeit bereits erworbenes Humankapital verloren geht beziehungsweise „veraltet“, oder weil zukünftige Arbeitgeber die Erwerbsunterbrechung als Zeichen reduzierter Produktivität interpretieren und deshalb niedrigere Löhne zahlen (siehe hierzu Berkovitch, 1990). Der durchgängig negative Koeffizient der Variable „break“ steht im Einklang mit diesen theoretischen Überlegungen. Die Dummyvariablen zum Berufsbildungsabschluss weisen darauf hin, dass Hochschulabsolventen im Durchschnitt mindestens 25% mehr verdienen als Personen ohne Berufsausbildung. Die geschätzte Rendite eines Studiums schwankt jedoch sehr zwischen den einzelnen Jahren und dürfte eher unterschätzt sein, da die Erwerbstätigen ohne Ausbildung im Schnitt vermutlich deutlich älter sind als die Gruppe der Hochschulabsolventen, was nur teilweise durch die Berufserfahrung aufgefangen wird. Die Lohneffekte der beruflichen Stellung, des öffentlichen Sektors sowie der Firmengrößenklasse entsprechen den aus der Literatur bekannten Ergebnissen. Entsprechend einiger Studien für die USA, verdienen verheiratete beziehungsweise in Beziehungen lebende Männer signifikant mehr als Alleinstehende (siehe beispielsweise Stratton, 2002 oder Hersch und Stratton, 2000). Dieses Lohndifferenzial kann entweder damit begründet werden, dass Männer in Beziehungen eine Positivauswahl darstellen oder dass sie aufgrund

[9] Hierbei muss jedoch berücksichtigt werden, dass die Messfehler in den obersten Perzentilen vermutlich sehr groß sind. In den Jahren 1993 und 2001 ist der Anstieg allerdings bereits etwa ab dem 80. Perzentil zu beobachten.

der Spezialisierung innerhalb des Haushalts tatsächlich produktiver sind. Den Ergebnissen von Chun und Lee (2001) zufolge hat letzteres Argument mehr Erklärungskraft.

Auf Basis der geschätzten Koeffizienten für die männliche Stichprobe wurden nun die erwarteten Löhne für die weibliche Stichprobe berechnet. Entsprechend den Gleichungen 2 und 3 wurden dann die Residuen standardisiert und die Komponentenzerlegung durchgeführt. In der Verteilung der standardisierten Residuen, die sich aus den Regressionen mit der männlichen Teilstichprobe ergeben, liegt das mittlere Perzentil von Frauen relativ niedrig (beim 30. Perzentil der Männer). Es variiert etwas über den Zeitraum und steigt insgesamt vom Rang 27 im Jahr 1984 auf den Rang 34 im Jahr 2001 an. Die Standardabweichung der männlichen Residualverteilung, σ_t^M, bleibt relativ konstant und variiert um einen Wert von durchschnittlich 0,235.

Die Ergebnisse der Komponentenzerlegung sind in Tabelle 1 dargestellt. Die erste Spalte zeigt die Veränderung des geschlechtsspezifischen Lohnverhältnisses zwischen 1985 und 2001. Wie bereits aus Abbildung 2 ersichtlich ist, gibt es durchaus auch Jahre, in denen das Lohnverhältnis von Frauen zu Männern sinkt. Über den ganzen Zeitraum hinweg ist jedoch eine Angleichung der Löhne von Männern und Frauen zu beobachten, wobei die größten Wachstumsraten des Quotienten aus Frauen- zu Männerlöhnen mit 3,6% auf das Jahr 2001 und die stärkste Verminderung mit -2,1% auf das Jahr 1990 (jeweils zum Vorjahr) fallen. Welche Faktoren diese Wachstumsraten beeinflusst haben, ist aus den nachfolgenden Spalten von Tabelle 1 zu ersehen. Danach war der Beitrag einer Veränderung beobachtbarer Charakteristika (Spalte (1)) und deren Bewertung (Spalte (2)) uneinheitlich und im Vergleich zu den Beiträgen der unbeobachtbaren Komponenten meist etwas geringer.[10] Der Beitrag des Terms (3) aus der Komponentenzerlegung (Veränderung unbeobachtbarer Charakteristika bei unveränderter Bewertung) fällt häufiger negativ als positiv aus. Die unbeobachteten Merkmale von Frauen und Männern haben sich demnach eher zum Nachteil von Frauen gewandelt. Das bedeutet in der Interpretation von Juhn, Murphy und Pierce, dass in Westdeutschland bei Frauen ein Verlust an unbeobachtbaren Fähigkeiten beziehungsweise Qualifikationen stattfand und/oder, dass Frauen in steigendem Maße in ihrer Entlohnung diskriminiert wurden. Betragsmässig ist dieser Effekt in den meisten Jahren von großer Bedeutung für die Veränderung des Lohnverhältnisses von Frauen und Männern. Die letzte Spalte schließlich zeigt den Effekt einer Veränderung der Lohnspreizung auf die Entwicklung des Lohnverhältnisses an. Hier sind vorwiegend – mit Ausnahme dreier Jahre, 1986, 1991 und 1993 – positive Werte zu beobachten. Das bedeutet, dass die Ent-

[10] Die Betrachtung der Differenz von Residuen entspricht einer durch die Auswahl der Regressoren eng definierten „within“-Betrachtung. D.h. es werden Personen oder Gruppen (Männer und Frauen) miteinander verglichen, die sich bezüglich der als Regressoren verwendeten Variablen nur geringfügig unterscheiden.

Tabelle 1: Ergebnisse der Zerlegung

Jahr	Δgap	$\Delta X \cdot \beta$	$X \cdot \Delta\beta$	$\Delta\tilde{u} \cdot \sigma$	$\tilde{u} \cdot \Delta\sigma$
		(1)	(2)	(3)	(4)
1984	...	...	...	...	...
1985	0,0179	-0,0115	0,0007	0,0001	0,0285
1986	0,0004	0,0141	0,0025	-0,0088	-0,0073
1987	-0,0120	0,0097	-0,0100	-0,0247	0,0129
1988	0,0111	-0,0036	-0,0095	0,0129	0,0112
1989	0,0133	0,0344	-0,0023	-0,0378	0,0191
1990	-0,0209	-0,0219	-0,0064	-0,0136	0,0211
1991	-0,0010	-0,0015	-0,0167	0,0204	-0,0033
1992	0,0135	0,0067	0,0131	-0,0526	0,0464
1993	0,0309	0,0011	0,0050	0,0276	-0,0029
1994	0,0199	0,0196	0,0028	-0,0152	0,0127
1995	-0,0104	-0,0038	-0,0101	-0,0072	0,0108
1996	0,0002	-0,0024	-0,0102	-0,0006	0,0135
1997	0,0291	0,0197	0,0037	-0,0103	0,0159
1998	-0,0032	0,0040	0,0039	-0,0244	0,0133
1999	-0,0058	-0,0189	0,0009	0,0059	0,0063
2000	-0,0048	0,0160	-0,0069	-0,0219	0,0079
2001	0,0358	0,0230	-0,0059	0,0135	0,0052
Summe	0,1140	0,0847	-0,0454	-0,1367	0,2113

Quelle: Eigene Berechungen auf Basis des GSOEP, 1984-2001.

wicklung der Streuung der Löhne ceteris paribus eher zu einem Anstieg des Lohnverhältnisses zwischen Frauen und Männern geführt hat. Die letzte Zeile von Tabelle 1 enthält die Gesamtveränderung des Lohnverhältnisses zwischen 1984 und 2001 sowie die Summen der einzelnen Erklärungsbeiträge über die Zeit. Diese kumulierten Effekte verdeutlichen nochmals, dass ein Großteil der verbesserten Lohnposition von Frauen auf die steigende Spreizung der Residualverteilung zurückzuführen ist. Das bedeutet, dass sich die Bewertung der unbeobachtbaren Charakteristika zugunsten der Frauen entwickelt hat. Auch die Veränderung der beobachtbaren Eigenschaften hat insgesamt einen positiven Effekt auf das relative Lohnniveau der Frauen. Beide Entwicklungen werden jedoch durch die negativen Beiträge aus Spalte (2) und (3), d.h. einerseits durch der Verschlechterung der Bewertung beobachtbarer Charakteristika und andererseits durch die Verschlechterung unbeobachtbarer Charakteristika gedämpft.

Einige Sensitivitätsanalysen haben jedoch gezeigt, dass sich die Komponentenzerlegung nach Juhn, Murphy und Pierce bei der Anwendung als relativ sensitiv gegenüber Variationen der Modelspezifikation oder der Datengrundlage erweist. Grundlage der Analyse der unbeobachteten Merkmale bildet die Residualverteilung, die sich aus Schätzungen für die männliche Teilstichprobe ergibt. Hier können beispielsweise zusätzliche Regressoren oder Beobachtungen zu deutlichen Verschiebungen der Perzentile und damit auch zu veränderten Ergebnissen führen.[11] Anzumerken ist auch, dass insbesondere Bewegungen in den untersten Rängen der Residualverteilung die Ergebnisse der Spalte (3) beeinflussen. In diesen Bereichen der Verteilung steigen die Werte der standardisierten Residuen von einem Rang zum nachfolgenden sehr stark an. Ergeben sich also hier verstärkt Verschlechterungen in der individuellen Residualposition und häufen sich in den untersten Bereichen der Residualverteilung besonders viele Beobachtungen (wie es bei Frauen in der männlichen Residualverteilung der Fall ist), so kann das Ergebnis der Komponentenzerlegung bei den unbeobachtbaren Faktoren dadurch besonders beeinflusst werden.

4 Schlussbemerkungen

Das Verhältnis der realen Löhne von Frauen und Männern stieg in den Jahren von 1984 bis 2001 von 72% auf über 80%. Dabei können große Unterschiede über die Einkommensverteilung festgestellt werden. Während die Lohnlücke zum Beginn der Beobachtungsperiode sowohl in den unteren als auch den höchsten Perzentilen größer ausfällt als im mittleren Bereich der Lohnverteilung, sinken die Unterschiede im unteren Einkommensbereich über die Zeit. Im Jahr 2001 ist die Lohnlücke in den untersten Perzentilen erstmals kaum höher als für mittlere Einkommen und steigt erst ab dem 80. Perzentil stärker an. Der große Abstand zwischen Männer- und Frauenlöhnen in den obersten Perzentilen bleibt hingegen bestehen, so dass man auch in Deutschland immer noch von einer Art „gläsernen Decke“ sprechen kann.

Lohnregressionen auf Basis des Sozio-ökonomischen Panels zeigten, dass die Entwicklung der Lohndifferenz zwischen Frauen und Männern auch dann noch zu einem großen Teil unerklärt bleibt, wenn mögliche Einflüsse der Qualifikation, der Berufserfahrung, der beruflichen Stellung, einer Anstellung im öffentlichen Dienst und weiterer erklärender Variablen berücksichtigt werden. Mögliche Gründe dafür können unterschiedliche unbeobachtbare Fähigkeiten von Frauen und Männern und/oder Lohndiskriminierung von Frauen sein. Diese Arbeit zeigt, wie sich die Lohndifferenz zwischen Frauen und Männern verändert hat, und inwieweit die Angleichung der Löhne von Frauen und Männern auf eine Veränderung solcher unbeobachtbarer Variablen beziehungsweise der Lohndiskriminierung zurückzuführen ist.

Die Komponentenzerlegung der geschlechtsspezifischen Lohndifferenz in Westdeutschland für den Zeitraum 1984 bis 2001 hat ergeben, dass sich die relative Lohnposition von Frauen aufgrund von Diskriminierung und/oder

[11] Verwendet man beispielsweise einen stärker humankapitalorientierten Schätzansatz und berücksichtigt keine Betriebsgrößenklassen, ergeben sich deutlich andere Ergebnisse. In einigen Fällen verkehren sich sogar die Vorzeichen der einzelnen Komponenten.

ihres Verlustes an unbeobachtbaren Fähigkeiten im betrachteten Zeitraum sogar verschlechtert hätte, wären nicht die realen Lohnsätze in den untersten Perzentilen der (männlichen) Lohnverteilung, in denen Frauen am häufigsten vertreten sind, erheblich angestiegen.

Erste Sensitivitätsanalysen haben jedoch gezeigt, dass die Ergebnisse der Komponentenzerlegung nach Juhn, Murphy und Pierce stark von der Modellspezifikation und Stichprobendefinition abhängen. Dies könnte unter anderem daran liegen, dass die Heterogenität über die Lohnverteilung nicht durchgängig berücksichtigt wird. Ein nächster Schritt wäre demnach die Anwendung von Quantilsregressionen, wie es beispielsweise Fitzenberger und Wunderlich (2002) oder Albrecht et al. (2003) getan haben. Damit könnten unterschiedliche Veränderungen in der Lohndifferenz zwischen Männern und Frauen in allen Bereichen der Lohnverteilung differenzierter untersucht und die Ursachen dieser ungleichen Entwicklungen identifiziert werden. Dies stellt eine wichtige Voraussetzung für die zielgerichtete Formulierung wirtschaftspolitischer und betrieblicher Maßnahmen dar.

Welche wirtschaftspolitischen Schlüsse können nun aus der vorangehenden Analyse gezogen werden? Zum einen hat sich gezeigt, dass eine Angleichung der Löhne von Frauen und Männern (bei gleicher Qualifikation) stattfindet. Frauen haben seit 1984 zudem im Hinblick auf ihre einkommensrelevanten Qualifikationen deutlich aufgeholt. Hier sollte sichergestellt werden, dass sich diese Entwicklungen ungehindert fortsetzen können. Dringender Handlungsbedarf besteht allerdings in den oberen und insbesondere den obersten Rängen der Lohnverteilung – nimmt man das Postulat einer Gleichstellung von Frauen und Männern ernst. Hier stellt sich die Frage, wie sich die „gläserne Decke“ für hoch qualifizierte Frauen durchbrechen lässt. Erste Schritte dazu können eine verstärkte Frauenförderung an den Hochschulen und eine bessere Vereinbarkeit von Studium und Familie sein. Da familienbedingte Erwerbsunterbrechungen von Frauen meist in den für eine Karriere bedeutendsten Jahren stattfinden, ist die Vereinbarkeit von Familie und Beruf von zentraler Bedeutung für die Gleichstellung von Frauen und Männern. Wichtig ist es daher, die Folgen von familienbedingten Erwerbsunterbrechungen, die bei Frauen zum einen häufiger auftreten und zum anderen schwerwiegendere finanzielle Konsequenzen haben (siehe unter anderem Beblo und Wolf, 2002*b*), abzumildern oder das Risiko einer Erwerbsunterbrechung für Frauen und Männer gleicher zu verteilen. Anreize dafür könnten beispielsweise im Rahmen der staatlichen Förderung von Erziehungszeiten gesetzt werden, indem der Bezug von Unterstützungsleistungen an eine Gleichverteilung der Erziehungs- und Erwerbsarbeit zwischen beiden Elternteilen gebunden wäre.

Anhang

Tabelle 2: Zahl der Beobachtungen je Welle

Jahr	insgesamt	Frauen	Männer
1984	2436	623	1813
1985	2142	566	1576
1986	2059	551	1508
1987	2066	554	1512
1988	1944	504	1440
1989	2010	531	1479
1990	1906	506	1400
1991	1888	491	1397
1992	1784	484	1300
1993	1821	481	1340
1994	1861	484	1377
1995	1943	507	1436
1996	1944	517	1427
1997	1921	509	1412
1998	2036	538	1498
1999	1957	510	1447
2000	3672	921	2751
2001	3140	762	2378

Quelle: Stichproben aus dem GSOEP, 1984-2001.

Tabelle 3: Variablenbeschreibung

wagebru	abhängige Variable: logarithmierter realer Bruttostundenlohn, generiert aus dem Brutto-Vormonatsverdienst des jeweiligen Interviews, dividiert durch die vereinbarte wöchentliche Arbeitszeit. Deflationiert mit dem Preisindex für die Lebenshaltung aller privaten HH, Quelle: SVR (1995), Tabelle 77*, S. 460 und Statistisches Bundesamt
paarmk	Dummy für den Haushaltstyp: 1 wenn mit dem Partner zusammenlebend und mit Kind(ern) unter 16 Jahren
exper	potenzielle Berufserfahrung in Jahren / 10 : Alter - 6 - Dauer der Ausbildung (Schul- und Berufsausbildung); generierte Variable im GSOEP.
exper2	exper quadriert / 100
tenure:	Dauer der Betriebszugehörigkeit in Monaten / 10; generierte Variable im GSOEP.
tenure2	tenure quadriert / 100
break	Humankapitalabbau = Summe der Erwerbsunterbrechungen in den letzten 5 Jahren, gemessen in Jahren
betriebl. Stellung	*(Referenzgruppe: keine Ausbildung)*
bstan1	Angestellte mit Ausbildung, qual. Tätigkeit
bstan2	Angestellte hoch qualifizierte Tätigkeit, Führungsaufgaben
bstarb	Fach- und Vorarbeiter
bstbea1	Beamte einfacher, mittlerer Dienst
bstbea2	Beamte gehobener, höherer Dienst
bstmeis	Meister, Poliere
Berufsausbildung	*(Referenzgruppe: kein Abschluss)*
beraus2	beruflicher Bildungsabschluss
beraus3	Hochschulabschluss
oeffd	Dummy für Beschäftigung im öffentlichen Dienst
Firmengröße	*(Referenzgruppe: weniger als 20 Mitarbeiter)*
fs200	20 bis 199 Mitarbeiter
fs2k	200 bis 1999 Mitarbeiter
fs2kk	2000 und mehr Mitarbeiter

Tabelle 4: Ergebnisse der Lohnregressionen, nur Männer 1984-1992, t-Stat. in Klammern

	1984	1985	1986	1987	1988	1989	1990	1991	1992
Intercept	1,884	1,984	1,995	2,064	2,039	2,158	2,250	2,172	2,414
	(55,92)	(59,97)	(56,56)	(56,47)	(55,72)	(59,75)	(60,51)	(55,05)	(64,34)
paarmk	0,024	0,015	0,029	0,025	0,007	0,008	0,026	0,016	0,005
	(1,87)	(1,19)	(2,20)	(1,85)	(0,50)	(0,58)	(1,85)	(1,05)	(0,37)
exper	0,316	0,252	0,309	0,275	0,324	0,285	0,276	0,372	0,305
	(11,20)	(9,20)	(10,49)	(9,07)	(10,35)	(9,22)	(8,64)	(10,83)	(9,74)
exper2	-0,061	-0,046	-0,057	-0,047	-0,058	-0,050	-0,049	-0,069	-0,054
	(-9,94)	(-7,81)	(-9,15)	(-7,40)	(-8,82)	(-7,73)	(-7,32)	(-9,53)	(-8,16)
tenure	0,051	0,048	0,000	0,006	0,038	0,029	0,014	0,013	-0,003
	(2,30)	(2,24)	(0,00)	(0,26)	(1,59)	(1,23)	(0,62)	(0,53)	(-0,14)
tenure2	-0,007	-0,006	0,008	0,004	-0,005	0,001	0,003	0,003	0,007
	(-1,25)	(-0,97)	(1,32)	(0,68)	(-0,76)	(0,23)	(0,50)	(0,42)	(1,19)
break	-0,033	-0,030	-0,031	-0,034	-0,040	-0,020	-0,031	-0,051	-0,041
	(-2,37)	(-2,14)	(-2,10)	(-2,27)	(-2,82)	(-1,45)	(-2,20)	(-3,33)	(-2,89)
bstan1	0,156	0,174	0,195	0,138	0,207	0,127	0,164	0,155	0,167
	(7,47)	(8,10)	(8,99)	(6,48)	(9,14)	(6,10)	(7,14)	(6,43)	(7,51)
bstan2	0,461	0,508	0,496	0,427	0,513	0,403	0,465	0,393	0,449
	(17,71)	(19,97)	(18,47)	(15,91)	(18,81)	(16,10)	(17,13)	(13,75)	(17,09)
bstarb	0,068	0,070	0,065	0,021	0,099	0,032	0,085	0,067	0,095
	(3,50)	(3,55)	(3,26)	(1,06)	(4,69)	(1,69)	(4,00)	(3,06)	(4,62)
bstbea1	-0,010	0,053	-0,000	-0,041	0,038	-0,086	-0,043	-0,055	-0,043
	(-0,31)	(1,74)	(-0,00)	(-1,24)	(1,11)	(-2,57)	(-1,23)	(-1,55)	(-1,30)
bstbea2	0,326	0,409	0,373	0,289	0,349	0,223	0,253	0,240	0,264
	(9,37)	(12,03)	(10,57)	(8,05)	(9,40)	(5,94)	(6,50)	(5,84)	(6,84)
bstmeis	0,201	0,302	0,250	0,083	0,298	0,062	0,277	0,267	0,331
	(6,11)	(9,68)	(7,14)	(1,85)	(8,61)	(1,59)	(8,06)	(7,16)	(9,68)
beraus2	0,092	0,073	0,062	0,095	0,060	0,099	0,070	0,085	0,047
	(4,09)	(3,46)	(2,78)	(4,45)	(2,69)	(4,59)	(3,14)	(3,53)	(2,11)
beraus3	0,267	0,282	0,271	0,358	0,318	0,385	0,324	0,324	0,277
	(8,26)	(9,34)	(8,49)	(11,18)	(9,99)	(11,93)	(10,17)	(9,21)	(8,51)
oeffd	-0,073	-0,114	-0,112	-0,105	-0,110	-0,108	-0,083	-0,085	-0,069
	(-4,26)	(-6,99)	(-6,58)	(-5,81)	(-5,99)	(-5,75)	(-4,38)	(-4,19)	(-3,84)
fs200	0,069	0,064	0,063	0,067	0,056	0,078	0,081	0,139	0,080
	(3,60)	(3,36)	(3,06)	(3,21)	(2,65)	(3,74)	(3,87)	(5,98)	(3,80)
fs2k	0,124	0,125	0,123	0,120	0,105	0,147	0,140	0,187	0,148
	(6,14)	(6,35)	(5,80)	(5,53)	(4,78)	(6,91)	(6,54)	(7,97)	(6,96)
fs2kk	0,158	0,168	0,197	0,190	0,166	0,194	0,181	0,263	0,188
	(7,97)	(8,71)	(9,58)	(8,98)	(7,81)	(9,35)	(8,68)	(11,51)	(9,09)
R^2	0,473	0,570	0,551	0,531	0,562	0,536	0,540	0,515	0,554
$\bar{R}^2$	0,467	0,565	0,545	0,526	0,556	0,530	0,534	0,509	0,548
nobs	1813	1576	1508	1512	1440	1479	1400	1397	1300

Quelle: Eigene Schätzungen auf Basis des GSOEP, 1984-2001.

Tabelle 5: Ergebnisse der Lohnregressionen, nur Männer 1993-2001, t-Stat. in Klammern

	1993	1994	1995	1996	1997	1998	1999	2000	2001
Intercept	2,513	2,525	2,598	2,586	2,616	2,645	2,616	2,704	2,717
	(65,67)	(65,34)	(65,48)	(62,25)	(65,37)	(66,76)	(62,51)	(89,07)	(81,47)
paarmk	0,041	0,043	0,047	0,043	0,027	0,032	0,034	0,035	0,045
	(2,81)	(3,00)	(3,36)	(3,03)	(1,97)	(2,37)	(2,49)	(3,37)	(4,15)
exper	0,285	0,277	0,240	0,251	0,275	0,250	0,271	0,259	0,277
	(8,67)	(8,54)	(7,28)	(7,49)	(8,38)	(7,76)	(8,01)	(10,50)	(10,52)
exper2	-0,051	-0,054	-0,045	-0,045	-0,051	-0,044	-0,047	-0,046	-0,048
	(-7,39)	(-7,92)	(-6,50)	(-6,48)	(-7,35)	(-6,49)	(-6,56)	(-8,89)	(-8,69)
tenure	-0,013	0,039	0,041	0,046	0,076	0,086	0,052	0,082	0,057
	(-0,53)	(1,74)	(1,85)	(2,07)	(3,18)	(3,76)	(2,25)	(4,91)	(3,20)
tenure2	0,011	0,004	-0,000	-0,001	-0,006	-0,011	-0,005	-0,011	-0,007
	(1,65)	(0,69)	(-0,05)	(-0,21)	(-0,89)	(-1,77)	(-0,83)	(-2,33)	(-1,47)
break	-0,029	-0,049	-0,053	-0,056	-0,036	-0,054	-0,060	-0,070	-0,093
	(-1,89)	(-3,03)	(-3,53)	(-3,79)	(-2,29)	(-4,04)	(-4,27)	(-6,03)	(-6,93)
bstan1	0,182	0,209	0,179	0,186	0,170	0,177	0,203	0,196	0,219
	(7,82)	(9,53)	(8,19)	(8,11)	(7,78)	(8,31)	(8,94)	(11,62)	(12,14)
bstan2	0,461	0,442	0,477	0,454	0,465	0,453	0,509	0,483	0,504
	(17,18)	(16,75)	(18,87)	(17,14)	(18,71)	(18,81)	(20,05)	(25,38)	(24,11)
bstarb	0,079	0,100	0,088	0,104	0,094	0,092	0,090	0,106	0,112
	(3,69)	(5,01)	(4,45)	(5,05)	(4,83)	(4,72)	(4,36)	(6,70)	(6,63)
bstbea1	0,005	-0,032	0,002	-0,017	-0,064	-0,076	-0,048	0,005	0,056
	(0,16)	(-0,93)	(0,07)	(-0,45)	(-1,77)	(-2,08)	(-1,25)	(0,16)	(1,84)
bstbea2	0,299	0,283	0,273	0,285	0,207	0,228	0,265	0,276	0,293
	(7,55)	(7,61)	(7,29)	(7,24)	(5,66)	(6,47)	(7,07)	(9,64)	(9,44)
bstmeis	0,310	0,330	0,348	0,322	0,308	0,300	0,286	0,287	0,298
	(8,75)	(9,85)	(9,61)	(8,69)	(8,74)	(8,33)	(8,12)	(10,48)	(10,09)
beraus2	0,030	0,034	0,038	0,083	0,055	0,062	0,077	0,055	0,026
	(1,31)	(1,51)	(1,67)	(3,54)	(2,54)	(2,91)	(3,44)	(3,34)	(1,38)
beraus3	0,255	0,235	0,194	0,271	0,250	0,267	0,267	0,258	0,237
	(7,63)	(7,44)	(6,14)	(8,46)	(8,22)	(9,07)	(8,66)	(11,42)	(9,45)
oeffd	-0,075	-0,055	-0,073	-0,097	-0,070	-0,053	-0,067	-0,078	-0,081
	(-3,90)	(-2,92)	(-3,91)	(-4,97)	(-3,70)	(-2,91)	(-3,58)	(-5,68)	(-5,40)
fs200	0,104	0,104	0,113	0,094	0,117	0,093	0,086	0,066	0,088
	(4,65)	(5,07)	(5,60)	(4,57)	(6,08)	(4,78)	(4,34)	(4,43)	(5,54)
fs2k	0,146	0,157	0,185	0,176	0,150	0,143	0,154	0,137	0,150
	(6,54)	(7,46)	(8,86)	(8,37)	(7,39)	(7,01)	(7,68)	(8,89)	(9,07)
fs2kk	0,202	0,205	0,222	0,237	0,210	0,200	0,232	0,181	0,215
	(9,28)	(9,95)	(10,76)	(11,25)	(10,45)	(9,80)	(11,59)	(11,59)	(12,89)
R^2	0,536	0,538	0,525	0,532	0,559	0,548	0,579	0,546	0,559
$\bar{R}^2$	0,530	0,532	0,519	0,526	0,553	0,542	0,574	0,543	0,556
nobs	1340	1377	1436	1427	1412	1498	1447	2751	2378

Quelle: Eigene Schätzungen auf Basis des GSOEP, 1984-2001.

Abbildung 5: Vergleich der Humankapitalausstattung von Männern und Frauen

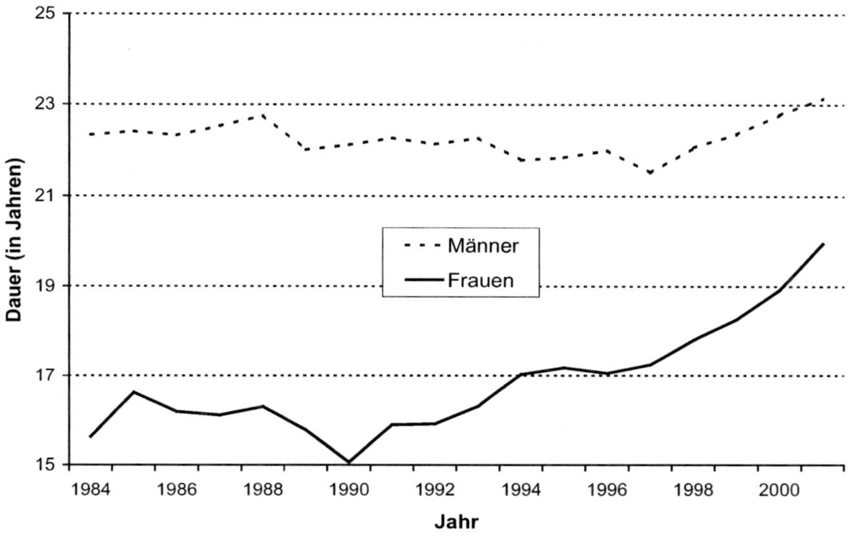

Berufserfahrung

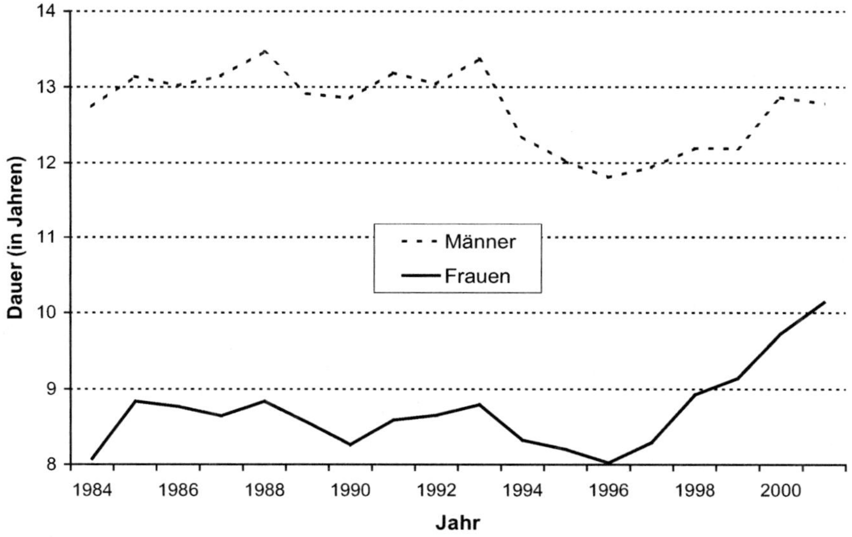

Betriebszugehörigkeit

Quelle: Eigene Berechnungen auf Basis GSOEP, 1984-2001.

Abbildung 6: Vergleich der Humankapitalausstattung von Männern und Frauen

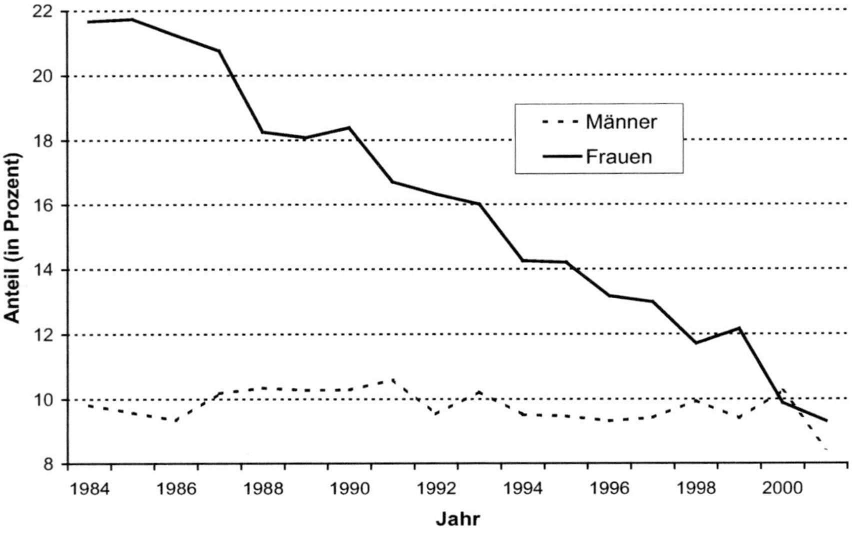

Ohne Ausbildung

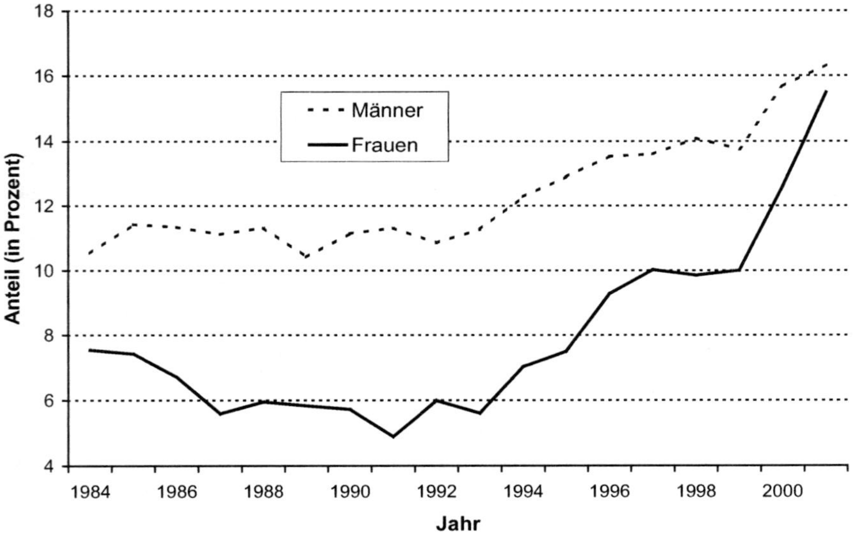

Hochschulausbildung

Quelle: Eigene Berechnungen auf Basis GSOEP, 1984-2001.

Literaturverzeichnis

Achatz, J., J. Allmendinger und T. Hinz (2000), *Sex Segregation in Organizations: A Comparison of Germany and the U.S.*, American Sociological Association Meeting, 12.-16. August in Washington, DC.

Albrecht, J., A. Björklund und S. Vroman (2003), Is There a Glass Ceiling in Sweden? *Journal of Labor Economics* 21 (1), 145–177.

Beblo, M., D. Beninger, A. Heinze und F. Laisney (2003), *Methodological Issues Related to the Analyses of Gender Gaps in Employment, Earnings and Career Progression*, Final Report, Project Carried out for the European Commission.

Beblo, M. und E. Wolf (2002*a*), Die Folgekosten von Erwerbsunterbrechungen, *DIW-Vierteljahrshefte zur Wirtschaftsforschung* 71 (1), 83–94.

Beblo, M. und E. Wolf (2002*b*), *Wage Penalties for Career Interruptions. An Empirical Analysis for West Germany*, Discussion Paper 02-45, Zentrum für Europäische Wirtschaftsforschung (ZEW), Mannheim.

Bellmann, L. und K. Gerlach (1984), Einkommensfunktionen für Frauen und Männer mit Individuellen und Strukturellen Bestimmungsfaktoren, in: Bellmann, L., Gerlach, K. und Hübler, O. (Hrsg.), *Lohnstruktur in der Bundesrepublik Deutschland*, Frankfurt, 190–295.

Berkovitch, E. (1990), A Stigma Effect of Unemployment Duration, in: Weiss, Y. und Fishelson, G. (Hrsg.), *Advances in the Theory and Measurement of Unemployment*, New York, 20–56.

Blau, F.D. (1996), Wage Structure and Gender Earnings Differentials: An International Comparison, *Economica* 63, 29–62.

Blau, F.D. und L. Kahn (1992), *The Gender Earnings Gap: Some International Evidence*, Discussion Paper 4224, National Bureau of Economic Research (NBER), Cambridge, MA.

Blau, F.D. und L. Kahn (1997), Swimming Upstream: Trends in the Gender Wage Differential in the 1980s, *Journal of Labor Economics* 15 (1), 1–42.

Blinder, A.S. (1973), Wage Discrimination: Reduced Form and Structural Variables, *Journal of Human Resources* 8 (4), 436–455.

Chun, H. und I. Lee (2001), Why Do Married Men Earn More: Productivity or Marriage Selection? *Economic Inquiry* 39 (2), 307–319.

Diekmann, A., H. Engelhardt und P. Hartmann (1993), Einkommensungleichheit in der Bundesrepublik Deutschland: Diskriminierung von Frauen und Ausländern? *Mitteilungen zur Arbeitsmarkt und Berufsforschung* 93 (3), 386–198.

Europäische Kommission (2002), *Beschäftigung in Europa 2002*, Luxemburg.

Fitzenberger, B. (1999), *Wages and Employment Across Skill Groups: An Analysis for West Germany*, Physica-Verlag, Heidelberg.

Fitzenberger, B. und G. Wunderlich (2002), Gender Wage Differences in West Germany: A Cohort Analysis, *German Economic Review* 3 (2), 139–158.

Gupta, N.D., R.L. Oaxaca und N. Smith (2003), *Swimming Upstream, Floating Downstream: Comparing Women's Relative Wage Positions in the US and Denmark*, Discussion Paper 756, Forschungsinstitut zur Zukunft der Arbeit (IZA), Bonn.

Hersch, J. und L.S. Stratton (2000), Household Specialization and the Male Marriage Wage Premium, *Industrial and Labor Relations Review* 54 (1), 78–94.

Holmlund, H. (2003), *Falling Behind. The Wage Structure and the Gender Wage Gap in Sweden During the 1990s*, Working Paper, Stockholm University.

Hübler, O. (1991), Einkommensdiskriminierung von Frauen und geschlechtsabhängige Einkommensdeterminanten, *Jahrbücher für Nationalökonomie und Statistik* 208 (6), 607–624.

Juhn, C., K.M. Murphy und B. Pierce (1991), Accounting for the Slowdown in Black-White Wage Convergence, in: Kosters, M.H. (Hrsg.), *Workers and Their Wages*, Washington D.C., 107–143.

Juhn, C., K.M. Murphy und B. Pierce (1993), Wage Inequality and the Rise in Returns to Skill, *Journal of Political Economy* 101, 410–442.

Lorenz, W. und J. Wagner (1988), *Can Compensating Wage Differentials Explain Male-Female Wage Differentials in the Federal Republik of Germany?* Diskussionspapier 127, Fachbereich Wirtschaftswissenschaften der Universität Hannover.

Lorenz, W. und R. Wright (1990), Die Messung geschlechtsspezifischer Einkommensdiskriminierung, *Wirtschaftswissenschaftliches Studium* 11 (90), 573–577.

Oaxaca, R. (1973), Male-Female Wage Differentials in Urban Labor Markets, *International Economic Review* 14, 693–709.

Prey, H. (1999), *Die Entwicklung der geschlechtsspezifischen Lohndifferenz in Westdeutschland 1984-1996*, Diskussionspapier 57, Forschungsinstitut für Arbeit und Arbeitsrecht an der Universität St. Gallen.

Steiner, V. und K. Wagner (1998), Has Earnings Inequality in Germany Changed in the 80's? *Zeitschrift für Wirtschafts- und Sozialwissenschaften* 118, 29–60.

Stratton, L. S. (2002), Examining the Wage Differential for Married and Cohabiting Men, *Economic Inquiry* 40 (2), 199–212.

Suen, W. (1997), Decomposing Wage Residuals: Unmeasured Skill or Statistical Artefact? *Journal of Labor Economics* 15, 555–566.

Tomaskovic-Devey, D. und S. Skaggs (2002), Sex Segregation, Labor Process Organization, and Gender Earnings Inequality, *American Journal of Sociology* 108 (1), 102–128.

Ressourcenverschwendung in Deutschland: Die geringe Anzahl weiblicher Vorgesetzter und die Lohneinbußen ihrer Mitarbeiter*

Jennifer Hunt und Claus-Henning von Restorff

1 Einleitung

Eine Volkswirtschaft, die im heutigen Zeitalter der Wissensgesellschaft bestehen will, muß bemüht sein, das Humankapital all ihrer Gesellschaftsgruppen adäquat zu nutzen. Es ist daher wichtig, dass Arbeitnehmer die Stellen besetzen, für die sie am besten geeignet sind, und dass die Unternehmen Zugriff auf den größtmöglichen Pool an Talenten haben. Dieser Artikel beschäftigt sich mit der Frage, wie es um die Rolle weiblicher Vorgesetzter in Deutschland bestellt ist, und inwieweit das Arbeiten für einen weiblichen Vorgesetzten Einfluss auf die Löhne der Mitarbeiter hat. Wir stellen fest, dass es vergleichsweise wenige weibliche Vorgesetzte gibt, dass ihre Mitarbeiter anscheinend geringer qualifiziert sind, und dass weibliche Vorgesetzte daher wohl im Durchschnitt in weniger gehobenen Positionen zu finden sind, als dies bei ihren männlichen Kollegen der Fall ist. Die geringere Qualifikation der Mitarbeiter von Frauen resultiert in niedrigeren Löhnen für diese Mitarbeiter, aber die Lohndifferenz im Vergleich zu Arbeitnehmern mit männlichen Vorgesetzten lässt sich nicht ausschließlich durch die Unterschiede in der Qualifikation erklären. Mögliche zusätzliche Gründe wie z.B. Diskriminierung werden erörtert.

Falls Diskriminierung den Aufstieg von Frauen zu Vorgesetzten (mit den assoziierten Lohnzugewinnen) behindert, und wenn Diskriminierung die Höhe der Löhne der Mitarbeiter beeinflusst, dann hätte das Fehlen weiblicher Vorgesetzter einen doppelten negativen Einfluss auf die Löhne weiblicher Arbeitnehmer – einen direkten und einen indirekten. Wir untersuchen beide Mechanismen.

Die Literatur, die sich mit der Lohndifferenz zwischen Männern und Frauen beschäftigt, ist sehr umfangreich (siehe z.B. die Übersicht von Altonji und Blank, 1999, Lauer, 2000 für Westdeutschland, und Hunt, 2002 für Ost-Deutschland). Andererseits aber gibt es kaum Literatur, die sich mit der Frage auseinandersetzt, welchen Einfluss die Vorgesetzten in diesem Zusammenhang haben. Grund hierfür ist wohl die Datenlage – Fragen über die

* Die Autoren bedanken sich bei Barry Hirsch für hilfreiche Hinweise, und beim Zentralarchiv für Empirische Sozialforschung, Universität zu Köln, für den Zugang zu den Daten. Jennifer Hunt bedankt sich außerdem für die finanzielle Unterstützung des Social Science and Humanities Research Council von Kanada. Hunt ist auch Mitglied von NBER, DIW, Berlin, CEPR, William Davidson Institute, CIREQ und CIRANO.

Charakteristika von Vorgesetzten werden Arbeitnehmern anscheinend selten gestellt. Die erste Welle der NLSY79 (National Longitudinal Survey of Youth 79) ist eine der wenigen Ausnahmen – sie enthält Fragen zu Geschlecht und Ethnizität der Vorgesetzten (und äquivalente Fragen zu den Kollegen der befragten Arbeitnehmer). Ragan und Tremblay (1988) benutzen diese Daten zur Untersuchung der Frage, ob Arbeitnehmer Vorurteile gegenüber „andersartigen" Vorgesetzten beziehungsweise Kollegen haben, und ob sich dies in vergleichsweise höheren Löhnen niederschlägt (Becker, 1957, Theorie der Diskriminierung durch Arbeitnehmer folgend). Sie präsentieren allerdings nur Ergebnisse bezüglich des Effekts der Ethnizität der Vorgesetzten, unterschlagen aber ohne Kommentar die Resultate hinsichtlich des Geschlechts.[1] Eine zweite Ausnahme ist die NLSY97, die Fragen zum Alter, Geschlecht, und zur Ethnizität der Vorgesetzten enthält (siehe Yates und Rothstein, 1999).

2 Daten

Die für den Zweck dieser Untersuchung verwendeten Daten stammen aus der Erhebung „Erwerb und Verwertung beruflicher Qualifikationen 1998/99 (Qualifikation und Berufsverlauf)". Bei den gemeinsamen Erhebungen des Bundesinstituts für Berufsbildung (BiBB) und des Instituts für Arbeitsmarkt- und Berufsforschung (IAB) handelt es sich um breit angelegte Repräsentativbefragungen von Erwerbstätigen. Die erste BIBB/IAB-Erhebung fand 1979 statt; ihr folgten Wiederholungsuntersuchungen in den Jahren 1985/86 und 1991/92. Die vierte und bisher letzte Erhebung wurde 1998/1999 durchgeführt. An ihr nahmen 34.343 Erwerbspersonen[2] teil (32.896 Deutsche und 1447 Ausländer mit ausreichenden Deutschkenntnissen). Die Erhebung liefert uns detaillierte Informationen zum Arbeitsumfeld dieser Erwerbspersonen wie auch zum Geschlecht des unmittelbaren Vorgesetzten. Auf diesen Informationen baut diese Untersuchung auf.

---

[1] Im Gegensatz dazu präsentieren sie Resultate hinsichtlich des Einflusses der Kollegen basierend sowohl auf deren Geschlecht als auch auf deren Ethnizität.

[2] Befragt wurden Personen ab 15 Jahren, die einer regelmäßigen, bezahlten Beschäftigung von mindestens 10 Stunden pro Woche nachgingen. Befragt wurden auch: Personen, deren Beschäftigungsverhältnis mit einer Qualifikation verbunden ist (z.B. Praktikanten, Volontäre, Lehramtsanwärter, Referendare, Ärzte in der Facharztausbildung, Ärzte im praktischen Jahr), sowie Bewohner von Arbeitnehmer-Wohnheimen und Privathaushalten auf Betriebsgeländen. Nicht befragt wurden: Lehrlinge (Auszubildende), Schüler, die neben ihrer Ausbildung an Berufsfachschulen im Betrieb beziehungsweise in der Dienststelle arbeiteten (z.B. Schwesternschülerinnen, Krankenpflegeschüler), Personen in einer Beamtenausbildung für den einfachen und mittleren Dienst, Wehr- und Zivildienstleistende und andere kaserniert lebende Berufsgruppen (z.B. Bundesgrenzschutz).

3 Die Zahl weiblicher Vorgesetzter in Deutschland

Wie aus Tabelle 1 deutlich ersichtlich ist, sind Frauen in Vorgesetztenpositionen deutlich unterrepräsentiert. Insbesondere männliche Arbeitnehmer haben kaum weibliche Vorgesetzte (und dies trifft sowohl auf den Westen wie auch auf den Osten mit 7% beziehungsweise 9% zu). Frauen haben vergleichsweise mehr weibliche Vorgesetzte, und dies trifft auf den Osten mit 46% mehr zu als auf den Westen mit 35%.

Warum gibt es so wenige weibliche Vorgesetzte? Die Antwort mag in der Diskriminierung durch Vorgesetzte und/oder durch Kollegen zu finden sein. Eine andere, offensichtliche Erklärung ist, dass Frauen aufgrund von Kindeserziehung unterbrochene Karrieren haben, und daher im Vergleich zu Männern nicht die für den Vorgesetztenstatus notwendige Erfahrung haben. Mangelnde Ausbildung ist ein weiterer möglicher Grund, aber bei diesem Erklärungsansatz sollte man den ständig wachsenden Bildungsstand der Frauen im Vergleich zu den Männern beachten.[3] Da wir allerdings außer dem Geschlecht keine Angaben zu den Eigenschaften der Vorgesetzten haben (detaillierte Informationen gibt es, wie bereits oben erwähnt, nur zu den Mitarbeitern), können wir solche Erklärungen nur indirekt untersuchen.

4 Weibliche Vorgesetzte, die Charakteristika der Mitarbeiter und die Löhne der Mitarbeiter

Tabelle 2 zeigt, dass sich die Merkmale der Beschäftigten je nach Geschlecht des/der Vorgesetzten deutlich unterscheiden, wobei dies vor allem in Westdeutschland der Fall ist. Im Osten sind die Arbeitnehmer im Großen und Ganzen vergleichbar, abgesehen von Unterschieden in den wöchentlichen Arbeitsstunden (40,3 Stunden werden von denjenigen mit männlichen Vorgesetzten gearbeitet, gegenüber 36,6 Stunden bei denjenigen mit weiblichen Vorgesetzten). Im Westen, andererseits, so ist aus Tabelle 2 zu ersehen, haben männliche Vorgesetzte Mitarbeiter, die älter sind, und die eine längere Betriebszugehörigkeit aufweisen. Dies bedeutet, dass sie auch höher bezahlt werden, nämlich mit einem Stundenlohn von 25,00 DM, während Mitarbeiter mit weiblichen Vorgesetzten im Schnitt einen Stundenlohn von nur 20,80 DM erhalten. Im Osten dagegen haben alle diese Variablen vergleichbare Werte (der Stundenlohn bei Beschäftigten mit männlichen Vorgesetzten liegt allerdings mit 17,70 DM gegenüber 16,90 DM trotzdem etwas höher), so dass der Unterschied im monatlichen Durchschnittseinkommen (aus der primären Beschäftigung) zwischen Arbeitnehmern mit männlichen und weib-

[3] Anhand der jüngsten OECD-Studie „Bildung auf einen Blick 2003“ ist der Frauenanteil beim Abschluss des Erststudiums in Deutschland mittlerweile auf 48% gestiegen. Und bei den Studienanfängern gab es in der Bundesrepublik 2001 erstmals mehr Frauen als Männer.

lichen Vorgesetzten im Wesentlichen mit der geringeren Zahl der gearbeiteten Wochenstunden in Verbindung zu stehen scheint.

Die Frage ist, warum die Mitarbeiter von Frauen schlechtere Charakteristika (im Sinne eines daraus resultierenden niedrigeren Lohnes) haben. Eine wahrscheinliche Erklärung ist, dass weibliche Vorgesetzte im Schnitt niedriger in der Firmenhierarchie angesiedelt sind (der Mangel an weiblichen Managern in Deutschland ist hinreichend dokumentiert[4]). Und da sich die Frage nach dem Vorgesetzten auf den unmittelbaren Vorgesetzten bezieht, leuchtet es ein, dass die Mitarbeiter dieser weiblichen Vorgesetzten demnach auch im Schnitt weiter unten in der Hierarchie stehen. Sie sind im Schnitt jünger, haben kürzere Betriebszugehörigkeit und werden daher schlechter bezahlt. Sofern weibliche Vorgesetzte im Schnitt weiter unten in der Firmenhierarchie angesiedelt sind, so bedeutet dies, dass Firmen die speziellen Talente weiblicher Leistungsträger nicht in dem Maße nutzen (können), wie dies optimal zu wünschen wäre.

Die Gründe dafür, dass Frauen im Schnitt weiter unten in der Hierarchie stehen, sind die gleichen, die auch schon oben im Zusammenhang mit der geringeren Zahl der Vorgesetzten erwähnt wurden – geringere Berufserfahrung/unterbrochene Berufslaufbahnen aufgrund von Kinderpausen (was für diejenigen optimal wäre, die in der Haushaltsproduktion produktiver sind als am Arbeitsplatz), geringere Ausbildung oder aber Diskriminierung. Die Diskriminierung kann durch die höheren Vorgesetzten weiblicher Vorgesetzter geschehen, indem der weitere Aufstieg der Frauen blockiert wird. Andererseits kann es sein, dass weibliche Vorgesetze nicht im gleichen Maße von ihren Mitarbeitern unterstützt werden, was sich in einer relativ schlechteren Leistung des entsprechenden Teams niederschlägt. Das mag daher rühren, dass Männer sich aufgrund von Vorurteilen gegen die Autorität der ihnen vorstehenden Frauen auflehnen, anstatt ihre gesamte Energie zu produktiven Zwecken zu verwenden. Oder aber sie befürchten, dass Frauen sich nicht im Kampf um Ressourcen innerhalb der Firma gegenüber männlichen Konkurrenten durchsetzen können, und daher verlassen die talentiertesten Männer die Teams mit weiblichen Vorgesetzten, um selbst besser voranzukommen. Soweit es sich um eine Form der Diskriminierung handelt, sollte klar sein, dass es sich hierbei um eine suboptimale Ausnutzung gesellschaftlicher Ressourcen handelt – Diskriminierung ist grundsätzlich ineffizient.

Was allerdings interessant ist, ist dass es noch immer einen deutlichen Unterschied in der Bezahlung zwischen Arbeitnehmern mit weiblichen und männlichen Vorgesetzten gibt, selbst wenn man im Rahmen einer quantitativen Analyse (Ergebnisse in Tabelle 3) den Einfluss der verschiedenen im Da-

[4] So zitiert jüngst das Managermagazin in der Ausgabe vom 24.10.2003 („Schlusslicht Deutschland – Frauen als Chefs") aus einer Studie der Personalberatung Dr. Heimeier & Partner, in der die Position von Frauen im Management von Unternehmen in sieben europäischen Ländern untersucht wird – Deutschland belegt dabei den letzten Platz.

tensatz vorhandenen Charakteristika der Mitarbeiter untersucht.[5] Die erste Zeile in Tabelle 3 stellt nicht den wirklichen Unterschied dar, da Arbeitnehmer, die für Frauen arbeiten, eine geringere durchschnittliche wöchentliche Arbeitszeit aufweisen. Wenn man dies (in der zweiten Zeile) berücksichtigt, dann verringert sich der Unterschied erheblich (von 36,9% auf 16,2% im Westen und von 17,2% auf 6,9% im Osten). Berücksichtigt man die Unterschiede in der Verteilung des Geschlechts der Mitarbeiter (in der dritten Zeile), dann verringert sich der Unterschied weiter, insbesondere im Osten von 6,9% auf 2,8% (da weibliche Arbeitnehmer weniger verdienen[6] und besonders häufig für weibliche Vorgesetze arbeiten). Die Einbeziehung von Alter, Ausbildung, Dauer der Betriebszugehörigkeit, Betriebsgröße, Staatsangehörigkeit und Bundesland erklärt etwa 44% der im Westen verbliebenen 9,6% Differenz, während diese Variablen im Osten keinerlei Erklärungskraft in Bezug auf die Lohndifferenz besitzen.

Unterschiede in der Verteilung auf unterschiedliche Industrien erklären dann im Westen etwa 40% der verbliebenen Restdifferenz (5,4% gegenüber 3,3%) – d.h. Arbeitnehmer mit weiblichen Vorgesetzten sind im Schnitt in Industrien anzutreffen, die niedrigere Löhne haben. Im Osten ist dies nicht der Fall – im Gegenteil, hier scheinen die Mitarbeiter weiblicher Vorgesetzter im Schnitt in Industrien angesiedelt zu sein, in denen relativ mehr gezahlt wird, und deshalb erhöht sich die nicht erklärte Differenz von 3,1% auf 4,4%.

Der Beruf/die Tätigkeit des Arbeitnehmers hat weder im Osten noch im Westen eine große Erklärungskraft, was die Unterschiede in der Bezahlung angeht. Dies scheint dadurch begründet zu sein, dass hier die Industrie und der Beruf ähnliche Effekte haben, so dass der Beruf keinerlei zusätzliche Erklärungskraft besitzt, sofern man zuerst (wie hier geschehen) die Industrie in die Analyse mit einbezieht.[7]

Was erklärt die verbliebene Restdifferenz? Eine Antwort ist, dass nicht alle möglichen Charakteristika von Individuen im Datensatz erfasst sind. Wir haben in Tabelle 3 gesehen, welchen Einfluss z.B. Alter, Betriebszugehörigkeit und Ausbildung auf das Einkommen der Beschäftigten haben. Und bestimmte, nicht in der Erhebung erfasste Eigenschaften können einen ähnlichen Einfluss haben. Unterschiede in angeborenem Talent beziehungsweise in der Motivation haben offensichtlich einen Einfluss auf den Lohn der Arbeitnehmer. Sofern diese nicht beobachteten Variablen und die im Datensatz erfassten Variablen positiv miteinander korrelieren (was bei den genannten Variablen

---

[5] Hierbei handelt es sich um eine multiple Regression, bei der die abhängige Variable das logarithmierte Monatseinkommen ist (die zweite Zeile in Tabelle 3 repräsentiert daher effektiv Unterschiede im Stundenlohn).

[6] Dies entspricht den Ergebnissen der Standardliteratur (siehe Altonji und Blank, 1999).

[7] In der Literatur wird häufig das Phänomen des „occupational crowding" (siehe z.B. Macpherson und Hirsch, 1995) festgestellt – weibliche Arbeitnehmer konzentrieren sich auf bestimmte, im Schnitt schlechter bezahlte Berufe.

angenommen werden kann), würde dies erklären, warum die Arbeitnehmer mit weiblichen Vorgesetzten im Schnitt schlechter bezahlt werden. Dabei ist zu beachten, dass dies sowohl auf die Vorgesetzten als auch auf die Mitarbeiter zutrifft – sollten entweder die Arbeitnehmer mit weiblichen Vorgesetzten oder die weiblichen Vorgesetzten selbst geringeres Talent und/oder Motivation aufweisen, dann wären vergleichsweise niedrigere Löhne die logische Folge.

5 Inwieweit spielt Diskriminierung eine Rolle?

Inwiefern sind die oben festgestellten Fakten (nämlich die geringere Zahl von weiblichen Vorgesetzten und die niedrigere Stellung in der Hierarchie) durch Diskriminierung im Unterschied zu anderen Gründen zu erklären? Handelt es sich um einen Zyklus, in dem Frauen bei Beförderungen übergangen und schlechter bezahlt werden, was wiederum als Anlass für weitere Zurückstellungen bei späteren Beförderungsentscheidungen genommen wird? Diskriminieren männliche Vorgesetzte also Frauen in Bezug auf Aufstieg und Löhne? Und kommen Frauen nicht nach oben, weil es wenige Frauen in verantwortungsvollen Positionen gibt, die sie fördern könnten? Diese Fragen lassen sich teilweise dadurch beantworten, dass man untersucht, inwieweit sich die Löhne der verschiedenen Kombinationen von männlichen und weiblichen Vorgesetzten beziehungsweise Mitarbeitern unterscheiden (da wir keinerlei Möglichkeit haben, Diskriminierung direkt bei Beförderungen zu beobachten).

Tabelle 4 zeigt uns, wie schon in Tabelle 2 gesehen, dass Frauen weniger verdienen als Männer. Hier allerdings ist die Differenz aufgeschlüsselt nach Geschlecht des Vorgesetzten, und so können wir Folgendes feststellen: der Stundenlohn von Frauen im Westen ist zirka 18% niedriger als der von Männern im Westen, unabhängig davon, welches Geschlecht der Vorgesetzte besitzt (17% bei männlichen Vorgesetzten und 19% bei weiblichen Vorgesetzten). Im Osten ist die Differenz geringer, aber es gibt Unterschiede hinsichtlich des Geschlechts des Vorgesetzten (Frauen mit männlichen Vorgesetzten verdienen 5% weniger als ihre entsprechenden männlichen Kollegen, während es 11% weniger bei weiblichen Vorgesetzten sind). Sollte Diskriminierung für die geringeren Löhne der Frauen im Vergleich zu ihren männlichen Kollegen verantwortlich sein, so scheint es, dass das Geschlecht der Vorgesetzten in diesem Zusammenhang den umgekehrten Effekt zu dem hat, den die Theorie üblicherweise erwarten lässt (allerdings ist dieser Unterschied nicht statistisch signifikant). Außerdem stellen wir fest, dass Frauen, die für Männer arbeiten, verhältnismäßig besser qualifiziert sind als Frauen, die für Frauen arbeiten, wie sich anhand der Ausbildungsabschlüsse sehen lässt (im Westen weisen sie außerdem eine deutlich längere Betriebszugehörigkeit auf). Was die Männer angeht, so bieten sie überraschenderweise kein einheitliches Bild.

Männer, die für Frauen arbeiten, sind zum einen vergleichsweise deutlich besser ausgebildet als Männer, die für Männer arbeiten – unter ihnen sind mehr Universitätsabsolventen (im Westen 16% gegenüber 10%, und im Osten 22% gegenüber 11%), und im Osten ist der Anteil an Meistern deutlich höher (20% gegenüber 13%). Andererseits aber weisen sie im Vergleich eine kürzere Betriebszugehörigkeit auf.

Tabelle 5 umfasst die Resultate einer quantitativen Analyse analog zu Tabelle 3. Hier allerdings vergleichen wir die Lohndifferenz zwischen Männern und Frauen (und nicht den Lohn) aufgeschlüsselt nach dem Geschlecht des Vorgesetzten, oder anders ausgedrückt, wir zeigen, um wie viel mehr Frauen im Vergleich zu Männern in Bezug auf den Lohn benachteiligt sind, wenn sie einen männlichen anstatt einer weiblichen Vorgesetzten haben.[8] Auf den ersten Blick erscheint es so, als gäbe es nur geringe Unterschiede in der Stundenlohndifferenz (0,6% im Westen und 1% im Osten),[9] wobei diese Unterschiede nicht statistisch signifikant sind. Sobald wir allerdings die Unterschiede in der Ausbildung der Arbeitnehmer berücksichtigen (d.h. wir vergleichen Arbeitnehmer mit ähnlichem Ausbildungsstand), zeigt sich, dass bei denen, die männliche Vorgesetzte haben, eine deutlich größere Lohndifferenz zwischen Männern und Frauen festzustellen ist, als dies bei denen mit weiblichen Vorgesetzten der Fall ist (4,3% im Westen und 10,2% im Osten; die Unterschiede sind nun statistisch signifikant).

Die weitere Berücksichtigung von Alter, Betriebszugehörigkeit, Betriebsgröße, Staatsangehörigkeit und Bundesland[10] verringert die Unterschiede etwas (im Westen beträgt die Differenz im Lohnunterschied nun 2,9%, während der Unterschied im Osten bei 8,4% liegt). Wenn man Unterschiede in der Industriezugehörigkeit in Betracht zieht, so sieht man, dass dies im Westen dazu führt, dass die Differenz auf 4,1% ansteigt, während der Unterschied im Osten leicht auf 7,9% sinkt. Und wenn man zu guter Letzt auch noch die Berufe/die Tätigkeiten mit in die Analyse einbezieht, zeigt sich, dass die Lohndifferenz zwischen Männern und Frauen im Westen 5,5% größer ist, wenn der Vorgesetzte männlich statt weiblich ist (im Osten liegt sie nun bei 7,6%).

Diese Ergebnisse scheinen darauf hinzudeuten, dass es ein nicht unerhebliches Ausmaß an Diskriminierung gibt, das für mangelnde Beförderung von weiblichen Vorgesetzten verantwortlich ist. Allerdings muß festgestellt wer-

8 Dies geschieht mittels eines Interaktionseffekts in einer Regression (siehe Anmerkungen zu Tabelle 5).

9 Der negative Koeffizient dieses Interaktionseffekts widerspricht dem impliziten Vorzeichen der Differenz in den Unterschieden in Tabelle 4. Dies ist darauf zurückzuführen, dass die Regressionen in Tabelle 5 den Logarithmus des Lohns verwenden, während Tabelle 4 "absolute" Löhne präsentiert.

10 Dies bedeutet, das Erwerbspersonen miteinander verglichen werden, die sich in der Anzahl der gearbeiteten Stunden, der Ausbildung, dem Alter, der Dauer der Betriebszugehörigkeit usw. gleichen.

den, dass es auch einen alternativen Erklärungsansatz gibt, nämlich dass Mitarbeiter grundsätzlich produktiver mit Vorgesetzten des eigenen Geschlechts sind. Und da Männer traditionell die höheren Positionen besetzt haben, ist es für Frauen schwer, nun den Weg nach oben zu machen, auch wenn keine Diskriminierung vorliegt.

6 Schlusswort

Dieser Artikel hat sich mit den Fragen beschäftigt, wie es um die Rolle weiblicher Vorgesetzter in der deutschen Wirtschaft bestellt ist und welchen Einfluss das Geschlecht des Vorgesetzten auf die Löhne der Mitarbeiter hat. Die Untersuchung zeigt, dass es vergleichsweise wenige weibliche Vorgesetzte gibt und dass sie im Durchschnitt wohl in weniger gehobenen Positionen zu finden sind, als dies bei männlichen Vorgesetzten der Fall ist. Dies deutet darauf hin, dass die Wirtschaft die Talente weiblicher Erwerbspersonen nicht im vollen Umfang ausnutzt. Wir stellen außerdem fest, dass die Mitarbeiter weiblicher Vorgesetzter niedrigere Löhne aufweisen, was sich aber nur zum Teil durch niedrigere Qualifizierung erklären lässt. Die Frage, ob Diskriminierung hierfür verantwortlich ist, untersuchen wir dadurch, dass wir zeigen, um wie viel mehr Frauen im Vergleich zu Männern in Bezug auf den Lohn benachteiligt sind, wenn sie einen männlichen anstatt einer weiblichen Vorgesetzten haben. Die Ergebnisse zeigen, dass es durchaus möglich ist, dass Diskriminierung hier eine Rolle spielt, wobei es andererseits auch sein kann, dass Arbeitnehmer generell produktiver mit Vorgesetzten des gleichen Geschlechts sind. Unabhängig davon, welche dieser beiden Erklärungen zutrifft, bedeutet die geringe Anzahl weiblicher Vorgesetzter einen doppelten Nachteil für Frauen. Ihre Einkommen sind im Schnitt geringer, da sie nicht so häufig Vorgesetzte sind, und weibliche Mitarbeiter erleiden Lohneinbußen, wenn sie für männliche Vorgesetzte arbeiten.

Was kann getan werden, um diesen Zustand zu ändern, und somit die Produktivkräfte weiblicher Arbeitsmarktteilnehmer besser zu nutzen? Ein Ansatzpunkt für wirtschaftspolitische Maßnahmen wäre möglicherweise die Kinderbetreuung. Das heißt, der Ausbau von Kindertagesstätten und Ganztagsschulen sollte es Frauen ermöglichen, besser im Arbeitsleben integriert zu bleiben und somit die für den Aufstieg in besser bezahlte Positionen notwendigen, ununterbrochenen Erwerbskarrieren aufbauen zu können. Ein weiterer Ansatz wäre, Frauen gezielt bei der Ausbildung und dann beim Einstieg in technische Berufe zu fördern, so dass sie durch die bessere Bezahlung in solchen Berufen zum Verbleiben im Arbeitsmarkt angeregt werden würden. Wie erfolgversprechend solche Maßnahmen im Einzelnen sein würden, wird im Rahmen von zukünftigen Untersuchungen zu bewerten sein.

Anhang

Tabelle 1: Anteil der Beschäftigten mit weiblichen Vorgesetzten, nach Geschlecht des Beschäftigten und Bundesgebiet

	West		Ost	
	Männer	Frauen	Männer	Frauen
Vorgesetzte männlich	93%	66%	91%	54%
Vorgesetzte weiblich	7 %	35 %	9%	46%
Insgesamt	100%	100%	100%	100%
Fallzahl	10968	8134	2298	2300

Datenbasis: Erwerb und Verwertung beruflicher Qualifikationen 1998/99 (BiBB/IAB)

Tabelle 2: Merkmale der Beschäftigten nach Geschlecht des Vorgesetzten und Bundesgebiet

	West		Ost	
	Vorgesetzte männlich	Vorgesetzte weiblich	Vorgesetzte männlich	Vorgesetzte weiblich
Durchschnitte:				
Monatliches Einkommen (DM)	4244	3062	3208	2779
Wöchentliche Arbeitsstunden	37,7	32,3	40,3	36,6
Einkommen pro Arbeitsstunde (DM)	25,0	20,8	17,7	16,9
Alter	40,1	38,9	40,9	40,3
Betriebszugehörigkeit (Jahre)	12,1	9,3	8,9	9,0
Anteile (%): Weiblich	34	79	37	83
Abschluss: Meister	10	5	13	13
Abschluss: Fachhochschule	6	4	7	5
Abschluss: Universität	10	9	12	12
Fallzahl	15571	3531	3319	1279

Datenbasis: Erwerb und Verwertung beruflicher Qualifikationen 1998/99 (BiBB/IAB).

Anmerkungen: Das Einkommen pro Arbeitsstunde berechnet sich wie folgt: Monatliches Einkommen/(4,33*Wöchentliche Arbeitsstunden)

Tabelle 3: Lohneinbuße für Mitarbeiter mit weiblichen Vorgesetzten (%)

Vergleichsgruppe (unter Beschäftigten mit männlichen Vorgesetzten)	West	Ost
Alle	-0,369***	-0,172***
Mit ähnlichen wöchentlichen Arbeitsstunden	-0,162***	-0,069***
Mit ähnlichen Arbeitsstunden, Geschlecht	-0,096***	-0,028*
Mit ähnlichen Arbeitsstunden, Geschlecht, Ausbildung	-0,087***	-0,029*
Mit ähnlichen Arbeitsstunden, Geschlecht, Ausbildung, Alter, Dauer der Betriebszugehörigkeit, Betriebsgröße, Staatsangehörigkeit, Bundesland	-0,054***	-0,031**
Mit ähnlichen Arbeitsstunden, Geschlecht, Ausbildung, Alter, Dauer der Betriebszugehörigkeit, Betriebsgröße, Staatsangehörigkeit, Bundesland, Industrie	-0,033***	-0,044***
Mit ähnlichen Arbeitsstunden, Geschlecht, Ausbildung, Alter, Dauer der Betriebszugehörigkeit, Betriebsgröße, Staatsangehörigkeit, Bundesland, Industrie, Beruf/Tätigkeit	-0,035***	-0,049***

Datenbasis: Erwerb und Verwertung beruflicher Qualifikationen 1998/99 (BiBB/IAB).

Anmerkungen:

1. *, **, *** bedeuten signifikant verschieden von null mit Wahrscheinlichkeit 10%, 5% beziehungsweise 1%.

2. Berichtet wird der Koeffizient der Dummyvariable „weibliche Vorgesetzte“ aus einer log-Einkommens-Regression mit anderen Kovariablen von der folgenden Liste: Arbeitsstunden, Arbeitsstunden im Quadrat, Geschlecht des Mitarbeiters, Alter, Alter im Quadrat, fünf Dummyvariablen für Ausbildung, fünf Interaktionseffekte zwischen Ausbildung und Alter, Dauer der Betriebszugehörigkeit und Dauer der Betriebszugehörigkeit im Quadrat, drei Dummyvariablen für Betriebsgröße, fünf Dummyvariablen für Staatsangehörigkeit und Geburtsland, Dummyvariablen für Bundesland des Arbeitsorts, 48 Dummyvariablen für Industrie und 83 Dummyvariablen für Beruf/Tätigkeit.

Tabelle 4: Merkmale der Beschäftigten nach Geschlecht des Vorgesetzten, Geschlecht des Mitarbeiters und Bundesgebiet

	West				Ost			
	Vorgesetzte männlich		Vorgesetzte weiblich		Vorgesetzte männlich		Vorgesetzte weiblich	
	Männer	Frauen	Männer	Frauen	Männer	Frauen	Männer	Frauen
Durchschnitte:								
Monatliches Einkommen (DM)	4812	3145	4292	2744	3398	2886	3290	2677
Wöchentliche Arbeitsstunden	40,8	31,9	39,2	30,6	42,0	37,3	40,4	35,9
Einkommen/Arbeitsstunden (DM pro Stunde)	26,5	22,1	24,5	19,9	18,1	17,2	18,6	16,5
Alter	40,4	39,6	39,4	38,7	40,7	41,0	41,5	40,0
Betriebszugehörigkeit (Jahre)	13,0	10,4	10,4	9,1	9,1	8,5	8,3	9,1
Anteile (%):								
Abschluss: Meister	12	6	8	4	13	13	20	11
Abschluss: Fachhochschule	7	4	7	3	7	8	7	5
Abschluss: Universität	10	10	16	8	11	14	22	9
Fallzahl	10242	5329	726	2805	2085	1234	213	1066

Datenbasis: Erwerb und Verwertung beruflicher Qualifikationen 1998/99 (BiBB/IAB).

Anmerkungen: Das Einkommen pro Arbeitsstunde berechnet sich wie folgt: Monatliches Einkommen/(4,33*Wöchentliche Arbeitsstunden)

Tabelle 5: Der Einfluss von männlichen Vorgesetzten auf die Lohndifferenz zwischen Männern und Frauen (%), im Vergleich zur Lohndifferenz zwischen Männern und Frauen mit weiblichen Vorgesetzten

Vergleichsgruppe (unter Beschäftigten mit männlichen Vorgesetzten)	West	Ost
Alle	-0,019	-0,027
Mit ähnlichen wöchentlichen Arbeitsstunden	-0,006	-0,010
Mit ähnlichen Arbeitsstunden, Ausbildung	-0,043**	-0,102***
Mit ähnlichen Arbeitsstunden, Ausbildung, Alter, Dauer der Betriebszugehörigkeit, Betriebsgröße, Staatsangehörigkeit, Bundesland	-0,029*	-0,084**
Mit ähnlichen Arbeitsstunden, Ausbildung, Alter, Dauer der Betriebszugehörigkeit, Betriebsgröße, Staatsangehörigkeit, Bundesland, Industrie	-0,041**	-0,079**
Mit ähnlichen Arbeitsstunden, Ausbildung, Alter, Dauer der Betriebszugehörigkeit, Betriebsgröße, Staatsangehörigkeit, Bundesland, Industrie, Beruf/Tätigkeit	-0,055***	-0,076**

Datenbasis: Erwerb und Verwertung beruflicher Qualifikationen 1998/99 (BiBB/IAB).

Anmerkungen:

1. *, **, *** bedeuten signifikant verschieden von null mit Wahrscheinlichkeit 10%, 5% beziehungsweise 1%.

2. Berichtet wird der Koeffizient des Interaktioneffekts zwischen „männlicher Vorgesetzter“ und „Mitarbeiterin ist weiblich“ aus einer log-Einkommens-Regression mit Kovariablen „männlicher Vorgesetzter“, „Mitarbeiterin ist weiblich“, und anderen Kovariablen von der Liste für Tabelle 3.

Literaturverzeichnis

Altonji, J. und R. Blank (1999), Race and Gender in the Labor Market, in: Ashenfelter, O. und Card, D. (Hrsg.), *Handbook of Labor Economics*, 3C, Amsterdam, 3143–3259.

Becker, G.S. (1957), *The Economics of Discrimination*, University of Chicago Press, Chicago.

Hunt, J. (2002), The Transition in East Germany: When Is a Ten Point Fall in the Gender Wage Gap Bad News? *Journal of Labor Economics* 20, 148–169.

Lauer, C. (2000), *Gender Wage Gap in West Germany: How Far Do Gender Diffs in Human Capital Matter?* Discussion Paper 00-07, Zentrum für Europäische Wirtschaftsforschung (ZEW), Mannheim.

Macpherson, D.A. und B.T. Hirsch (1995), Why Do Women's Jobs Pay Less? *Journal of Labor Economics* 13, 426–471.

OECD (2003), Bildung auf einen Blick 2003, Paris.

Ragan, J.F. und D.H. Tremblay (1988), Testing for Employee Discrimination by Race and Sex, *Journal of Human Resources* 23, 123–137.

Yates, J.A. und D.S. Rothstein (1999), The Newest National Longitudinal Survey: The National Longitudinal Survey of Youth, 1997, *Industrial Relations* 38, 604–610.

Lohnkompression im Niedriglohnbereich: Eine Ursache für die unterschiedliche Beschäftigungsentwicklung in Deutschland und den USA?

Joachim Möller

1 Einleitung

Die Rigidität der alteuropäischen und speziell der deutschen Lohnstruktur im Gegensatz zur amerikanischen oder britischen ist ein Standardtopos der neuen wirtschaftspolitischen Literatur. Zugleich steht vielen Beobachtern die „große amerikanische Jobmaschine“ der 1990er Jahre vor Augen. Es liegt nahe, eine Verbindung zwischen Arbeitsmarktflexibilität und Beschäftigungserfolgen zu ziehen. Eine überwältigende kasuistische Evidenz scheint das Fehlen eines Niedriglohnsektors aufgrund institutioneller Starrheiten in Deutschland mit desaströsen Folgewirkungen für die Beschäftigungschancen der Geringqualifizierten zu belegen. Verantwortlich gemacht werden als Mindestlöhne fungierende Tarifbestimmungen ebenso wie zu hohe Reservationslöhne aufgrund eines gut ausgebauten sozialen Sicherungssystems. Die Hauptstoßrichtung der Vorwürfe gegen das alteuropäische Wirtschaftssystem zielt deshalb auf den unteren Bereich der Lohnverteilung. Eine einflussreiche empirische Literatur stützt die Position, dass die Wurzeln der Beschäftigungsmisere in den Niederungen der Lohnhierarchie zu suchen sind. Eine der zentralen Aussagen in den internationalen Vergleichsstudien von Blau und Kahn (1996, 2002) bezieht sich auf eine fundamentale Asymmetrie: Die höhere amerikanische Ungleichheit im Verhältnis zum Durchschnitt der OECD-Länder drücke sich in erster Linie im Verhältnis zwischen dem Median und den unteren Dezilen (D1, D2) aus, nicht so sehr jedoch im Verhältnis der oberen Dezile (D8, D9) zum Median. Den Autoren zufolge war dies bereits zu Beginn der 1980er Jahre zu beobachten, als das D5/D1-Verhältnis in den USA bereits um etwa ein Fünftel, das D9/D5-Verhältnis hingegen nur um circa 8% höher als in anderen OECD-Ländern lag. Seit dieser Zeit sei die Diskrepanz noch gewachsen. Die Schlussfolgerung von Blau, Kahn lautet deshalb: “The larger international differences for the 50-10 gap suggest the importance of wage floors in countries with centralized wage-setting mechanisms, while the faster increase in this inequality measure in the United States is consistent with a role for wage-setting institutions in these other countries in moderating the negative effect of recent trends in technological change and international trade on low-skilled workers.” (Blau und Kahn, 2002, S. 60)

Der folgende Beitrag hat zum Ziel, die hinter diesen Aussagen stehende empirische Evidenz zu überprüfen. Aus Gründen der Datenverfügbarkeit werde ich mich dabei auf einen Vergleich zwischen (West-)Deutschland und den Vereinigten Staaten beschränken.

2 Datenquellen

Ein Großteil der Literatur zu Lohnstrukturunterschieden beruft sich auf vergleichende Analysen der OECD. Um Missverständnissen vorzubeugen, soll keineswegs in Abrede gestellt werden, dass Forschungsstäbe dieser und anderer internationaler Organisationen höchste Sorgfalt walten lassen. Problematisch ist jedoch, dass Selektionsverfahren und Datenbereinigungsmethoden, zum Teil selbst die genauen Datenquellen, typischerweise nicht offen gelegt werden. Es ist eine Banalität, dass der „datenerzeugende Prozess" extrem fehleranfällig ist. Jeder, der die vielfältigen Fußangeln und Fallstricke in Mikrodatenquellen kennt, weiß auch, welche katastrophalen Auswirkungen beispielsweise eine irrtümliche Zuweisung in einer einzigen Zeile eines komplizierten Stata-Programms haben kann. Dazu kommt die Erfordernis einer geeigneten Harmonisierung der Datensätze. Ein hoher Aufwand und eine intensive grenzüberschreitende Zusammenarbeit sind notwendig, um beispielsweise Bildungskategorien, Wirtschaftszweige und Einkommensdefinitionen auch nur halbwegs zwischen verschiedenen Ländern vergleichbar zu machen. Grundsätzlich ist deshalb eine gesunde Skepsis veröffentlichten internationalen Vergleichszahlen gegenüber durchaus angebracht. Das, was wir für plausibel halten und zu wissen glauben, sollte des Öfteren möglichst von unabhängigen Forschern überprüft werden, um sicher zu gehen. Nur so kann sich auch eine Wissenschaftskultur entwickeln, die seit langem gerade auch für den Bereich der empirischen Wirtschaftsforschung eingefordert wird (z.B. Hendry, 1980).

Die folgende Untersuchung beruht auf einer Kooperation im Rahmen eines internationalen EU-Forschungsprojekts.[1] Dabei konnten die Besonderheiten der nationalen Datenquellen und Probleme der Vergleichbarkeit intensiv diskutiert werden. Grundlage der Analyse für Westdeutschland ist die IAB-Regionalstichprobe aus der Beschäftigtenstatistik (IAB-REG) und für die USA der vom Economic Policy Institute erstellte Auszug aus dem Current Population Survey (Outgoing Rotation Group). Selektiert wurden für Deutschland alle Arbeitnehmer, die am 30.06.1997 beschäftigt waren. Ausgeschlossen wurden Personen in der Ausbildung sowie solche mit mehreren Beschäftigungsverhältnissen. Grundsätzlich ist der deutsche Datensatz restriktiver, insbesondere weil er keine direkte Information über Arbeitsstun-

[1] Ich danke John Schmitt, Washington D.C., für intensive Diskussionen, hervorragende Dokumentation und vielfältige Hilfestellungen bei der Erzeugung einer harmonisierten Datenquelle für die USA.

den enthält sowie bestimmte Gruppen (geringfügig Beschäftigte, Selbständige und Beamte) ausschließt. Der erste Schritt der Untersuchung bestand also darin, aus den Ausgangsinformationen einen amerikanischen Vergleichsdatensatz zu erzeugen, der weitgehend den durch IAB-REG gegebenen Vorgaben entspricht. Dies betraf zum einen die Angleichung der erfassten Gruppen, zum anderen die Definition der Einkommensvariablen. Da eine quantitative Information über Arbeitzeiten in der benutzten Datenquelle für Deutschland fehlt, war ein Vergleich der Lohnstruktur anhand der Stundenverdienste nicht möglich. Aus Harmonisierungsgründen wurden dementsprechend aus den amerikanischen Rohdaten die individuellen Verdienste auf Tagesbasis berechnet.[2] Die Untersuchung beschränkte sich in beiden Ländern auf vollzeiterwerbstätige Männer und Frauen.

Vor der Darstellung der empirischen Ergebnisse folgen zunächst einige konzeptionelle Überlegungen.

3 Die Auswirkungen von Lohnkompression im Niedriglohnbereich

Es sei unterstellt, dass die produktiven Fähigkeiten von Arbeitnehmern mit identischen Beobachtungsmerkmalen wie Bildung, Geschlecht und Berufserfahrung (log-)normalverteilt sind. Sofern die Lohnbestimmung keinen weiteren Restriktionen unterworfen ist, sollte sich bei kompetitiven Arbeitsmärkten eine Lohnverteilung herausbilden, die der Streuung der (Grenz-)Produktivitäten der Arbeitnehmer entspricht. Institutionelle Bedingungen wie Minimallohnregelungen können allerdings dafür sorgen, dass der Lohn nicht unter ein bestimmtes Mindestniveau fallen kann. Personen, deren produktive Fähigkeiten unter dieser Minimallohngrenze liegen, sind unter den getroffenen Annahmen nicht profitabel zu beschäftigen. Falls keine anderen Mechanismen greifen (z.B. Quersubventionen innerhalb der Betriebe, Unterstützung durch öffentliche Gelder u.Ä.), bestehen für diese Personen keine Beschäftigungschancen mehr. Die Lohnverteilung wird entsprechend abgeschnitten (trunkiert).

Eine analoge Argumentation könnte auch unter Hinweis auf das in Deutschland und anderen kontinentaleuropäischen Ländern gut ausgebaute System der sozialen Sicherung erfolgen. Üppige Sozialleistungen werden für eine de facto bestehende untere Lohnschranke verantwortlich gemacht. Der Grund liegt darin, dass das Alternativeinkommen bei fehlendem Job eine entscheidende Einflussgröße für den Reservationslohn ist, d.h. für den Lohn, zu dem eine Person bereit ist, eine Arbeit anzunehmen.[3] Ob der Ausschluss von be-

---

[2] Genauere Informationen über die Selektion und Harmonisierung der Datensätze sind beim Autor erhältlich.

[3] Siehe zu diesen Ausführungen Franz (2003) als das Standardlehrbuch der Arbeitsmarktökonomik im deutschsprachigen Raum.

stimmten Gruppen von aktiver Beschäftigung durch Minimallohnbestimmungen oder durch zu hohe Reservationslöhne zustande kommt, ist allerdings im Zusammenhang hier unerheblich, da in beiden Fällen mit einer vergleichbaren Trunkierung in der linken Flanke der Lohnverteilung zu rechnen ist. Schematisch wird ein solcher Einfluss von Lohnkompression im Niedriglohnbereich anhand einer Dichtefunktion in Abbildung 1 dargestellt. Die senkrecht verlaufende Linie repräsentiert die Mindestlohnschranke. Die untere Kurve beschreibt die unrestringierte oder kontrafaktische Dichtefunktion, die obere Kurve hingegen die tatsächliche Verteilung als Folge der Trunkierung.

Abbildung 1: Wirkung einer Trunkierung im Niedriglohnbereich auf die Lohnverteilung

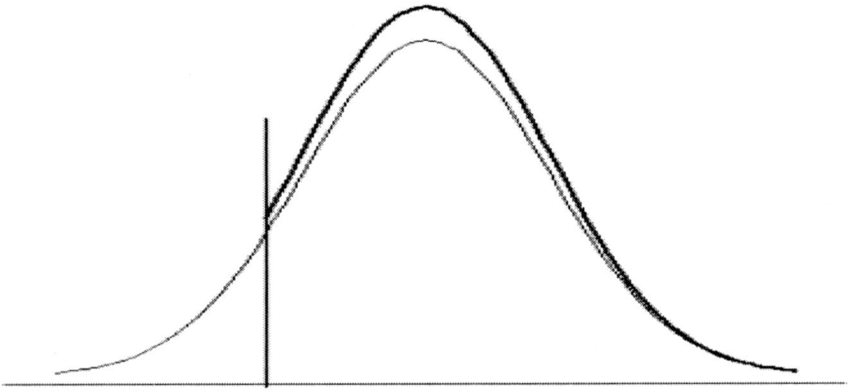

Es wird deutlich, dass sich die unterstellte Form der Lohnstarrheit grundsätzlich auf den gesamten Bereich der beobachteten Dichtefunktion auswirkt, wobei jedoch die Differenzen im oberen Bereich geringer als im unteren Bereich sind. Diese Eigenschaft kann für den empirischen Test ausgenutzt werden. Um den Ansatz zu verdeutlichen, zeigt Abbildung 2 zum einen die kumulierte Dichtefunktion für eine idealtypische Normalverteilung und zum anderen für die tatsächliche Verteilung bei unterstellter Trunkierung der untersten 20% der Beobachtungswerte. Für die unrestringierte Verteilung sind die Dezilabstände (hier relativ zum Mittelwert gezeigt) symmetrisch.

Als Folge der Lohnkompression werden hingegen die Dezilabstände der beobachteten Verteilung im unteren Bereich stärker verkürzt als im oberen Bereich. Dieser Sachverhalt wird in Abbildung 3 verdeutlicht. Bei wirksamer Lohnkompression sollte sich eine solche Asymmetrie nachweisen lassen.

Da es nun aber keine entwickelte Volkswirtschaft gibt, in der weder ein gesetzlicher Mindestlohn noch ein System der sozialen Sicherung in irgendeiner Form existiert, wäre eine gewisse Trunkierung beziehungsweise eine ent-

Abbildung 2: Vergleich einer Lohnverteilungsfunktion mit und ohne Lohnkompression in Form einer Trunkierung im Niedriglohnbereich

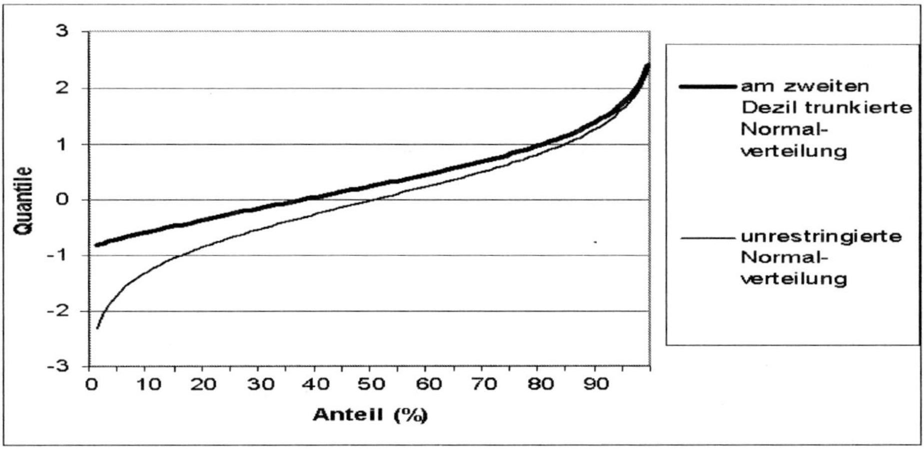

Abbildung 3: Asymmetrie der Dezilabstände als Folge der Trunkierung am Beispiel des Abstandes von D9 zu D5 und D5 zu D1

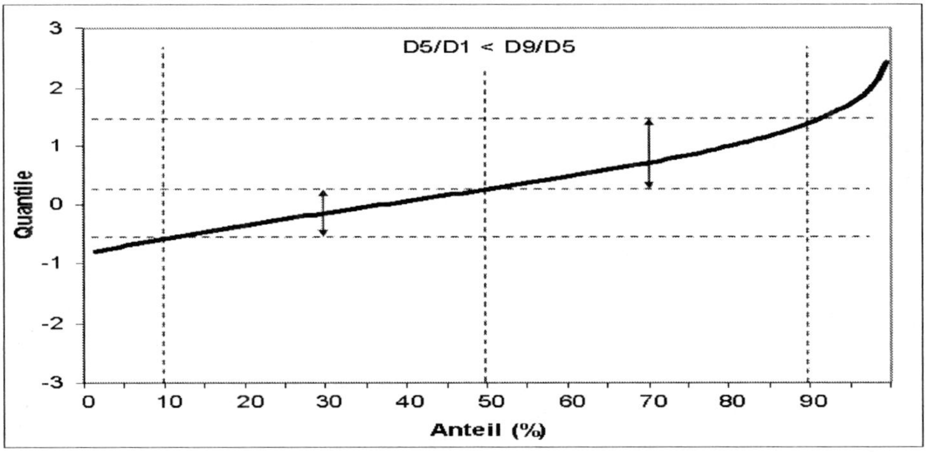

sprechende Deformation der Lohnverteilung im unteren Bereich überall zu erwarten. Allerdings ist anzunehmen, dass sich die einzelnen Länder dabei stark voneinander unterscheiden. Einer gängigen Vorstellung zufolge wären die USA oder Großbritannien auf der einen und Länder des „alten Europa" wie Deutschland oder Frankreich auf der anderen Seite des Spektrums zu erwarten.

4 Verteilungsmaße für die Gesamtwirtschaft

Abbildung 4 zeigt die Dezilverhältnisse der deutschen und amerikanischen Lohnverteilung für das Jahr 1997. Hierbei wurden der Median (D5) auf die unteren Dezile (D1 bis D4) und die oberen Dezile (D6 bis D9) auf den Median bezogen.[4]

Abbildung 4: Vergleich der Dezilverhältnisse in den USA und in Deutschland im Jahre 1997 (Verdienste von Vollzeitbeschäftigten)

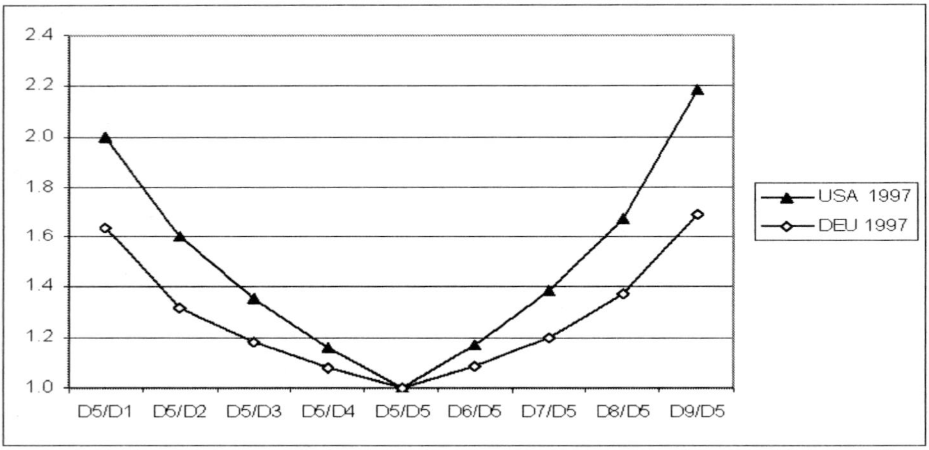

Die Darstellung verdeutlicht mehrere Sachverhalte. Erstens ist festzustellen, dass die Dezilverhältnisse in Deutschland sowohl links als auch rechts des Medians deutlich unter den entsprechenden Werten liegen, die für die Vereinigten Staaten berechnet werden. An den Flanken der Verteilung klafft in den hier ausgewiesenen Dezilverhältnissen eine substanzielle Lücke, die eine Größenordnung von etwa 40 Prozentpunkten erreicht. Zweitens sind die Dezilverhältnisse rechts des Medians in beiden Ländern größer als die korrespondierenden Werte links des Medians. So liegt beispielsweise für die USA der Median um etwa das Doppelte über dem ersten Dezil (D1), während das neunte Dezil (D9) den Median fast um das 1,2 fache übersteigt. Die entsprechenden Werte für die deutsche Verteilung lauten 66 und 69%. Als dritte Beobachtung ergibt sich, dass die absolute und relative Differenz zwischen den berechneten Ungleichheitsmaßen in den USA und Deutschland bei den Spitzenverdienern größer als bei den Geringverdienern ist.

[4] Zu beachten ist, dass Dezilverhältnisse (nicht -abstände) betrachtet wurden. Implizit wird hier also von einer Log-Normalverteilung der Löhne als Referenz ausgegangen. Eine solche Verteilung kann über das Gibratsche Gesetz begründet werden.

Die hier präsentierte erste Evidenz erfordert differenzierte Schlussfolgerungen. Auf der einen Seite unterstützt die gefundene Asymmetrie in den Dezilverhältnissen links und rechts des Medians für sich genommen die Trunkierungsthese. Die weitaus höhere Lohnstreuung in den USA lässt zudem die Diagnose einer institutionell gebremsten Lohndifferenzierung in Deutschland plausibel erscheinen. Auf der anderen Seite passt die zwischen beiden Ländern ausgeprägte Parallelität der Ungleichheitsabstände links und rechts des Medians ebenso wenig ins Bild wie die Tatsache, dass die größten Unterschiede eher bei den Spitzen- als bei den Geringverdienern zu finden sind. Eine konsistente Erklärung der Arbeitsmarktunterschiede zwischen den USA und Alteuropa hätte im Niedriglohnbereich eine deutlich größere Schere in den Ungleichheitsmaßen erfordert als in der rechten Flanke der Verteilung. Dabei ist zu betonen, dass dieser Befund der eingangs erwähnten These von Blau und Kahn (1996, 2002) widerspricht, derzufolge die Unterschiede zwischen „flexiblen" und „starren" Arbeitsmarktsystemen hauptsächlich im unteren Bereich der Lohnverteilung zum Tragen kämen.

Festzuhalten ist, dass die institutionellen Erklärungsansätze weitaus überzeugendere Argumente für die Existenz von Lohnkompression unterhalb des Medians liefern. Lohnbildungsregeln schreiben typischerweise ein „mindestens", selten jedoch ein „höchstens" vor. Es bleibt somit angesichts der vorgelegten empirischen Evidenz die Frage, welche Faktoren in der Lage sind, die starke Kompression der deutschen Lohnverteilung rechts des Medians zu erklären. Wie ist dieses Phänomen mit der Trunkierungsthese zu vereinbaren? Überraschenderweise spricht ja die für die Vereinigten Staaten, nicht jedoch für Deutschland gefundene Asymmetrie der Ungleichheitsmaße tendenziell für die Existenz von Trunkierungsphänomenen in den USA. Man könnte geneigt sein, die geltenden gesetzlichen Mindestlohnregelungen in den Vereinigten Staaten damit in Verbindung zu bringen. Vor dem Hintergrund dieser Resultate erscheint es reizvoll, die Analyse auf einen Wirtschaftssektor wie den Einzelhandel auszudehnen, der oft als ein Paradebeispiel augenfälliger Unterschiede in der Arbeitsmarktverfassung herangezogen wird.

5 Verteilungsmaße für den Niedriglohnsektor Einzelhandel

Der Einzelhandel ist ein Dienstleistungsbereich mit erheblich ins Gewicht fallenden Beschäftigungsanteilen. Eine genauere Analyse zeigt, dass die an den Beschäftigungsquoten der arbeitsfähigen Bevölkerung gemessene Beschäftigungslücke zwischen den USA und Deutschland von etwa 10 Prozentpunkten zu etwa einem Drittel durch die erheblichen Unterschiede in diesem Wirtschaftsbereich erklärt werden kann. Die in der wirtschaftspolitischen Diskussion gern ins Feld geführten „Tütenpacker" in den amerikanischen Supermärkten passen gut zu der Behauptung einer durch Kompression im Niedriglohnbereich erzeugten Beschäftigungssperre in Deutschland.

Zunächst ist festzustellen, dass in beiden Ländern der Einzelhandel zu den Wirtschaftssektoren zählt, die vergleichsweise geringe Löhne zahlen. Berechnungen zeigen, dass der durchschnittliche Lohnnachteil im Einzelhandel in beiden Ländern zwischen 30 und 40% beträgt, wobei allerdings ein Teil auf die vergleichsweise starke Beschäftigung von Teilzeitkräften und gering qualifizierten Arbeitnehmern in diesem Sektor zurückzuführen ist.

In Abbildung 5 werden nur Beschäftigte in Vollzeitarbeitsverhältnissen betrachtet. In beiden Ländern ist der Lohnnachteil der im Einzelhandel Beschäftigten im gesamten Bereich der Verteilung evident. Interessant erscheint, dass die Größenordnung des „retail penalty" in beiden Ökonomien durchaus vergleichbar ist. Unterschiede ergeben sich allerdings bei differenzierter Betrachtung der jeweiligen Dezile.

Abbildung 5: Lohnnachteil im Einzelhandelssektor in den USA und Deutschland für die Dezile der Verdienstverteilung von Vollzeitbeschäftigten (in %)

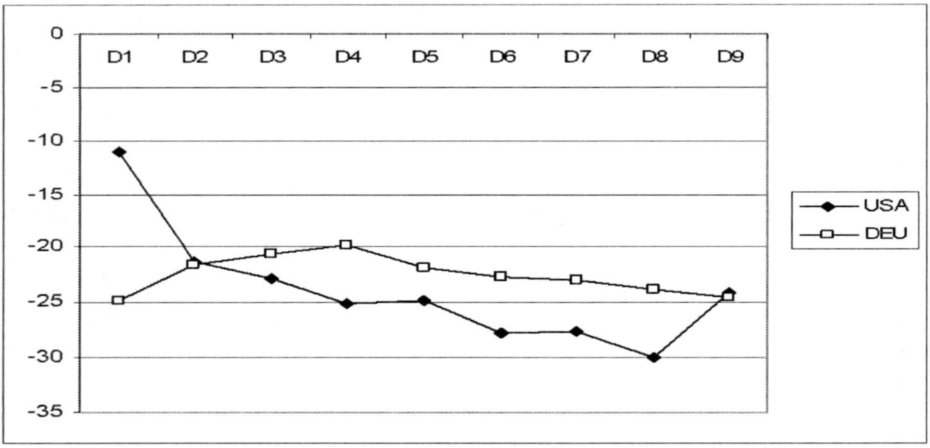

Mit Ausnahme der Situation bei den Spitzenverdienern (D9) steigt der Lohnnachteil der im Einzelhandel Beschäftigten in den USA monoton mit dem Dezil an. Während beispielsweise die Verdienste von Beschäftigten des ersten Dezils nur etwa 10% unter den entsprechenden Verdiensten in der Gesamtwirtschaft liegen, erreicht das entsprechende Differential im achten Dezil 30%. Überraschenderweise erweist sich das Muster der Lohnnachteile im deutschen Einzelhandel über alle Dezile als vergleichsweise stabil. Die im Absolutbetrag höchsten Werte werden hier mit etwa 25% für D1 und D9 gefunden. Zwischen den Rändern entwickelt sich die Kurve umgekehrt U-förmig und erreicht bei D4 den im Absolutbetrag niedrigsten Wert von -20%. Die Dezilverhältnisse in Abbildung 6 unterstützen den geschilderten Befund. Wir sehen eine vergleichsweise symmetrische Situation in Deutschland, während wiederum das generelle Muster der Ungleichheitsmaße in den USA dem Bild entspricht, das bei Kompression im Niedriglohnbereich zu erwarten wäre.

Abbildung 6: Vergleich der Dezilverhältnisse in den USA und in Deutschland im Jahre 1997 (Verdienste von Vollzeitbeschäftigten im Einzelhandel)

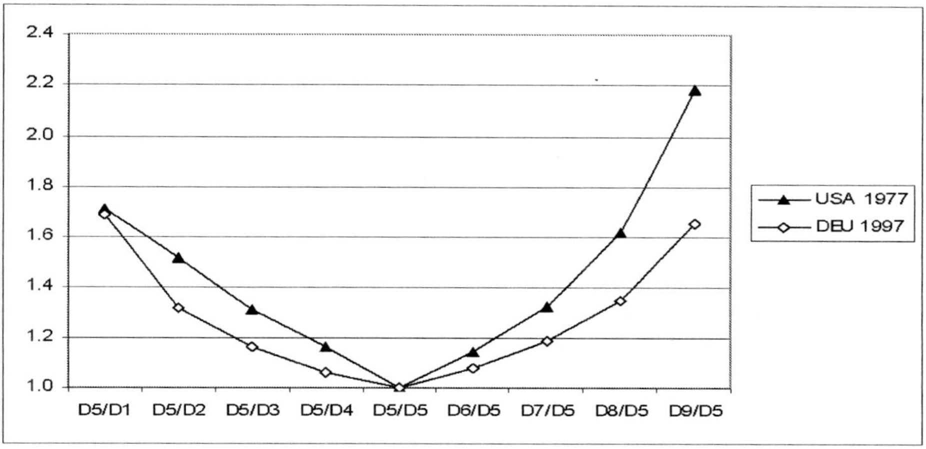

Insbesondere der Vergleich zwischen D5/D1 zu D9/D5 ist bemerkenswert: Während der Median um etwa 70% über D1 liegt, übertrifft das neunte Dezil (D9) den Median um 120%. Interessant erscheint ferner, dass das D5/D1 Verhältnis in Deutschland und den USA fast auf gleicher Höhe liegt. Die Unterschiede in der Ungleichheit zwischen beiden Ländern beruhen nach diesen Ergebnissen auf den hohen Differenzen rechts des Medians sowie – zu einem geringeren Teil – auf einer vergleichsweise höheren Spreizung der amerikanischen Verdienstverteilung im Bereich zwischen D2 und D5.

Als Schlussfolgerung ergibt sich, dass offensichtlich eine einfache Erklärung nach dem Muster „Kompression im Niedriglohnbereich führt zur Trunkierung der Lohnverteilung und damit zu Jobverlusten“ nicht geeignet ist, die fundamental unterschiedliche Arbeitsmarktentwicklung in den USA und in Deutschland zu erklären.[5] Überraschenderweise zeigen sich für die amerikanischen Daten Kompressionseffekte unterhalb des Medians. Dies führt dazu, dass die Differenzierung am untersten Ende der Lohnskala in Deutschland

[5] Die Analyse hier vernachlässigt Unterschiede in der Berufserfahrung der Arbeitnehmer sowie geschlechts- und qualifikationsspezifische Verdienstunterschiede. Untersuchungen auf der Grundlage von Lohnfunktionsschätzungen, in denen diese und andere Aspekte berücksichtigt werden, unterstützen jedoch der Tendenz nach die hier getroffenen Aussagen (siehe hierzu Glyn et a. 2003).

durchaus vergleichbar mit den amerikanischen Daten ist. Dies ist umso bemerkenswerter, als Kompressionseffekte gerade in einem Niedriglohnsektor wie dem Einzelhandel bei Gültigkeit einer durch das soziale Sicherungssystem bedingten (d.h. auf den Reservationslohn bezogenen) Trunkierung deutlich hervortreten sollten.

6 Zusammenfassung

Im internationalen Vergleich ist die Spreizung der Lohnverteilung in Deutschland vergleichsweise gering ausgeprägt. Insbesondere die fehlende Lohndifferenzierung im Niedriglohnbereich wird als eine wichtige Ursache für die schlechte Beschäftigungsentwicklung gesehen. Nach einigen konzeptionellen Überlegungen über die Wirkung von Lohnkompression auf die beobachtete Verteilung untersucht der vorliegende Beitrag die empirische Evidenz der Verdienstverteilungen in den USA und Westdeutschland auf der Grundlage zweier harmonisierter Mikrodatensätze.

Die berechneten Ungleichheitsmaße bestätigen zunächst generell die weitaus höhere Ungleichheit in der amerikanischen Verdienstverteilung. Die Kompression der Lohnverteilung in Deutschland ist jedoch links des Medians nicht stärker ausgeprägt als rechts davon. Dies steht im Widerspruch zu Ansätzen, die auf vergleichsweise hohe Minimum- oder Reservationslöhne verweisen, um das Fehlen eines Niedriglohnsektors in Deutschland zu erklären. Dieser Befund wird noch unterstützt durch die Untersuchung des Einzelhandels als einem Dienstleistungssektor mit einem im Verhältnis zur Gesamtwirtschaft geringen Verdienstniveau und deutlich unterschiedlichen Beschäftigungsanteilen in den beiden Ländern. Überraschenderweise zeigt sich für Deutschland ein links und rechts des Medians weitgehend symmetrisches Muster der Verteilungsmaße, während die amerikanische Verteilung im Hochlohnbereich eine deutlich höhere Differenzierung aufweist als im Niedriglohnbereich. Dies spricht – trotz der insgesamt höheren Spreizung in den USA – für einen im amerikanischen Einzelhandel im Niedriglohnbereich existierenden relativen Kompressionseffekt, der möglicherweise durch Minimallohnrestriktionen verursacht wird. Da das D5/D1-Verhältnis im Jahr 1997 im deutschen und amerikanischen Einzelhandel fast identisch ist, erscheint es wenig plausibel, dass das seltene Erscheinungsbild des Tütenpackers in Deutschland durch fehlende Lohndifferenzierung begründet werden kann.

Literaturverzeichnis

Blau, F.D. und L.M. Kahn (1996), International Differences in Male Wage Inequality: Institutions Versus Market Forces, *Journal of Political Economy* 104 (4), 791–837.

Blau, F.D. und L.M. Kahn (2002), *At Home and Abroad: U.S. Labor Market Performance in International Perspective*, Russell-Sage Foundation, New York.

Franz, W. (2003), *Arbeitsmarktökonomik*, Springer, Berlin.

Glyn, A., W. Salverda, J. Schmitt, M. Sollogoub und J. Möller (2003), *Employment Differences in Services: The Role of Wages, Productivity and Demand*, paper presented at the Conference "Demand Patterns and Employment Growth in Europe and the United States: Consumer Demand, Production Structure and Employment", October 17/18, 2003, Seville.

Hendry, D.F. (1980), Econometrics: Alchemy or Science, *Economica* 47, 387–406.

Unvollkommene Arbeitsmärkte und Lohnrigiditäten

Friedhelm Pfeiffer

1 Einführung

Dass die Löhne auch in Rezessionen und unabhängig von den lohnbildenden Institutionen nicht oder eher selten fallen, gehört zu den stilisierten Fakten der Arbeitsmarktforschung. Nun wäre dies aus wirtschaftspolitischer Sicht nicht weiter bedenklich, wenn nicht gleichzeitig eine lohnbedingte, unfreiwillige Arbeitslosigkeit existieren würde. In den Industrieländern ist Arbeitslosigkeit jedoch ein weit verbreitetes Phänomen. Lohnbedingte, unfreiwillige beziehungsweise gleichgewichtige Arbeitslosigkeit scheint sogar eher die Regel als die Ausnahme zu sein (siehe z.B. Franz, 2003). Unfreiwillige Arbeitslosigkeit liegt aus ökonomischer Sicht dann vor, wenn Arbeitsuchende zum herrschenden (oder einem niedrigeren) Lohnsatz Arbeit, die sie qualitativ auch leisten könnten, annehmen würden. Arbeitsuchende versuchen durch Lohnunterbietung eine Beschäftigung zu finden, sind dabei aber nicht erfolgreich. Diese Art des Lohnwettbewerbs kann z.B. durch Tarifverträge oder staatliche Mindestlöhne erschwert werden. Lohnunterbietung ist jedoch in aller Regel in keinem Industrieland gänzlich verboten. So existieren Mindestlöhne nur in bestimmten Industrien oder Regionen, und Öffnungs- und Härteklauseln sowie die tarifliche Ungebundenheit von Unternehmen ermöglichen rechtliche Freiräume in der Lohnbildung. Dennoch scheinen die Unternehmen auf aktiven Lohnwettbewerb durch Arbeitsuchende nicht in dem Umfang zu reagieren, dass die unfreiwillige Arbeitslosigkeit relativ zügig abgebaut werden kann.

Warum ist dies so? Warum fallen die Löhne trotz hoher Zahlen von Arbeitsuchenden und lukrativ entlohnten Arbeitsstellen nicht oder eher selten? Empirische Analysen deuten sogar darauf hin, dass selbst in den Zeiten, in denen die Beschäftigung im Aggregat sinkt, eine nicht unerhebliche Zahl von Arbeitnehmern beachtliche Lohnsteigerungen realisieren kann, die deutlich über den jährlichen Tariflohnerhöhungen liegen (siehe z.B. Pfeiffer, 2003).

Neuere mikroökonomische und mikroökonometrische Untersuchungen zu unvollkommenen Arbeitsmärkten und Lohnrigiditäten suchen Antworten auf folgende Fragen: Erstens, welche ökonomischen und rechtlichen Ursachen tragen zur Entstehung und Persistenz von Lohnrigiditäten bei? Zweitens, welche Konsequenzen ergeben sich für Produktion, Konsum, Produktivitätswachstum und Beschäftigung, wenn Arbeitsmärkte unvollkommen und durch Lohnrigiditäten gekennzeichnet sind? Drittens, welche empirische oder experimentelle Evidenz gibt es für die Existenz,das Ausmaß und die Konsequenzen von Lohnrigiditäten in realen Arbeitsmärkten, und welche Ursachen sind dafür verantwortlich?

Offensichtlich gehören die Fragestellungen zusammen, und für wirtschaftspolitische Zwecke reichen Antworten auf nur eine der Fragen nicht aus. In diesem Beitrag sollen selektiv neuere theoretische und empirische Analysen und Sichtweisen zum Thema unvollkommene Arbeitsmärkte und Lohnrigiditäten sowie deren Konsequenzen für die Wirtschaftspolitik zur Diskussion gestellt werden. Neben rein theoretischen Studien, die die langfristigen Konsequenzen von Lohnstarrheiten im Rahmen intertemporaler allgemeiner Gleichgewichtsmodelle untersuchen (Hellwig, 2003, Hellwig und Irmen, 2001), werden die Ergebnisse von Experimenten für Tauschprozesse mit unvollkommenen Arbeitsverträgen (Brown et al., 2004, Fehr und Falk, 1999), die Ergebnisse von Unternehmensbefragungen (Franz und Pfeiffer, 2003) sowie mikroökonometrische Schätzergebnisse auf der Basis individueller Lohn- und Beschäftigungsdaten (Fehr und Götte, 2000, Pfeiffer, 2003) präsentiert. Abschließend folgen Anmerkungen zu einer beschäftigungsorientierten Wirtschaftspolitik.

2 Theoretische Sichtweisen

2.1 Lohnwachstum und Beschäftigung

Wie wirken sich langfristig starre Löhne, die über einem Vergleichslohn bei Markträumung liegen, auf die Produktion, die Produktivität, die Beschäftigung und den Konsum in einer Volkswirtschaft aus? Auf diese Frage geben Hellwig und Irmen (2001) im Rahmen eines intertemporalen Gleichgewichtsmodells mit endogener Innovation und Markträumung auf Güter- und Kapitalmärkten theoretische Antworten. Zwei Ökonomien werden verglichen. Eine (Referenz-)Ökonomie ist durch Preisflexibilität gekennzeichnet. Auf Arbeits-, Kapital- und Gütermärkten bestimmt der Ausgleich von Angebot und Nachfrage die Höhe des Zinses, der Preise und der Löhne (Walras-Gleichgewicht). In der zweiten Ökonomie herrscht dagegen Lohnstarrheit vor, wobei das Lohnwachstum einem dem Modell exogen vorgegebenen Lohnpfad folgt, der immer über dem Lohn in der (Referenz-)Ökonomie liegt. In dieser zweiten Ökonomie passt sich nun, so das Resultat der Studie, die Produktivität durch vermehrte Innovationen dem vorgegebenen Lohnpfad an. Das Produktivitätswachstum in dieser Volkswirtschaft ist somit eine Konsequenz der Lohnentwicklung. Von daher würde es keinen Sinn machen, wenn sich die Lohnpolitik am Produktivitätswachstum orientieren würde (vgl. dazu auch Hellwig, 2003). Die Beschäftigung schrumpft mit konstanter Rate und die Wachstumsraten von Konsum und Produktion liegen im langfristigen Gleichgewicht unterhalb der Werte bei vollständiger Lohnflexibilität in der Referenzökonomie.

Hellwig und Irmen (2001) gehen zwar davon aus, dass in Europa staatliche Mindestlöhne oder Tariflöhne ein Lohnniveau stützen, das über dem Lohn bei vollständiger Lohnflexibilität liegt. Die Existenz und das Ausmaß der Lohnstarrheit werden allerdings nicht modelltheoretisch begründet und hergeleitet. In dem folgenden Abschnitt werden ökonomische Ursachen von Lohnrigiditäten diskutiert.

2.2 Ursachen unvollkommener Arbeitsmärkte

Arbeitsmärkte können aus unterschiedlichen Gründen vom Lehrbuchmodell des vollkommenen Wettbewerbs mit Lohnflexibilität und Markräumung abweichen (Franz, 2003, S. 11f). Auf Arbeitsmärkten werden Arbeitsleistungen und nicht die sie erbringenden Menschen selbst getauscht. Leistung und Entgelt als Gegenleistung werden häufig nicht simultan wie auf Devisen- oder Wochenmärkten getauscht, eine präzise zeitliche Koinzidenz ist in modernen Industrien selten gegeben. Ein simultaner Austausch findet noch am ehesten beispielsweise in der Land- und Forstwirtschaft, im Gastgewerbe oder auch im Bereich einfacher Dienstleistungen statt. Ferner sind die Beziehungen zwischen Arbeitgebern und Arbeitnehmern in der Regel durch einen wiederholten Austausch von Lohn und Leistung gekennzeichnet. Langfristige Arbeitsbeziehungen mit Betriebszugehörigkeitsdauern von zehn und mehr Jahren werden auch heute in vielen Arbeitsbeziehungen erreicht (Pfeiffer, 2003). Anders als auf Devisenmärkten und vielen Gütermärkten sind Arbeitsbeziehungen daher vielfach nicht mehr durch Anonymität der Tauschparteien gekennzeichnet. Arbeitsmarktforscher haben deswegen auf die Bedeutung von sozialen Präferenzen und Emotionen wie Loyalität und Fairness, aber auch Gegnerschaft und Vergeltung für das Arbeitsmarktgeschehen hingewiesen (z.B. Bewley, 1999). Insbesondere im Falle unvollständiger Arbeitsverträge können soziale Präferenzen einen bestimmenden Einfluss auf die Allokation haben (z.B. Fehr und Falk, 1999).

Schließlich können sich die Arbeitnehmer zu Gewerkschaften zusammenschließen, insbesondere in Unternehmen mit vielen Beschäftigten oder Industrien mit großen, ähnlich strukturierten Produktionsstätten. Sie verhandeln mit Unternehmen oder Arbeitgeberverbänden in kollektiven Verhandlungen über Arbeitsentgelte und andere Arbeitsbedingungen. Der Einfluss von kollektiven Verhandlungen auf Lohn und Beschäftigung wird von Ökonomen in aller Regel nicht bezweifelt. Strittig sind regelmäßig das Ausmaß und die Bedeutung des Arbeitsrechts und Steuer- und Transfersystems.

Die genannten Gründe lassen vermuten, dass die auf Arbeitsmärkten beobachteten Lohn- und Beschäftigungsmengen in aller Regel nicht als walrasianische Gleichgewichte interpretiert werden können. Vielmehr werden diese Realisationen mehr oder weniger von einem hypothetischen Wettbewerbsgleichgewicht abweichen, und auch mehr oder weniger von den diesem Gleichgewichtskonzept zugrunde liegenden Arbeitsnachfrage- und

Arbeitsangebotsfunktionen. Das Walras-Gleichgewicht hat dadurch keineswegs an Stellenwert verloren. Vielmehr dient es aufgrund seiner Effizienzeigenschaften weiter als hypothetisches Vergleichsystem. Darüber hinaus wirkt es als ökonomisches Gravitationszentrum, von dem eine erhebliche Anziehungskraft ausgehen kann. Arbeitsmärkte können sich möglicherweise nicht beliebig weit und beliebig lang von diesem Gleichgewicht entfernen, wenngleich solche Abweichungen bei unvollständigem Wettbewerb die Regel sind.

2.3 Lohnrigiditäten

Mit dem Begriff Lohnrigiditäten werden Abweichungen des tatsächlichen von einem als flexibel definierten Vergleichs- oder Referenzlohn beschrieben, wobei als Vergleichssystem häufig das Walras-Gleichgewicht mit Marktausgleich verwendet wird. Lohnrigidität beschreibt dabei sowohl den Abstand zwischen dem beobachteten und dem hypothetischen Referenzlohn als auch die Veränderungen des Lohns infolge von Veränderungen in den Angebots- und Nachfragefunktionen. Reagieren die Löhne überhaupt nicht auf Veränderungen des wirtschaftlichen Umfelds, dann wird der Begriff Lohnstarrheit verwendet. Reagieren sie nur langsam oder träge, dann wird dies als Lohnträgheit bezeichnet. Lohnrigidität dient als Oberbegriff für beide Sachverhalte.

Aus den bisherigen Überlegungen wird ersichtlich, dass Lohnrigiditäten unterschiedlicher Natur sein können und vielfältige Ursachen und Konsequenzen haben können. Lohnrigiditäten können Lohnsenkungen oder Lohnsteigerungen entgegenstehen, wobei die Reaktion symmetrisch oder asymmetrisch sein kann. Weiterhin können sich Lohnrigiditäten auf nominale (Tarif-)Löhne oder auf den Reallohn beziehen. Für Ursachen und Konsequenzen beider Arten von Lohnrigiditäten ist damit die Flexibilität der Güterpreise von zentraler Bedeutung. Falls Nominallohnrigiditäten existieren, dann werden die realen Löhne durch eine entsprechende Preisflexibilität auf Gütermärkten beeinflusst (siehe Franz, 2003, S. 323f). Nominallohnrigiditäten sind umstritten, da sie nicht mit dem Postulat der ökonomischen Rationalität vereinbar sind. Sie werden in der Regel verhaltenstheoretisch auf das Vorhandensein von Geldillusion bei nominalen Fairnessvorstellungen und nominaler Risikoaversion wie auch auf nominal effiziente Arbeitsverträge zurückgeführt (siehe Fehr und Götte, 2000).

Welche Konsequenzen haben Lohnrigiditäten für die Beschäftigung oder den Arbeitsverdienst? Zur Beantwortung dieser Frage sind weitere theoretische Überlegungen notwendig, da Abweichungen vom Walras-Gleichgewicht auf (Teil-)Arbeitsmärkten sowohl positive als auch negative Beschäftigungskonsequenzen haben können. Positive Beschäftigungseffekte können dann vermutet werden, wenn Abweichungen dem Schutz versunkener Investitionen in Arbeitsbeziehungen dienen(effiziente Arbeitsverträge, siehe Malcomson, 1999) oder wenn sie aus Effizienzlohngesichtspunkten die Loyalität und Produktivität der Arbeitnehmer erhalten sollen.

Negative Beschäftigungseffekte sind dagegen zu erwarten, wenn die Abweichung auf Verhandlungsmacht seitens der Beschäftigten beispielsweise im Sinne des gewerkschaftlichen Monopolmodells interpretiert werden kann. Lohnverhandlungen, in denen Gewerkschaften Verhandlungsmacht haben, führen tendenziell zu einem Rückgang der Beschäftigung und einem höheren Lohn. Diese Macht wird in der Regel durch Tarifautonomie, Kündigungsschutz und betriebliche Mitbestimmung befördert.

Andere Schlussfolgerungen sind denkbar, wenn die Referenzwelt keine Wettbewerbswelt mit Marktausgleich ist. Falls die Referenzsituation eines Arbeitsmarkts durch ein Monopson charakterisiert wird, kann eine Stärkung der Verhandlungsmacht der Arbeitnehmer zu einer Lohnerhöhung mit gleichzeitiger Beschäftigungsausweitung führen. Ähnliches ist theoretisch auch vorstellbar, wenn Tariflohnverhandlungen zu einem höheren Lohn im Vergleich zu einem Effizienzlohnregime führen. Auch dann kann es Bereiche geben, in denen die Beschäftigung mit Tariflöhnen höher als ohne Tariflohnverhandlungen ist, wobei der theoretische Grund in der Internalisierbarkeit externer Effekte in zentralen Lohnverhandlungen liegt (zur Literatur siehe z.B. Pfeiffer, 2003).

Als Fazit bleibt festzuhalten, dass Lohnrigiditäten positive und negative Beschäftigungseffekte haben können, je nachdem, ob sie effizienzsteigernder oder -reduzierender Natur sind. Eine Aufgabe der angewandten Wirtschaftsforschung ist, Lohnrigiditäten und ihre Konsequenzen in realen Arbeitsmärkten aufzudecken. Im folgenden Abschnitt werden neuere diesbezügliche Ergebnisse der experimentellen und empirischen Wirtschaftsforschung zur Diskussion gestellt.

3 Empirische Evidenz

3.1 Experimente

Die Mechanismen, die aufgrund sozialer Präferenzen zu gleichgewichtiger Arbeitslosigkeit führen können, sind in den letzten Jahren vorwiegend experimentell untersucht worden. Wenn bei unvollständigen Arbeitsverträgen die Arbeitnehmer die Möglichkeit haben, ihre Arbeitsleistung diskretionär und in Abhängigkeit vom Lohn festzulegen, dann kann die Existenz von reziproken Präferenzen („homo reciprocans") bei einer hinreichend großen Zahl von Arbeitnehmern zu gleichgewichtiger Arbeitslosigkeit führen (Fehr und Falk, 1999). Im Rahmen von auf Vertrauen beruhenden Geschenkaustauschprozessen können in einer solchen Ökonomie Lohnniveaus mit unfreiwilliger Arbeitslosigkeit erreicht werden. In den Arbeitsmärkten, die durch vollständige Arbeitsverträge gekennzeichnet sind, können Walras-Löhne etabliert werden. In den übrigen Arbeitsmärkten dominieren bilaterale Lohnverhandlungen mit einer daraus resultierenden Verteilung der individuellen Löhne, die abweichend von einem perfektem Markt keine Tendenz zu einem einheitlichen markträumenden (Walras-)Lohn aufweist (Brown et al., 2004). Die Disziplinierung der Arbeitnehmer erfolgt dabei über den Erfolg (oder Misserfolg) auf Gütermärkten.

Die Unternehmen gehen auf Lohnunterbietungen von Arbeitsuchenden nicht ein, die innerbetrieblich im Prinzip auf zweierlei Arten umgesetzt werden könnten. Erstens könnten die Löhne für alle Arbeitnehmer entsprechend niedriger ausfallen. Das wiederum würden die bereits Beschäftigten als ein Abweichen vom als fair empfundenen Lohnniveau und damit als Bestrafung auffassen (negative Reziprozität). Die Konsequenzen davon wären Produktivitäts- und Gewinnrückgänge, die ein rational handelndes Unternehmen zu vermeiden sucht. Alternativ könnten lediglich die Löhne der Neueinsteiger so niedrig gesetzt werden, dass Markträumung erreicht wird. Diese Art der Lohndifferenzierung hätte allerdings wiederum Legitimationsprobleme zur Folge, da nun im gleichen Unternehmen gleiche Tätigkeiten von homogenen Arbeitskräften unterschiedlich entlohnt würden. Dies würde im Falle reziproker Präferenzen das Gerechtigkeitsempfinden der Neueinsteiger und eventuell auch das der bereits Beschäftigten berühren und könnte daher zu Spannungen in der Belegschaft und einem Rückgang der Profitabilität führen. Dies wird von den Unternehmen antizipiert. Solche Lohndifferenzierungen werden daher im Experiment und in der Realität kaum beobachtet. Franz und Pfeiffer (2003) finden beispielweise für Deutschland heraus, dass tarifvertraglich vorhandene Spielräume für Lohndifferenzierungen nicht oder nur von einer Minderheit der Unternehmen ausgeschöpft werden.

3.2 Umfragen

Umfragen bei Personalverantwortlichen werden seit Anfang der 1980er Jahre zur Analyse von Lohnrigiditäten herangezogen. Während die ersten diesbezüglichen Studien noch eher den Charakter von Fallstudien hatten, in denen beispielsweise 19 große Unternehmen in einer bestimmten Industrie befragt wurden, wird in neueren Arbeiten Wert auf Repräsentativität und einen hinreichend großen Beobachtungsumfang gelegt. So konnten in der Studie von Franz und Pfeiffer (2003) 801 Unternehmen mit mehr als neun Beschäftigten aus der Industrie und aus den Bereichen Handel, Banken, Versicherungen und sonstige unternehmensnahe Dienstleistungen erfolgreich interviewt werden. Die Autoren erforschen die Aussagekraft von neun ökonomischen Erklärungsansätzen für Lohnrigiditäten, darunter Tarifverträge, implizite Kontrakte, fünf Varianten von Effizienzlohntheorien, die Insider-Outsider-Theorie sowie betrieblicher Konsens und Unternehmenskultur.

Die Umfrageergebnisse deuten darauf hin, dass die befragten Unternehmen in Deutschland tatsächlich eine sehr differenzierte und in der Summe nachvollziehbare Sichtweise zu Lohnrigiditäten haben. Im Einklang mit der internationalen Evidenz lassen sich Lohnrigiditäten in der realen Arbeitswelt keineswegs auf eine Ursache allein zurückführen. Effizienzlohnaspekte, implizite Kontrakte, Loyalität und Tarifverträge wirken zusammen. Aus der Sicht der Personalverantwortlichen verstärken sich die ökonomischen und die rechtlichen Ursachen von Lohnrigiditäten in Deutschland gegenseitig.

3.3 Mikroökonometrische Analysen

Eine wichtige Aufgabe der empirischen Wirtschaftsforschung ist die Bestimmung von Lohn und Beschäftigung im nicht beobachteten Vergleichs- oder Referenzzustand. Dies geschieht typischerweise im Rahmen ökonometrischer Modelle. Auf der Basis der so erhaltenen kontrafaktischen Evidenz sind wirtschaftspolitische Aussagen beispielsweise zur Wirkungsweise kollektiver Lohnverhandlungen oder einer niedrigeren Inflation möglich. Kontrafaktische Evidenz gibt es mittlerweile für eine Reihe von Industriestaaten mit überwiegend dezentraler Lohnbildung (darunter Großbritannien, Schweiz und USA – siehe Pfeiffer, 2003). Die Studie von Fehr und Götte (2000) deutet beispielsweise für die Schweiz auf die Existenz von Nominallohnrigiditäten hin. Dort wurden in den 1990er Jahren mit sinkenden Inflationsraten zunehmend Arbeitnehmer vor Lohnsenkungen geschützt. Damit verbunden war – relativ zu einer flexiblen Vergleichswelt – eine erhebliche Lohnerhöhung (Lohnaufschwemmung), die zu einem Beschäftigungsabbau und zur Verdopplung der Arbeitslosigkeit zwischen 1990 und 1997 führte.

In Deutschland sind kollektive Lohnbildungsprozesse in weiten Bereichen des Arbeitsmarktes üblich. Um diesen Tatbestand in die empirische Analyse zu integrieren, definieren Fehr, Götte und Pfeiffer (2003) neben Nominallohnrigiditäten für tarifgebundene Arbeitnehmer zusätzlich tarifliche Lohnrigiditäten. Die Schätzergebnisse für den Zeitraum 1975 bis 1995 deuten auf einen erheblichen Einfluss der Tariflöhne auf die Lohn- und Beschäftigungsentwicklung hin. Tariflohnrigiditäten schützten in Deutschland zwischen 40 und 50% aller Arbeitnehmer vor einer untertariflichen Lohnentwicklung, oder zwischen 60 und 75% der tarifgebundenen Arbeitnehmer. Die durch diese Rigiditäten verursachte Lohnerhöhung (Lohnaufschwemmung) betrug pro Jahr nominal etwa 6%. Die Beschäftigungskonsequenzen dieser Lohnaufschwemmung waren den Schätzergebnissen zufolge im Aggregat ebenfalls negativ. Ein weiteres, mit theoretischen Überlegungen übereinstimmendes Ergebnis der Analyse ist, dass die Arbeitnehmer, die durch Lohnrigiditäten vor einem stärkeren Lohnwettbewerb geschützt waren, individuell ein unterdurchschnittliches Arbeitslosen- und Lohnschwankungsrisiko aufwiesen.

Als Fazit der bisherigen mikroökonometrischen Analysen lässt sich festhalten, dass Lohnrigiditäten existieren und dass diese auch negative Beschäftigungskonsequenzen haben können.

4 Wirtschaftspolitische Schlussfolgerungen

Real existierende Arbeitsmärkte sind in aller Regel durch unvollkommenen Wettbewerb gekennzeichnet. Das Ausmaß, die Dimensionen und die Beschäftigungskonsequenzen von verschiedenen Arten von Lohnrigiditäten sind in den letzten Jahren in einer Reihe von Studien theoretisch, experimentell und empirisch untersucht worden. Als Ursachen kommen Effizienzlohnmechanismen, reziproke Präferenzen bei unvollkommenen Arbeitsverträgen, effiziente Arbeitsverträge zum Schutz vor Nötigung und Verhandlungsmacht der Arbeitnehmer in Betracht. Die zuletzt genannte Verhandlungsmacht der Arbeitnehmer wird in aller Regel durch Tarifautonomie, Kündigungsschutz und betrieblicher Mitbestimmung befördert.

Die daraus resultierende gleichwichtige Arbeitslosigkeit kann aufgrund ihrer endogenen, von der Lohnbildung her bestimmten Natur in der Regel weder mit expansiver Fiskalpolitik noch mit einigen häufig eingesetzten Instrumenten der aktiven Arbeitsmarktpolitik, darunter Arbeitsbeschaffungs- und Weiterbildungsmaßnahmen, bekämpft werden. Die seit den 1980er Jahren intensivierte so genannte aktive Arbeitsmarktpolitik scheint in der Summe und hinsichtlich des Beschäftigungszieles weitgehend erfolglos geblieben zu sein (siehe Franz, 2003). Evaluationsstudien deuten zwar darauf hin, dass einzelne Instrumente für bestimmte Gruppen von Arbeitslosen die individuellen Beschäftigungschancen verbessert haben (z.B. Lechner und Pfeiffer, 2001). Die lohnbedingte Arbeitslosigkeit scheint jedoch in Deutschland in der Summe seit den 1980er Jahren eher noch hartnäckiger geworden zu sein (Pfeiffer, 2003). Auch die unter anderem von Sinn (1997) propagierten differenzierten Gewinnbeteiligungsmodelle lösen letztlich nicht das Problem der Verhandlungsmacht der Beschäftigten. Eine nachhaltige Wirksamkeit zur Beschäftigungsstimulierung durch Gewinnbeteiligung ist daher nicht gewährleistet. Die von Hellwig und Irmen (2001) vorgeschlagenen Zinssubventionen zu einer Erhöhung der Kapitalakkumulation wirken zwar bei exogener Lohnrigidität. Ihre Wirksamkeit bei endogenen Lohnrigiditäten ist jedoch aus dem zuvor bereits genannten Grund fraglich.

Welche wirtschaftspolitischen Lehren können beim bisherigen Wissensstand gezogen werden? Wie kann angesichts endogener, lohnbedingter Arbeitslosigkeit Vollbeschäftigung hergestellt werden? Offensichtlich wird dies kaum durch eine einzige Maßnahme zu erreichen sein (siehe Fitzenberger und Franz, 2001), da weitere Politikbereiche, darunter auch das Steuer- und Transfersystem, Lohnhöhe und Beschäftigung bestimmen. Die folgenden Ausführungen beziehen sich jedoch ausschließlich auf den Aspekt der Lohnrigidität. Eine einfache und wahrscheinlich erfolgreiche, aber zugleich wenig realistische, Maßnahme wäre die Abschaffung der Tarifautonomie. Den gleichen Effekt hätten moderat niedrigere Tariflohnabschlüsse über einen hinreichend langen Zeitraum (z.B. Fitzenberger und Franz, 2001), wobei deren Wirksamkeit von den relativen Größenordnungen der Substitutionselastizitäten zwischen Arbeit und Kapital in der Produktion und der Nachfrageelastizität im Konsum abhängig ist (Hellwig, 2003). Wie dem auch sei, es bleibt offen, wie eine moderate Tariflohnpolitik angesichts der gesetzlich garantierten Tarifautonomie und unter der Voraussetzung, dass diese nicht geändert wird, erreicht werden kann.

Um die negativen Beschäftigungswirkungen von Nominallohnrigiditäten zu vermeiden, würde wohl eine leichte Erhöhung der Inflationsrate (auf nicht mehr als 3%) helfen, um in den nicht tarifgebundenen Unternehmen Reallohnanpassungen zu erleichtern. Die zu erwartenden Beschäftigungsvorteile müssten den Nachteilen insbesondere für die Glaubwürdigkeit der Geldpolitik gegenübergestellt werden. Bei einer solcherart moderat stärkeren Inflationierung der Wirtschaft würden offensichtlich Tariflohnrigiditäten nicht verschwinden, da davon auszugehen ist, dass Gewerkschaften einen Inflationsausgleich durchsetzen würden. Um die negativen Beschäftigungskonsequenzen auch von Tariflohnrigiditäten zu verringern, wären unter Beibehaltung der Errungenschaften des Arbeitsrechts die so genannte Arbeitslosensteuer (Fehr, 1990) oder alternativ Lohnsubventionen hilfreich. Bei der Arbeitslosensteuer erhält jedes Unternehmen eine Beschäftigungsvorgabe, die aus der gewünschten Höhe bei Vollbeschäftigung abzuleiten ist. Unternehmen, die relativ zu dieser Vorgabe mehr Beschäftigung realisieren, erhalten eine Subvention, und Unternehmen, die relativ zu dieser Vorgabe weniger Beschäftigung realisieren, müssen Steuern bezahlen. Dieser Vorschlag wirkt, weil er die Verhandlungsmacht der Beschäftigten faktisch neutralisiert. Der Vorschlag würde jedoch die Autonomie der Unternehmen bei der Festlegung der Höhe der Beschäftigung außer Kraft setzen und ist daher mit dem Grundgesetz in Deutschland nicht vereinbar. Als Alternative kommen Lohnsubventionen in Betracht. Diese müssten so bemessen sein, dass sie einerseits aus der Sicht der Beschäftigten den gleichen Lohn für gleiche Arbeitsleistungen garantieren und dass sie andererseits die realen Arbeitskosten der Neuzugänge für die Unternehmen bis zum Vollbeschäftigungslohn senken würden. Eine solcherart konstruierte Lohnsubvention würde nach Ansicht des Autors auch nicht die Gefahr einer 100%-Subventionierung beinhalten, auf die z.B. Hellwig und Irmen (2001) hinweisen. Dafür könnte auf eine ganze Reihe im Sinne des Beschäftigungszieles nicht erfolgreiche andere Maßnahmen der aktiven Arbeitsmarktpolitik verzichtet werden.

Literaturverzeichnis

Bewley, T.F. (1999), *Why Wages Don't Fall During A Recession*, Harvard University Press, Cambridge, Ma.

Brown, M., A. Falk und E. Fehr (2004), Relational Contracts and the Nature of Market Interactions, *Econometrica* erscheint demnächst.

Fehr, E. (1990), Fiscal Incentives in a Model of Equilibrium Unemployment, *Journal of Institutional and Theoretical Economics* 146 (4), 617–639.

Fehr, E. und A. Falk (1999), Wage Rigidity in a Competitive Incomplete Contract Market, *The Journal of Political Economy* 107 (1), 106–134.

Fehr, E. und L. Götte (2000), *Robustness and Real Consequences of Nominal Wage Rigidity*, Working Paper 44, Universität Zürich.

Fitzenberger, B. und W. Franz (2001), Jobs. Jobs? Jobs! Orientierungshilfen für den Weg zu mehr Beschäftigung, in: Franz, W., Hesse, H., Ramser, H.J. und Stadler, M. (Hrsg.), *Wirtschaftspolitische Herausforderungen an der Jahrhundertwende*, Tübingen, 3–42.

Franz, W. (2003), *Arbeitsmarktökonomik*, Springer, Berlin.

Franz, W. und F. Pfeiffer (2003), Zur ökonomischen Rationalität von Lohnrigiditäten aus der Sicht von Unternehmen, *Jahrbücher für Nationalökonomie und Statistik* 223 (1), 23–57.

Hellwig, M. (2003), *The Relation Between Real Wage Rates and Employment: An Intertemporal General-Equilibrium Analysis*, Universität Mannheim, Manuskript.

Hellwig, M. und A. Irmen (2001), *Wage Growth, Productivity Growth, and the Evolution of Employment*, Discussion Paper 2927, Center for Economic Policy Research (CEPR), London.

Lechner, M. und Pfeiffer, F. (Hrsg.) (2001), *Econometric Evaluation of Labor Market Policies*, ZEW Economic Studies 13, Physica, Heidelberg.

Malcomson, J.M. (1999), Individual Employment Contracts, in: Ashenfelter, O. und Card, D. (Hrsg.), *Handbook of Labor Economics*, Amsterdam, 2291–2373.

Pfeiffer, F. (2003), *Lohnrigiditäten im gemischten Lohnbildungssystem*, Nomos, Baden-Baden.

Sinn, W. (1997), Kapitalbeteiligung und Lohndifferenzierung: ein Vorschlag zur Lösung der Beschäftigungskrise, *MittAB* 30 (4), 822–827.

Teil IV

Arbeitsmarktpolitik, Weiterbildung und ältere Arbeitnehmer

Eine ökonomische Einordnung der Förderung der beruflichen Weiterbildung im Rahmen der aktiven Arbeitsmarktpolitik*

Bernd Fitzenberger und Stefan Speckesser

1 Einleitung

Die aktive Arbeitsmarktpolitik – und als Teil der aktiven Arbeitsmarktpolitik die Förderung der beruflichen Weiterbildung (FbW) – ist ein wichtiges Feld der staatlichen Wirtschaftspolitik in Deutschland. Im Jahr 2002 traten insgesamt 456.300 Personen in FbW-Maßnahmen ein, und der Teilnehmerbestand betrug im Jahresdurchschnitt 331.600 Personen. Für diese Maßnahmen wendete die Bundesanstalt für Arbeit im Jahr 2002 circa 6,7 Mrd. € auf.[1] Wolfgang Franz und andere Arbeitsmarktforscher fordern seit längerer Zeit, dass die Wirkung dieser umfangreichen Maßnahmen im Hinblick auf die späteren Arbeitsmarktchancen der Teilnehmer ökonometrisch angemessen untersucht werden sollte (vgl. Franz, 2003, Kapitel 10, das der Evaluation der aktiven Arbeitsmarktpolitik gewidmet ist). Zur Bewertung der Maßnahmen reicht es nicht aus, wie in den Eingliederungsbilanzen nach dem SGB III vorgesehen, die Verbleibsquote (≡ Anteil der Teilnehmer, die 6 Monate nach Ende der Maßnahme nicht mehr arbeitslos gemeldet sind) auszuweisen, die 2002 im Durchschnitt 67% betrug. Für eine angemessene Evaluation wäre erstens eine genaue Erfassung der Beschäftigungsquote („nicht arbeitslos gemeldet" heißt nicht automatisch „beschäftigt") notwendig, und zweitens müsste zum Vergleich mit Hilfe von Kontrollgruppen geschätzt werden, wie hoch die Beschäftigung der Teilnehmer ohne FbW-Teilnahme gewesen wäre. Bisher liegen methodisch angemessene Wirkungsanalysen nur auf Basis von Umfragedaten vor (meist für den Zeitraum des Arbeitsförderungsgesetzes bis 1997, vgl. Fitzenberger und Hujer, 2002, und Fitzenberger und Speckesser, 2002, sowie die dort zitierte Literatur). Diese Analysen lassen tendenziell keine positive Bewertung des Erfolges von FbW zu. Allerdings leiden die bisherigen Studien an unzureichenden Daten.

* Einer der Autoren, Bernd Fitzenberger, wurde maßgeblich durch den Hinweis auf eine fehlende wissenschaftliche Evaluation der aktiven Arbeitsmarktpolitik von Wolfgang Franz Mitte der 1990er Jahre motiviert, sich mit dem Thema dieses Beitrages zu beschäftigen. Wir danken Werner Smolny für hilfreiche Anmerkungen, Aderonke Osikominu für ihre Unterstützung bei den dieser Arbeit zugrunde liegenden Recherchen und Prof. Dr. Michael Zängle für den Zugang zu Auszügen des Datenbestandes der beruflichen Fortbildungszentren der bayerischen Wirtschaft. Der Inhalt dieser Arbeit liegt allein in unserer Verantwortung.

1 Quelle: Geschäftsbericht der (Bundesanstalt für Arbeit, 2002, S. 31).

Diese Arbeit kann keinen Beitrag zur Wirkungsanalyse von FbW leisten – hierzu sind aussagekräftige Analysen demnächst zu erwarten.[2] Es erfolgt eine Darstellung der wichtigsten Arbeitsmarkttrends und eine theoretische Erörterung von Humankapitalinvestitionen. Darauf aufbauend nehmen wir eine wirtschaftspolitisch orientierte, ökonomische Einordnung der Inhalte und Teilnehmercharakteristika in FbW vor.

2 Arbeitsmarkttrends und berufliche Weiterbildung

2.1 Sektoraler Wandel und Weiterbildung

Die Zahl der Erwerbspersonen in Deutschland ist in den letzten Jahren konstant geblieben, doch hält die Veränderung in der Beschäftigtenstruktur unvermindert an. Mittelfristig hat sich die Beschäftigung zwischen 1996 und 2001 in Fertigungsberufen um 9,4% auf 8,08 Millionen Personen, der Anteil an der Gesamtbeschäftigung mittlerweile auf 29,1% vermindert (nach 32,2% im Jahr 1996). Hingegen hat die Beschäftigung im Dienstleistungssektor auch im Jahr 2001 noch zugenommen. Seit 1996 sind dort 806.500 neue Stellen entstanden, vor allem in Gesundheits-, Sozial- und Erziehungsberufen (Bundesanstalt für Arbeit, 2002, S. 135).

Auch die hohe Arbeitslosigkeit und deren Struktur spiegelt den sektoralen Wandel wider: Die Bundesanstalt für Arbeit weist eine überdurchschnittliche Arbeitslosenquote für Fertigungsberufe aus (13,3% gegenüber einer durchschnittlichen Arbeitslosenquote von 11,9% auf Basis der abhängigen Erwerbspersonen), während sie etwa für Dienstleistungskaufleute lediglich bei 4,6% lag, bei Gesundheitsdiensten nur bei 5% (ebd., S. 135).

Diese Veränderungen sind für eine Förderung der beruflichen Weiterbildung nicht ohne Konsequenzen: Es ist zu erwarten, dass weiterhin Fertigungsberufe im verarbeitenden Gewerbe wegfallen werden, und die Nachfrage nach Planungs- und Organisationsberufen und Tätigkeiten in sozialen Diensten zunehmen wird (vgl. Weidig et al., 1999, S. 22). Damit ergibt sich die Notwendigkeit, die Weiterbildung stark auf die Tätigkeiten in Human- und Sozialdienstleistungen auszurichten, in denen jedoch weniger feststehende Berufsbilder vorkommen als in Bereichen, die als traditionelle Abschlüsse seit Jahrzehnten reguliert sind und über erprobte Weiterqualifizierungsmechanismen im Lebenszyklus verfügen (z.B. die Meister- oder Technikerprüfung). Der sektorale Wandel wird Tätigkeiten erfordern, die generell weniger verberuflicht sind, wie die Beispiele der Tourismuswirtschaft (vgl. IHK Rostock, 2004) oder der sozialen Dienstleistungen zeigen. Der sektorale Wandel bedingt also nicht nur eine Verschiebung der Weiterbildung von Fertigungsberufen zu

[2] Im Moment arbeiten einige Forschergruppen (an zwei Projekten sind die Autoren beteiligt) zusammen mit dem IAB daran, umfangreiche und aussagekräftigere Daten zum Zwecke der Evaluation mit angemessenen ökonometrischen Methoden aufzubereiten. Ergebnisse dieser Arbeiten liegen leider noch nicht vor, da die Datenaufbereitung extrem aufwändig ist.

Dienstleistungsberufen und Anpassungen der formalen Abschlüsse. Gleichzeitig erfordern die Human- und Sozialdienstleistungen, dass „soft skills“ und soziale Kompetenz erlernt werden müssen, was die Anteile von Theorie und Praxis in der Weiterbildung in Richtung einer größeren Erprobung von Praxiswissen verschieben dürfte.

2.2 Wandel in der qualifikatorischen Arbeitsnachfrage und Weiterbildung

Dostal (2000) zeigt exemplarisch, wie stark sich mittlerweile die Nutzung von Computern durchgesetzt hat. Diese Entwicklung verändert nicht nur die Informationsberufe, sondern erweitert auch die vorhandenen Nichtinformationsberufe. Innerhalb der Berufe erfolgt eine selektive Substitution von Tätigkeitsbereichen von Menschen auf Informationstechnologie (Spitz, 2003, S. 5). Diese Umschreibung curricularer Anforderungen an die Berufsbilder ist ein permanenter Prozess und erfordert, dass Individuen sich ständig weiterqualifizieren („lebenslanges Lernen“).

Die Qualifikationsstruktur der Arbeitsnachfrage verschiebt sich infolge des technischen Wandels zugunsten von besser ausgebildeten Arbeitnehmern. Es zeigt sich (vgl. Reinberg und Hummel, 2002, S. 23, Franz, 2003, S. 353) bei einer durchschnittlichen Arbeitslosigkeit von 5 bis 10% der zivilen Erwerbspersonen, dass gering qualifizierte Arbeitnehmer eine viel höhere Arbeitslosigkeit aufweisen: Schon seit 1990 liegt sie über 15%, seit 1995 beträgt sie mehr als 20%, während die Arbeitslosenquote der mittleren und höher qualifizierten Arbeitskräfte 2 bis 5 Prozentpunkte unterhalb der durchschnittlichen Arbeitslosenquote liegt. Eine aktive Arbeitsmarktpolitik, die die Integration insbesondere Geringqualifizierter beabsichtigt, sollte Qualifikationen zur Verbesserung der Beschäftigungschancen bereitstellen, entweder, indem selektiv Kenntnisse aufgefrischt werden oder eine hohe Praxisausrichtung der entsprechenden Maßnahmen die Beschäftigungschancen erhöht.

2.3 Demographischer Wandel und Weiterbildung

Auch die Alterung der Erwerbsbevölkerung hat Konsequenzen für die berufliche Weiterbildung. Die Zahl der Erwerbstätigen wird in Deutschland im 21. Jahrhundert innerhalb kurzer Zeit auf 28 Millionen Personen sinken, die dann für eine kaum veränderte Gesamtbevölkerung Güter und Dienste bereitstellen müssen (vgl. Börsch-Supan, 2002, S. 11). Um die Wirtschaftsleistung aufrechtzuerhalten, müssen Investitionen in Humankapital erfolgen, so dass die verbleibende Arbeitskraft produktiver wird und die Teilnahme am Arbeitsmarkt zunimmt. Auch die Ausweitung der Lebensarbeitszeit zur Vergrößerung der Ressource Arbeitskraft wird Weiterbildungsaktivitäten erforderlich machen, die es älteren Arbeitnehmern erlaubt, eine hohe Arbeitsproduktivität aufrechtzuerhalten. Schließlich wird auch die Zuwanderung, als dritte Konsequenz des verminderten Arbeitsangebots, Anforderungen an die Weiterbildung haben, denn Einwanderer bedürfen einer Anpassung ihrer Kenntnisse, Sprachausbildung und kultureller Erfahrung, um in Deutschland arbeiten zu können.

Während die Verbesserung und Beschleunigung der Ausbildung für neu eintretende Kohorten in den Arbeitsmarkt durch Reformen wie die Verkürzung der Sekundarstufe und der Studiendauer bis zu einem ersten akademischen Abschluss vom politischen Planer angefasst worden sind, liegt eine Qualifizierungspolitik für ältere Arbeitnehmer angesichts der noch immer bestehenden Anreize für die geburtenstarke Nachkriegsgeneration, über Frühverrentung den Arbeitsmarkt zu verlassen, noch außerhalb der Grenzen des Vorstellbaren. Die Konsequenz für die berufliche Weiterbildung ist hier, insbesondere eine Arbeitsmarktpolitik umzusetzen, die eine Vergrößerung des Arbeitsangebots älterer Menschen unterstützt.

3 Theoretische Überlegungen

3.1 Humankapitalinvestitionen im Lebenszyklus

Franz (2003, Kapitel 3) folgend stellt berufliche Weiterbildung eine Form der Humankapitalinvestitionen im Lebenszyklus dar. Berufliche Weiterbildung erfolgt im Laufe des Erwerbslebens nach Abschluss der grundlegenden Schulausbildung und ersten Berufsausbildung. Humankapitalinvestitionen sind mit zeitlichem Aufwand und Anstrengung durch den Arbeitnehmer sowie finanziellen Aufwendungen verbunden. Hinzu kommen die entgangenen Verdienste des Arbeitnehmers (der nicht geleistete Beitrag zur Produktion) als Opportunitätskosten während der Weiterbildungszeit. Neben dem direkten Konsumnutzen einer verbesserten Ausbildung ist der ökonomische Ertrag der Humankapitalinvestition vor allem in einer größeren Produktivität des Arbeitnehmers infolge der Investition zu sehen, der zu einer höheren Entlohnung und zu verbesserten Beschäftigungschancen führt.

Wie Sachkapital so unterliegt auch das von Becker als das Ergebnis von Bildungsinvestitionen eingeführte Humankapital (siehe beispielsweise Becker, 1975) einer Abschreibung im Zeitablauf, und die Rentabilität bemisst sich an der potenziellen Nutzungsdauer der Investition. Letztere entspricht maximal der erwarteten Dauer des Resterwerbslebens, liegt aber häufig auch darunter, wenn Kenntnisse aufgrund des technischen Fortschritts obsolet werden. Humankapital als Wissen und Erfahrung hat zudem die in der neuen Wachstumstheorie hervorgehobenen Eigenschaften, dass es sich durch „learning-by-doing“ selbst vermehren kann und als öffentliches Gut geteilt werden kann – allerdings ist Wissenserwerb wie erwähnt mit Ressourcenaufwand verbunden. „Learning-by-doing“ wird mikroökonomisch als Berufserfahrungseffekt in der Humankapitalakkumulation erfasst, der als Nebenprodukt der Beschäftigung entsteht. Daher ist, wenn keine weitere aktive Humankapitalinvestition getätigt wird, die Abschreibung des Humankapitals während

Phasen der Nichterwerbstätigkeit wesentlich höher als während Beschäftigungszeiten (siehe Schaubild 3.3 in Franz, 2003, S. 85).

Neben „Learning-by-doing" kann berufliche Weiterbildung aktiv als Investition betrieben werden. Diese Investition kann als Weiterbildung am Arbeitsplatz („on-the-job") oder außerhalb („off-the-job") erfolgen: Letztere als schulische Form der Weiterbildung im Rahmen von Kursen innerhalb des Betriebes oder in externen Bildungseinrichtungen. Im Hinblick auf die berufliche Weiterbildung ist die Unterscheidung zwischen allgemeinem und spezifischem Humankapital von Bedeutung. Allgemeines Humankapital umfasst Kenntnisse, die an mehreren Stellen produktivitätssteigernd eingesetzt werden können, d.h. nicht nur spezifisch für den jetzigen Arbeitgeber sind. Demgegenüber bezeichnet man mit spezifischem Humankapital Kenntnisse, die im Extremfall nur beim jetzigen Arbeitgeber produktivitätssteigernd eingesetzt werden können. Neben dieser Definition von arbeitgeberspezifischem Humankapital kann analog berufs- oder sektorspezifisches Humankapital definiert werden. Je größer der Grad der Spezifität von Humankapital, desto größer ist das Risiko der Investition für den Arbeitnehmer, falls er selbst mit der Aussicht auf höhere zukünftige Verdienste die Kosten der Investition trägt. Das Risiko besteht zum einen in einem möglichen ex post opportunistischen Verhalten des Arbeitgebers, der die Rente aus dem spezifischen Humankapital abschöpfen kann, da der Arbeitnehmer keine alternative Möglichkeit der Verwendung hat. Zum anderen können unerwartete Schocks zu einem Verlust des Arbeitsplatzes führen. Umgekehrt, falls der Arbeitgeber die Kosten der Investition in spezifisches Humankapital trägt, besteht für ihn das Risiko, dass der Arbeitnehmer die Unternehmung verlässt. Im Lebenszyklus stellt die Senioritätsentlohnung (Entlohnung steigt mit Betriebszugehörigkeitsdauer, so dass sie anfangs unterhalb der Grenzproduktivität des Arbeitnehmers liegt und später diese sogar übersteigt – vgl. Franz, 2003, Kapitel 3.2) eine Möglichkeit dar, für den Arbeitgeber den Ertrag aus der von ihm finanzierten spezifischen Investition zu sichern.

Die aktuelle Literatur zur Evaluation der Erträge von Humankapitalinvestitionen (vgl. Card, 1999, und Heckman, 1999) betont die Heterogenität der Kosten und Erträge sowie die Heterogenität des gebildeten Humankapitals. Arbeitnehmer unterscheiden sich stark in den Erträgen und Kosten einer Humankapitalinvestition. Es gilt, dass ein schon höherer vorhandener Humankapitalbestand („man hat gelernt zu lernen") die Kosten der Investition reduziert und die Erträge aufgrund von Synergieeffekten erhöht. Der Ertrag geht mit zunehmendem Alter (kürzere Amortisationsdauer) zurück, ist häufig für Frauen geringer als für Männer, da Frauen bisher häufiger von Erwerbsunterbrechungen („Babypause") betroffen sind. Bei Investitionen in spezifisches Humankapital ist der Ertrag umso geringer je höher das Risiko ist, dass in Zukunft das spezifische Einsatzgebiet der Humankapitalinvestition nicht mehr besteht (siehe Abschnitt 2).

Als eine wichtige Heterogenität im gebildeten Humankapital betont Heckman (1999) die Unterscheidung in kognitive und nichtkognitive Fähigkeiten. Kognitive Fähigkeiten in Form von schulischem und praktischem Wissen, das durch Ausbildung vermittelt wird und durch Prüfungen messbar ist, dominieren die bildungspolitische Debatte in den USA. Heckman betont jedoch die Rolle von nichtkognitiven Fähigkeiten in Form der Motivation sowie der sozialen Anpassungsfähigkeit. Letztere sind Voraussetzung zum einen für die Möglichkeit und Fähigkeit zum Lernen (Stichwort „lebenslanges Lernen") und zum anderen für eine produktive soziale Interaktion am Arbeitsplatz in einer arbeitsteiligen Volkswirtschaft, in der ein wachsender Teil des Outputs als Teamoutput und Dienstleistung erbracht wird. Eine in diesem Sinn verstandene soziale Kompetenz steht nicht im Vordergrund der formalen Ausbildung. Sie wird einerseits im Rahmen der Erziehung und andererseits durch die Erfahrung sozialer Interaktionen in der Praxis (z.B. am Arbeitsplatz) erworben. In diesem Sinne interpretiert Heckman (1999) die Kombination von beruflicher Ausbildung – theoretische und praktische kognitive Wissensvermittlung, die spezifisch auf die spätere Berufstätigkeit ausgerichtet ist – und praktischer Berufstätigkeit im Betrieb – mit der damit einhergehenden Anwendung des Wissens und der frühzeitigen sozialen Einbindung – als den entscheidenden Vorzug des dualen Berufsausbildungssystems in Deutschland.

3.2 Begründung für staatliche Interventionen

Ökonomische Begründungen für staatliche Interventionen in Form von FbW lassen sich danach strukturieren, ob Effizienz- oder Verteilungsziele verfolgt werden. Die im Folgenden teilweise unterstellten potenziellen positiven Wirkungen von FbW bedürfen jedoch – wie in der Einleitung betont – einer empirischen Überprüfung.

Eine Erhöhung der Effizienz kann prinzipiell unter drei Bedingungen durch staatliche Interventionen erreicht werden. Erstens, es liegt eine Form des Marktversagens vor, die verhindert, dass die geförderte, effizienzsteigernde Aktivität erfolgt. Zweitens, aufgrund einer anderweitigen Funktionsstörung in der Volkswirtschaft kann die staatliche Intervention als „Second-Best-Reaktion" zur Kompensation der vorliegenden Funktionsstörung dienen. Und drittens, die staatlich geförderte Aktivität weist positive externe Effekte auf die wirtschaftliche Aktivität anderer als der geförderten Personen auf. Im Folgenden soll geprüft werden, ob die drei genannten Bedingungen prinzipiell als Begründung für FbW in Frage kommen.

Mögliche Formen des Marktversagens bestehen in der Unmöglichkeit, rentable Humankapitalinvestitionen privat bei Kreditrationierung zu finanzieren oder bindende Verträge bei spezifischen Humankapitalinvestitionen zwischen Arbeitgeber und Arbeitnehmer abzuschließen, sowie in der Nichtexistenz von Versicherungsmärkten. Letzteres verhindert beispielsweise aufgrund von moralischem Risiko oder adverser Selektion, dass Arbeitnehmer/Arbeitgeber bei riskanten Humankapitalinvestitionen das Risiko dieser Investition versichern können. Nach unserer Einschätzung spielt eine mögliche Kreditrationierung für einen Großteil der beruflichen Weiterbildung (im Gegensatz zur schulischen und beruflichen Erstausbildung) keine Rolle, da die meisten Arbeitnehmer im Lebenszyklus Ersparnisse gebildet haben und Sicherheiten anbieten können. Das Argument kann nur dann herangezogen werden, wenn es sich um die Ausbildung von bestimmten Gruppen von Arbeitnehmern ohne Vermögen und Sicherheiten handelt. Auch die theoretisch plausible Problematik der Unmöglichkeit bindender Verträge erscheint uns praktisch von geringer Bedeutung zu sein. Implizite Verträge, wie die oben diskutierte Senioritätsentlohnung, Friktionskosten von Arbeitnehmer und Arbeitgeber oder explizite institutionelle Regelungen wie Kündigungsschutz reduzieren das Risiko spezifischer Humankapitalinvestitionen. Allerdings könnte dieses Argument an Bedeutung gewinnen, wenn die Flexibilität in den Arbeitsmärkten stark zunimmt. Eine große Bedeutung messen wir fehlenden Versicherungsmöglichkeiten zu. In einer sich verändernden Volkswirtschaft (siehe Abschnitt 2) sind riskante Investitionen notwendig, um erfolgreich wirtschaftlich tätig zu sein. Angesichts der typischerweise unterstellten Risikoaversion (stärker für Arbeitnehmer als für Arbeitgeber) würden solche Investitionen unter Umständen unterbleiben, selbst wenn im Durchschnitt ein positiver Nettoertrag existiert. FbW kann hier in zweierlei Hinsicht hilfreich sein. Einerseits können riskante Investitionen gefördert werden und andererseits kann FbW den Arbeitnehmern die Versicherung für vergangene Humankapitalinvestitionen geben, die sich ex post (z.B. wenn mit den vorhandenen Fähigkeiten keine Aussicht auf einen attraktiven Arbeitsplatz besteht) als Fehlinvestitionen herausstellen. Wir halten den ersten Punkt jedoch nicht für überzeugend, da eine angemessene Einschätzung von riskanten Investitionen durch die Ausführenden der staatlichen Arbeitsmarktpolitik nicht zu leisten ist.

Als Funktionsstörungen (eine scharfe Abgrenzung gegenüber Marktversagen ist nicht immer möglich) seien hier Rigiditäten, insbesondere in der Lohnbildung, und Aspekte unvollständiger Information aufgefasst. Wir räumen beiden hier genannten Aspekten prinzipiell eine Berechtigung zur Begründung für FbW ein. Der erste Aspekt zielt darauf ab, dass in einer Volkswirtschaft mit Mindestlöhnen ein Arbeitnehmer, dessen Produktivität geringer als der Mindestlohn ist, nicht beschäftigbar („employable“) ist. Im Gegensatz dazu findet in einer Wirtschaft mit flexiblen Löhnen ein Arbeitnehmer im Gleichgewicht eine Beschäftigung, bei der die Entlohnung seiner Produktivität entspricht. FbW kann prinzipiell durch Erhöhung der Produktivität die Beschäftigbarkeit wieder herstellen und damit soziale Unterstützungszahlungen einsparen helfen. Das Argument wird dadurch unterstützt, dass während Phasen der Arbeitslosigkeit eine besonders starke Abschreibung des Humankapitals erfolgt. Bedingt durch unvollständige Information gibt es Such- und

Matchingfriktionen im Arbeitsmarkt (Mortensen und Pissarides, 1999). Arbeitslose können durch berufliche Weiterbildung potenziellen Arbeitgebern signalisieren, welche Fähigkeiten sie trotz Arbeitslosigkeit aufweisen und dass sie gewillt und in der Lage sind, erfolgreich – bei Erreichen des formalen Bildungszieles – Anstrengungen zu unternehmen, um beschäftigbar zu sein. In diesem Sinne kann FbW prinzipiell die Matchingeffizienz in einer Volkswirtschaft erhöhen.

Als dritte Begründung für staatliche Interventionen in Form von FbW kommen positive externe Effekte in Frage. Eine positive soziale Externalität durch die Vermehrung des Wissens in der Volkswirtschaft, wie sie beispielsweise im Rahmen der neuen Wachstumstheorie und in theoretischen Überlegungen zum technischen Fortschritt eine große Rolle spielt, halten wir bei beruflicher Weiterbildung im Rahmen der aktiven Arbeitsmarktpolitik für wenig relevant. Hier geht es im Regelfall um die Vermittlung von Kenntnissen und Fähigkeiten, die im ersten Arbeitsmarkt ohnehin vorhanden sind. Dieses Argument kann allenfalls dann eine Rolle spielen, wenn ein ausgeprägter Mangel an Arbeitskräften mit spezifischen Kenntnissen vorliegt („Mangelberufe"), wie dies unter Umständen im IT-Bereich zeitweise der Fall war. Es ist jedoch eher davon auszugehen, dass aufgrund allgemeiner Gleichgewichtseffekte die sozialen Erträge von beruflicher Weiterbildung geringer als die privaten sind (Heckman, 1999). Gewichtiger könnten positive externe Effekte durch die Erhöhung der Matchingeffizienz liegen. Schließlich könnte der Staat auch indirekt durch Erhöhung der Transparenz im Weiterbildungsmarkt (beispielsweise Zertifizierungsaktivitäten) effizienzsteigernd wirken.

Verteilungsziele sind wissenschaftlich nicht hinterfragbar, gleichwohl ist es möglich, zu überprüfen, ob die eingesetzten wirtschaftspolitischen Maßnahmen tatsächlich und in effizienter Weise zu einer Verbesserung im Sinne der Verteilungsziele geführt haben. Der meist bestehende Zielkonflikt zwischen Effizienz und Gleichheit ist zu berücksichtigen. Verteilungsziele zur Begründung staatlicher Aktivität im Form von FbW werden meist damit begründet, dass die Verdienst- und Beschäftigungsverteilung über die Arbeitnehmergruppen ohne staatliche Aktivität zu ungleich sei. Dies kann auch indirekt dadurch begründet werden, dass aus Verteilungsgesichtspunkten erwünschte Lohnrigiditäten mit Arbeitslosigkeit von bestimmten Arbeitnehmergruppen einhergehen und FbW deren Beschäftigbarkeit gewährleisten soll. Gender Mainstreaming als Verteilungsziel der Gleichheit der Lebenschancen zwischen Männern und Frauen hat in jüngerer Zeit in der politischen Debatte eine große Bedeutung. Da die Erwerbsverläufe von Frauen wesentlich mehr Erwerbsunterbrechungen (Fitzenberger und Wunderlich, 2003) aufweisen als die der Männer, ist es individuell für Frauen rational, weniger in Humankapital, und zwar insbesondere weniger in spezifisches Humankapital, zu investieren. Gleichzeitig unterliegt das Humankapital während der Erwerbsunterbrechungen einer großen Abschreibung. FbW kann prinzipiell selektiv die Wiedereinstiegschancen von Frauen nach Erwerbsunterbrechungen erhöhen. Vor allem aber kann mit FbW spezifisches Humankapital gebildet werden, wenn Arbeitgeber nicht bereit sind, dieses für Frauen zu finanzieren. Häufig wird auch unterstellt, dass hoch qualifizierte Frauen unter impliziten Karriereschranken zu leiden haben, die dazu führen, dass Frauen kaum Führungspositionen in der Wirtschaft einnehmen. Da FbW im Wesentlichen ein Programm für Arbeitslose ist, kann man letzteren Punkt nicht zur Begründung für FbW heranziehen.

3.3 Bewertungskriterien

Aus den theoretischen Erörterungen in diesem Abschnitt lassen sich die folgenden Kriterien ableiten, anhand derer die tatsächliche Ausgestaltung von FbW bewertet und gegebenenfalls Politikversagen festgestellt werden kann.

1. Angesichts der Heterogenität der Erträge und der Inhalte von beruflicher Weiterbildung sollten aus Effizienzgesichtspunkten vor allem Maßnahmen gefördert werden, welche die Produktivität und Beschäftigbarkeit von Arbeitnehmern möglichst stark über einen hinreichend langen Zeitraum erhöhen. Daher sind eher jüngere statt ältere Arbeitnehmer sowie eher kurze und praxisnahe Maßnahmen als lange und unspezifische Maßnahmen zu fördern. Weiterhin sollten Bildungsziele eher in Bereichen gefördert werden, in denen die Beschäftigbarkeit wahrscheinlich ist. Nicht jede Maßnahme ist für jeden Arbeitslosen sinnvoll.
2. Maßnahmen, die generelles Humankapital vermitteln, sollten mit hohem Praxisbezug durchgeführt werden, damit entsprechende nichtkognitive Fähigkeiten und die konkrete Anwendbarkeit vermittelt werden. Solche Maßnahmen sollten eher kurzer Natur sein und sind dann sinnvoll, wenn Basisqualifikationen (heutzutage beispielsweise EDV-Kenntnisse) fehlen.
3. Maßnahmen, die spezifisches Humankapital vermitteln und von langer Dauer sind, sollten nur dann durchgeführt werden, wenn die Risiken dieser Investition überschaubar sind und eine hinreichende Zahl offener Stellen für Personen mit diesen Kenntnissen bestehen. Praxisnähe der Maßnahmen stellt sicher, dass eine ausreichende Chance besteht, dass Beschäftigbarkeit erreicht wird.
4. Über die Anforderungen an FbW (Zertifizierung) kann der Staat in gewissem Umfang für stärkere Transparenz im Weiterbildungsmarkt sorgen. Dies muss im Lichte der am Arbeitsmarkt nachgefragten Qualifikationen erfolgen.
5. Verteilungsziele können nur dann erreicht werden, wenn die betroffenen Arbeitnehmergruppen von der Maßnahme profitieren. Dies ist dann nicht der Fall, wenn die geförderten Problemgruppen nicht die notwendigen kognitiven oder nichtkognitiven Fähigkeiten mitbringen, um das Bildungsziel zu erreichen. Problemgruppen weisen häufig vergleichsweise geringe

Erträge bei Humankapitalinvestitionen auf. Wenn nicht von einer hinreichenden produktivitätssteigernden Wirkung von FbW auszugehen ist, dann ist es im Regelfall sinnvoller, eine durch Lohnrigiditäten verhinderte Beschäftigbarkeit durch Senkung der Arbeitskosten des Arbeitgebers herzustellen. Verteilungspolitische Ziele können eher durch ergänzende Lohnsubventionen oder Transferzahlungen erreicht werden. Die Effizienz einer solchen Politik wird durch eine zeitliche Befristung erhöht. Während dieses Zeitraums besteht die Chance, dass es den Beschäftigten durch die Berufserfahrung gelingt, ihre Produktivität zu steigern.

6. FbW nur zur Entlastung des Arbeitsmarktes einzusetzen, ist angesichts hoher direkter und indirekter Kosten im Regelfall nicht gerechtfertigt. Die Suchanstrengungen der Teilnehmer und ihre Beschäftigbarkeit gehen zurück. Nicht erfüllte Hoffnungen auf einen höherwertigen Arbeitsplatz können sich als „Bumerangeffekt" negativ auf die Motivation der Arbeitslosen auswirken.

4 Inhalte und Teilnehmercharakteristika

Es ist zunächst festzuhalten, dass in Deutschland berufliche Weiterbildung nicht allein als Gegenstand der aktiven Arbeitsmarktpolitik umgesetzt wird. Die Weiterbildung für Beschäftigte ist verglichen mit der FbW-Förderung jedoch wenig reguliert: Die Individuen suchen sich ihre Bildungsmaßnahme selbst im Angebot von Volkshochschulen oder privaten Bildungseinrichtungen und können Kosten steuerlich geltend machen, wenn sie in der Absicht gemacht worden sind, damit eine Erwerbstätigkeit auszuüben. Im Gegensatz zu FbW-Maßnahmen untersteht dabei die Wahl der Bildungsmaßnahmen keinem Eingliederungs- oder Berufsziel, das in einer bestimmten Zeit erreichbar ist, so dass auch eine Qualifizierung erfolgen kann, die erst mit der nächsten Beschäftigung verwertet werden kann. Demgegenüber sind FbW-Maßnahmen deutlich formalisierter: Wenn eine Förderung erfolgt, so muss z.B. eine Qualifikation in einem Beruf erfolgen, der voraussichtlich stärker nachgefragt wird. Die Entscheidung, welche Weiterbildung und in welcher Institution absolviert wird, lag bis vor kurzem in den Händen der Berater des Arbeitsamts. Erst in jüngster Zeit haben Personen, die FbW in Anspruch nehmen, eine eigene Gestaltungsmöglichkeit erhalten und können mit ihrem „Bildungsgutschein" eine für sie angemessene Maßnahme aussuchen.

4.1 Weiterbildung für Arbeitslose (FbW)

Ziele von FbW (§§ 77-96 und §§ 153-159, Sozialgesetzbuch III) sind die Eingliederung von arbeitslosen Arbeitnehmern, die Abwendung einer drohenden Arbeitslosigkeit und der Erwerb eines anerkannten Berufsabschlusses. FbW umfasst Maßnahmen, durch die berufliche Kenntnisse, Fertigkeiten und Fähigkeiten festgestellt, erhalten, erweitert oder der technischen Entwicklung angepasst werden, die Möglichkeiten eines beruflichen Aufstiegs bieten, einen beruflichen Abschluss vermitteln oder zu einer anderen beruflichen Tätigkeit befähigen. Während der Maßnahme können die Teilnehmer bei Vorliegen der Leistungsvoraussetzungen ein Unterhaltsgeld beziehen.

Grundsätzlich ist Voraussetzung für eine Förderung, dass der Teilnehmer innerhalb eines festgesetzten Zeitraumes eine Vorbeschäftigungszeit erfüllt hat, d.h. mindestens ein Jahr in einer sozialversicherungspflichtigen Beschäftigung gestanden hat oder Arbeitslosengeld oder im Anschluss daran Arbeitslosenhilfe bezogen hat. Bei Berufsrückkehrern können die Zeiten auch länger zurückliegen. Voraussetzung ist weiterhin, dass die Teilnahme an einer Bildungsmaßnahme als „notwendig" angesehen wird. Sofern diese beiden Kriterien erfüllt sind, können grundsätzlich Kursgebühren, Unterhaltsgeld und alle weiteren mit der Wahrnehmung von Maßnahmen verbundenen Kosten (z.B. Kinderbetreuung, Fahrtkosten) übernommen werden.

Neben FbW eröffnet das SGB III seit kurzem auch die Möglichkeit einer Förderung der „beruflichen Weiterbildung durch Vertretung" (Jobrotation, SGB III §§ 229-233). Das Programmdesign sieht vor, dass Unternehmen mittelbar bei der Weiterbildung ihrer Mitarbeiter unterstützt werden: Während sich ein Mitarbeiter in Weiterbildung befindet, werden dessen Aufgaben von einem bislang arbeitslosen Vertreter im Betrieb wahrgenommen. Die Förderung des Vertreters erfolgt in Form eines Zuschusses zu den Lohnkosten in Höhe von 50 bis 100% längstens für ein Jahr. Da jedoch im Jahr 2002 nur 278 Personen gefördert wurden, wird dieses Instrument im Weiteren nicht mehr verfolgt.

Seit Januar 2003 erhalten Teilnehmer einen „Bildungsgutschein". Dieser Bildungsgutschein gibt Aufschluss über das *Bildungsziel* sowie über die Dauer zum Erreichen des Ziels und den Geltungsbereich. Der Teilnehmer erhält das Recht, den Gutschein bei einem zugelassenen Bildungsträger seiner Wahl innerhalb von drei Monaten einzulösen. Falls kein geeignetes Weiterbildungsangebot gefunden wurde, wird gegebenenfalls ein neuer Gutschein ausgehändigt. Grundlage für Zulassung oder Anerkennung des Bildungsträgers bildet eine „Verbleibsprognose", die neben der zeitraumbezogenen Verbleibsquote vorangegangener Weiterbildungen (Prozentsatz der Absolventen, die innerhalb des Sechs-Monats-Zeitraums ihre Arbeitslosigkeit beendet haben) des Trägers auch die regionale Arbeitsmarktentwicklung und den erwarteten Arbeitsmarktbedarf enthält.

Erweitert wird das Konzept der Verbleibsprognose um die Beteiligung von Zielgruppen vorangegangener Maßnahmen. Das Arbeitsamt verlangt jedoch nicht, dass der Bildungsträger Einstellungszusagen für Absolventen von Bildungsmaßnahmen als Voraussetzung für eine Zulassung/Förderung berichten muss. Allerdings kann die Zulassung einer Maßnahme im Einzelfall aufgrund einer späteren Einstellungszusage erfolgen, wenn das Bildungsziel der Maßnahme nicht in der Planung des Arbeitsamtes enthalten war, das Arbeitsamt keinen Arbeitsmarktbedarf gesehen hat oder eine Verbleibsquote von weniger als 70% erwartet wird (Bundesanstalt für Arbeit, 2003, S. 2). Soll im Einzelfall das für eine berufliche Eingliederung erfolgversprechendste, jedoch nicht zugelassene Weiterbildungsangebot gefördert werden, wird eine Prüfung der Zulassung ermöglicht. Die Einführung von Bildungsgutscheinen ist leider zu neu, als dass sie in den im Folgenden analysierten Daten schon vorkommt.

4.2 Maßnahmen

Eine inhaltliche Festsetzung, entsprechend der Spezifität des zu erwerbenden Humankapitals oder etwa der Praxisnähe der Weiterbildung, sieht die Sozialgesetzgebung nicht vor. Das SGB III nimmt auch die bis 1997 gebräuchliche Unterscheidung zwischen Fortbildungen und Umschulungsmaßnahmen nicht mehr vor. Im Folgenden werden vier große Maßnahmen definiert, die spezifische Bildungsinhalte aufweisen und sich an bestimmte Problemgruppen richten.

1. In *„Vorbereitungs- und Feststellungmaßnahmen“* absolvieren die Teilnehmer kurze Maßnahmen „off-the-job“. Die Qualifizierungsziele sollen die Vermittlungschancen der Teilnehmer verbessern. Häufig werden sie zur Feststellung, ob ein Teilnehmer in eine weitere FbW-Maßnahme eintreten soll, eingesetzt. Ihrem Charakter der Vorbereitung entsprechend beinhalten diese Maßnahmen eher eine Erhöhung des allgemeinen Humankapitals, eine Verbesserung des Suchverhaltens oder die Abstimmung persönlicher und beruflicher Ziele. Sie sollen zu einem frühen Zeitpunkt stattfinden.
2. *Begrenzte berufliche Kenntnisse:* Eine zweite Form beruflicher Weiterbildung befasst sich mit der Bereitstellung begrenzter beruflicher Kenntnisse und Techniken mit dem Ziel der Wiedereingliederung. Diese Maßnahmen stellen den Großteil von FbW dar. Diese Maßnahmen dienen zum Erlernen oder Auffrischen einzelner Fähigkeiten. Sie finden in der Regel in externen Bildungseinrichtungen statt. Da in vielen Fällen kein zertifizierter Bildungsabschluss angestrebt wird, sind die Qualifikationen nicht formalisiert (keine Verbesserung des Jobmatches) und haben keine explizite betriebliche Ausrichtung. Die Zielgruppe dieser Maßnahmen sind Arbeitslose, die nach längerer Zeit keine neue Beschäftigung finden konnten und einer Erweiterung ihres berufsspezifischen Humankapitals bedürfen, etwa aufgrund sektoralen Wandels oder technologischer Weiterentwicklung im erlernten Berufsbild (z.B. beim Einsatz von IT-Technologien).
3. *„Förderung beruflicher Abschlussprüfungen“ beziehungsweise „Umschulung“*: In beiden Maßnahmen wird ein neuer beziehungsweise weiterer zertifizierter Berufsabschluss nach dem dualen Ausbildungssystem angestrebt, der dann den Job-Match verbessert. Dafür werden relativ lange Maßnahmen entsprechend den Anforderungen der jeweils angestrebten Berufsabschlüsse absolviert, die in Bildungseinrichtungen und in Betrieben stattfinden. Die Teilnehmer qualifizieren sich in der Maßnahme auf

das Niveau anerkannter Berufsabschlüsse. Da diese Maßnahmen langfristige Investitionen in das Humankapital darstellen und entsprechend kostenintensiv sind, ergibt sich für die Arbeitsmarktpolitik erst ein Handlungsbedarf, wenn die Individuen auf sonstigem Wege keine neue Beschäftigung gefunden haben oder persönliche (z.B. gesundheitliche) Gründe vorliegen. Generell richten sich solche langfristigen Investitionen in das Humankapital eher an jüngere Menschen.

4. *Jobrotation* zielt auf die Wiedereingliederung in betriebliche Arbeitsmärkte. Diese Lohnsubvention bei der Einstellung Arbeitsloser soll deren Wettbewerbsnachteile auf dem Arbeitsmarkt verringern und ein „Heranführen“ an die betrieblichen Erfordernisse erleichtern und somit betriebsspezifisch qualifizieren. Der erwartete Zuwachs im Humankapital beschränkt sich damit im Wesentlichen auf betriebsspezifische Kenntnisse. Eine generelle Verbesserung der Beschäftigbarkeit ist nur zu erwarten, wenn Defizite bei nichtkognitiven Fähigkeiten bestehen. Jobrotation stellt im Wesentlichen eine Lohnsubvention dar. Diese Form von Weiterbildungsmaßnahmen wurde bislang kaum in Anspruch genommen, obwohl sie angesichts der theoretischen Erörterungen für bestimmte Zielgruppen (beispielsweise leistungsgeminderten Langzeitarbeitslosen) sinnvoll sein könnten.
5. Zusätzlich zur beruflichen Weiterbildung wird in Deutschland auch die *Sprachausbildung* über die aktive Arbeitsmarktpolitik implementiert: Förderung der Teilnahme an Deutsch-Sprachlehrgängen soll die volle berufliche und gesellschaftliche Integration von Spätaussiedlern, von Asylberechtigten und Kontingentflüchtlingen unterstützen. Gefördert wird für den genannten Personenkreis die Teilnahme an Deutsch-Sprachlehrgängen, mit denen die für die Aufnahme einer Erwerbstätigkeit erforderlichen Kenntnisse der deutschen Sprache in Wort und Schrift vermittelt werden. Da die Sprachausbildung eine Investition in das allgemeine Humankapital darstellt, sollte sie frühestmöglich erfolgen.

4.3 Teilnahme

Der Betrachtung der FbW-Maßnahmenteilnahmen geht die Beschreibung der Arbeitslosigkeit voraus (Tabelle 2). Gliedern wir die Arbeitslosigkeit auf, so zeigt sich, dass Frauen mehr von Arbeitslosigkeit betroffen sind als Männer. Der Frauenanteil an den Arbeitslosen hat sich von 46,9% im Jahr 1998 auf 44,8% im Jahr 2002 vermindert, jedoch liegt die Arbeitslosenquote noch immer über der durchschnittlichen Arbeitslosenquote (10,3 gegenüber 9,8% im Jahr 2002, 1998: 12,8 % gegenüber 11,1%). Die größere Betroffenheit der Frauen von Arbeitslosigkeit wird durch FbW berücksichtigt: Von den 456.301 Teilnehmern im Jahr 2002 sind 47,8% weiblich, somit sind die Frauen gegenüber ihrem Anteil an der Arbeitslosigkeit überrepräsentiert („Gender-Mainstreaming“).

Andererseits sind Langzeitarbeitslose nicht repräsentativ in den Eintritten in FbW berücksichtigt: Obwohl sie etwa ein Drittel aller Arbeitslosen stellen, machen sie nur zwischen 20 und 25% der FbW-Teilnehmer aus. Sollte insbesondere für Langzeitarbeitslose eine Verbesserung des Matchings aufgrund einer FbW-Maßnahme zu erwarten sein, müssen Langzeitarbeitslose stärker berücksichtigt werden. Jüngere Arbeitslose sind hingegen in den Maßnahmen nahezu gleich repräsentiert, wohingegen innerhalb von FbW ausländische Arbeitslose nicht entsprechend ihrem Anteil an der Arbeitslosigkeit berücksichtigt werden: Sie repräsentieren nahezu ein Fünftel aller Arbeitslosen, bilden in FbW aber nicht einmal 10% der Teilnehmer. Wenn FbW-Maßnahmen Problemgruppen am Arbeitsmarkt nutzen sollen, erschiene eine Ausrichtung auf (junge) ausländische Arbeitslose wichtig.

Betrachten wir die Art der Maßnahmen, so zeigen sich im Aggregat kaum Veränderungen: In den Jahren 1998-2002 liegt der Anteil derer, die in einer Maßnahme einen Berufsabschluss zu erwerben beabsichtigen, konstant bei 20%. FbW, die stärker problemlagenorientiert wirksam ist und kurzfristige beziehungsweise praxisnahe Integration in den Arbeitsmarkt beabsichtigt, ließe erwarten, dass der Anteil der Teilnehmer, der in die Maßnahmen eintritt, langsam sinken müsste. Dies ist aber nicht der Fall.

4.4 Inhalte und Zielgruppen von FbW

Um die Maßnahmeninhalte, die Zutrittspopulationen nach Maßnahmen und die Anteile der Bildungsinhalte (Theorie und Praxis) genauer zu erfassen, nutzen wir die Datenbasis eines hausinternen Monitoring-Systems der Beruflichen Fortbildungszentren der Bayerischen Wirtschaft (bfz), die auf Maßnahmenebene aggregierte Individualdaten umfasst. Diese Daten beziehen sich auf alle FbW-Maßnahmen des bfz, die in Bayern nach dem SGB III gefördert worden sind (Zängle, 2002). Die Daten werden quartalsweise erhoben. Sie stammen nicht vom Teilnehmer selbst, sondern vom jeweils zuständigen Seminarleiter. Die Erhebung hat eine Ausschöpfung von circa 95%. Da die Abfrage des Stundenvolumens in den staatlichen Berufsschulen für den Zeitraum vor 1999 noch nicht im Erhebungsprogramm vorgesehen war, wurden nur Maßnahmen betrachtet, die im Zeitraum 1999 bis 2002 begonnen wurden. Es stehen damit 3663 Maßnahmen für die folgende Beschreibung bereit.[3]

[3] Für unsere Zwecke haben wir die Maßnahmen wie folgt zusammengefasst: Vorbereitungs- und Feststellungsmaßnahmen beinhalten (i) Praxis – Training – Kompetenz PTK, (ii) Maßnahmepaket Alkohol MPA, (iii) Maßnahmen der Arbeitsberatung MdA, (iv) Vermittlertätigkeit f. Bezieher von Alhi AVE, (v) Maßnahmen der Eignungsfeststellung MdE, (vi) Integrationszentren IZE; Maßnahmen zur Bereitstellung begrenzter beruflicher Kenntnisse umfassen (i) Berufliche Bildung und Praxis für Erwachsene BPE, (ii) Berufspraktische Fortbildung/Weiterbildung BPF/ BPW, (iii) Berufspraktisches Jahr BPJ, (iv) Fachliche Qualifizierungsmaßnahme FQF, (v) Fachliche Qualifizierungsmaßnahme FQA, (vi) Trainings- u. Schulungszentren, Übungsfirmen, Übungswerkstätten TSZ, (vii) Trainingsmaßnahmen TMA (viii) Trainingsmaßnahmen TMA; Umschulungsmaßnahmen sind (i) Umschulung UMF; Sprachausbildung umfasst

Maßnahmeninhalte

Betrachtet man die Maßnahmeninhalte, zeigt sich, dass die meisten Maßnahmen (60%) begrenzte berufliche Kenntnisse vermitteln. Diese Maßnahmen umfassen vor allem fachliche Qualifizierungsmaßnahmen, berufspraktische Fortbildungsmaßnahmen und die Ausbildung in Übungsfirmen und Übungsstätten. Der zweitwichtigste Block umfasst mit 19,8% alle Maßnahmen, die auf eine berufliche Abschlussprüfung vorbereiten. Auf Platz drei finden wir schon die Sprachausbildung, die mehr als 9% aller Maßnahmen umfasst, kleinere Bereiche bilden „sonstige Maßnahmen" und „Vorbereitungs- und Feststellungsmaßnahmen" (vgl. Tabelle 1).

Tabelle 1: Maßnahmen

	Häufigkeit	Prozent	Gültige Prozente	Kumulierte Prozente
Vorbereitung und Feststellung	138	3,77	3,81	3,81
Begrenzte berufl. Kenntnisse	2173	59,32	60,04	63,86
Förd. des Berufsabschlusses	716	19,55	19,78	83,64
Sonstige Maßnahmen	258	7,04	7,13	90,77
Sprachausbildung	334	9,12	9,23	100,00
Gesamt	3619	98,80	100,00	
Andere, nicht spezifizierte	44	1,20		
N	3663	100,00		

Datenquelle: Aggregierte Stunden in FbW in Fortbildungszentren der Bayerischen Wirtschaft (bfz). Die Verkodung der Maßnahmen erfolgte entsprechend Fußnote 3.

Teilnehmerstruktur

Individuen, die in FbW eintreten, müssen entweder arbeitslos oder von Arbeitslosigkeit bedroht sein. Tabelle 3 zeigt, dass in allen vier Maßnahmen zwischen 4,2 und 25% aller Teilnehmer vor der Maßnahme nicht arbeitslos waren. Insbesondere in „sonstige Maßnahmen" treten knapp 25% aller Teilnehmer aus einem anderen Zustand als Arbeitslosigkeit ein. Auch Individuen, die eine Umschulung absolvieren, kommen zu einem großen Teil gar nicht aus Arbeitslosigkeit.

(i) Sprachliche Qualifizierung für Aussiedler SQA; sonstige Maßnahmen bestehen aus (i) Sonstige Maßnahmen SMF. Daneben gibt es Maßnahmen, die sich nicht an Arbeitslose richten und die im Weiteren für die Analyse der Zielgruppen und Maßnahmeninhalte ausgespart wurden (diese sind: (i) Förderung der Weiterbildung beschäftigter Arbeitnehmer FWU, (ii) Servicebüro f. Jungunternehmer/DL-Zentrum, (iii) Projekte mit Förderung nach § 10 SGB III P10 und (iv) Maßnahmen sonstiger Großkunden SON).

Andererseits zeigt Tabelle 3, dass eine Zuweisung in bestimmte Maßnahmentypen nach der Arbeitslosigkeitsdauer existiert: Werden Maßnahmen betrachtet, in die ein hoher Anteil von Beschäftigten eintritt, so korrespondiert damit, dass in diese Maßnahmen vornehmlich auch Kurzzeitarbeitslose eintreten (z.B. „sonstige Maßnahmen"). Für Vorbereitungs- und Feststellungsmaßnahmen kehrt sich dieses Bild um: Hier treten meist Langzeitarbeitslose ein (34,5%). Ebenso wird die Bereitstellung „begrenzter beruflicher Kenntnisse" hauptsächlich für Mittel- und Langzeitarbeitslose betrieben. Verglichen damit ist der Anteil der Langzeitarbeitslosen, die in „sonstige Maßnahmen" (6,9%) eintreten oder eine Umschulung beginnen (16,3%) deutlich geringer. Es fällt auf, dass bestimmte FbW-Maßnahmen explizit an bestimmte Zielgruppen gerichtet werden, für die aufgrund der theoretischen Betrachtung eigentlich andere Maßnahmen erwartet worden wären: Beispielsweise Vorbereitungs- und Feststellungsmaßnahmen sind keine FbW, die zu Beginn der Arbeitslosigkeit mit Training des Arbeitsmarktverhaltens, Sozialtechnik und Vorbereitung auf eine Beschäftigung auf einen schnellen Vermittlungserfolg abzielen, sondern richten sich an Langzeitarbeitslose. Noch erstaunlicher ist, dass sich Sprachkurse ebenfalls an Personen richten, die schon seit zwölf Monaten arbeitslos sind, obwohl Sprachkenntnisse eine notwendige Bedingung sind, um überhaupt in den Suchprozess eintreten zu können.

Betrachtet man die Anteile der Teilnehmer in den Maßnahmeklassen nach ihrer allgemeinen Ausbildung (detaillierte Ergebnisse können auf Anfrage zur Verfügung gestellt werden), so fällt auf, dass durchaus Teilnehmer mit einer hohen allgemeinen Bildung in FbW-Maßnahmen eintreten: Immerhin 42% derer, die eine „sonstige Maßnahme" durchlaufen, haben in ihrer Bildungsbiografie die allgemeine Hochschulreife erworben. Bei Umschulung sind das immerhin noch 13,4%. Teilnehmer an Sprachkursen weisen jedoch zu mehr als 61% eine Allgemeinbildung auf, die höchstens dem Hauptschulniveau entspricht – ein Zeichen dafür, dass die Sprachausbildung Basisqualifikationen (allgemeines Humankapital) bereitstellt.

Die Altersstruktur in den Maßnahmen zeigt, dass der Anteil junger Teilnehmer im Alter von unter 25 Jahren am höchsten für die Maßnahmen ist, die begrenzte berufliche Kenntnisse vermitteln, während Vorbereitungs- und Sprachkurse Teilnehmer aufweisen, die deutlich älter sind: In Feststellungsmaßnahmen sind 17,4% aller Teilnehmer über 50 Jahre alt, und immerhin ist ein Viertel aller Teilnehmer an Sprachkursen bereits über 50 Jahre alt. Andererseits zeigt sich, dass knapp 60% der Teilnehmer an Umschulungsmaßnahmen unter 35 Jahre alt sind, so dass hier Maßnahmen, die hohe Bildungsinvestitionen darstellen, auch von einer Teilnehmergruppe in Anspruch genommen wird, die die Erträge dieser Investitionen über den Lebenszyklus auch tatsächlich noch realisieren kann (Tabelle 4).

4.5 Maßnahmeumfang, Theorie und Praxis

Die Bildungsinhalte der FbW-Maßnahmen unserer Datenbasis weisen eine Orientierung auf die Vermittlung theoretischer Kenntnisse in den Einrichtungen der Bildungsträger (Tabelle 5) auf. Besonders hoch liegt der Theorie-Anteil bei „sonstigen Maßnahmen" (nahezu 99% aller Maßnahmen fanden beim Bildungsträger statt), aber auch für Vorbereitungs- und Feststellungsmaßnahmen (61,1% aller Stunden). Auf die Praxis in den Betrieben entfällt in fast allen Maßnahmen etwa ein Drittel aller in der Maßnahme verbrachten Stunden. Die fachpraktische Ausbildung beim Bildungsträger beträgt etwas mehr als ein Fünftel des gesamten Stundenvolumens. Häufig werden berufliche Abschlussprüfungen absolviert, die am Ende einer Maßnahme stehen (detaillierte Ergebnisse können wiederum auf Anfrage zur Verfügung gestellt werden): Bei Umschulung werden von fast 100% aller Teilnehmer Abschlussprüfungen angestrebt, während bei Feststellungsmaßnahmen und bei der Sprachausbildung dieser Anteil erwartungsgemäß sehr niedrig liegt. Den sonstigen Maßnahmen folgt in 63% eine Prüfung, jedoch nur bei der Umschulung führen diese Prüfungen zu staatlich anerkannten Abschlüssen.

Im Folgenden werden Umfang (in Stunden) und Aufteilung der Maßnahmen (nach Theorie, Fachpraxis, Praktikum und Berufsschule) verschiedenen Teilnehmer- und Maßnahmencharakteristika gegenübergestellt. Hierzu wurden lineare Regressionen der Gesamtzahl der Stunden (Personenstunden innerhalb eines Jahres) und der Stundenanteile auf Teilnehmer- und Maßnahmencharakteristika durchgeführt (die Schätzergebnisse können auf Anfrage zur Verfügung gestellt werden). Die Regression der Stunden zeigt, dass die Altersgruppe unter 25 Jahren und die Altersgruppe zwischen 35 und 49 Jahren stärker in Maßnahmen mit geringem Stundenumfang und die Altersgruppe zwischen 25 und 34 stärker in Maßnahmen mit höherem Stundenumfang vertreten sind. Der Stundenumfang steigt mit dem schulischen Ausbildungsniveau sowie mit dem Frauen- und Aussiedleranteil an. Umgekehrt absolvieren Männer und Ausländer eher vergleichsweise kurze Maßnahmen. Die Anteile von Teilnehmern mit Arbeitslosigkeit unter 3 Monaten und zwischen 6 bis 12 Monaten wirkt sich negativ auf den Stundenumfang aus, ist aber für den Bereich unter 3 Monaten nicht signifikant. Relativ zu Vollzeitteilnehmern wirken sich erwartungsgemäß alle anderen Maße für das zeitliche Engagement der Teilnehmer signifikant negativ auf den Stundenumfang aus. Im Zeitablauf besteht ein signifikant positiver Zeittrend im Stundenumfang.

Die Ergebnisse der Anteilsregressionen zeigen, dass der Theorieanteil signifikant und deutlich mit dem Anteil älterer Arbeitnehmer zunimmt. Dies hängt zu einem geringen Teil damit zusammen, dass der Anteil der Berufsschule auf niedrigem Niveau ab dem Alter von 35 Jahren automatisch zurückgeht. Der wichtige gegenläufige Effekt ist jedoch der starke Rückgang der Praktikumstunden mit dem Alter und der umgekehrt U-förmige Verlauf im Anteil der Fachpraxis. Im Vergleich zu Personen ohne Hauptschulabschluss nehmen

Personen mit Abitur stärker und Personen mit Hauptschulabschluss weniger stark an theorieorientierten Maßnahmen teil. Frauen und Aussiedler nehmen eher an theorieorientierten Maßnahmen teil, während Ausländer eher an praxisorientierten Maßnahmen teilnehmen. Arbeitslose mit kurzer bisheriger Dauer der Arbeitslosigkeit partizipieren häufiger an Maßnahmen mit starkem Anteil der Fachpraxis, aber geringem Praktikumsanteil, während das Bild für Langzeitarbeitslose gerade umgekehrt ist. Auch sind es nur Langzeitarbeitslose, die gegenüber Nichtarbeitslosen als einzige Gruppe einen deutlich geringeren Theorieanteil aufweisen. Das zeitliche Engagement weist keinen signifikanten Einfluss auf die Anteile auf. Im Zeitablauf geht der Theorieanteil signifikant zurück. Dieser Rückgang erfolgt am stärksten zugunsten der Fachpraxis, aber auch die beiden anderen Kategorien nehmen im Anteil zu.

5 Schlussfolgerungen

Die ökonomische Einordnung von FbW und deren Ausgestaltung lassen den Schluss zu, dass aus theoretischer Sicht prinzipiell gegen diese Form der staatlichen Wirtschaftspolitik nichts einzuwenden ist, wenn der Staat bereit ist, die Kosten von teilweise verteilungspolitisch motivierten Maßnahmen zu tragen. Aus theoretischer Sicht halten wir das Versicherungsmotiv bei riskanten Humankapitalinvestitionen und mangelnde Beschäftigbarkeit aufgrund von Lohnrigiditäten für die überzeugendsten Begründungen für FbW aus Effizienzgründen. Ohne dass in dieser Arbeit etwas über die Wirkungen von FbW ausgesagt werden kann und unter der Annahme, dass im Durchschnitt eine positive Wirkung auf die Arbeitsmarktchancen der Teilnehmer vorliegt (dies werden weitergehende Studien in naher Zukunft mit aussagekräftigen Daten untersuchen), legt die hier vorgenommene deskriptive Analyse der Maßnahmen- und Teilnehmercharakteristika nahe, dass die Struktur der geförderten Maßnahmen und die Teilnehmerzuweisung nicht (noch nicht?) optimal im Sinne der im theoretischen Teil erörterten Zielsetzungen sind.

Wichtige Schlussfolgerungen aus der (leider für Deutschland nicht repräsentativen) empirischen Analyse sind:

- Erstens weisen die Daten auf eine zu starke Theorieorientierung der geförderten Maßnahmen hin, die im Sinne einer umfassenden Vermittlung von Fähigkeiten, die die Beschäftigbarkeit von Arbeitnehmern in den Zielgruppen der aktiven Arbeitsmarktpolitik erhöhen, vermutlich noch zu hoch ausfällt (Heckman, 1999). Die Theorieorientierung nimmt im Zeitablauf jedoch ab.
- Zweitens nehmen ältere Arbeitnehmer im Vergleich zu den jüngeren Arbeitnehmern an stärker theorieorientierten Maßnahmen teil, was im Widerspruch zu den theoretischen Überlegungen steht. Sowohl der Umfang

als auch die Intensität kognitiver Wissensvermittlung sollte optimalerweise eher mit dem Alter zurückgehen.

- Drittens werden Personen ohne Hauptschulabschluss im Vergleich zu Personen mit Hauptschulabschluss wesentlich stärker theoretische Kenntnisse vermittelt. Hierbei handelt es sich vermutlich um Basiskenntnisse, die für eine Beschäftigbarkeit der Personen notwendig sein können. Personen mit Abitur weisen jedoch die höchsten Theorieanteile auf, was sinnvoll erscheint, da sie vermutlich die höchsten Erträge aus theoretischen Kenntnissen ziehen können.
- Viertens können höhere Theorieorientierung und höherer Stundenumfang bei Frauen und Aussiedlern unterschiedlich bewertet werden: Handelt es sich um theoretische Basiskenntnisse, fördert dies vermutlich die Beschäftigbarkeit dieser Gruppen. Allerdings ist nicht davon auszugehen, dass signifikant höhere Erträge für eine theoretische Ausbildung bestehen (Ausnahme: Sprachausbildung bei Aussiedlern – allerdings findet sich der Effekt bei Ausländern nicht). Der höhere Stundenumfang kann das Ergebnis einer gezielten Förderung dieser Gruppen im Vergleich zu deutschen, im Inland geborenen Männern sein. Der geringere Praxisbezug könnte sich jedoch negativ auf die Beschäftigungschancen auswirken und falsche Erwartungen wecken.
- Fünftens lässt der Anstieg des Stundenumfangs im Zeitablauf nicht den gelegentlich geäußerten Schluss zu, dass in der beruflichen Weiterbildung eine zunehmende Fokussierung auf kurze, modularisierte und bedürfnisorientierte Maßnahmen erfolgt. Der leichte Rückgang des hohen Theorieanteils erscheint begrüßenswert.

Anhang

Tabelle 2: Arbeitslosigkeit und Eintritte in FbW-Maßnahmen 1998-2002 (Gesamtdeutschland)

Arbeitslosenquoten in % aller zivilen Erwerbspersonen					
	1998	1999	2000	2001	2002
Gesamt	11,1	10,5	9,6	9,4	9,8
Frauen	12,8	12,2	10,9	10,2	10,3
Jüngere unter 25 Jahren	11,8	10,5	9,5	9,1	9,7
Ausländer	20,3	19,2	17,3	17,4	19,1
Anteile der Problemgruppen an den Arbeitslosen					
Frauen	46,9	47,3	47,2	46,4	44,8
Jüngere unter 25 Jahren	11,0	10,5	11,0	11,5	12,2
Langzeitarbeitslose	35,6	34,6	35,3	33,4	32,3
Ausländer	12,5	12,4	12,1	12,1	12,4
Struktur der Eintritte in Förderung der beruflichen Weiterbildung					
	1998	1999	2000	2001	2002
Gesamte Eintritte	607,970	490,796	551,534	449,622	456,301
Förderung eines Berufsabschlusses	23,5	19,1	18,1	19,6	20,1
Sonstige Maßnahmen	76,5	80,9	81,9	80,4	79,9
Anteile der Zielgruppen an den Maßnahmeneintritten					
	1998	1999	2000	2001	2002
Anteil Frauen	49,0	48,5	49,3	48,5	47,8
Anteil Arbeitnehmer ohne Berufsausbildung	26,0	27,9	31,1	29,7	29,0
Anteil Arbeitnehmer unter 25 Jahre	11,1	12,6	12,0	12,0	13,2
Anteil Arbeitnehmer nichtdeutscher Nationalität	7,8	8,7	9,1	9,2	9,1
Anteil Langzeitarbeitsloser	21,9	20,7	23,4	24,0	25,4

Datenquelle: Amtliche Nachrichten der Bundesanstalt für Arbeit, verschiedene Jahrgänge.

Tabelle 3: Arbeitslosigkeitserfahrung vor Maßnahmeeintritt

	Vorbereitung und Feststellung		Begrenzte berufliche Kenntnisse		Förderung des Berufsabschlusses		Sonstige Maßnahmen		Sprachausbildung	
	Mittel	St.D.	Mittel	St.D.	Mittel	St.D.	Mittel	St.D.	Mittel	St.D.
Vor Maßnahme nie arbeitslos	14,14	28,85	9,87	17,46	22,82	20,69	24,98	37,25	4,20	9,26
Arbeitslos unter 3 Monaten	9,11	11,31	14,50	15,77	13,34	14,44	24,38	32,76	8,83	10,21
Arbeitslos 3 bis unter 6 M.	14,34	15,25	16,37	14,45	12,52	12,73	11,88	19,41	11,55	11,41
Arbeitslos 6 bis unter 12 M.	27,92	22,03	34,54	21,85	35,02	20,97	31,84	38,35	36,44	23,61
Arbeitslos 12 M. u. länger	34,50	29,40	24,71	22,45	16,31	15,22	6,91	16,78	38,99	26,31
N	122		2109		701		198		321	

Datenquelle: siehe Tabelle 1.

Tabelle 4: Altersstruktur (Anteile)

	Vorbereitung und Feststellung		Begrenzte berufliche Kenntnisse		Förderung des Berufsabschlusses		Sonstige Maßnahmen		Sprachausbildung	
	Mittel	St.D.	Mittel	St.D.	Mittel	St.D.	Mittel	St.D.	Mittel	St.D.
Unter 25 Jahre	9,06	18,50	17,19	29,60	11,80	17,27	15,76	10,82	14,65	29,25
25 bis unter 35 Jahre	26,46	17,87	24,92	17,97	47,99	18,30	26,80	13,34	20,53	19,66
35 bis unter 50 Jahre	47,06	20,49	47,00	25,16	39,63	18,84	39,06	11,89	39,76	23,68
50 Jahre u. älter	17,42	20,67	10,90	16,43	0,58	3,66	18,38	14,09	25,06	29,22
N	138		2172		716		258		332	

Datenquelle: siehe Tabelle 1.

Tabelle 5: Anteil der Bildungsinhalte

	Vorbereitung und Feststellung		Begrenzte berufliche Kenntnisse		Förderung des Berufsabschlusses		Sonstige Maßnahmen		Sprachausbildung	
	Mittel	St.D.	Mittel	St.D.	Mittel	St.D.	Mittel	St.D.	Mittel	St.D.
Theorie beim Bildungsträger	62,10	37,66	54,84	32,87	55,80	35,45	98,79	6,62	60,54	32,70
Fachpraxis (Werkstatt Bildungsträger)	13,88	33,26	12,83	27,76	14,28	26,46	0,00	0,07	2,75	13,32
Praktikum (in Betrieb)	23,49	30,48	31,67	30,73	27,78	31,74	0,83	6,02	35,12	32,13
Ausbildung in Berufsschule	0,54	5,94	0,65	4,09	2,14	6,47	0,38	2,87	1,59	9,59
N	133		2155		714		258		322	

Datenquelle: siehe Tabelle 1.

Literaturverzeichnis

Becker, G. (1975), *Human Capital: A Theoretical and Empirical Analysis*, 2. Aufl., National Bureau of Economic Research, New York.

Börsch-Supan, A. (2002), *Global Aging an der Jahrtausendwende*, Discussion Paper 14-02, Mannheimer Forschungsinstitut Ökonomie und demographischer Wandel, Mannheim.

Bundesanstalt für Arbeit (2002), *Arbeitsmarkt 2002, Arbeitsmarktanalyse für das Bundesgebiet insgesamt, die alten und die neuen Länder*, Sonderheft der amtlichen Nachrichten der Bundesanstalt für Arbeit.

Bundesanstalt für Arbeit (2003), *Förderung der beruflichen Weiterbildung, BA-R*, Brief 57/2003, Nürnberg.

Card, D. (1999), The Causal Effect of Education on Earnings, in: Ashenfelter, O. und Card, D. (Hrsg.), *Handbook of Labour Economics*, 3A, Amsterdam, 1802–1863.

Dostal, W. (2000), Die Informatisierung der Arbeitswelt. Ein erster Blick auf die Ergebnisse der BIBB/IAB-Erhebung, in: Dostal, W., Jansen, R. und Parmentier, K. (Hrsg.), *Wandel der Erwerbsarbeit. Arbeitssituation, Informatisierung, berufliche Mobilität und Weiterbildung*, Beiträge zur Arbeitsmarkt- und Berufsforschung 231.

Fitzenberger, B. und G. Wunderlich (2003), *Holen die Frauen auf? Geschlechtsspezifische Arbeitsmarktbeteiligung und Verdienstentwicklung in Deutschland und Großbritannien*, Nomos, Baden-Baden.

Fitzenberger, B. und R. Hujer (2002), Stand und Perspektiven der Evaluation der Aktiven Arbeitsmarktpolitik in Deutschland, *Perspektiven der Wirtschaftspolitik* 3 (2), 139–158.

Fitzenberger, B. und S. Speckesser (2002), Weiterbildungsmaßnahmen in Ostdeutschland. Ein Misserfolg der Arbeitsmarktpolitik? in: Schmähl, W. (Hrsg.), *Wechselwirkungen zwischen Arbeitsmarkt und sozialer Sicherung*, Schriftenreihe des Vereins für Socialpolitik, Berlin, 51–81.

Franz, W. (2003), *Arbeitsmarktökonomik*, 5. Aufl., Springer-Verlag, Berlin-Heidelberg.

Heckman, J.J. (1999), *Policies to Foster Human Capital*, NBER Working Paper 7288, Cambridge, Massachusetts.

IHK Rostock (2004), Neue Initiativen in der Berufsaus- und Weiterbildung.

Mortensen, D. und C. Pissarides (1999), New Developments in Models of Search in the Labor Market, in: Ashenfelter, O. und Card, D. (Hrsg.), *Handbook of Labour Economics*, 3B, Amsterdam, 2568–2627.

Reinberg, A. und M. Hummel (2002), *Qualifikationsspezifische Arbeitslosenquoten. Reale Entwicklung oder statistisches Artefakt?* IAB-Werkstattbericht 04/2002, Institut für Arbeitsmarkt- und Berufsforschung, Nürnberg.

Sozialgesetzbuch III (2002), 29. Aufl., C.H. Beck-Verlag, München.

Spitz, A. (2003), *IT Capital, Job Content and Educational Attainment*, Discussion Paper 03-04, Zentrum für Europäische Wirtschaftsforschung, Mannheim.

Weidig, I., P. Hofer und H. Wolff (1999), *Arbeitslandschaft 2010 nach Tätigkeiten und Tätigkeitsniveau*, Beiträge zur Arbeitsmarkt- und Berufsforschung 227, Institut für Arbeitsmarkt- und Berufsforschung, Nürnberg.

Zängle, M. (2002), Zur Abschottung der Teilnehmer in Maßnahmen geförderter beruflicher Weiterbildung. Eine exemplarische Untersuchung zur Durchlässigkeit von Bildungsmaßnahmen gegenüber dem Beschäftigungssystem, *Mitteilungen aus der Arbeitsmarkt- und Berufsforschung* 35 (3), 352–370.

Plädoyer für ein „Evaluationsgesetz zur Arbeitsmarktpolitik“ in Deutschland*

Alexander Spermann

„Einschlägigen Frustrationen beugen wirtschaftspolitische Berater am ehesten dadurch vor, dass sie diesen Gang der Dinge mit heiterer Melancholie hinnehmen anstatt ein ausgeprägtes Sendungsbewusstsein zu verinnerlichen“.[1]

1 Einleitung

Etwa 20.000.000.000 € werden jährlich seit über einem Jahrzehnt für aktive Arbeitsmarktpolitik allein vom Bund ausgegeben. Hinzu kommen etliche Milliarden €, die die Länder und Kommunen ausgeben. Oft vergessen wird der Wohlfahrtsverlust, der durch verzerrende Steuern und Abgaben verursacht wird. Und das alles für allerlei mehr oder weniger wohlklingende Programme, die sich politisch gut verkaufen lassen, solange die Steuer- und Beitragszahler nicht genau nachfragen, welche Erfolge der milliardenschwere Mitteleinsatz bringt. Immer noch lassen sich die Finanziers der aktiven Arbeitsmarktpolitik durch große Zahlen (mehr als 1000 ist viel) und hohe Prozentsätze (höher als 50 ist hoch) beruhigen, dennoch hat sich der Rechtfertigungsdruck aufgrund knapper Ressourcen erhöht. Doch unter diesem Druck wird gerne gemäß der politisch leichter durchzusetzenden Rasenmähermethode gekürzt, statt die Rosinen unter den Instrumenten zu bewahren und die Zitronen auszusortieren.

In Abschnitt 2 werden zwei Beispiele für die Vernebelungstaktik der Politik mit absoluten Zahlen (Mainzer Modell) und Quoten (Förderung der beruflichen Weiterbildung) dargestellt. Immerhin finden sich auf der Verwaltungsebene Ansätze für eine beginnende Evaluationskultur nach internationalem Standard auch in Deutschland, wie am Beispiel der Hartz-Evaluation gezeigt wird. In Abschnitt 3 wird zunächst die aktuelle Gesetzeslage als Basis für die Evaluationsforschung dargestellt und dem internationalen Standard gegenübergestellt. Im Anschluss daran findet sich eine politökonomisch fundierte Diskussion, ob fiskalischer Druck automatisch eine Evaluationsforschung nach internationalem Standard herbeiführen kann. Da dieser Automatismus

* Der Autor bedankt sich herzlich bei Melanie Arntz, Bernhard Boockmann, Bernd Fitzenberger, Tobias Hagen und Henrik Winterhager für wertvolle Hinweise.

1 W. Franz 2000, S. 68, zur Tatsache, dass sich Dritte (z.B. Politiker) gerne mit fremden Federn (die lange Zeit verschmähten Vorschläge von ökonomischen Beratern) schmücken.

nicht existiert, wird für eine Gesetzesinitiative plädiert, die einen internationalen Evaluationsstandard in Deutschland sichert. Abschnitt 4 schließt den Beitrag mit einem Fazit ab.

2 Zum Stand der Evaluationskultur in Deutschland – drei Beispiele

Befindet sich die „Arbeitsmarktpolitik im Blindflug", wie vor kurzem die Frankfurter Allgemeine Zeitung (FAZ) titelte?[2] Oder wissen wir bereits so viel über die Wirkungsweise der Arbeitsmarktpolitik, dass nach Hartz I-IV noch weitere Gesetze mit neuen Instrumenten folgen können? Im Folgenden wird an drei aktuellen Beispielen die Evaluationskultur in Deutschland verdeutlicht. Es zeigt sich, dass zum einen der wahre Zustand arbeitsmarktpolitischer Instrumente durch die Politik verschleiert wird. Zum anderen versuchen aber auch einzelne Mitarbeiter von Bundes- und Landesministerien sowie der Kommunalverwaltung mehr Klarheit bei der Einschätzung der Möglichkeiten einer aktiven Arbeitsmarktpolitik in einer globalisierten Welt zu erhalten.

2.1 Das Mainzer Kombilohn-Modell und das politische Verlangen nach großen Zahlen

Das Mainzer Modell wurde maßgeblich vom damaligen rheinland-pfälzischen Sozialminister Florian Gerster entwickelt.[3] Im Kern sah es einen zeitlich befristeten Einkommenszuschuss an gering qualifizierte Arbeitnehmer vor. Es wurde seit dem Juli 2000 im Rahmen der Modellversuche „Chancen und Anreize zur Aufnahme sozialversicherungspflichtiger Tätigkeiten" (CAST) in einigen Arbeitsamtsbezirken in Rheinland-Pfalz und Brandenburg[4] getestet – mit im Vergleich zu den hohen Erwartungen niedrigen Teilnehmerzahlen. Anfang 2002 überschlugen sich die Ereignisse durch den Skandal um zu hoch ausgewiesene Vermittlungszahlen der Bundesanstalt für Arbeit. Der langjährige Präsident Bernhard Jagoda musste zugunsten des Reformers Florian Gerster gehen. Zum 1. März 2002 wurde das Mainzer Kombilohn-Modell bundesweit eingeführt, die Minijob-Refom löste es zum 1. April 2003 ab.[5]

Gegenüber der in Modellversuchen erprobten Variante des Mainzer Modells war die Zielgruppe des bundesweit eingeführten Modells deutlich größer. Weshalb? Neben sozialpolitischen Gründen dürften insbesondere politökonomische Gründe ausschlaggebend gewesen sein. Die Entscheidung für eine breite Zielgruppe war wesentlich vom Wunsch getrieben, der Öffentlichkeit möglichst hohe absolute Teilnehmerzahlen berichten zu wollen, wie die Pres-

2 Frankfurter Allgemeine Sonntagszeitung vom 9.11.2003.

3 Vgl. Gerster und Deubel (1999).

4 Vgl. Bittner et al. (2001).

5 Vgl. Arntz et al. (2003) zur Minijobregelung.

semitteilungen des Bundesarbeitsministeriums verdeutlichen.[6] In der Probephase des Mainzer Modells wurden etwa 500 Teilnehmer gezählt. Diese Teilnehmerzahlen wurden verglichen z.B. mit den Teilnehmerzahlen der Modellversuche mit dem Einstiegsgeld in Baden-Württemberg und Hessen, die – absolut betrachtet – niedriger waren. Auch bei der bundesweiten Einführung des Mainzer Modells wurde explizit darauf hingewiesen, dass sich dieses Modell im Vergleich zu anderen Modellen wie dem Einstiegsgeld als erfolgreicher erwiesen habe. Der Vergleich zweier Programme auf Basis der absoluten Teilnehmerzahlen ist jedoch unseriös und sagt nichts über den Erfolg der Programme aus. Das Einstiegsgeld war nur für eine kleine Zielgruppe von bedürftigkeitsgeprüften Langzeitsozialhilfeempfängern in 16 Städten und Kreisen in Baden-Württemberg und Hessen erprobt worden.[7]

Der Vergleich der absoluten Teilnehmerzahlen ist demnach unseriös und nur politökonomisch nachvollziehbar. Absolute Teilnehmerzahlen geben erste Hinweise, wie und von welchen Teilnehmern ein Programm angenommen wird. Relative Anteile an der Zielgruppe geben erste Hinweise auf den Erfolg eines zielgruppenorientierten, arbeitsmarktpolitischen Programms. Doch lediglich der Vergleich der Übergänge in Beschäftigung zwischen Programm- und Kontrollgruppen – möglichst im gleichen lokalen Arbeitsmarkt – ermöglicht wissenschaftlich fundierte Aussagen über den Erfolg einer beschäftigungspolitischen Maßnahme. Dem internationalen Standard in der Evaluationsforschung stand in diesem Fall das politökonomische Interesse entgegen. Es ist für stimmenmaximierende Politiker rational, möglichst große absolute Zahlen als Erfolge zu präsentieren, solange diese von der Öffentlichkeit nicht hinterfragt werden.

2.2 Berufliche Weiterbildung und unsinnige Erfolgsquoten

Das Beispiel der beruflichen Weiterbildung ist komplizierter als das Beispiel Mainzer Kombilohn-Modell, weil nicht mehr mit absoluten Zahlen, sondern mit Quoten argumentiert wird. Im Mittelpunkt steht dabei die so genannte „Verbleibsquote“. Die Verbleibsquote misst den Anteil der Maßnahmeabgänger (Absolventen und Abbrecher), die 6 Monate nach Ende der Förderung nicht mehr arbeitslos gemeldet sind, an der Gesamtzahl der Austritte aus der Maßnahme.[8] Ist die Verbleibsquote hoch, dann ist ein hoher Anteil der Maßnahmeteilnehmer sechs Monate nach der Maßnahme nicht mehr arbeitslos. Damit ist schon der gewählte Begriff verwirrend und wird auch häufig in der Presseberichterstattung falsch dargestellt. Gemeint ist der „Nichtverbleib in Arbeitslosigkeit“. Offen bleibt, welcher Anteil tatsächlich eine reguläre Beschäftigung aufgenommen hat. Denn es könnte sich auch um

---

6 Pressemitteilung des Bundesministeriums für Arbeit und Sozialordnung vom 6.2.2002: „Mainzer Kombilohn-Modell kann bundesweit zum 1. März starten.“

7 Vgl. Dann et al. (2002*a*,*b*).

8 Vgl. Vollkommer (2000).

erneute Eintritte in arbeitsmarktpolitische Maßnahmen, den Rückzug in die stille Reserve oder den Übergang in den Ruhestand handeln.[9]

Trotz dieser offensichtlichen Schwächen wurde die „(Nicht-)Verbleibsquote" zum zentralen Erfolgsmaßstab, nach dem Fördermaßnahmen im Rahmen der beruflichen Weiterbildung beurteilt werden. So wurde von der Bundesanstalt für Arbeit (BA) zu Beginn des Jahres 2003 verfügt, dass nur noch Weiterbildungen gefördert werden sollen, bei denen mindestens 70% der Teilnehmer sechs Monate nach Seminarende keine Arbeitslosenunterstützung mehr beziehen – die Mindest-Verbleibsquote wurde damit auf 70% festgelegt, unabhängig von der Art der beruflichen Weiterbildung und den regionalen Arbeitsmarktlagen.

Ein solcher Erfolgsmaßstab ist völlig unsinnig, weil die Verbleibsquote wenig über den Zielerreichungsgrad dieser Maßnahmen der aktiven Arbeitsmarktpolitik aussagt.[10] Da das Ziel die Integration in den ersten Arbeitsmarkt ist, kann die Zielerreichung nicht mit einer Quote gemessen werden, die auch Übergänge in andere arbeitsmarktpolitische Maßnahmen, in die stille Reserve oder in den Ruhestand als Erfolg misst. Diese Quote kann regelrecht zu Absurditäten führen, weil z.B. eine hohe Verbleibsquote theoretisch auch durch eine Aneinanderreihung arbeitsmarktpolitischer Maßnahmen erzielt werden könnte. Finden sich im Extremfall 100% der Maßnahmeteilnehmer sechs Monate nach Ende der beruflichen Weiterbildung in einer anderen Maßnahme wieder (z.B. Arbeitsbeschaffungsmaßnahmen), dann wäre die Verbleibsquote 100%, aber das Ziel „Integration in den regulären Arbeitsmarkt" komplett verfehlt.

Aber selbst ein Übergang zur so genannten „Eingliederungsquote", die seit Herbst 2002 als Erfolgskriterium herangezogen wird, führt in die Irre. Die Eingliederungsquote misst den Anteil der Maßnahmeabgänger, der sechs Monate nach Ende der Förderung sozialversicherungspflichtig beschäftigt ist, an der Gesamtzahl der Abgänger. Der Begriff Eingliederungsquote ist nicht verwirrend, aber die Quote ist dennoch wenig aussagekräftig, weil der Vergleichsmaßstab – was wäre ohne diese Maßnahme passiert? – fehlt. Würde die BA im Jahre 2004 auf eine Eingliederungsquote von 70% als Erfolgsmaßstab übergehen, würde zwar ein Großteil der Maßnahmen der beruflichen Weiterbildung gestrichen, es könnte somit gespart werden, jedoch unter Umständen auch bei effektiven Maßnahmen. Es ist nämlich durchaus möglich, dass ein Kursangebot effektiv ist, obwohl die Eingliederungsquote z.B. nur 30% beträgt. Das ist dann der Fall, wenn in einer Kontrollgruppe, die explizit diese Maßnahme oder eine vergleichbare Maßnahme nicht durchläuft, nur eine Eingliederungsquote von 20% gemessen wird. Dann wäre der Maßnahmeneffekt 10 Prozentpunkte und das Kursangebot wäre zumindest auf dieser mikroökonomischen Ebene effektiv. Die Frage, ob diese Maßnahme mit indirekten Ef-

9 Vgl. Hirschenauer (2003).

10 Vgl. Fitzenberger und Hujer (2002).

fekten wie Substitutions-, Verdrängungs- und Mitnahmeeffekten verbunden ist und ob sie effizient ist, bleibt jedoch unbeantwortet.

2.3 Hartz-Evaluation und ein Novum

Mit den Hartz-Gesetzen I-IV ist Bewegung in die Arbeitsmarktpolitik in Deutschland gekommen. Noch nie wurde im Bereich Arbeitsmarkt gleichzeitig an so vielen Stellschrauben gedreht, noch nie wurde fast gleichzeitig eine derartige Vielfalt an Instrumenten auf den Weg gebracht: Personalserviceagenturen, Mini- und Midijobs, Ich-AG, Job Center, Zusammenführung von Arbeitslosen- und Sozialhilfe etc. sind Beispiele für Maßnahmen, deren gemeinsames Ziel letztlich die Verkürzung der Dauer der Arbeitslosigkeit ist. Gelänge es, die durchschnittliche Dauer der Arbeitslosigkeit von derzeit 33 Wochen z.B. auf das dänische Niveau von 22 Wochen zu senken, würde der Bestand an Arbeitslosen sinken, weil offene Stellen schneller als bisher besetzt würden. Wie zusätzliche Stellen entstehen können, ist nicht Gegenstand der Hartz-Gesetze.

Der Gesetzgeber möchte noch in dieser Legislaturperiode wissen, welche Erfolge die Hartz-Instrumente bringen. Und auch an dieser Stelle gibt es ein Novum: Zum ersten Mal wurden zur Vorbereitung der Ausschreibung von Evaluationsstudien zwei konkurrierende Vorstudien durch das Bundesministerium für Wirtschaft und Arbeit (BMWA) an wissenschaftliche Institute (ISG/RWI und ZEW/sinus) vergeben. Die beiden Vorstudien wurden im Dezember 2003 im Rahmen eines Workshops diskutiert, der mit renommierten Wissenschaftlern aus dem deutschsprachigen Raum besetzt war. Ziel der Vorstudien war es, dem Auftraggeber BMWA einen Überblick über moderne Methoden der Evaluationsforschung zu geben, die bei der Evaluation der Hartz-Gesetze angewendet werden können, und – bei gegebener Datenverfügbarkeit und vertretbaren zusätzlichen Erhebungskosten – realisierbare Evaluationskonzepte zu entwickeln. Dabei sollten sowohl die einzelnen Instrumente als auch die Hartz-Gesetze als Ganzes betrachtet werden – unter Berücksichtigung der Umsetzung der gesetzlichen Vorschriften in der Praxis (Implementation) und unter Gender-Gesichtspunkten. In den beiden Vorstudien wurden Vorschläge zur Evaluation der Hartz-Gesetze nach internationalem Standard vorgelegt, die in die Ausschreibung der Einzelprojekte einfließen sollen. Der Workshop stellte einen wichtigen Schritt in Richtung auf eine Weiterentwicklung der Evaluationskultur in Deutschland dar, weil das Konzept der Programm- und Kontrollgruppen als zentrale Voraussetzung für die Wirkungsforschung nicht mehr in Frage gestellt wurde. Beispiele für die Unterstützung einer Evaluationsforschung nach internationalem Standard auf kommunaler (z.B. Stadt Freiburg und Stadt Mannheim bei den Einstiegsgeldversuchen) und Landesebene (z.B. Land Hessen bei den Modellversuchen mit dem Hessischen Kombilohn) finden sich auch – sie sind jedoch die Ausnahme.

3 Wege zum internationalen Standard

3.1 Aktuelle Gesetzeslage

Die gesetzlichen Regelungen der Wirkungsforschung wurden im Jahr 1998 durch das Dritte Buch des Sozialgesetzbuches (SGB III) verändert, welches das seit 1969 geltende Arbeitsförderungsgesetz (AFG) ablöste. Nach dem AFG konnte bereits der reine Mittelabfluss als ein Indikator für die Wirkung eines arbeitsmarktpolitischen Instrumentes interpretiert werden. Das SGB III folgt einer neuen Förderphilosophie, die den unmittelbaren Arbeitsmarktausgleich und die individuelle Förderung von Problemgruppen in den Vordergrund rückt. Mit dieser Förderphilosophie war insbesondere eine Dezentralisierung und Regionalisierung der Arbeitsmarktpolitik verbunden. So konnten die Arbeitsämter im Rahmen der freien Förderung nach § 10 SGB III einen „Innovationstopf" nutzen. Nach § 280 SGB III wurde die Bundesanstalt für Arbeit erstmals verpflichtet, auch „...die Wirkungen der aktiven Arbeitsförderung zu beobachten, zu untersuchen und auszuwerten (hat), indem sie 1. Statistiken erstellt, 2. Arbeitsmarkt- und Berufsforschung betreibt und 3. Bericht erstattet".[11] Als zentrales Instrument wurde nach § 11 SGB III eine so genannte Eingliederungsbilanz eingeführt. Eingliederungsbilanzen beinhalten unter anderem Angaben über den Geldmitteleinsatz, den Grad der Mittelausschöpfung sowie die Auszahlungen je Teilnehmer für einzelne Instrumente. Als wichtigste Kennzahl gilt die bereits in Abschnitt 2 erwähnte Verbleibsquote.[12]

Das Job AQTIV-Gesetz[13] vom 1.1.2002 nahm die bereits in Abschnitt 2 genannten Kritikpunkte an der Verbleibsquote auf und schrieb die Ergänzung der Eingliederungsbilanz um die so genannte Eingliederungsquote vor. Aber auch diese Quote führt, wie am Beispiel der Förderung der beruflichen Weiterbildung gezeigt wurde, in die Irre. Der derzeitige gesetzliche Rahmen sichert mithin nur einen Evaluationsstandard fernab vom internationalen Standard. Zwar sieht § 282 Abs. 2 SGB III nach der Verabschiedung des Job AQTIV-Gesetzes vor, dass die Evaluationsforschung ein „Schwerpunkt der Arbeitsmarktforschung" ist, sie soll zeitnah erfolgen und ist ständige Aufgabe des Instituts für Arbeitsmarkt- und Berufsforschung – von gesetzlichen Vorschriften zur Wirkungsforschung, die die Bildung von Kontrollgruppen (=Personen, die von einer arbeitsmarktpolitischen Maßnahme explizit ausgeschlossen sind), soweit möglich, verbindlich vorschreibt, ist Deutschland jedoch weit entfernt.

---

[11] Vgl. Brinkmann und Wießner (2002).

[12] Vgl. Vollkommer (2000), S. 7.

[13] Die Abkürzung AQTIV steht für Aktivieren-Qualifizieren-Trainieren-Investieren-Vermitteln.

3.2 Internationaler Standard

Im Gegensatz zu Deutschland ist die Evaluationskultur in angelsächsischen Ländern wesentlich stärker ausgeprägt. Dort stehen die Verantwortlichen in den Regierungen unter weit höherem Rechtfertigungsdruck, ob sie die ihnen anvertrauten Steuer- und Beitragseinnahmen auch effizient verwenden. Öffentliche Ausgabenprogramme bedürfen besonderer Rechtfertigung: Arbeitsmarktpolitische Programme, die ihre Ziele verfehlen, sind ineffektiv und dürfen nicht weitergeführt werden. Programme, die zwar ihre Ziele erreichen, aber relativ zu ihrem Nutzen viel zu teuer sind, sind ineffizient und müssen modifiziert oder eingestellt werden. Neue Programme sind zunächst zeitlich befristet einzuführen und werden nur nach positiven Evaluationsergebnissen weitergeführt. Effektivität, d.h. ein hoher Zielerreichungsgrad, und Effizienz, d.h. ein vernünftiges Kosten-Nutzen-Verhältnis, sind die entscheidenden Maßstäbe für die Wirkungsforschung.

Welche Evaluationsmethoden stehen zur Verfügung? Zunächst ist der Wirkungsanalyse einer arbeitsmarktpolitischen Maßnahme eine Implementationsanalyse vorzuschalten, um sicherzustellen, dass eine Maßnahme nicht nur auf dem Papier steht, sondern auch in der Praxis umgesetzt wird. Dabei kommen insbesondere qualitative Analysen (z.B. Befragungen relevanter Akteure, Aktenanalysen) zum Einsatz. Als Methoden der quantitativen Evaluationsforschung stehen grundsätzlich experimentelle und nicht-experimentelle Methoden zur Verfügung.[14] Beide Methoden verbindet die Suche nach einer geeigneten Kontrollgruppe, um einen Vergleichsmaßstab für den Fall zu haben, dass es eine arbeitsmarktpolitische Maßnahme nicht gegeben hätte. Experimentelle Methoden setzen so genannte soziale Experimente voraus. Dabei wird eine Zielgruppe von Personen definiert (z.B. Langzeitarbeitslose) und nach dem Zufallsprinzip in Programm- und Kontrollgruppe eingeteilt. Das häufig in diesem Zusammenhang genannte Gerechtigkeitsargument – es sei ungerecht, Personen von einer arbeitsmarktpolitischen Maßnahme im Versuchsstadium auszuschließen – ist ein beliebtes Scheinargument gegen Experimente mit Kontrollgruppen. Die Realität der Arbeitsmarktpolitik sieht anders aus: Wer zuerst kommt, wird zuerst bedient, bis die Mittel abgebucht sind, so dass angesichts knapper Mittel in der Regel an sich anspruchsberechtigte Personen vom Leistungsbezug ausgeschlossen werden. Einen Rechtsanspruch auf Maßnahmen der aktiven Arbeitsmarktpolitik gibt es nicht. Es braucht demnach nicht viel politischen Mut, um die erstbeste Lösung – Experimente mit Kontrollgruppen im gleichen regionalen Arbeitsmarkt – durchzuführen.

Nicht-experimentelle Methoden bedürfen ausgefeilter Evaluationsstrategien und hoher Datenqualität, um die im Vergleich zu experimentellen Metho-

[14] Vgl. Heckman et al. (1999) für einen methodisch orientierten Überblick der internationalen Evaluationsforschung.

den strengeren Annahmen rechtfertigen zu können. Sie sind die zweitbeste Lösung. Mit „Kreativität“ gelingt es häufig durch die Analyse von Politikschocks geeignete Kontrollgruppen zu konstruieren (so genannte natürliche Experimente). Das ist z.B. dann möglich, wenn nur einzelne Teilgruppen des Arbeitsmarktes (z.B. ältere Arbeitnehmer über 60 Jahre) von einer Maßnahme betroffen sind. Aber auch Übergangsregelungen können genutzt werden, so dass vergleichbare Personengruppen für einen bestimmten Zeitraum mit unterschiedlichen Politikmaßnahmen konfrontiert sind. Weit verbreitet sind auch so genannte Matching-Methoden, bei denen Teilnehmern an einer Maßnahme nach verschiedenen beobachtbaren persönlichen Merkmalen (z.B. Alter, Geschlecht, Bildung) vergleichbare Nichtteilnehmer als Kontrollgruppe zugeordnet werden. Gelingt auch das nicht, helfen Simulationsmethoden mit strukturellen Modellen als drittbeste Lösung weiter.

Ein weiteres Klassifizierungsmerkmal ist die Unterscheidung zwischen mikro- und makroökonometrischer Analyse. Die mikroökonometrische Analyse baut auf Individual-, Haushalts- oder Firmendaten auf und misst die direkten Effekte einer arbeitsmarktpolitischen Maßnahme durch den Vergleich von Programm- und Kontrollgruppen. Bei großen Programmen, bei denen indirekte Effekte wie z.B. Substitutions-, Mitnahme- und Verdrängungseffekte zu erwarten sind, sind darüber hinaus makroökonometrische Analysen mit Regional- oder Branchendaten notwendig. Ein positives Ergebnis auf der Mikro-Ebene kann durch die negativen indirekten Effekte auf der Makro-Ebene überkompensiert werden, so dass der Bruttoerfolg zwar positiv, aber der Nettoerfolg negativ sein kann. Schließlich kann im Rahmen der Kosten-Nutzen-Analyse die Effizienz einer Maßnahme festgestellt werden, was jedoch mikro- und/oder makroökonometrische Ergebnisse voraussetzt.

Der internationale Evaluationsstandard wird hier wie folgt definiert: Evaluationsstudien sollten aus Implementationsanalysen sowie mikroökonometrischen Studien mit Programm- und Kontrollgruppen bestehen, soweit es sich um kleine Programme handelt. Sobald große arbeitsmarktpolitische Maßnahmen betrachtet werden, sind zusätzliche makroökonometrische Analysen notwendig. Unabhängig von der Programmgröße sollten Kosten-Nutzen-Analysen durchgeführt werden.[15]

3.3 Automatische Lösung durch fiskalischen Druck?

Kann sich ein internationaler Evaluationsstandard allein aufgrund des wachsenden fiskalischen Drucks im Rahmen der bestehenden gesetzlichen Regelungen durchsetzen? Erzwingt nicht die Finanzkrise die effiziente Mittelverwendung und damit eine seriöse Evaluationsforschung quasi von allein? Die

[15] Vgl. (2004)Hagen und (Hrsg.) (Hrsg.) für eine Anwendung der Evaluationsmethoden auf die Hartz-Gesetze.

Antwort ist eindeutig nein, und zwar aus fünf politökonomischen Gründen, die hier aus Platzgründen nur skizziert werden können:[16]

1. Verbandsvereinbarungen zulasten der Steuer- und Beitragszahler (Moral Hazard der Tarifparteien): Die grundgesetzlichen und gesetzlichen Regelungen weisen den Tarifpartnern die Lohnfindung in Deutschland zu. Vertreter von Arbeitgebern und Arbeitnehmern, organisiert als Arbeitgeberverbände beziehungsweise Gewerkschaften legen in Tarifverhandlungen die Lohnpolitik fest. Ein Einflussfaktor auf die Lohnverhandlungen ist die Ausgestaltung des sozialen Sicherungssystems, insbesondere der Arbeitslosenversicherung und der Sozialhilfe. Sind die Leistungen der Arbeitslosenunterstützung und Sozialhilfe großzügig, fallen die Konsequenzen einer beschäftigungszerstörenden Lohnpolitik weniger schwerwiegend für die von Arbeitslosigkeit betroffenen Arbeitnehmer aus – zumindest finanziell. Anschauungsunterricht für das so genannte Moral Hazard der Tarifparteien boten die Lohnverhandlungen nach der Wiedervereinigung. Es wurden im Vergleich zur Produktivität viel zu hohe Lohnvereinbarungen getroffen – die zwangsläufig daraus resultierende Arbeitslosigkeit wurde jedoch durch ein großzügig bemessenes System passiver Leistungen abgefedert. Die Höhe und Dauer dieser Leistungen werden von den Arbeitgeberverbänden und Gewerkschaften im politischen Prozess beeinflusst, wobei Gewerkschaften tendenziell höhere Lohnersatzleistungen fordern als Arbeitgeberverbände.[17] Die Tarifparteien beeinflussen, aber auch die aktive Arbeitsmarktpolitik. Die institutionelle Ausgestaltung der Bundesanstalt für Arbeit als Körperschaft des öffentlichen Rechts mit einem drittelparitätisch von Arbeitnehmern, Arbeitgebern und öffentlicher Hand besetzten Verwaltungsrat erlaubt den Tarifparteien erheblichen Einfluss. Bei der Förderung der beruflichen Weiterbildung – dem größten Einzelposten der aktiven Arbeitsmarktpolitik – sichern sich die Verbände Aufträge in Milliardenhöhe für die verbandseigenen Fortbildungsinstitute. Franz beklagt deshalb zu Recht, dass die Tarifparteien den Staat als „Reparaturbetrieb“ für eine verfehlte Lohnpolitik missbrauchen.
2. Theorie der Interessengruppen: Gut organisierte Interessengruppen können durch gezielte Lobbyarbeit den politischen Prozess zum Teil erheblich beeinflussen. Im Zusammenhang mit den Hartz-Gesetzen fiel insbesondere die relativ erfolgreiche Lobby-Arbeit der gut organisierten Zeitarbeitsbranche auf, die sich zum einen mit ihren Forderung nach einer weitgehenden Deregulierung der Branche durchsetzte, und zum anderen bei der Umsetzung der Personalserviceagenturen (PSA) einen zusätzlichen, staatlich bezuschussten Wachstumsmarkt für sich eröffnete. Bei der ver-

[16] Vgl. zu den Modellen der repräsentativen Demokratien Blankart (2003) und zu den gesellschaftlichen Entscheidungsverfahren Frey und Kirchgässner (2002).

[17] Vgl. Sachverständigenrat zur Begutachtung der gesamtwirtschaftlichen Entwicklung (2003), Siebert (2002).

mittlungsorientierten Arbeitnehmerüberlassung können Zeitarbeitsfirmen als Betreiber von PSA ein Honorar erhalten, das sich aus einer monatlichen Fallpauschale sowie einer Integrations-/Vermittlungsprämie zusammensetzt.[18] Die weniger gut organisierte Weiterbildungsbranche war weniger erfolgreich und musste Budgetverluste nach der Rasenmähermethode hinnehmen. Dabei wurde in Kauf genommen, auch unter Umständen erfolgreiche Programme zu streichen (vgl. Abschnitt 2.2).

3. Fiskalischer Förderalismus: Der ausgeprägte Föderalismus in der Finanzpolitik sieht vertikale und horizontale Finanzausgleichsmechanismen vor, die regelrecht zu Kostenverlagerungsstrategien zwischen den Gebietskörperschaften aber auch zwischen Bund und Arbeitslosenversicherung sowie zwischen den Gebietskörperschaften und der EU einladen. Dementsprechend finden sich in der Praxis der Arbeitsmarktpolitik zahlreiche Beispiele, wie geschickte Kommunalpolitiker durch strategisches Verhalten Landeszuschüsse „akquirieren" (z.B. Hessischer Kombilohn und das Folgeprojekt Kamoko in der Stadt Kassel),[19] wie geschickte Landespolitiker Bundesmittel magnetisch anziehen (z.B. landesweite Ausdehnung des „Elmshorner Modells" in Schleswig-Holstein)[20] und wie der Bund Kosten auf die Sozialversicherung abwälzt (z.B. Finanzierung der deutschen Wiedervereinigung[21]). Auch können Bundes-, Landes- und Kommunalprojekte durch Mittel des Europäischen Sozialfonds kofinanziert werden (z.B. Mainzer Modell, Hessischer Kombilohn und Bündnis für Beschäftigungsförderung im Landkreis Breisgau-Hochschwarzwald), wobei nicht immer klar ist, ob diese Projekte nicht auch ohne diese Kofinanzierung zustande gekommen wären. Solange Kosten auf Dritte überwälzt werden können, bestehen weniger Anreize zur effizienten Mittelverwendung als ohne diese Möglichkeiten. Der mit dem fiskalischen Föderalismus verbundene Verwaltungsaufwand ist zum Teil exorbitant und sichert Arbeitsplätze in den jeweiligen Bürokratien.
4. Budgetmaximierung der Bürokratie: Häufig wird befürchtet, dass strenge Evaluationsmaßstäbe zu einem massiven Abbau überflüssiger Maßnahmen führen, so dass auch Bürokratie-Arbeitsplätze und die eigene Machtposition gefährdet sind. Andererseits besteht die Einsicht, dass im Interesse der Steuer- und Beitragszahler eine Begrenzung der Maßnahmen auf erfolgreiche Maßnahmen langfristig die eigene Arbeitsplatzsicherheit erhöhen kann. Natürlich könnte damit die Veränderung des eigenen Arbeitsgebiets verbunden sein (z.B. statt Auszahlung von ABM-Mitteln die Tätigkeit als Case Manager im Job Center). Es hat sich in der jüngeren Vergangenheit

18 Vgl. Bundesanstalt für Arbeit (2003) und Ochel (2003).

19 Vgl. Dann et al. (2002*b*) für eine ausführliche Beschreibung

20 Vgl. Pressemitteilung der Landesregierung Schleswig-Holstein vom 25. Juni 2001 und Warich (2001).

21 Vgl. Sinn (2000).

häufiger gezeigt, dass die Einsicht in eine Evaluation nach internationalem Standard sowohl auf der kommunalen Ebene (z.B. Einstiegsgeld in der Stadt Mannheim), der Länderebene (z.B. Hessischer Kombilohn), der Bundesebene (z.B. BMWA-Vorstudie zur Hartz-Evaluation) und der europäischen Ebene (z.B. Evaluationszwang bei ESF-Projekten) deutlich zugenommen hat. Aber es ist nicht zu erwarten, dass der internationale Evaluationsstandard automatisch durch das Eigeninteresse der Bürokratie sichergestellt wird.

5. Politischer Konjunkturzyklus und Fiskalillusion: Nicht auszuschließen ist eine „Verschlimmbesserung“ der Situation, weil sinnvolle Ausgaben(umschichtungen), z.B. für eine verbesserte Vermittlung, aus Kostengründen von in politischen Konjunkturzyklen denkenden Politikern nicht getätigt werden, obwohl sie sich durch zukünftige Einsparungen (z.B. durch eine kürzere Arbeitslosigkeitsdauer) rechtfertigen würden. Auch versuchen stimmenmaximierende Politiker mit einer Vielzahl von wohlklingenden arbeitsmarktpolitischen Programmen Wahlen zu gewinnen, wobei der Widerstand der Steuer- und Beitragszahler durch das Instrument der Fiskalillusion minimiert wird. Die Hartz-Gesetze bieten reichlich Anschauungsunterricht für die Relevanz dieser Phänomene im politischen Prozess. So wurde z.B. als Beleg für den Erfolg des Kernstücks der Hartz-Reform – der Personalserviceagenturen (PSA) – in einer Pressemitteilung der Bundesanstalt für Arbeit vom 17.10.2003 mit einer so genannten Integrationsquote von 47% argumentiert. Diese Quote ergibt sich dadurch, dass lediglich die aus den PSA ausgeschiedenen Personen betrachtet werden. Insgesamt sind 3.150 Personen ausgetreten, davon haben 1.487 Personen eine sozialversicherungspflichtige Beschäftigung aufgenommen. Dass diese Quote nur sehr begrenzt aussagefähig für den Erfolg der PSA ist, liegt auf der Hand. Weder ist bekannt, wie lange diese Personen in Beschäftigung bleiben, noch wird ein Versuch unternommen, eine Kontrollgruppe zu generieren, um die Beschäftigungsquote der Teilnehmer mit der hypothetischen Situation zu vergleichen, wenn sie nicht teilgenommen hätten. Die Fiskalillusion wurde unterdessen aufrechterhalten: Die Kosten für PSA-Subventionen blieben in der Pressemitteilung ungenannt.

3.4 Lösungsvorschlag: Gesetz plus öffentlicher Druck

Da es bei gegebener Gesetzeslage aus politökonomischen Gründen keinen zwingenden Mechanismus gibt, der die Evaluationskultur in Deutschland automatisch auf den internationalen Standard hebt, ist eine Gesetzesinitiative und öffentlicher Druck nötig. Öffentlicher Druck durch die Wissenschaft und die Medien sind die notwendige Bedingung, um ein Klima für eine Evaluationskultur im Sinne der Steuer- und Beitragszahler zu schaffen. Die in Abschnitt 2 genannten Beispiele haben gezeigt, dass erhebliche Aufklärungsarbeit durch die Wissenschaft nötig ist, um den Boden für eine mehrheitsfähige Gesetzesinitiative zu bereiten.

Drei Elemente sollten den Kern der Gesetzesinitiative bilden:

1. Zwang zu Experimenten vor Einführung neuer Instrumente: Alle neuen arbeitsmarktpolitischen Instrumente sollten zunächst experimentell mit Kontrollgruppen erprobt werden, wobei eine zeitnahe Evaluation durch eine entsprechende Datenerhebung in Kooperation von Wissenschaft und Praxis gewährleistet sein muss.
2. Zwang zur laufenden Evaluation bestehender Programme: Alle bestehenden Instrumente sollten nicht-experimentell mit Kontrollgruppen überprüft werden. Dazu ist der Wissenschaft der Datenzugang in einem Forschungsdatenzentrum zu gewährleisten. Dem Datenschutz sollte bei der Evaluationsforschung mit Individual-, Haushalts- und Firmendaten durch hohe Konventionalstrafen bei Datenmissbrauch Rechnung getragen werden.
3. Jährlicher Evaluationsbericht: Die Bundesanstalt für Arbeit und die Bundesregierung sind verpflichtet, den Nachweis einer effektiven und effizienten Mittelverwendung vor dem Parlament anzutreten. Dazu sollte ein jährlicher Evaluationsbericht in Kooperation von Bundesanstalt für Arbeit (IAB Nürnberg) und unabhängigen Forschungsinstituten erstellt werden.

Dieser Vorschlag geht weit über bereits vorliegende Überlegungen anderer Evaluationsforscher hinaus. Schmidt et al. (2001) schlagen einen partnerschaftlichen Aktionsplan für eine effektivere und effizientere Arbeitsmarkpolitik in Deutschland vor. Sein zentrales Element ist eine integrative und kooperative Ausgestaltung, Umsetzung und Evaluation der Maßnahmen aktiver Arbeitsmarktpolitik. Dies zielt auf die Aufhebung der bislang in Deutschland üblichen Trennung von Design und Umsetzung der Maßnahmen durch Politik/Administration einerseits und ihrer Begutachtung durch die Wissenschaft andererseits ab. Konkret werden in der Phase 1 des Aktionsplans („Institutionelle Ausgestaltung“) einige Vorschläge zur Veränderung von im SGB III enthaltenen Anordnungsermächtigungen für die Bundesanstalt für Arbeit entwickelt. Als übergeordnete Ziele bei Änderungen oder Ergänzungen des SGB III nennen die Autoren die Verringerung der administrativen Komplexität und eine Erhöhung der Zielgruppenfokussierung. Lechner (2002) beschreibt eine Gesetzesinitiative in der Schweiz und merkt an, dass der Schweizer Gesetzgeber die Zeichen der Zeit erkannt habe. In der Gesetzesinitiative zur Reform des Arbeitslosenversicherungsgesetzes wird ein neuer Artikel (73a) vorgeschlagen, in dem es unter anderem heisst: „... sorgt ...dafür, dass die Maßnahmen der Arbeitslosenversicherung auf ihre Wirksamkeit überprüft werden. Wichtige Evaluationsergebnisse werden dem Bundesrat zur Kenntnis gebracht.“ Der schweizerische Bundesrat entspricht in etwa der Bundesregierung. Es wird demnach ein Bericht an die Exekutive vorgeschlagen. Lechner hofft, dass eine Revision des SGB III in Deutschland in eine ähnliche Richtung geht. Artikel 73a ist seit 1. Juli 2003 in Kraft.

Hier wird vor dem Hintergrund politökonomischer Überlegungen ein anderer Weg vorgeschlagen. Kern ist dabei der jährliche Evaluationsbericht an das Parlament, der gemeinsam von Bundesanstalt für Arbeit und Forschungsinstituten erstellt wird. Dieser Vorschlag ist in dreifacher Hinsicht erläuterungsbedürftig. Zum einen wird ein gemeinsamer Bericht vorgeschlagen. Darin spiegelt sich die konkrete Praxiserfahrung wider, dass die komplexen Datenstrukturen der BA nur in Kooperationsprojekten von Mitarbeitern der Forschungsinstitute durchdrungen werden können. Zum anderen wird nicht ein Bericht an die Bundesregierung, sondern ein Bericht an das Parlament vorgeschlagen. Darin drückt sich die Hoffnung aus, dass durch Wissenschaft und Medien aufgeklärte Parteien an einer effektiven und effizienten Mittelverwendung interessiert sind, zumindest, wenn sie sich in der Opposition befinden. Auf diese Weise können dem Wähler auch Maßnahmen der Fiskalillusion leichter vor Augen geführt werden. Zum dritten wird die Berichterstattung über die Verwendung von Steuer- *und* Beitragsmitteln vor dem Parlament vorgeschlagen, nicht nur von Steuermitteln wie z.B. beim Subventionsbericht des Bundes. Damit wird der Konstruktion der BA als Bundesanstalt/Bundesagentur unter der Fachaufsicht des BMWA Rechnung getragen. Die BA kann als verlängerter Arm der Exekutive verstanden werden, so dass sie der parlamentarischen Kontrolle unterliegen muss. Insbesondere können somit Verbandsvereinbarungen zulasten der Steuer- und Beitragszahler und die Aktivitäten von gut organisierten Interessengruppen besser einer öffentlichen Kontrolle unterzogen werden.

4 Fazit

Die Evaluationskultur in Deutschland ist noch weit vom internationalen Standard entfernt. Trotz vielversprechender Ansätze steckt die Evaluation arbeitsmarktpolitischer Maßnahmen in Deutschland noch in den Kinderschuhen. „Das Defizit hier zu Lande liegt (...) nicht etwa an mangelnder Methodenkompetenz, sondern hauptsächlich an der unzureichenden Verfügbarkeit von geeigneten Individualdaten für die Wissenschaft, wobei dies wiederum Ausfluss des bisher jedenfalls nicht übermäßig starken Interesses an einer solchen Evaluation sein mag" (Franz, 2003, S. 433).

In diesem Beitrag wurde argumentiert, dass eine Gesetzesinitiative zur Einführung eines Evaluationszwangs für alle bestehenden und neu eingeführten Programme nach internationalem Standard im Interesse der Steuer- und Beitragszahler notwendig ist. Die derzeitigen gesetzlichen Regelungen des SGB III reichen nicht aus. Sollte eine Partei diesen Vorschlag aufgreifen, und kämen deshalb alle arbeitsmarktpolitischen Instrumente auf den Prüfstand, so könnte durch effizientere Mittelverwendung zweifellos ein Beitrag zur Verbesserung des Standortes Deutschland geleistet werden. Sollte sich eine in diesem Sinne engagierte Partei einen etwaigen Erfolg auf ihre Fahnen schreiben, wäre dies – im Sinne von Wolfgang Franz – mit heiterer Melancholie hinzunehmen.

Literaturverzeichnis

Arntz, M., M. Feil und A. Spermann (2003), *Maxi-Arbeitsangebotseffekte oder zusätzliche Arbeitslose durch Mini- und Midi-Jobs?* Discussion Paper 03-67, Zentrum für Europäische Wirtschaftsforschung (ZEW).

Bittner, S., A. Hollederer, B. Kaltenborn, H. Rudolph, A. Vanselow und C. Weinkopf (2001), *Ein Jahr Erfahrungen mit dem arbeitsmarktpolitischen Sonderprogramm CAST*, Bonn. Zwischenbericht Nr. 1 des Forschungsverbunds IAB/IAT/Kaltenborn im Auftrag des BMA, September 2001.

Blankart, C.B. (2003), *Öffentliche Finanzen in der Demokratie*, 5. Aufl., Verlag Vahlen, München.

Brinkmann, C. und F. Wießner (2002), Zur Wirkungsforschung aktiver Arbeitsmarktpolitik – neue Herausforderungen für Monitoring und Evaluation, in: Kleinhenz, G. (Hrsg.), *IAB-Kompendium Arbeitsmarkt- und Berufsforschung*, BeitrAB 250, 373–386.

Bundesanstalt für Arbeit (2003), Internet-Informationen zur Einrichtung von Personal-Service-Agenturen (PSA) nach § 37c Sozialgesetzbuch Drittes Buch (SGB III). Stand: 24. Januar 2003, www.arbeitsagentur.de.

Dann, S., A. Kirchmann, A. Spermann und J. Volkert (2002*a*), *Einstiegsgeld in Baden-Württemberg*, Schlussbericht des Instituts für Angewandte Wirtschaftsforschung (IAW), Tübingen.

Dann, S., A. Kirchmann, A. Spermann und J. Volkert (2002*b*), *Modellversuch Hessischer Kombilohn. Wissenschaftliche Begleitforschung des hessischen Modellversuchs*, Schlussbericht des Instituts für Angewandte Wirtschaftsforschung (IAW), Tübingen.

Fitzenberger, B. und R. Hujer (2002), Stand und Perspektiven der Evaluation der Aktiven Arbeitsmarktpolitik in Deutschland, *Perspektiven der Wirtschaftspolitik* 3 (2), 139–158.

Franz, W. (2000), Wirtschaftspolitische Beratung: Reminiszenzen und Reflexionen, *Perspektiven der Wirtschaftspolitik* 1 (1), 53–71.

Franz, W. (2003), *Arbeitsmarktökonomik*, 5. Aufl., Springer-Verlag, Berlin/Heidelberg.

Frey, B. und G. Kirchgässner (2002), *Demokratische Wirtschaftspolitik*, 3. Aufl., Verlag Vahlen, München.

Gerster, F. und I. Deubel (1999), Arbeit muß sich lohnen! Das Mainzer Modell für Beschäftigung und Familienförderung, *Wirtschaftsdienst* 79, 39–43.

Hagen, T. und A. Spermann (Hrsg.) (2004), Evaluation der Hartz-Gesetze – Methodische Vorüberlegungen. Studie im Auftrag des BMWA (unter Mitarbeit von M. Arntz, A. Ammermüller, M. Beblo, M. Biewen, B. Boockmann, M. Caliendo, B. Fitzenberger, N. Gürtzgen, R. Hujer, P. Jacobebbinghaus, F. Pfeiffer, W. Sörgel, A. Weber, R. Wilke, H. Winterhager, E. Wolf, G. Wunderlich), erscheint demnächst.

Heckman, J.J., J.R. LaLonde und J.A. Smith (1999), The Economics and Econometrics of Active Labor Market Programms, in: Ashenfelter, O. und Card, D. (Hrsg.), *Handbook of Labor Economics*, 3, 1865–2097.

Hirschenauer, F. (2003), Regionale Arbeitsförderung – Eingliederungsquoten sprechen eine deutliche Sprache, *IAB Kurzbericht* (17), 1–9.

Lechner, M. (2002), Eine wirkungsorientierte aktive Arbeitsmarktpolitik in Deutschland und der Schweiz: Eine Vision – zwei Realitäten, *Perspektiven der Wirtschaftspolitik* 3 (2), 159–174.

Ochel, W. (2003), Hartz and more: Zum Abbau der Arbeitslosigkeit durch Leiharbeit, *ifo schnelldienst* 56 (1), 21–32.

Sachverständigenrat zur Begutachtung der gesamtwirtschaftlichen Entwicklung (2003), *Staatsfinanzen konsolidieren – Steuersystem reformieren, Jahresgutachten 2003/04*, Wiesbaden.

Schmidt, C.M., K.F. Zimmermann, M. Fertig und J. Kluve (2001), *Perspektiven der Arbeitsmarktpolitik: Internationaler Vergleich und Empfehlungen für Deutschland*, Springer-Verlag, Berlin.

Siebert, H. (2002), *Der Kobra-Effekt*, Deutsche Verlags-Anstalt, Stuttgart/München.

Sinn, H.W. (2000), Zehn Jahre deutsche Wiedervereinigung – Ein Kommentar zur Lage der neuen Länder, *ifo-Schnelldienst* 51 (26/27), 10–22.

Vollkommer, D. (2000), *Regionalisierung der Arbeitsmarktpolitik. Verbleibsquoten von ABM-Teilnehmern in Eingliederungsbilanzen*, IAB-Werkstattbericht 05/2000, Institut für Arbeitsmarkt- und Berufsforschung, Nürnberg.

Warich, B. (2001), *Evaluationsbericht zum Modellprojekt „Zusätzliche Arbeitsplätze für Geringqualifizierte" (ZAfG) in Schleswig-Holstein*, Abschlussbericht des Wirtschaftsinstituts für Marktforschung, Evaluation und Strukturentwicklung (WIMES), Rostock.

Führt IT-Nutzung zu altersfeindlicher Reorganisation von Arbeit? Eine Untersuchung auf Grundlage der IKT-Umfrage des ZEW*

Irene Bertschek

1 Motivation

„Über 50 und gut" – so wirbt das Bundesministerium für Wirtschaft und Arbeit mit seiner neuen Initiative „*Team*Arbeit für Deutschland" für die Einstellung älterer Mitarbeiter. Für Unternehmen, die über 50-Jährige einstellen, zahlt das Arbeitsamt einen Lohnzuschuss sowie die Arbeitslosenversicherung. An dieser Initiative offenbart sich ein dringliches arbeits- und sozialpolitisches Problem. Trotz zunehmendem Durchschnittsalter der Bevölkerung hat der Anteil älterer Menschen am Erwerbsleben in den letzten Jahren stetig abgenommen. Eine abnehmende Erwerbsbeteiligung und eine gleichzeitig höhere Lebenserwartung üben erheblichen Druck auf das Rentensystem aus, das zurzeit nicht ohne Grund ganz oben auf der wirtschaftspolitischen Agenda steht. Die Erwerbstätigenquote[1] für Männer im Alter von 60 bis unter 65 Jahren ist für Gesamtdeutschland von 31,1% im Jahr 1991 auf 29,1% in 2002 gesunken. Im selben Zeitraum ist die Erwerbstätigenquote für Männer von 55 bis unter 60 Jahren von 73% auf 68,7% und für Männer von 50 bis unter 55 Jahren sogar um fast 7 Prozentpunkte von 88,9% auf 82,1% gesunken. Ein gegenläufiger Trend ist dagegen bei den Frauen zu erkennen. Waren im Jahr 1991 nur 37,4% der Frauen von 55 bis unter 60 Jahren erwerbstätig, so beteiligten sich im Jahre 2002 immerhin 50% am Erwerbsleben, wobei allerdings nicht zwischen Teilzeit- und Vollzeittätigkeit unterschieden wird (Statistisches Bundesamt, 2003).[2] Das durchschnittliche Rentenzugangsalter betrug im Jahr 2000 59,8 Jahre für Männer und 60,5 Jahre für Frauen (siehe z.B. Clemens et al., 2003, S. 45). Ein aktueller internationaler Vergleich zur Erwerbstätigkeit älterer Menschen findet sich z.B. bei Herbertsson und Orszag, 2003.

Während Frauen noch einen deutlichen Nachholbedarf bei der Erwerbstätigkeit zu haben scheinen, ziehen sich ältere Männer zunehmend aus dem Arbeitsleben zurück. Neben den institutionellen Rahmenbedingungen,[3] die eine immer frühere Verrentung der Arbeitnehmer begünstigen, wird in

---

* Ich danke Dirk Czarnitzki, Thomas Hempell, Werner Smolny und Alexandra Spitz für hilfreiche Anmerkungen.

1 Die Erwerbstätigenquote misst den Anteil der Erwerbstätigen an der Bevölkerung.

2 Zahlen auf Grundlage des Mikrozensus.

3 Hierzu zählen vor allem die zahlreichen Änderungen im Rentensystem wie die Einführung der flexiblen Altersgrenze im Jahr 1973, die einen Rentenzugang schon mit 63 Jahren anstatt mit

der Literatur auch oft die Hypothese diskutiert, dass sich der Einsatz neuer Technologien am Arbeitsplatz negativ auf die Beschäftigung älterer Arbeitnehmer auswirkt. Insbesondere Informationstechnologien (IT) haben sich in den letzten Jahren im Geschäftsalltag von Unternehmen weit verbreitet. Jeder zweite Beschäftigte verrichtet mittlerweile seine Arbeit überwiegend am Computer, wie eine aktuelle ZEW-Umfrage bei Unternehmen mit mindestens fünf Beschäftigten gezeigt hat. Der Computer ist somit fester Bestandteil vieler Arbeitsplätze geworden. Und die immer wieder neu hinzukommenden Anwendungsmöglichkeiten fordern von den Beschäftigten ein ständiges Hinzulernen, um mit dieser Entwicklung Schritt halten zu können. Die mit dem IT-Einsatz oft einhergehenden organisatorischen Veränderungen verlangen den Beschäftigten zusätzlich Anpassungsvermögen und Flexibilität ab.

Der vorliegende Artikel untersucht empirisch, inwiefern sich IT-Nutzung sowie verschiedene Formen und Veränderungen der Arbeitsplatzorganisation in Unternehmen auf den Anteil älterer Arbeitnehmer auswirken. Dabei werden sowohl die IT-Intensität in Unternehmen als auch verschiedene Arten der IT-Nutzung im Unternehmen berücksichtigt, wodurch der Heterogenität des Einsatzfaktors IT Rechnung getragen wird. Die empirischen Analysen basieren auf einem Datensatz, der im Jahr 2002 vom ZEW erhoben wurde und knapp 4.000 Unternehmen aus dem verarbeitenden Gewerbe sowie aus ausgewählten Dienstleistungsbranchen in Deutschland umfasst. Die Ergebnisse zeigen, dass die IT-Intensität von Unternehmen, gemessen als Anteil der Beschäftigten, die den überwiegenden Teil ihrer Arbeit am PC verbringen, einen negativen und signifikanten Einfluss auf den Anteil der älteren Beschäftigten ausüben. Die Berücksichtigung verschiedener IT-Anwendungen ergibt einen über alle Spezifikationen hinweg negativen und signifikanten Effekt für das Intranet, während andere Anwendungen weniger robuste Signifikanz aufweisen. Formen der Arbeitsplatzorganisation, die mit einer relativ hohen Verantwortung der Mitarbeiter verbunden sind, wirken sich signifikant negativ auf die Beschäftigung über 50-Jähriger aus. Wurden in Unternehmen in den letzten beiden Jahren Hierarchien abgeflacht, so zeigt sich hierbei jedoch eine signifikant positive Beziehung zum Anteil älterer Arbeitnehmer. Dies könnte einerseits darauf zurückzuführen sein, dass insbesondere jüngere Arbeitnehmer, die beispielsweise dem mittleren Management angehören, entweder aufgrund von Machtverlust oder aufgrund zunehmenden Leistungsdrucks, ihre Unternehmen verlassen, während ältere Arbeitnehmer den Unternehmen erhalten bleiben. Andererseits sind ältere Mitarbeiter aufgrund ihrer Berufserfahrung und der damit einhergehenden Kenntnisse der unternehmensspezifischen Abläufe eventuell eher in der Lage, den mit der Hierarchieabflachung erweiterten Verantwortungsbereich zu übernehmen.

---

65 Jahren ermöglicht, das vorgezogene Altersruhegeld aufgrund von einjähriger Arbeitslosigkeit oder die Möglichkeit, Altersteilzeit in Anspruch zu nehmen, um nur einige Beispiele zu nennen.

Der Beitrag gliedert sich wie folgt: Abschnitt 2 gibt einen kurzen Überblick über die Literatur zur Beziehung zwischen der Erwerbstätigkeit Älterer und der Nutzung neuer Technologien beziehungsweise verschiedenen Formen der Arbeitsplatzorganisation. In Abschnitt 3 wird der Datensatz beschrieben und die Vorgehensweise bei der empirischen Analyse erläutert. Abschnitt 4 präsentiert und diskutiert die Schätzergebnisse. Der fünfte Abschnitt enthält die Schlussfolgerungen.

2 Bisherige Ergebnisse

Der Einsatz neuer Technologien sowie organisatorische Veränderungen stellen in der Regel höhere Anforderungen an die Qualifikation der Beschäftigten. Dieses Thema wird einerseits in der Literatur zu „skill-biased technical change" ausführlich diskutiert, wie beispielsweise die aktuellen Übersichtsartikel von Chennells und Van Reenen (2002) und Card und DiNardo (2002) zeigen, andererseits aber auch im Kontext organisatorischer Veränderungen (siehe z.B. Caroli und Van Reenen, 2001). Sowohl der IT-Einsatz als auch organisatorische Veränderungen führen zu schnelleren Humankapitalabschreibungen und dürften insbesondere bei älteren Arbeitnehmern einen negativen Effekt auf die Erwerbstätigkeit ausüben.

Einige Studien stellen einen Zusammenhang zwischen der Erwerbstätigkeit älterer Arbeitnehmer und IT-Einsatz beziehungsweise Arbeitsplatzorganisation her. Der Artikel von Bartel und Sicherman (1993) untersucht den Zusammenhang zwischen technologischem Wandel und der Rentenentscheidung von Arbeitnehmern. Dabei stehen im Wesentlichen zwei, zum Teil entgegengesetzte, Hypothesen im Vordergrund: (1) Technologischer Wandel beeinflusst die Rentenentscheidung einmal direkt durch die erworbene Weiterbildung, die betroffene Arbeitnehmer eher später in Rente gehen lässt, da sie durch die Weiterbildung „am Ball bleiben". (2) Technologischer Wandel bewirkt, insbesondere wenn er unerwartet auftritt, eine schnellere Abschreibung des Humankapitals und macht Weiterbildung weniger rentabel, was wiederum zu einer früheren Verrentung führen kann. Die ökonometrischen Analysen von Bartel und Sicherman (1993) beziehen sich auf den Zeitraum 1966-83 und auf Männer im Alter von 45 bis 59 Jahren. Es zeigt sich, dass Arbeitnehmer in Branchen, die stärker von technologischem Wandel betroffen sind, später in Rente gehen, was auf ein höheres Maß an Weiterbildungsaktivitäten zurückzuführen sein dürfte. Andererseits zeigt sich jedoch auch, dass unerwarteter technologischer Wandel eine frühere Verrentung begünstigt, wobei sich dieser Effekt mit zunehmendem Alter der Beschäftigten verstärkt.

Die empirische Studie von Hirsch et al. (2000) auf Basis von ausgeübten Berufen zeigt unter anderem, dass es in Berufen mit intensiver Computernutzung weniger Beschäftigte und weniger Neueinstellungen von Beschäftigten im Alter ab 50 gibt. Andererseits finden Borghans und ter Weel (2002) anhand britischer Arbeitnehmerdaten, dass, je nach Berücksichtigung von Lohnkosten und Tätigkeitsprofilen der Beschäftigten, keine altersbedingten Effekte der Computernutzung mehr vorliegen, d.h. die Hypothese, ältere Arbeitnehmer hätten nur aufgrund ihres Alters mehr Probleme im Umgang mit Computern als Jüngere, kann nicht gestützt werden.

Friedberg (2003) untersucht die Beziehungen zwischen Computernutzung, Eintritt in das Rentenalter und Weiterbildung. Auf Basis zweier U.S.-Datensätze zeigt sich einerseits, dass Computernutzer eher später in Rente gehen, vermutlich weil sie komparative Vorteile gegenüber Nichtnutzern haben und auch eher bereit sind, in Weiterbildung zu investieren. Andererseits ist die Bereitschaft zur Weiterbildung weniger wahrscheinlich, je näher die Beschäftigten am Renteneintrittsalter sind.

Wie die Arbeiten von Bresnahan et al. (2002) und Brynjolfsson und Hitt (2000) nahe legen, geht der Einsatz von IT häufig mit Arbeitsplatzreorganisationen einher. IT und organisatorische Veränderungen werden deshalb auch als strategische Komplementaritäten interpretiert. Dabei geht es im Wesentlichen um dezentralisierende organisatorische Maßnahmen, die die Beschäftigten stärker in Entscheidungsprozesse einbeziehen und häufig auch mit mehr Verantwortung der Beschäftigten verbunden sind. Als Beispiele seien hier die Abflachung von Hierarchien sowie der Einsatz von eigenverantwortlichen Arbeitsgruppen oder die leistungsabhängige Entlohnung genannt, die sich sowohl auf den Informationsfluss in Unternehmen als auch auf die Motivation der Mitarbeiter positiv auswirken können.

Alle diese Organisationsformen haben einen dezentralen Charakter und werden in der entsprechenden Literatur auch als „high-performance work organisations“ (HPWO) bezeichnet. Empirische Studien analysieren insbesondere die Effekte dieser Arbeitsplatzorganisationsformen auf die Produktivität von Unternehmen, wie z.B. Bertschek und Kaiser (2004), Black und Lynch (2001), Eriksson (2003), Huselid (1995), Ichniowski et al. (1997) und Wolf und Zwick (2002).

Es gibt bislang kaum Arbeiten, die den Zusammenhang zwischen IT-Nutzung, organisatorischen Veränderungen und Altersstruktur der Beschäftigten aus Unternehmenssicht analysieren. Beckmann (2001) untersucht die Auswirkungen des Personalabbaus auf die Anteile der unter 30- beziehungsweise über 50-jährigen Arbeitnehmer an der Gesamtbeschäftigung von Unternehmen anhand des IAB-Betriebspanels 1993 bis 1995 für Westdeutschland. Er kommt zu dem Schluss, dass Betriebe, die in erster Linie ihre Nettobeschäftigung abbauen wollen, dies zulasten jüngerer Arbeitnehmer tun, während Personalabbau im Rahmen von Personalaustauschprozessen eher zulasten älterer Arbeitnehmer geht, d.h. Ältere werden durch Jüngere ersetzt. IT-Einsatz, organisatorische Veränderungen sowie Weiterbildung werden jeweils mit einer Dummy-Variablen gemessen. Es zeigt sich, dass sich organisatorische Veränderungen signifikant negativ auf den Anteil älterer Beschäftigter auswirken, während die Tatsache, dass ein Unternehmen in Informations- und Kommunikationstechnologien investiert hat, signifikant positive Effekte auf die Beschäftigung älterer Arbeitnehmer aufweist. Es ist hierbei allerdings zu berücksichtigen, dass diese Variable als Maß des IT-Einsatzes wenig aussagekräftig ist, denn es bleibt offen, welche Art von IT im Unternehmen zum Einsatz kommt und welcher Teil der Arbeitnehmer von diesen Investitionen beziehungsweise von deren Auswirkungen betroffen ist.

3 Daten und empirischer Analyserahmen

Die der Studie zugrunde liegenden Daten basieren auf einer repräsentativen Umfrage zur Nutzung und Verbreitung von IKT, die das ZEW mit finanzieller Unterstützung der Landesstiftung Baden-Württemberg im vierten Quartal 2002 durchgeführt hat. Die Daten wurden mittels einer computergestützten Telefonbefragung (CATI – computer-aided telephone interview) erhoben. Die Stichprobe ist nach drei Kriterien geschichtet: Branche, Firmengröße und Region (Ost- und Westdeutschland). Es wurden Unternehmen mit mehr als 4 Beschäftigten berücksichtigt. Insgesamt konnten 4.450 Interviews realisiert werden, davon circa 50% im verarbeitenden Gewerbe und circa 50% im Dienstleistungsgewerbe. Nach Konsistenzchecks und aufgrund von „item non-response“ steht für die folgenden empirischen Analysen eine Stichprobe mit 3.926 Unternehmen zur Verfügung. Um eine Verzerrung der Ergebnisse aufgrund von Ausreißern zu vermeiden, bleiben Unternehmen mit mehr als 10.000 Beschäftigten unberücksichtigt. Tabelle 1 zeigt deskriptive Statistiken.

Im Mittelpunkt der Analysen stehen die Auswirkungen von IT-Nutzung und Arbeitsplatzorganisationen beziehungsweise organisatorischen Veränderungen auf den Anteil der Beschäftigten, die 50 Jahre oder älter sind. Im Durchschnitt liegt der Anteil der über 50-Jährigen Beschäftigten an der Gesamtbeschäftigung bei knapp 17,5%; gut 12% der Unternehmen geben an, keine Beschäftigten in dieser Altersgruppe zu haben.

Es werden verschiedene Maße für den IT-Einsatz verwendet. Die Variable *PC-Beschäftigte* misst den Anteil der Beschäftigten, die den überwiegenden Teil ihrer Arbeit am PC verbringen. Dieses Maß hat den Vorteil, dass es die IT-Intensität des Unternehmens auf Beschäftigtenebene anzeigt. Ein alternatives und häufig genutztes Maß stellen die IT-Investitionen dar, die jedoch auch dann hoch sein können, wenn sich die Nutzung von IT auf einige wenige Mitarbeiter im Unternehmen konzentriert. Laut Tabelle 1 liegt der Anteil der Beschäftigten, die den überwiegenden Teil ihrer Arbeit am PC verbringen, bei durchschnittlich knapp 53%.

Verschiedene Dummy-Variablen tragen der Tatsache Rechnung, dass mit der Nutzung eines PCs verschiedene Anwendungsmöglichkeiten verbunden sind. So nimmt *EDI* den Wert eins an, wenn das Unternehmen Electronic Data Interchange nutzt – ein Vorläufer des Business-to-Business E-Commerce, das den standardisierten Datenaustausch zwischen Unternehmen ermöglicht. Weitere Dummies geben an, ob das Unternehmen über ein *Intranet* und einen *Internetzugang* verfügt, ob es *Datenbanken, Software für Planung, Steuerung und Controlling* oder ob es *Software für „Computer Aided Design, Manufacturing oder Engineering“* nutzt. Wie Tabelle 1 zeigt, ist ein Internetzugang mit knapp 98% am weitesten verbreitet. Gefolgt wird der Internetzugang von Datenbanken, die immerhin bei 81% der Unternehmen Anwendung finden. In 76% der Unternehmen wird Software für Planung, Steuerung und Controlling eingesetzt. 58% der Unternehmen verfügen über ein Intranet, knapp 47% nutzen Computer Aided Design/Manufacturing/Engineering. An letzter Stelle rangiert Electronic Data Interchange, mit immerhin noch 41%.

Es werden insgesamt drei verschiedene Organisationstypen berücksichtigt, die jeweils mittels Dummy-Variablen erfasst werden: *Eigenverantwortliche Arbeitsgruppen, leistungsabhängige Entlohnung* und *Arbeitsgruppen mit eigener Kosten- und Ergebnisverantwortung* wie z.B. Profit Center. Zwei weitere Dummy-Variablen geben an, ob in den letzten beiden Jahren die Hierarchie im Unternehmen abgeflacht wurde (*Hierarchieabflachung*) und ob Unternehmensaktivitäten ausgelagert wurden (*Outsourcing*). In 66% der Unternehmen gibt es eigenverantwortliche Arbeitsgruppen, in 55% der Unternehmen leistungsabhängige Entlohnung. 36% der Unternehmen setzen Arbeitsgruppen mit eigener Kosten- und Ergebnisverantwortung ein. 26% der Unternehmen haben in den letzten beiden Jahren Unternehmensaktivitäten ausgelagert, und 12% haben ihre Hierarchie abgeflacht. Sowohl von den IT-Variablen als auch von den Organisations-Variablen sind jeweils negative Effekte auf den Anteil der über 50-Jährigen zu erwarten.

Ein *Betriebsrat*, der in 39% der Unternehmen vorzufinden ist, sollte die Beschäftigung älterer Mitarbeiter eher unterstützen, weshalb von dem Betriebsrat ein positiver Effekt zu erwarten ist.

Durch die Hinzunahme verschiedener Branchendummies wird berücksichtigt, dass Branchen in ihrer Altersstruktur systematisch differieren können. Weitere Kontrollvariablen sind das Alter und die Größe des Unternehmens. Das Alter wird durch drei Dummy-Variablen gemessen. Die erste Dummy-Variable nimmt den Wert eins an, wenn das Unternehmen jünger als drei Jahre und damit in der Gründungsphase ist. Unternehmen im Alter zwischen drei und sieben Jahren bilden die zweite Gruppe. Unternehmen, die das Alter von sieben Jahren überschritten haben, können als etabliert betrachtet werden und bilden somit die dritte, in diesem Fall die Referenzgruppe. Diese Kategorisierung basiert auf den Ergebnissen empirischer Studien wie z.B. Prantl (2001), die zeigt, dass die Hazardfunktion junger Unternehmen ein erstes lokales Maximum bei drei Jahren annimmt und ein zweites bei circa sieben Jahren. Hat ein Unternehmen sieben Jahre überlebt, dann verläuft die Hazardrate relativ stabil auf niedrigem Niveau, so dass diese Firmen dann als etabliert oder „alt“ angesehen werden können. Die Unternehmensgröße wird durch die logarithmierte Anzahl der Beschäftigten und deren Quadrat berücksichtigt.

Zur Schätzung wird ein so genanntes „fractional response model“ verwendet, das von Papke und Wooldridge (1996) vorgeschlagen wird. Dieses Quasi-Maximum-Likelihood-Verfahren ist für Anwendungen geeignet, bei denen die abhängige Variable zwischen 0 und 1 liegt und auch die Extremwerte 0 beziehungsweise 1 annimmt, wie dies für den Anteil der älteren Beschäftigten an der Gesamtbeschäftigung der Fall ist. Die Methode basiert auf dem Ansatz generalisierter linearer Modelle (GLM) wie z.B. in McCullagh und Nelder (1989) behandelt. Als Linkfunktion wurde die kumulierte Normalverteilung verwendet.[4]

4 Ergebnisse

Die Schätzergebnisse sind in Tabelle 2 dargestellt.[5] Wie zu erwarten, hat der Anteil der Beschäftigten, die ihre Arbeit überwiegend am Computer verrichten, einen negativ signifikanten Effekt auf den Anteil der über 50-Jährigen im Unternehmen. Dieser Effekt ist über alle Spezifikationen hinweg robust. Das heißt, je IT-intensiver ein Unternehmen in Bezug auf seine Computernutzung ist, umso geringer ist der Anteil älterer Arbeitnehmer an der Gesamtbeschäftigung.

Betrachtet man zusätzlich verschiedene IT-Anwendungen (Spezifikation 2), so zeigt sich, dass die Dummy-Variablen für EDI und Intranet signifikant negative Effekte auf den Anteil älterer Beschäftigter ausüben. Die Altersstruktur der Beschäftigten scheint dagegen unabhängig von anderen IT-Anwendungen wie z.B. Datenbanken und spezieller Software für Planung und Controlling zu sein. Spezielle Anwendungssoftware wird innerhalb eines Unternehmens häufig nur von einem kleinen Teil der Beschäftigten angewandt, z.B. Software für Controlling nur von Beschäftigten der Finanzbuchhaltung, so dass es plausibel erscheint, wenn von diesen Anwendungen keine Effekte auf den Anteil der Älteren im gesamten Unternehmen ausgehen.[6]

---

[4] Eine Alternative stellt die logistische Verteilungsfunktion dar. Weitere Details sowie ein Anwendungsbeispiel finden sich bei Papke und Wooldridge (1996), die unter anderem zeigen, dass dieses Verfahren konsistent und $\sqrt{N}$-asymptotisch normalverteilt ist, und zwar unabängig von der auf die Regressoren konditionierten Verteilung der abhängigen Variablen. Czarnitzki und Kraft (2004) wenden das Verfahren auf die Analyse des Innovationserfolgs von Unternehmen an. Mein Dank gilt hier Dirk Czarnitzki für die Bereitstellung seines STATA-dofiles zur „fractional response“- Schätzung.

[5] Tobit-Schätzungen ergeben sehr ähnliche Ergebnisse. Allerdings ist die EDI-Variable bei den Tobit-Schätzungen nie signifikant, der Internetzugang aber immer signifikant. Die Dummy-Variable für Arbeitsgruppen mit eigener Kosten- und Ergebnisverantwortung ist bei den Tobit-Ergebnissen nie signifikant.

[6] Aufgrund des Verdachts, dass Kollinearität bei den Ergebnissen eine Rolle spielen könnte,

Tabelle 1: Deskriptive Statistik

	Mittelw.	Std.-Fehler	Min.	Max.	Beobachtungen
Anteil der Beschäftigten im Alter von 50 oder älter	0,175	0,152	0	1	3926
Anteil der PC-Beschäftigten	0,525	0,342	0	1	3929
Internetzugang	0,979	0,145	0	1	3919
EDI	0,405	0,491	0	1	3839
Intranet	0,580	0,494	0	1	3902
Datenbanken	0,805	0,397	0	1	3915
Software Contr./Plan./Steu.	0,758	0,428	0	1	3910
CAD/CAM/CAE	0,465	0,499	0	1	3872
Outsourcing	0,258	0,438	0	1	3919
Hierarchieabflachung	0,117	0,322	0	1	3909
Leistungsabh. Entlohnung	0,553	0,497	0	1	3904
Eigenverant. Arbeitsgruppen	0,657	0,475	0	1	3908
AG mit Kosten-/Ergebnisverant.	0,358	0,480	0	1	3911
Produktinnovation	0,642	0,479	0	1	3890
Betriebsrat	0,388	0,487	0	1	3926
Anzahl der Beschäftigten	239,114	676,615	1	10000	3926
Unternehmensalter-1	0,066	0,248	0	1	3926
Unternehmensalter-2	0,149	0,356	0	1	3926
Unternehmensalter-3	0,785	0,411	0	1	3926
Verbrauchsgüter	0,091	0,288	0	1	3926
Chemie	0,058	0,234	0	1	3926
sonstige Grundstoffe	0,079	0,271	0	1	3926
Metallerzeugnisse, Masch.bau	0,121	0,326	0	1	3926
Elektrotechnik	0,065	0,246	0	1	3926
Mess- u. Regelungstechnik	0,076	0,266	0	1	3926
Kraftfahrzeugbau	0,049	0,217	0	1	3926
Großhandel	0,041	0,199	0	1	3926
Einzelhandel	0,071	0,257	0	1	3926
Verkehr	0,068	0,252	0	1	3926
Banken u. Versicherungen	0,068	0,252	0	1	3926
EDV	0,091	0,288	0	1	3926
techn. Dienstleister	0,055	0,229	0	1	3926
sonst. unternehmensnahe DL	0,065	0,247	0	1	3926

Die Dummy-Variable für den Betriebsrat zeigt, wie erwartet, einen positiven und hoch signifikanten Effekt auf den Anteil der Älteren. Durch die Aufnahme der Dummy-Variablen für das Alter der Unternehmen sowie der Unternehmensgröße in den Schätzungen soll unter anderem berücksichtigt werden, dass in größeren und eventuell auch älteren Firmen der Anteil älterer Arbeitnehmer höher sein dürfte als in kleineren beziehungsweise

wurden die Korrelationskoeffizienten zwischen den einzelnen IT-Anwendungen berechnet. Die höchste Korrelation besteht zwischen Intranet und Datenbanken mit einem Wert von 0,349. Schätzungen mit nur jeweils einer IT-Anwendung als erklärender Variablen ergeben im Unterschied zu den ausgewiesenen Spezifikationen jeweils negativ signifikante Effekte von Datenbanken und EDI.

Tabelle 2: Quasi-Maximum-Likelihood-Schätzung eines „fractional response“-Modells

Abhängige Variable: Anteil der Beschäftigten im Alter von 50 Jahren oder älter					
	(1)	(2)	(3)	(4)	(5)
Konstante	-0,372***	-0,313***	-0,393***	-0,320***	-0,318***
	(0,087)	(0,121)	(0,088)	(0,121)	(0,121)
PC-Beschäftigte	-0,204***	-0,135***	-0,188***	-0,126***	-0,110***
	(0,036)	(0,037)	(0,036)	(0,037)	(0,037)
Internetzugang		-0,115		-0,127	-0,129
		(0,096)		(0,095)	(0,095)
EDI		-0,034*		-0,031	-0,029
		(0,020)		(0,020)	(0,020)
Intranet		-0,099***		-0,099***	-0,097***
		(0,022)		(0,023)	(0,023)
Datenbanken		-0,026		-0,028	-0,017
		(0,029)		(0,029)	(0,029)
Software für Controlling,		-0,010		0,002	0,005
Planung, Steuerung		(0,028)		(0,028)	(0,028)
Software CAD/CAM/CAE		-0,007		-0,004	0,005
		(0,023)		(0,023)	(0,023)
Outsourcing			-0,010	-0,005	0,002
			(0,020)	(0,021)	(0,021)
Hierarchieabflachung			0,072**	0,084***	0,088***
			(0,030)	(0,030)	(0,030)
Leistungsabhängige			-0,051***	-0,040**	-0,036*
Entlohnung			(0,020)	(0,021)	(0,021)
Eigenverantwortliche			-0,067***	-0,058***	-0,050**
Arbeitsgruppen			(0,021)	(0,022)	(0,022)
Arbeitsgruppen mit Kosten-			-0,038**	-0,028	-0,028
und Ergebnisverantwortung			(0,020)	(0,020)	(0,020)
Produktinnovation					-0,093***
					(0,022)
Betriebsrat	0,211***	0,214***	0,205***	0,207***	0,204***
	(0,023)	(0,023)	(0,023)	(0,024)	(0,024)
log(Unternehmensgröße)	-0,200***	-0,165***	-0,177***	-0,149***	-0,140***
	(0,036)	(0,038)	(0,037)	(0,038)	(0,038)
log(Unternehmensgröße)^2	0,018***	0,017***	0,017***	0,016***	0,016***
	(0,004)	(0,004)	(0,004)	(0,004)	(0,004)
Unternehmensalter-1	-0,039	-0,040	-0,038	-0,037	-0,035
	(0,036)	(0,036)	(0,036)	(0,036)	(0,036)
Unternehmensalter-2	-0,046	-0,052*	-0,043	-0,046	-0,044
	(0,029)	(0,030)	(0,029)	(0,030)	(0,030)
Log-Likelihood	-1795,828	-1715,820	-1761,315	-1686,630	-1672,81
Anzahl der Beobachtungen	3926	3755	3858	3698	3671

Heteroskedastie-konsistente Standardfehler in Klammern. ***,**,* bedeutet Signifikanz auf dem 1%-, 5%-, 10%-Niveau. Als weitere Kontrollvariablen werden Branchendummies verwendet.

jüngeren Unternehmen. Entsprechend dürfte es in älteren und größeren Unternehmen auch eher Betriebsräte geben. Während das Unternehmensalter keine signifikante Rolle als Determinante des Anteils älterer Arbeitnehmer spielt, zeigen sich signifikante Effekte der Firmengröße in allen Spezifikationen. Die Branchen Fahrzeugbau sowie EDV haben signifikant geringere Anteile von Beschäftigten im Alter von über 50 als die Referenz-Branche Verbrauchsgüter.[7]

Spezifikation (3) berücksichtigt zusätzlich verschiedene Formen der Arbeitsplatzorganisation. Während die Abflachung von Hierarchien signifikant positiv mit dem Anteil über 50-Jähriger zusammenhängt, weisen eigenverantwortliche Arbeitsgruppen, leistungsabhängige Entlohnung und Gruppen mit eigener Kosten- und Ergebnisverantwortung die erwarteten negativen und signifikanten Koeffizienten auf. Lediglich die Auslagerung von Unternehmensaktivitäten ist insignifikant. Das Ergebnis hinsichtlich der Hierarchieabflachung ist auf den ersten Blick nicht plausibel, wird diese Art der organisatorischen Veränderung doch oft in einem Zuge mit den jeweils anderen, zum Teil stark leistungsbezogenen Organisationstypen genannt. Man könnte vermuten, dass insbesondere Beschäftigte des mittleren Managements von Hierarchieabflachungen betroffen sind (siehe z.B. Crowston und Malone, 1988, S. 1051). Falls dann diese Beschäftigte eher zu den jüngeren Mitarbeitern gehören und das Unternehmen verlassen, z.B. weil sie an Macht und Einfluss verlieren oder aber weil sie durch die Dezentralisierung mehr Verantwortung übernehmen müssen und dem zunehmenden Leistungsdruck nicht gewachsen sind, während Ältere im Unternehmen bleiben, könnte sich dadurch der Anteil älterer Beschäftigter erhöhen. Dieses Ergebnis stünde auch in Einklang mit den Resultaten von Beckmann (2001), dass ein Personalabbau eher zulasten Jüngerer geht, während sich Personalaustauschprozesse eher negativ auf den Anteil älterer Mitarbeiter auswirken.[8] Andererseits dürften ältere Arbeitnehmer den jüngeren gegenüber den Vorteil haben, dass sie aufgrund ihrer längeren Berufserfahrung mit den unternehmensspezifischen Kenntnissen besser vertraut und daher eher in der Lage sind, mehr Verantwortung zu übernehmen. Zu beachten ist allerdings auch, dass bei der Befragung nach einer Hierarchieabflachung in den letzten beiden Jahren gefragt wurde. Daraus resultierende Effekte könnten somit auch lediglich kurzfristiger Natur sein.

Spezifikation (4) betrachtet sowohl den IT-Einsatz als auch die organisatorischen Gegebenheiten der Unternehmen. Die Effekte aus den Spezifikationen (2) und (3) bleiben weitgehend bestehen. Ausnahmen stellen die Anwendung

---

7 Die Ergebnisse für die Branchendummies werden aus Platzgründen nicht ausgewiesen.

8 Die Korrelation zwischen den einzelnen Arbeitsorganisationsvariablen ist maximal zwischen eigenverantwortlichen Arbeitsgruppen und Gruppen mit eigener Kosten- und Ergebnisverantwortung mit einem Wert von 0,237. Schätzungen, die jeweils die einzelnen Formen der Arbeitsorganisation berücksichtigen, zeigen dieselben Effekte auf wie in Spezifikation (3).

von Electronic Data Interchange sowie der Einsatz von Gruppen mit eigener Kosten- und Ergebnisverantwortung dar, die nun insignifikant werden.[9]

Die fünfte und letzte Spezifikation berücksichtigt zusätzlich die Innovationstätigkeit von Unternehmen in Form einer Dummy-Variablen, die den Wert eins annimmt, wenn das Unternehmen in den letzten beiden Jahren neue oder merklich verbesserte Produkte oder Dienstleistungen auf den Markt gebracht hat. Die Ergebnisse zeigen einen negativen und hoch signifikanten Koeffizienten für diese Variable. Dies impliziert, dass innovative Unternehmen einen deutlich geringeren Anteil älterer Beschäftigter haben als nicht innovative Unternehmen. Über Kausalwirkungen kann hier jedoch allenfalls spekuliert werden. Erfolgreiche Innovationen könnten unter anderem auf einen relativ hohen Anteil jüngerer Arbeitnehmer zurückzuführen sein, die neues, für Innovationen relevantes Wissen in das Unternehmen einbringen und so zum Innovationserfolg beitragen. Umgekehrt stellen Unternehmen, die eine hohe Innovationsaktivität aufweisen und anstreben, eher junge Leute ein beziehungsweise haben einen hohen Austausch an Personal, um das Wissen im Unternehmen auf dem neuesten Stand zu halten und damit Innovationen zu ermöglichen. Die vermutlich simultane Beziehung zwischen dem Anteil älterer Beschäftigter und der Innovationsaktivität von Unternehmen bedarf deshalb weiterer Analysen, die den hier vorgegebenen Rahmen sprengen würden.

Das Problem der Simultanität ist sicherlich nicht nur im Kontext der Produktinnovationen zu nennen, sondern kann auch für andere Beziehungen der vorangegangenen Analysen zutreffen. So setzen Unternehmen möglicherweise umso weniger Computer ein, je höher das Durchschnittsalter der Belegschaft ist. Genauso wird ein Unternehmen eher auf organisatorische Veränderungen verzichten, wenn es weiß, dass die Belegschaft nur schwer für diese zu gewinnen ist. Die Altersstruktur der Beschäftigten ist zudem nicht kurzfristig zu verändern, sondern unterliegt einem langfristigen Prozess. Um langfristige Entwicklungen zu erfassen, ist es unerlässlich weitere Analysen auf Paneldaten zu basieren, die jedoch in Kombination mit IT und Arbeitsplatzorganisation bislang nicht zur Verfügung stehen.

5 Abschließende Bemerkungen

Dieser Artikel untersucht auf Basis eines Unternehmensdatensatzes aus dem Jahr 2002 die Hypothese, dass sich IT-Nutzung sowie Arbeitsplatzorganisation im Unternehmen aufgrund zunehmender Anforderungen hinsichtlich Flexibilität und Qualifikation negativ auf die Beschäftigung älterer Mitarbeiter auswirken.

---

9 Die Berücksichtigung von Interaktionstermen zwischen *PC-Beschäftigte* und den verschiedenen Formen der Arbeitsorganisation ergeben nur insignifikante Koeffizienten, so dass auf Basis dieser ersten Analysen nicht auf komplementäre Beziehungen zwischen IT und Arbeitsplatzorganisation geschlossen werden kann.

Die empirischen Ergebnisse weisen auf eine signifikant negative Beziehung zwischen der IT-Intensität von Unternehmen – gemessen als Anteil der Beschäftigten, die den überwiegenden Teil ihrer Arbeit am PC verbringen – und dem Anteil der älteren Beschäftigten hin. Die Berücksichtigung verschiedener IT-Anwendungen trägt der Heterogenität des Faktors IT Rechnung. So ergibt sich z.B. ein über alle Spezifikationen hinweg signifikant negativer Effekt für das Intranet, während andere Anwendungen nur in einzelnen Spezifikationen signifikante Koeffizienten aufweisen oder aber immer insignifikant bleiben. Formen der Arbeitsplatzorganisation, die mit einer relativ hohen Verantwortung der Mitarbeiter verbunden sind, wie leistungsabhängige Entlohnung und eigenverantwortliche Arbeitsgruppen, wirken sich signifikant negativ auf die Beschäftigung über 50-Jähriger aus. Hingegen ist die Abflachung von Hierarchien positiv mit dem Anteil älterer Arbeitnehmer korreliert, was eventuell auf Personalabbau jüngerer Mitarbeiter im mittleren Management zurückgeführt werden könnte.

Die Ergebnisse zeigen, dass der Einsatz neuer Technologien sowie bestimmte Organisationsformen in Unternehmen mit deutlich geringeren Anteilen über 50-jähriger Beschäftigter einhergehen, wobei wechselseitige Wirkungen sicherlich nicht auszuschließen sind. Inwieweit dieser Tatbestand auf individuelle Entscheidungen einzelner Arbeitnehmer zurückgeführt werden kann, die sich beispielsweise entschließen, den Arbeitsmarkt ganz oder teilweise zu verlassen, um in Altersteilzeit, Rente oder Arbeitslosigkeit zu wechseln, und inwieweit die Unternehmen durch ihre personalpolitischen Maßnahmen diese Tendenzen unterstützen, kann aus den vorliegenden Daten nicht geschlossen werden. Unbestritten ist jedenfalls, dass die Politik eine Vielzahl von Instrumenten geschaffen hat, die den aktiven oder passiven Rückzug älterer Beschäftigter begünstigen. Ob das Bundesministerium für Wirtschaft und Arbeit mit seiner neuen Initiative „*Team*Arbeit für Deutschland" zur Trendwende beitragen kann, wird sich zeigen. Jedenfalls haben die aktuellen Diskussionen um leere Rentenkassen und die Verlängerung der Arbeitszeit gezeigt, dass ein Umdenken erforderlich ist. Ein früher Rückzug aus dem Arbeitsleben nutzt jüngeren Arbeitnehmern nur vordergründig, wenn dadurch Arbeitsplätze für sie frei gemacht werden, auf der anderen Seite aber die Belastung durch höhere Rentenbeitragszahlungen noch verschärft wird.

Um negative Wechselwirkungen zwischen der Nutzung von Informationstechnologien sowie verschiedenen Formen der Arbeitsplatzorganisation und der Erwerbsbeteiligung Älterer abzumildern, erscheint es wichtig, in Weiterbildungsmaßnahmen für ältere Mitarbeiter zu investieren. Ältere haben weniger Anreize, den Arbeitsmarkt zu verlassen, wenn man ihnen Möglichkeiten zur Anpassung und Weiterqualifikation bietet. Im Gegenzug können Unternehmen von der Erfahrung älterer Arbeitnehmer profitieren. Eine staatliche Förderung von Weiterbildungsmaßnahmen für ältere Menschen, die noch im Erwerbsleben stehen, kann letztlich günstiger sein als der Versuch, einerseits bereits arbeitslose Ältere zur Rückkehr in den Job zu motivieren und andererseits Unternehmen für die Einstellung älterer Mitarbeiter und deren kostenintensive Einarbeitung zu gewinnen.

Literaturverzeichnis

Bartel, A.P. und N. Sicherman (1993), Technological Change and Retirement Decisions of Older Workers, *Journal of Labour Economics* 11 (1), 162–183.

Beckmann, M. (2001), Die Auswirkungen des betrieblichen Personalabbaus auf die Altersstruktur der Belegschaften in westdeutschen Unternehmen, in: Backes-Gellner, U., Kräkel, M., Sadowski, D. und Mure, J. (Hrsg.), *Entlohnung, Arbeitsorganisation und personalpolitische Regulierung*, München und Mering, 217–242.

Bertschek, I. und U. Kaiser (2004), Productivity Effects of Organizational Change: Microeconometric Evidence, *Management Science*, (erscheint demnächst).

Black, S.E. und L.M. Lynch (2001), How to Compete: The Impact of Workplace Practices and Information Technology on Productivity, *Review of Economics and Statistics* 83 (3), 434–445.

Borghans, L. und B. ter Weel (2002), *Do Older Workers Have More Trouble Using a Computer Than Younger Workers?* Research memorandum, MERIT und International Institute of Infonomics.

Bresnahan, T.F., E. Brynjolfsson und L.M. Hitt (2002), Information Technology, Workplace Organization and the Demand for Skilled Labor: Firm-Level Evidence, *Quarterly Journal of Economics* 117 (1), 339–376.

Brynjolfsson, E. und L.M. Hitt (2000), Beyond Computation: Information Technology, Organizational Transformation and Business Performance, *Journal of Economic Perspectives* 14 (4), 23–48.

Card, D. und J.E. DiNardo (2002), Skill-Biased Technological Change and Rising Wage Inequality: Some Problems and Puzzles, *Journal of Labor Economics* 20 (4), 733–783.

Caroli, E. und J. Van Reenen (2001), Skill Biased Organizational Change? Evidence from a Panel of British and French Establishments, *Quarterly Journal of Economics* 116, 1449–1492.

Chennells, L. und J. Van Reenen (2002), Technical Change and the Structure of Employment and Wages: A Survey of the Microeconometric Evidence, in: Greenan, N., L'Horty, Y. und Mairesse, J. (Hrsg.), *Productivity, Inequality and the Digital Economy*, Cambridge, MA, 175–223.

Clemens, W., H. Künemund und M. Parey (2003), Erwerbsbeteiligung und Arbeitsmarkt, in: Herfurth, M., Kohli, M. und Zimmermann, K. F. (Hrsg.), *Arbeit in einer alternden Gesellschaft*, Opladen, 43–64.

Crowston, K. und T.W. Malone (1988), Information Technology and the Organization of Modern Enterprises, in: Helander, M. (Hrsg.), *Handbook of Human-Computer Interaction*, Amsterdam, 1051–1070.

Czarnitzki, D. und K. Kraft (2004), Firm Leadership and Innovative Performance: Evidence from Seven EU Countries, *Small Business Economics*, (erscheint demnächst).

Eriksson, T. (2003), The Effects of New Work Practices – Evidence from Employer-Employee Data, in: Kato, T. und Pliskin, J. (Hrsg.), *The Determinants of the Incidence and the Effects of Participatory Organizations*, Advances in the Economic Analysis of Participatory and Labor-Managed Firms, Bd. 7, Elsevier, New York, 3–30.

Friedberg, L. (2003), The Impact of Technological Change on Older Workers: Evidence from Data on Computer Use, *Industrial and Labor Relations Review* 56 (3), 511–529.

Herbertsson, T.T. und M.J. Orszag (2003), *The Early Retirement Burden: Assessing the Costs of the Continued Prevalence of Early Retirement in OECD Countries*, IZA Dicussion Paper 816, Bonn.

Hirsch, B.T., D.A. MacPherson und M.A. Hardy (2000), Occupational Age Structure and Access for Older Workers, *Industrial and Labor Relations Review* 53 (3), 401–418.

Huselid, M.A. (1995), The Impact of Human Resource Management Practices on Turnover, Productivity, and Corporate Financial Performance, *Academy of Management Journal* 38 (3), 635–672.

Ichniowski, C., K. Shaw und G. Prennushi (1997), The Effects of Human Resource Management Practices on Productivity: A Study of Steel Finishing Lines, *American Economic Review* 87 (3), 291–313.

McCullagh, P. und J.A. Nelder (1989), *Generalized Linear Models*, Monographs on Statistics and Applied Probability, Bd. 37, 2. Aufl., Chapman and Hall, London.

Papke, L.E. und J.M. Wooldridge (1996), Econometric Methods for Fractional Response Variables with an Application to 401(k) Plan Participation Rates, *Journal of Applied Econometrics* 11 (6), 619–632.

Prantl, S. (2001), *Financial Distress, Liquidations and Subsidization of Young Firms*, Doctoral dissertation, University of Mannheim, Germany.

Statistisches Bundesamt (2003), Referat IX B2, Wiesbaden.

Wolf, E. und T. Zwick (2002), *Reassessing the Impact of High-Performance Workplaces*, ZEW Dicussion Paper 02-07, Mannheim.

Autorenverzeichnis

Irene Bertschek, Dr. en sc. éc., studierte Volkswirtschaftslehre an der Universität Mannheim und an der Université Catholique de Louvain, Louvain-la-Neuve (Belgien) mit den Schwerpunkten Industrieökonomik und Ökonometrie. Im Rahmen des European Doctoral Program promovierte sie bei Wolfgang Härdle an der Université Catholique de Louvain (Zweituniversität: EHESS, Paris). Während der Promotion verbrachte sie ein Jahr als Stipendiatin der Französischen Regierung und des DAAD am CREST-INSEE in Paris, sechs Monate als wissenschaftliche Mitarbeiterin am Sonderforschungsbereich 373 der Humboldt-Universität zu Berlin und zwei Jahre als Stipendiatin des Human Capital and Mobility Program an der Université Catholique de Louvain. Seit Juni 1999 ist sie am Zentrum für Europäische Wirtschaftsforschung (ZEW) in Mannheim tätig und leitet dort seit Mai 2001 die Forschungsgruppe „Informations- und Kommunikationstechnologien".

Prof. Dr. Christoph Böhringer ist seit 1999 Leiter des Forschungsbereichs „Umwelt- und Ressourcenökonomik, Umweltmanagement" am ZEW in Mannheim. Nach dem Studium des Wirtschaftsingenieurwesens an der Universität Karlsruhe leitete er bis 1998 die Fachgruppe „Energiewirtschaftliche Analysen" am Institut für Energiewirtschaft und Rationelle Energieanwendung (IER) der Universität Stuttgart und promovierte dort zum Dr. rer. pol. 2002 habilitierte er sich an der Universität Regensburg. Seine Forschungsschwerpunkte liegen im Bereich der empirischen Analyse wirtschaftspolitischer Fragen, vornehmlich in Bezug auf die Umwelt-, Energie-, Klimaschutz- und Handelspolitik sowie den damit verbundenen Strukturwandel auf nationaler und internationaler Ebene.

PD Dr. Thiess Büttner studierte Volkswirtschaftslehre und internationale Wirtschaftsbeziehungen an den Universitäten Göttingen und Konstanz. Von 1993 bis 1997 war er Mitarbeiter am Forschungsschwerpunkt „Internationale Arbeitsmarktforschung" (CILE) an der Universität Konstanz unter der Leitung von Wolfgang Franz. Im November 1997 promovierte er dort mit einer Dissertation über regionale Arbeitsmärkte. Im Anschluss daran ging Thiess Büttner zum ZEW nach Mannheim. Im Jahre 2001 besuchte er für ein halbes Jahr als „Postdoc" die University of Kentucky. Seit Mai 2003 ist er Leiter des Forschungsbereichs „Unternehmensbesteuerung und Öffentliche Finanzwirtschaft" am ZEW. Im Dezember 2003 habilitierte er sich an der Universität Mannheim mit einer Arbeit über lokale Finanzen und den Fiskalföderalismus.

Prof. Bernd Fitzenberger, Ph.D., Jahrgang 1963, hat seit 1999 einen Lehrstuhl für Ökonometrie an der Universität Mannheim inne. Nach dem Studium der Volkswirtschaftslehre und Mathematik an der Universität Konstanz erwarb er an der Stanford University 1992 einen Master of Science in Statistics und 1993 einen Ph.D. in Economics. 1998 habilitierte er sich an der Universität Konstanz. Von 1998 bis 1999 war er Professor für Sozialpolitik an der Technischen Universität Dresden. Seine Forschungsgebiete liegen im Bereich der empirischen Arbeitsmarktforschung und Methoden der Mikroökonometrie. Er ist ständiger Gastprofessor am ZEW Mannheim, International Research Affiliate am Ifs in London und Mitherausgeber der internationalen Zeitschrift Empirical Economics.

Dr. Friedrich Heinemann ist Senior Researcher im ZEW-Forschungsbereich „Internationale Finanzmärkte, Finanzmanagement und Makroökonomie". Er hat Volkswirtschaftslehre an der Universität Münster, der London School of Economics und der Universität Mannheim studiert und wurde an der Universität Mannheim zum Dr. rer. pol. promoviert. Heinemann ist Vorstandsmitglied des Arbeitskreises Europäische Integration, Berlin, sowie Mitglied des Wissenschaftlichen Direktoriums des Instituts für Europäische Politik (IEP), Berlin.

Prof. Jennifer Hunt, Ph.D., ist seit 2001 in der volkswirtschaftlichen Abteilung an der Universität Montréal tätig. Nach dem Studium des Ingenieurwesens am Massachusetts Institute of Technology erwarb sie an der Harvard University 1992 einen Ph.D. in Economics. Von 1992 bis 2001 war sie zuerst Assistant Professor und später Associate Professor an der Yale University. Ihre Forschungsgebiete liegen im Bereich der empirischen Arbeitsmarktforschung und Kriminalität. Sie ist auch Mitglied des NBER, DIW-Berlin, CEPR, William Davidson Institute, CIREQ, CIRANO und Mitherausgeberin des Canadian Journal of Economics.

Prof. Dr. Joachim Möller studierte Philosophie und Volkswirtschaftslehre an den Universitäten Tübingen, Straßburg und Konstanz. Die Promotion erfolgte 1981 und die Habilitation 1990 an der Universität Konstanz. Wolfgang Franz war einer der Gutachter bei der Habilitation. 1991 erfolgte der Ruf auf eine C3-Professur an der Universität Regensburg. Nach einem Ruf an die Ernst-Moritz-Arndt-Universität Greifswald im Jahr 1995 und einer kurzen Lehrtätigkeit dort wurde Joachim Möller 1996 an die Universität Regensburg zurückberufen. Seitdem ist er dort Inhaber eines Lehrstuhls für Volkswirtschaftslehre (Empirische Makroökonomie und Regionalökonomie).

PD Dr. Friedhelm Pfeiffer arbeitet seit 1994 am Zentrum für Europäische Wirtschaftsforschung (ZEW) in Mannheim. Er habilitierte sich im Jahre 2002 im Fachgebiet Volkswirtschaftslehre an der Universität Mannheim. Seine Forschungsinteressen liegen aus methodischer Sicht im Bereich der angewandten Mikroökonomie und Mikroökonometrie. Inhaltliche Forschungsschwerpunkte sind insbesondere Bildungsinvestitionen, Existenzgründungen sowie unvollständige Arbeitsmärkte.

Dr. Hedwig Prey studierte Volkswirtschaftslehre an den Universitäten Erlangen-Nürnberg, FU Berlin und Kiel. Von 1993 bis 1997 war sie als wissenschaftliche Mitarbeiterin am Center for International Labor Economics (CILE) der Universität Konstanz tätig und promovierte dort bei Wolfgang Franz mit einer Arbeit über aktive Arbeitsmarktpolitik. Im Anschluss daran war sie wissenschaftliche Mitarbeiterin am Forschungsinstitut für Arbeit und Arbeitsrecht (FAA-HSG) sowie Lehrbeauftragte der Universität St. Gallen. Seit 2000 arbeitet sie als wissenschaftliche Mitarbeiterin in dem von ihr mitgegründeten privaten volkswirtschaftlichen Beratungsbüro „St. Galler Wirtschafts-Consulting (SWC)“ in St. Gallen, Schweiz.

Dr. Frank Reize studierte Volkswirtschaftslehre an der Universität Konstanz mit den Schwerpunkten Empirische Wirtschaftsforschung und Geld und Währung. Nach dem Studium arbeitete er von 1997 bis 2002 am Zentrum für Europäische Wirtschaftsforschung in Mannheim im Forschungsbereich „Arbeitsmärkte, Personalmanagement und Soziale Sicherung“. Seine Forschungsschwerpunkte lagen dabei in empirischen Analysen von Unternehmensgründungen aus Arbeitslosigkeit, der Übergänge von Arbeitslosigkeit in Selbständigkeit sowie des Weiterbildungsverhaltens von Selbständigen. Während seiner Tätigkeit am ZEW promovierte Frank Reize bei Wolfgang Franz an der Universität Mannheim zum Thema „Leaving Unemployment for Self-Employment – An Empirical Study“. Seit Oktober 2002 ist Frank Reize bei der KfW Bankengruppe in der volkswirtschaftlichen Abteilung tätig.

Claus-Henning von Restorff studierte von 1995 bis 2000 „International Economic Studies“ an der Universität Maastricht. Teil des Studiums war ein Austauschsemester an der George Washington University in Washington D.C., an das sich eine dreimonatige Tätigkeit als Consultant bei der Weltbank anschloss. Nach Abschluss des Studiums in Maastricht (Diplomarbeitsthema: The economics of pension reform) zog Claus-Henning von Restorff nach Kanada, wo er seit dem Herbst 2000 Ph.D. Student in Economics an der McGill Universität ist. Im Rahmen seiner Dissertation untersucht er die selbstständige Beschäftigung in Kanada.

Johannes Rincke studierte Volkswirtschaftslehre an der Freien Universität Berlin. Er ist wissenschaftlicher Mitarbeiter im Forschungsbereich „Unternehmensbesteuerung und Öffentliche Finanzwirtschaft" des ZEW und an der Fakultät für Volkswirtschaftslehre der Universität Mannheim. Er beschäftigt sich vor allem mit theoretischen und empirischen Fragen des politischen Wettbewerbs von Gebietskörperschaften. Daneben arbeitet er auch zu sozial- und bildungspolitischen Themen.

Dr. Wolfgang Scheremet hat an der Universität Konstanz Volkswirtschaftslehre studiert. Von 1989 bis 1990 war er als wissenschaftlicher Angestellter im Sonderforschungsbereich „Internationalisierung der Wirtschaft" im Teilprojekt „Internationale Arbeitsmarktforschung" an der Universität Konstanz tätig. Von 1990 bis 2001 war Wolfgang Scheremet wissenschaftlicher Angestellter im Deutschen Institut für Wirtschaftsforschung (DIW) im Bereich Arbeitsmarktanalysen und internationale Konjunkturanalyse. Anschließend war er bis 2003 Leiter der Abteilung Wirtschafts- und Tarifpolitik beim Bundesvorstand des Deutschen Gewerkschaftsbundes (DGB). Seit 2003 ist Wolfgang Scheremet Referent im Bundesministerium für Wirtschaft und Arbeit.

Dr. Michael Schröder ist Leiter des ZEW-Forschungsbereichs „Internationale Finanzmärkte, Finanzmanagement und Makroökonomie". Nach seinem Studium der Volkswirtschaftslehre an der Universität Mannheim und der anschließenden Promotion zum Dr. rer. pol. war er fünf Jahre Mitarbeiter im Investment Research einer internationalen Investmentbank in Frankfurt am Main. Seine Forschungsschwerpunkte sind empirische Kapitalmarktanalyse und Finanzmarkt-Ökonometrie, monetäre Makroökonomie, quantitative Zusammenhänge zwischen Kapitalmärkten und Realwirtschaft sowie Kapitalmärkte in Osteuropa. Dr. Schröder führt regelmäßig ZEW-Weiterbildungsseminare vor allem zu ökonometrischen Themen durch und ist Mitherausgeber der Zeitschrift Finance Letters.

Martin Schüler studierte Volkswirtschaftslehre in Nürnberg und Detroit, USA. Nach Abschluss seines Studiums war er als Assistent des Chefvolkswirts der Deutschen Bank in Frankfurt/M., Norbert Walter, beschäftigt. Seit Juni 2001 ist er als wissenschaftlicher Mitarbeiter am ZEW im Forschungsbereich „Internationale Finanzmärkte, Finanzmanagement und Makroökonomie" tätig. Seine Dissertation zu Themen der Bankenaufsicht in der EU wird von Jürgen Weigand an der WHU Koblenz betreut.

Prof. Dr. Werner Smolny hat in Hannover Wirtschaftswissenschaften studiert und seine wissenschaftliche Laufbahn in Stuttgart bei Wolfgang Franz begonnen. In Konstanz erfolgte 1991 die Promotion und 1997 die Habilitation. Nach Stationen in Augsburg und Bochum ist er seit 2002 Inhaber der Ludwig-Erhard-Stiftungsprofessur für Wirtschaftspolitik an der Universität Ulm. Seine Forschungsschwerpunkte liegen in den Bereichen Wachstum und Konjunktur sowie Innovations- und Arbeitsmarktökonomik. Ein aktuelles Forschungsgebiet ist die Analyse des Anpassungsprozesses in Ostdeutschland nach der deutschen Vereinigung.

Stefan Speckesser studierte Politikwissenschaft an der Freien Universität Berlin. Von 1996 bis 1998 war er wissenschaftlicher Mitarbeiter am Wissenschaftszentrum Berlin, im Jahr 1999 an der Technischen Universität Dresden. Seit Oktober 1999 arbeitet er als wissenschaftlicher Mitarbeiter am Lehrstuhl für Ökonometrie an der Fakultät für Volkswirtschaftslehre der Universität Mannheim. Sein Promotionsvorhaben liegt im Bereich der angewandten Ökonometrie und behandelt die Beschäftigungseffekte öffentlich geförderter Weiterbildung in Deutschland.

PD Dr. Alexander Spermann ist Leiter des Forschungsbereichs „Arbeitsmärkte, Personalmanagement und Soziale Sicherung“ am Zentrum für Europäische Wirtschaftsforschung (ZEW) in Mannheim. Er habilitierte sich im Jahr 1999 mit einer Arbeit zum Thema „Negative Einkommensteuer, Lohnsubventionen und Langzeitarbeitslosigkeit“. Seitdem ist er Privatdozent an der Universität Freiburg. Der Schwerpunkt seiner Arbeit liegt bei der Evaluation aktiver Arbeitsmarktpolitik in Deutschland.

Prof. Dr. Peter Winker hat in Konstanz und Paris Mathematik und Volkswirtschaftslehre studiert. Von 1991 bis 1997 war er als wissenschaftlicher Mitarbeiter im Sonderforschungsbereich 178 an der Universität Konstanz tätig. Dort promovierte er bei Wolfgang Franz. Von 1997 bis 2001 war er als wissenschaftlicher Assistent an der Universität Mannheim tätig, wo er im Jahr 2000 mit einer Arbeit über „Optimization Heuristics in Econometrics and Statistics“ habilitierte. Von Februar 2001 bis September 2002 war Peter Winker Associate Professor of Economics and Quantitative Methods an der International University of Germany, Bruchsal. Seit Oktober 2002 hat er den Lehrstuhl für Ökonometrie an der Universität Erfurt inne.

Dr. Elke Wolf studierte Volkswirtschaftslehre an der Universität Mannheim und der Université Catholique de Louvain in Belgien und schloss das Studium als Diplom-Volkswirtin an der Universität Mannheim ab. Seit Mai 1996 ist sie am ZEW im Forschungsbereich „Arbeitsmärkte, Personalmanagement und Soziale Sicherung" tätig. Im Juli 2001 schloss sie ihre Promotion bei Wolfgang Franz mit dem Titel „Working Hours, Wages and Hours Restrictions. Empirical Evidence from Germany and the Netherlands" an der Universität Mannheim ab.

Dr. Volker Zimmermann studierte Volkswirtschaftslehre an der Universität Konstanz, wo er mit einer Arbeit über die Probleme junger Erwachsener auf dem Arbeitsmarkt in Deutschland bei Wolfgang Franz promovierte. Von 1997 bis 1999 war Volker Zimmermann am Zentrum für Europäische Wirtschaftsforschung tätig. Seit 1999 befasst er sich in der Volkswirtschaftlichen Abteilung der KfW mit Fragen zur Innovationstätigkeit kleiner und mittlerer Unternehmen sowie dem Beteiligungskapitalmarkt.